深化统筹
城乡综合配套改革研究

——四川统筹城乡经济发展的实证分析

傅泽平　廖振跃 著

西南财经大学出版社
Southwestern University of Finance & Economics Press

图书在版编目(CIP)数据

深化统筹城乡综合配套改革研究——四川统筹城乡经济发展的实证分析/傅泽平,廖振跃著.—成都:西南财经大学出版社,2014.11

ISBN 978 – 7 – 5504 – 1630 – 7

Ⅰ.①深… Ⅱ.①傅…②廖… Ⅲ.①城乡建设—区域经济发展—研究—四川省 Ⅳ.①F299.277.1

中国版本图书馆 CIP 数据核字(2014)第 243694 号

深化统筹城乡综合配套改革研究

——四川统筹城乡经济发展的实证分析

傅泽平　廖振跃　著

责任编辑:李特军
助理编辑:李晓嵩
封面设计:何东琳设计工作室
责任印制:封俊川

出版发行	西南财经大学出版社(四川省成都市光华村街55号)
网　址	http://www.bookcj.com
电子邮件	bookcj@foxmail.com
邮政编码	610074
电　话	028 – 87353785　87352368
照　排	四川胜翔数码印务设计有限公司
印　刷	成都时时印务有限责任公司
成品尺寸	185mm×260mm
印　张	21.5
字　数	485 千字
版　次	2014 年 11 月第 1 版
印　次	2014 年 11 月第 1 次印刷
书　号	ISBN 978 – 7 – 5504 – 1630 – 7
定　价	88.00 元

目　录

第一章　统筹城乡发展，推进城乡一体化

党的十八大指出，要加大统筹城乡发展力度，增强农村发展活力，逐步缩小城乡差距，促进城乡共同繁荣。农民、农村和农业问题一直是困扰中国经济发展的重大问题，城乡二元经济结构及其所形成的二元体制使"三农"问题变得更加突出、更加复杂，造成城乡关系不和谐，城乡差别越来越大。新中国成立初期，我国依靠农业、农民为工业化建设积累了大量资金，当工业化发展到一定水平，就要实施工业反哺农业、城市带动农村战略。我国目前已实现第二步战略目标，近年来我国出台了许多改革农村发展的决定，这为破解"三农"问题、发展农村经济提供了良好的基础。统筹城乡发展是破解"三农"问题的根本出路。

一、统筹城乡发展是实现城乡经济共同发展的必然要求

统筹城乡发展是实现城乡经济共同发展的必然要求。新中国成立后，我国为了建立起工业体系，实行"以农哺工"政策，城乡二元经济社会结构凝固化。改革开放以来，随着社会主义市场经济体制的逐步建立，城乡间的资源得到了互动，但城乡分割的二元结构并没因此得到根本缓解，城乡经济没有得到共同的发展。当前，我国如果不统筹城乡经济社会发展，不仅不能应对国际金融危机对我国经济的冲击，而且还会对我国社会稳定带来不利的影响。

党的十六届三中全会通过的《中共中央关于完善社会主义市场经济体制若干问题的决定》（以下简称《决定》）是深化经济体制改革、促进经济和社会全面发展的纲领性文件。《决定》在保持党的路线方针政策的连续性和稳定性的基础上，又创新和发展了我党的发展观，充满了协调与统筹的思想，充满着辩证法。《决定》把"五个统筹"作为完善社会主义市场经济体制的目标，指出"按照统筹城乡发展、统筹区域发展、统筹经济社会发展、统筹人与自然和谐发展、统筹国内发展和对外开放的要求，更大程度地发挥市场在资源配置中的基础性作用，增强企业活力和竞争力，健全国家宏观调控，完善政府社会管理和公共服务职能，为全面建设小康社会提供强有力的体制保障"。"五个统筹"的目标要求体现了全面、协调、可持续发展的发展观，是把改革、发展与稳定紧密结合的、相互统一的、新的改革思路，反映了我们党对社会主义市场经济规律认识的不断深化，廓清了完善中国社会主义市场经济体制的大思路。我们应该清楚地认识到，"五个统筹"是全面建设小康社会强有力的体制保障，是一种新的发展观，不仅是对客观世界最真实的认识，也是中国经济发展的指导思想。

《决定》中有关"五个统筹"的思想具有很强的针对性，是为致力于解决我国改革开放和发展中出现的新情况和新问题而提出的。中国经济发展到今天，只有树立新的发展观，才能更好地为中国经济全面迈向小康社会铺平道路。党的十六届三中全会通过的《决定》提出的"五个统筹"中，统筹城乡经济发展是深化经济体制改革的重中之重。党的十八届三中全会提出，城乡二元结构是制约城乡发展一体化的主要障碍。必须健全体制机制，形成以工促农、以城带乡、工农互惠、城乡一体的新型工农城乡关系，让广大农民平等参与现代化进程、共同分享现代化成果。要加快构建新型农业经营体系，赋予农民更多财产权利，推进城乡要素平等交换和公共资源均衡配置，完善城镇化健康发展体制机制。当前，大力推进城乡一体化，统筹城乡经济发展是新时期我国深化经济体制改革的重大举措，具有深远的战略意义。

在现阶段，推进城乡一体化的进程，必然要带来城市的发展和扩大，即必然促进城市化的发展，但是城市的扩大和发展、城市化的发展并不能简单地等同于城乡一体化，城乡一体化是我国经济发展战略中较城市化更宏观、更长远的战略。城乡一体化是指城市和乡村将是一个整体，在城市与乡村之间，人口、资金、信息和物资等要素可以自由流动，城乡经济、社会、文化相互渗透、相互融合、高度依存。城乡一体化就是要把城市和乡村建设成一个相互依存、相互促进的统一体，充分发挥城市与乡村各自的优势和作用。简单地说，城乡一体化，就是要改变计划经济体制下形成的城乡差距，建立起地位平等、相互开放、优势互补、共同繁荣的城乡社会经济发展的新格局。

当前，积极推进城乡一体化进程，关键在于不断深化经济体制改革，彻底破除计划经济体制遗留下来的城乡分割的二元社会经济体制，通过各种制度创新来给农民以公平的国民待遇、完整的财产权利和自由的发展空间，推进城乡互动、城乡交融的城市化进程，建立与规范化的现代市场经济体制相适应的城乡一体化的社会经济新体制。通过制度创新，最终实现城乡经济的统筹发展，为实现全面小康奠定良好的基础。

统筹城乡发展是科学发展观的重要内容。党的十七届三中全会提出建立促进城乡经济社会发展一体化制度，这明确了城乡一体化发展的重点和途径，政府要运用财政等公共资源直接配置资源，并发挥市场配置资源的基础性作用，形成人才、资本、技术、管理等生产要素在城乡之间自由流动的机制。这是我国对马克思提出的消灭城乡差别、工农差别、体力与脑力劳动差别观点的继承和深化，是在借鉴世界各国城乡发展经验、深刻总结我国改革开放三十多年处理城乡关系的经验与教训的基础上做出的重大战略部署。

党的十七届五中全会指出，要推进农业现代化，加快社会主义新农村建设，统筹城乡发展，加快发展现代农业。我国长期形成的城乡二元结构造成城乡发展失调，导致许多经济社会问题，这些深层次的矛盾和问题不可能在封闭的农村内部得到解决。因此，统筹城乡发展，就目前而言，就是要加快推进城乡一体化，打破城乡二元结构，消除阻碍农村发展的障碍，形成以工哺农、以城促乡，城乡互动发展的新格局。

二、国外关于二元结构的理论

英国经济学家埃比尼泽·霍华德在《明日的田园城市》一书中明确倡导用城乡一体的新社会结构形态来取代城乡对立的旧社会结构形态。20世纪60年代，美国著名的经济学家刘易斯极力主张建立城市中心，形成更大的区域统一体，重建城乡之间的平衡，使全部居民都享受真正的城市生活的益处。托达罗、配第·克拉克、凯恩斯等对此都做过深入研究。经典作家的论述深刻揭示了城乡融合、城乡平衡、城乡一体是社会发展的方向。世界经济发展史，特别是世界发达国家工业化、城市化的进程表明，统筹城乡发展是四川省城乡经济协调发展的必由之路。

最早运用"二元经济"概念来分析社会经济现象的是荷兰经济学家J.H.伯克（Boeke）。伯克在对19世纪荷兰的殖民地——东印度（今印度尼西亚）的社会经济状况进行了研究后，于1953年出版了《二元社会的经济学和经济政策》一书。伯克认为当时的印度尼西亚社会是一个典型的"二元结构"社会：一方面是资本主义社会以前的传统社会，另一方面是荷兰殖民者主导的殖民主义输入的现代"飞地经济"，即资本主义现代经济部门。两者之间在社会制度和经济制度方面存在着巨大差别，从而导致了传统部门和现代部门中的个人效用函数、行为准则及资源配置方式迥然不同。后来，众多的学者对二元结构进行了深入和广泛的研究。

关于发展中国家经济二元性的明确的、系统的、影响最大的、应用最广的理论是出自于美国著名经济学家、诺贝尔经济学奖获得者阿瑟·刘易斯（W. A. Lewis）提出的二元经济结构理论。1954年，刘易斯在《劳动无限供给条件下的经济发展》中提出了关于发展中国家经济二元结构的理论模型。这一模型指出发展中国家一般存在着性质不同、成熟度不一的两个经济部门：一个是"资本主义"部门，又称现代部门；另一个是"维持生计"部门，亦称传统部门。两个经济部门在资本运用、生产规模、生产方式、生产效率、收入水平等方面存在明显不同。刘易斯认为，在二元经济结构中，传统部门存在无限供给的劳动力，通过现代部门不断地扩大与发展，就会不断吸引这些劳动力，从而实现传统农业向现代部门的转换，推动整个社会现代化的发展。在刘易斯看来，在现代化的社会中，工业部门是经济发展的主导部门，而传统部门则起被动作用。刘易斯这种单纯地认为农业是完全被动的从属者的观点，忽视了农业的发展，具有片面性。后来，古斯塔夫·拉尼斯、费景汉对刘易斯的二元结构模式理论进行了补充，创建了费拉尼模式，重新突出了农业的地位，这种模式主要强调了三点：农业增长与工业增长一样重要；农业与工业的增长应当平衡；劳动吸收速度必须大于人口增长速度，以摆脱马尔萨斯人口陷阱。

（一）托达罗人口迁移模型

发展经济学一直是从城乡之间存在的经济收入差距方面解释发展中国家存在的从农村向城市地区大规模移民现象的。托达罗人口迁移模型认为，人口迁移不仅是城乡收入差距的反应，也是对预期的收入差距的反应，而预期的收入差距由城乡实际收入差距和获得城市就业机会的可能性组成，即当一个人城市就业工资×城市就业机会（或概率）>农村就业工资时，在不考虑迁移成本等其他不利因素的情况下，他就会选择向城市迁移。城市就业机会越多，农村人口向城市转移的动机就越大。由于城市就业容量有限，相比之下，农村庞大的剩余劳动力供给具有无限性，从而形成城市的就业压力。

（二）刘易斯两部门剩余劳动理论模型

刘易斯两部门剩余劳动理论也是针对存在大量剩余劳动的发展中国家建立的主要发展理论。刘易斯两部门剩余劳动理论模型假定一国经济由传统的农业和现代工业两部门组成。农业部门的显著特征是边际劳动生产率为零，即把农业部门中的相当部分劳动力转移出去，其产量仍保持不变。而工业部门由于劳动工资率高，加之不断扩大资本，使劳动力不断向其转移。从这一理论出发，农业部门的劳动力在其内部充分就业的前提是边际劳动生产率提高，且随着城市工资率提高、农民收入的增加以及技术和资本密集型工业对劳动的排斥带来的就业困难，农业劳动生产率必须快速增长才能缓解剩余劳动向城市的转移的压力。这个理论的政策启示是必须通过城乡经济统筹，利用劳动力丰富这一有利条件，增加农业投资，扩张农村经济，减轻农民负担，降低生产成本、增加农民收益来提高农业劳动生产率，从而使农村劳动力形成两个流向：一方面继续向城市转移，另一方面增加就地从业能力，形成农村剩余劳动力的双向吸纳机制。

（三）配第-克拉克定理

17世纪，英国经济学家威廉·配第在其代表作《政治算术》中指出，制造业比农业能够得到更多的收入，而商业比制造业能够得到更多的收入。英国的另一个经济学家C.G.克拉克认为，由于经济发展中各产业之间出现收入（含附加价值）的相对差异，造成第一产业就业的人口向第二产业和第三产业转移。随着经济发展和人均国民收入水平的提高，劳动力首先由第一产业向第二产业推移，当人均国民收入进一步提高时，劳动力便向第三产业推移。库兹涅茨在研究产业结构高度化的衡量标准时，提出了经济发展不同阶段的"标准结构"。这说明，随着经济的发展，产业结构升级，劳动力在第一产业中分配减少，在第二产业和第三产业中增加，这些都符合世界经济发展规律。因此，随着产业结构的不断高度化，劳动力特别是农村劳动力在第二产业和第三产业中就业增加也是经济规律使然。这就要求我们统筹城乡经济发展，协调一、二、三产业的关系，使其走上持续、快速、健康发展的良性轨道。

（四）凯恩斯的消费理论

关于收入和消费的关系，凯恩斯认为存在一条基本心理规律：随着收入的增加，消费也会增加，但消费的增加不及收入增加得多。对于这种倾向的度量可采取平均消费倾向和边际消费倾向两种方法。边际消费倾向是指每增加一单位的收入带来的消费的增长。平均消费倾向是指在任何消费水平上消费支出所占的比重。凯恩斯这一理论既适用于一个国家的国民收入与消费总支出的增长情况，也适用于以家庭为单元的收入与消费增长变动情况。

三、国外关于消除二元结构的思路

国外的经济学家在探讨如何消除城乡二元结构的问题上主要有两种观点，即结构转换论与自身发展论。

（一）结构转换论

结构转换论以刘易斯、拉尼斯、费景汉等为代表，认为消除城乡二元结构的根本途径是传统农业向现代工业的结构转换，而转换的核心是农业部门的剩余劳动力向现代工业部门的转移问题，依靠现代工业部门对劳动力的吸纳能力，吸收大量农业剩余劳动力到非农部门。随着经济重心由农业转向工业，农业剩余劳动力逐渐消失，使农业部门的劳动生产率逐步提高，从而为农业的进一步发展创造了条件，逐步缩小与工业的差距直至完全消除差距。

（二）自身发展论

自身发展论以舒尔茨等为代表，认为要消除城乡二元结构，必须通过农业的自身发展来完成，农业与工业在经济上的地位应该同等重要。农业的自身发展主要依靠农业的现代化改造，大力发展农业科技，加大农业人力资本投资，利用市场的作用，将现代要素引入农业，推动农业自身的发展，从而逐步缩小两大部门的差距，最终消除城乡二元结构。

上述两种观点各有侧重：结构转换论正确指出了工业在结构转换上的重要作用，认识到了农业剩余劳动力转移的重要性，但是忽视了农业自身的现代化发展；自身发展论突出了农业的地位，提出了对农业进行现代化改造的重要性以及加大农业人力资本投资的战略意义，但是忽视了结构转换以及农村剩余劳动力转移的积极作用，将农业发展独立于工业化之外。

科学的思路应该是将两种观点结合起来，互相取长补短，既重视结构转换的作用，同时也不忽视农业自身发展水平的提高，这样才能真正实现农业部门与非农部门、城市与农村的均衡发展。

四、国内关于统筹城乡发展的相关理论

在我国，改革开放以来，在一些经济发达地区，城乡关系日趋紧密，城乡功能转型加速进行，长期形成的城乡分割的二元结构日益不能适应经济社会发展的需要，客观上需要以一种新的视角重新审视城乡关系，以整体观念协调城乡发展，引导城乡生产、生活空间的有机协同，城乡如何协调发展成为学术界和政府部门讨论的热点问题。①

统筹城乡发展理论在我国的提出与发展大致经历了三个时期：

一是理论初步形成时期，即改革开放后到 20 世纪 80 年代中后期；

二是初步发展时期，即 20 世纪 80 年代末到 90 年代中期；

---

① 宋戈. 城乡一体化问题探索 [J]. 学习与探索，2005 (4).

三是完善时期，即 20 世纪 90 年代中期至今。

最初，受农工商联合发展的启示，一些学者从城乡经济一体化研究入手，希望在经济转型时期，将城乡一体化作为一种手段，通过生产要素在时空上的优化配置，确保城乡协调发展。因而，城乡发展战略一体化、经济管理一体化、商品市场一体化、经济活动网络化及利益分配合理化等对策思路纷呈迭出。随后，一些学者将城乡统筹研究范围扩展到户籍管理、就业、教育、医疗、保险等更为广泛的制度领域，试图通过调整和改革传统的城乡分治政策来消除城乡差别，实现城乡融合。还有的学者将城乡融合发展扩展到政治、经济、生态环境一体化，认为城市和乡村最终将成为一个相互依托、相互促进的统一体。在理论上，国内学者围绕城乡统筹的概念、内容、目标、实质、动力机制、核心标志及模式等展开过讨论，并对若干理论问题达成了一些基本共识。

有些学者认为，城乡统筹是城市化发展的高级阶段，由此强调城乡统筹只有在农业与工业之间已形成良好的互动关系、农村已实现工业化、农业现代化和城市化之后才能实现。但是，城乡统筹意味着打破城市和农村相互分割的壁垒，逐步实现城乡生产要素的合理流动与优化配置，促进生产力在城市和乡村的合理分布，实现城乡经济和社会协调发展，逐步缩小城乡差距。同时，现阶段我国城市化过程面临着与西方发达国家不同的国际环境、技术条件（如交通设施的完备、通信的便捷和能源工业的发达）、经济结构（如后工业经济的崛起）。因此，现阶段我国应以科学发展观为指导，把城乡地域作为一个有机整体，来探寻切合实际的发展道路，追求城乡统筹协调发展，促进经济社会和谐稳定。

关于统筹城乡发展的对策思路，有的学者认为应该考虑到农村公共品的供给、资源的有效利用、工业化、农业现代化和城市现代化之间的关系以及劳动力流动与产业转移之间的关系，站在政策性高度对城乡统筹进行理论性的分析。有学者提出，加强体制和制度创新、发展和壮大县域经济、加快城镇化进程、建设社会主义新农村是实现统筹城乡发展的主要途径。通过多年研究，国内学者认识到，长期保留和发展作为一个相对独立的农村社会经济领域，是不可能最终解决农村的社会经济问题的。只有改变传统的城乡社会分工格局，深入推进工业化和城市化，促进城乡融合，才有利于合理地配置生产要素，才有可能从根本上克服作为相对独立系统的城市领域与农村领域所必然产生的一系列矛盾，实现城乡之间思想观念、生产方式、生活水平等多方面的和谐发展。

五、统筹城乡发展的内涵、实质与特征

（一）统筹城乡发展的内涵

改革开放 30 多年来，我国的社会经济发展取得了举世瞩目的伟大成就，综合国力日益增强，我国的产业结构和消费结构也正在发生着深刻的变革。但不容忽视的是，由于我国尚处于社会主义初级阶段，不仅呈现出区域间发展的不平衡，而且存在着城乡间经济水平发展的巨大差异，致使农民成为二元经济结构中不折不扣的弱势群体，落后的农村与相对发达的城市间的结构失衡，已经凸现为

制约国民经济健康、稳定、持续发展的重要限制因素。同时，农村中潜伏的各种矛盾和问题，如果不能得到有效的控制和解决，长此以往，任其发展，遇到某些诱发因素，很有可能酿成较严重的社会冲突和政治危机。从这个意义上说，在我们实现第二步战略目标的进程中，没有农业的现代化，就没有整个国民经济的现代化，没有农民的小康，就没有全国人民的小康。

从一个方面看，由于农业是国民经济产业体系中的一个部门，农村是与城镇相对应的一种社区类型，农民是从事农业生产的劳动者，农业、农村、农民与其他产业、其他社区、其他劳动者有着千丝万缕的联系。因此，解决"三农"问题时，将农业、农村、农民置于社会经济发展的大背景下，运用"统筹"的大思维就显得格外重要。要想"三农"问题得到彻底解决，必须从农业和整个社会对农业的需求加以分析。如何跳出就农业论农业、就农村论农村、就农民论农民的怪圈，正是城乡统筹发展战略的立足点。

从另一方面看，在我国社会经济发展的过程中，"三农"问题日渐突出，在很大程度上与我们以往政策缺乏城乡统筹的制度安排有关。应该说，城乡统筹的发展战略是一个宽泛和相对的概念，其范围涉及社会经济发展的各个方面，但就其目标看，就是在体制和政策上把农村的发展与城镇的发展有机地结合起来，在更广泛的范围内实现资源的优化配置，加快推进城乡一体化建设，使更多的农业人口转移到城市中去，从事非农产业，打破城乡分割的二元经济结构，逐步形成一、二、三产业的合理布局，为从根本上解决中国的农业、农村、农民问题找到一个新的途径。

统筹城乡发展是相对于城乡分割的"城乡二元结构"而言的，它要求紧紧把握城乡一元化发展观，消除城乡二元结构及其赖以存在的政策和制度安排，构建城市和乡村相互兼顾、协调发展的平台，把农村经济与社会发展纳入整个国民经济与社会发展全局之中进行综合考虑，以实现城乡一体化发展的目标。统筹解决城市和农村经济发展中出现的各种问题，打破城乡界限，优化资源配置，实现共同繁荣。统筹城乡发展，要做好四个统筹：统筹经济资源，实现城乡经济均衡增长和良性互动；统筹政治资源，实现城乡政治文明共同发展；统筹社会资源，实现城乡精神文明的共同繁荣；统筹文化资源，实现城乡文化事业同步发展。

统筹城乡发展具体包括以下五个方面的内容：

（1）统筹城乡产业布局，推进城乡产业的合理分工和有效衔接。尤其应以实现农业的产业化为重点，促进农业和农村经济的发展和农民收入的提高。

（2）统筹城乡建设布局，推进农村城镇化进程。通过加快卫星城和重点镇的建设，使更多的郊区变市区、农民变市民。

（3）统筹城乡劳动力资源，推进劳动力有序流动，即在逐步改革户籍管理制度的基础上，通过建立城乡一体的劳动力就业体系，为农民进城就业的居住创造条件。

（4）统筹城乡社会事业，推进农村社会发展。加大农村教育投入，实实在在地普及义务教育和农业技术教育；加快农村卫生事业发展，建立新型的合作医疗制度和公共卫生体系；加强文化设施建设，丰富农民文化生活，推进农村精神文明建设。

（5）统筹城乡利益分配，推进财政转移支付。在免征农业特产税和逐步降低直至最后取消农业税的基础上，通过政府转移支付的形式，增加对农业基础设施的投入和对农民实行直接补贴，让农民得到更多的实际利益。

统筹城乡发展要求统筹城乡资源配置，打通城乡市场阻碍，建立城乡统一的市场网络，促进资源和生产要素的城乡自由流动，充分发挥市场在资源配置中的决定性作用；制定落实相关配套政策，充分发挥政府在资源配置中的引导作用。

1. 统筹城乡产业发展

统筹城乡发展的重要内容就是统筹城乡产业发展，即强化城乡一、二、三产业之间的内在联系，以现代工业理念提升农业产业化水平，以特色农业的发展促进第二产业的升级，以现代服务业的发展推动第三产业的融合，形成一、二、三产业相互促进、联动发展的格局。

城乡产业之间是有机联系的，产业链条关系紧密，产业依存度高，经济发展活力就大。在推进农业和农村经济结构调整过程中，要围绕农业发展第二产业和第三产业，用科技、信息促进农业与农村产业结构升级。在发展方向上，城市产业要与农村第二产业和第三产业形成合理的分工协作格局。城市在加快产业升级换代的同时，按合理分工的要求，将技术成熟、产品成型的劳动密集型、资源密集型产业，采取技术转移、设备转移、兼并联合、设立子公司或建立工厂等形式，逐步向农村转移，加快培植农村新的产业优势。一是要大力发展农产品加工业，在优势农产品基地和农业特优产品基地，发展农产品加工业是这些农村地区的优势之所在、潜力之所在。二是农村应主动接受大中城市产业转移，同时大中城市也应尽可能地将适于农村或小城镇发展的产业转移到农村。三是围绕农民生产与生活和农产品流通，发展农村第三产业。目前农村第三产业相对滞后，发展空间很大。要大力发展现代流通方式，搞好农村日常消费品和生产资料的连锁经营，培育农产品流通中介组织，把农村流通服务业办成一个大产业。

统筹城乡产业发展就是要打破城乡产业分割，加快城乡产业融合，增强城乡产业关联度，促进城乡产业优势互补、一体化发展。按照比较优势原则，促进城乡之间的合理分工，统筹搞好产业发展规划。一方面，要积极促进城市工业结构调整，优化企业产品结构，增加适销对路的工业产品供给，努力提高技术开发能力；另一方面，要加快农村产业结构调整，鼓励乡镇企业加大产业和产品结构调整力度，着重发展农副产品加工业，拉长农业产业链，以带动农业产业化经营，提高乡镇企业的产品质量和市场竞争力，促进农民增加就业和提高收入。以工业化支撑城镇化，以城镇化提升工业化，加快工业化和城镇化进程，促进农村劳动力向第二产业和第三产业转移，农村人口向城镇集聚。建立以城带乡、以工促农的发展机制，加快现代农业和现代农村建设，促进农村工业向城镇工业园区集中，促进农村人口向城镇集中，促进土地向规模农户集中，提升农村经济社会发展的水平。

统筹城乡产业发展需要大力发展劳动密集型产业，为实现城乡良性互动奠定坚实的产业基础。要在转移数以亿计的农村富余劳动力的同时缓解日趋严重的城镇就业压力，关键在于就业岗位的创造。我国劳动力相对过剩，资本相对稀缺。因此，在产业类型上，应注重发展劳动密集型产业；在企业规模上，应注重扶持中小企业；在经济类型上，应注重发展非公有制经济；在就业方式上，应注重采用灵活多样的就业形式。

统筹城乡产业发展在空间布局上需要统筹城乡建设规划，包括统一编制城乡发展用地规划、基础设施建设规划等。农产品加工和依赖地方资源的工业，应尽可能布局在农村，提供产业依托，加快城镇建设步伐。在城乡建设规划中需要统筹安排，把城乡作为一个整体，搞好城乡布局规划，着力形成中心城市、中心镇、中心村一体化规划体系。充分发挥城镇的集聚、带动和辐射作用，加强城镇建设，整合各种资源，推行城乡协调发展。加强农村基础设施建设，着力改变农村建设滞后于城镇的状况。统筹城乡基础设施是统筹城乡发展的首要条件。具体工作中，要统一规划、统一布局，加快建设覆盖城乡的基础设施网络体系，促进城镇基础设施和公共服务向农村延伸。建立政府主导、市场运作的多元化投资机制，优先发展社会共享型基础设施，扩大基础设施的服务范围、服务领域和受益对象，让农民也能分享城市基础设施的好处。

2. 统筹城乡社会发展

统筹城乡社会发展，目的是统筹农民、市民待遇，逐步使农民拥有与城市居民平等的发展机会和享受同等的权利。这就需要统筹城乡科教文化发展和统筹城乡福利保障，促进城市社会服务事业向农村覆盖，促进城市文明向农村辐射。

统筹城乡科教文化发展，主要是要按照公平的标准，统一规划城乡的科学研究和教育文化事业，国家对农村的科教文化投入要保持在与其人口规模和人口比例相适应的水平上，使城乡的科教文化发展保持协调发展的态势。按照城乡统一的教育培训制度提高全民的素质。特别是不能忽视尚处于不稳定状态的城乡流动人口的生育控制和素质提高。

统筹城乡福利保障，主要是要建立城乡衔接、公平统一的社会福利保障制度。特别是要统筹城乡医疗卫生福利保障事业的发展，要按照公平的原则，统一规划城乡的医疗卫生机构和设施建设，国家对农村的医疗卫生投入要保持在与其人口规模和人口比例相适应的水平上。城乡的养老保障制度和各种补贴制度也要逐步实现公平统一。

3. 统筹城乡发展制度

我国统筹城乡发展的实质是要解决"三农"问题。很多发达国家的"三农"问题是在一种城乡自然分离的状态下产生的，而我国的"三农"问题的产生还有另一重要原因，即人为的城乡分割二元体制结构。在城市、农村搞两套不同的政策，对农民、农村显然不公平，这也是阻碍农村经济发展最根本的原因。人为的城乡分割二元体制结构涉及城乡居民在政治、经济、社会生活等各种权利上的不平等，其实质是城市对农村的剥夺、城市对农民的排斥、城市和农村的对立。一系列剥夺农业、农村和农民，保护工业、城市优先、限制农民和保护市民的不平等、不公正的城乡二元体制是我国统筹城乡发展的首要障碍。因此，要实现城乡统筹发展，突破城乡二元结构，必须纠正体制上和政策上的城市偏向，消除计划经济体制的残留影响，统筹农民、市民待遇，建立城乡一体的户籍管理制度、劳动力就业制度、社会保障制度和教育卫生制度、财税金融制度等，给农村居民以与市民平等的发展机会、完整的财产权利和自由的发展空间，遵循市场经济规律和社会发展规律，促进城乡要素自由流动和资源优化配置。只有通过建立城乡统一的各种配套制度，才能走出城乡分割体制，形成全国统一市场，充分调动城乡经济主体的积极性和创造性，形成城乡协调发展的局面。

（二）统筹城乡发展的实质

统筹城乡发展的实质是以缩小城乡差距，解决城乡经济二元结构为目标，给城乡居民平等的发展机会，通过城乡布局规划、政策调整、国民收入分配等手段，促进城乡各种资源要素的合理流动和优化配置，不断增强城市对农村的带动作用，缩小城乡差距、工农差距和地区差距，使城乡经济社会实现均衡、持续、协调发展，形成城乡经济协调发展的格局，促进城乡分割的传统"二元结构"向城乡一体化的现代"一元结构"转变。

统筹城乡发展就是从促进经济发展的大局出发，按照以人为本和全面、协调、可持续的发展观要求，统筹城乡经济体制改革、经济政策转型和经济结构战略性调整，促进城乡经济制度创新、经济政策调整和经济结构转型的良性互动，将完善市场经济体制、加快城镇化和新型工业化有机结合起来，促进城乡经济协调发展及其机制的形成。

1. 统筹城乡发展要求重视农村的发展，但对农村发展的重视，应该建立在重视农民发展的基础上

要坚持"以人为本"的理念，把加强对农村发展的支持建立在改善农民发展机会、优化农民的发展环境的基础之上。统筹城乡经济政策转型，就是要统筹考虑经济政策调整对城乡经济发展和城乡经济差距的影响，加快实现经济政策倾向由重城轻乡、重工轻农向城乡平等、互补发展的转变；通过切实有效的经济政策调整，切实加大对解决"三农"问题的投入和政策支持。统筹城乡经济体制改革就是要逐步消除妨碍城乡经济资源、要素和产权流动的体制障碍和城乡壁垒，为经济资源、要素和产权在城乡之间的自由流动和优化组合，为发挥城市经济发展对农村经济发展的带动作用、城乡经济发展的互补作用创造条件。

2. 统筹城乡发展有利于充分发挥城市对农村的带动作用

长期实行的城乡经济差别发展战略的突出特征是农业为工业提供积累，农村为城市提供积累，农民为国家提供积累，重要的生产要素配置向城市倾斜，这样导致城乡经济发展严重失衡，农业成为弱势产业，农村成为弱势区域，农民成为弱势群体，农村自我恢复、自我积累和自我发展的能力极其微弱。统筹城乡经济发展，必须重点发挥城市带动农村，工业反哺农业作用。这是世界经济发展和社会进步的共同规律。但过去城乡经济差别发展的政策还有很强的惯性，这需要政府实施强有力的调控和引导，在制定国民经济发展计划、确定国民收入格局、研究重大经济政策时，把如何发挥城市的带动作用放在突出位置，通过市场的作用，建立一个工业反哺农业、城市带动农村的机制。城市带动农村，外因只是变化的条件，内因才是变化的根本。农村不能仅仅依赖城市的带动，在理顺城乡经

济关系的基础上，农村最终还要通过深化改革，发挥广大农民群众的积极性、主动性、创造性，激发自身蕴藏的巨大潜能，加快发展步伐，逐步缩小与城市的差距。

3. 统筹城乡发展是一个复杂艰巨的系统工程，必须坚持全面性、整体性、协调性的统一

统筹城乡经济发展，牵涉到经济社会生活的方方面面。不仅要调整城乡产业，还要调整国民收入分配结构和社会的利益结构；不仅要统一城乡居民的经济权利，还要统一城乡居民的民主政治权利；不仅要变革城乡二元经济结构，还要变革整个社会的管理结构；不仅要改造经济基础和生产力布局，还要改造上层建筑和生产关系。上述的每一项，在层次上涵盖每一个社会阶层，涉及方方面面。

统筹城乡经济发展，必然要对工农关系、城乡经济关系乃至宏观发展战略与规划动"大手术"，进行全方位的调整。各项措施之间相互联系、相互制约，每一重大举措的实施，都不是局部的修修补补，而是牵一发而动全身的全局动作，是对整个经济管理结构进行重新解构、整合和重组。

统筹城乡经济发展是经济机器的整体运转，需要各个部门、各大部类、各种利益群体、各个社会阶层的协调配合，每一个零件、每一个环节出现阻滞和故障，都会影响到整架机器的正常运转。

总之，统筹城乡发展不是哪几个部门的工作，哪几个方面的事情，必须充分认识到其全面性、复杂性、整体性、系统性，在实施过程中必须坚持统筹协调的指导思想，制订发展规划、做出重大决策，必须正确处理好"谋全局"与"谋一域"的关系，通盘考虑，统筹安排，不能只在某一领域做文章、找出路。同时，还要充分动员社会的力量，调动方方面面的积极性，参与到统筹城乡发展这一宏大的系统工程中去。

4. 统筹城乡发展是一个渐进过程

城乡经济差距大，问题复杂，这就决定了统筹城乡经济发展不可能是一朝一夕的事情。统筹城乡经济发展重要的是转移和减少农民。四川的农业部门需要的合理劳动力数量为1000万人左右，将近有2000万人处于剩余状态，需要转移到非农产业中去。但同时，由于城镇就业岗位的极度稀缺，失业问题又成为比较突出的问题，城乡就业存在着较大的冲突，实现大多数农民转移就业必然是一个漫长的历史过程。统筹城乡经济发展重点是突破城乡二元经济结构。城乡二元经济结构在世界上大多数国家和地区都存在过，相比之下，国外的二元经济结构是一种城乡自然分离，而四川的二元经济结构涉及城乡居民在经济权利上的不平等，其实质是城市对农村的剥夺、城市对农村的排斥、城市和农村的对立。冲破这一经济结构瓶颈，就要对整个社会利益结构进行大调整，而这样做必然会引起既得利益群体（往往又是强势群体）的强烈反对，甚至会使推动改革者（往往是既得利益群体）成为被改革者，其难、其艰、其险，不言而喻。因此，城乡经济统筹是一场广泛而深刻的革命，是一个长期而持久的过程，我们在实践中，既不能畏首畏尾、徘徊懈怠，也不能操之过急、一蹴而就。

（三）统筹城乡发展的特征

1. 整体性

城市和乡村都是人类赖以生存、活动和发展的地域实体。也是实现我国经济社会整体发展的两个重要层面。根据新时期改革发展的客观现实，我们在推进城乡发展的指导思想上和发展的政策思路上，必须把城市和乡村看成一个相互依赖、相互促进、密不可分的整体，通盘考虑城乡发展中的一些重大问题。

2. 持续性

统筹城乡经济社会发展是实现城乡持续发展的一个战略思路。就是既要推进城乡经济社会快速发展，又要实现城乡经济社会持续健康发展。快速是要求，持续是保证，快速与持续既是对立的又是统一的。要以长远的战略眼光对加快城乡发展、缩小城乡发展差距制订长期规划。要实现城乡统筹发展的持续性，必须克服那种急于求成的发展观。由于我国城乡二元结构的问题由来已久，"三农"问题的破解涉及城乡经济社会发展中一系列复杂的深层次的矛盾，决定了城乡统筹发展的持续性与长期性。

3. 全面性

统筹城乡发展要顾全大局，不只注重两者当中的一方的发展而忽略了另一方的发展，也不能够只注重城乡一个单独层面的发展而忽略了其他层面的发展。统筹城乡发展，就是要实现社会的全面进步，不是单独发展社会经济，更不是单独把农村列为发展的对象而不重视城市的发展。

4. 平等性

中国的城乡二元结构严重破坏了平等原则，导致城乡居民在社会政治地位上的不平等。多年的城乡分治，不仅切断了城乡经济的市场化联系，而且农民与市民在经济社会乃至政治上的待遇都是不同的，城乡居民分成两个差别很大的社会集团，城乡居民在教育、医疗、卫生、社会保障、就业等方面存在着较大的差距，这种差距是由城乡二元结构造成的。统筹城乡发展就是要打破城乡分治的体制，对农民实行国民待遇，保障农民的各种权益，使农民与市民享有平等的发展机会。

六、统筹城乡发展有利于消除城乡二元结构、实现城乡协调发展

（一）统筹城乡发展，有助于落实科学发展观

科学发展观就是以促进人的发展为中心，使城市和农村得到全面改善，因此统筹城乡发展有助于更好地落实科学发展观。统筹城乡发展是构建和谐社会的关键所在。中国构建和谐社会的总体目标是扩大社会中间层，减少低收入和贫困群体，正确处理新形势下的各种社会矛盾，建立一个更加幸福、公正、和谐、节约和充满活力的全面小康社会。城乡关系是一个国家经济社会发展全过程中的基本关系，是一个国家经济社会发展与否、现代化程度高低的综合指标，也是检验和谐社会的重要尺度。农民增收、农业发展、农村进步是改变城乡关系的重要内容。因此，和谐社会主要在于城乡关系和谐，统筹城乡发展是构建和谐社会的关

键所在。

（二）统筹城乡发展是全面建设小康社会的迫切要求

实现全面建设小康社会的奋斗目标，必须有发达的农业和农村社会作为支撑。没有发达的农业，没有繁荣的农村，没有殷实的农民，就没有全面小康。要实现全面建设小康社会的奋斗目标，必须着眼于全体人民的共同富裕，统筹城乡经济社会发展，正确处理工农关系和城乡关系。进入 21 世纪，我国进入了全面建设小康社会、加快推进社会主义现代化的新的发展阶段。经过改革开放以来三十多年的艰苦奋斗，农村面貌发生了巨大变化，农民生活总体上达到了小康水平，为全面建设农村小康社会奠定了重要基础。总体来看，影响和制约地区经济社会发展的一些重要问题还没有从根本上得到解决，农业、农村发展滞后已成为统筹城乡关系的难点所在，农民增收困难、农村人多地少的矛盾导致就业问题严峻，农业和农村经济结构调整缓慢，城乡差别扩大等问题仍很突出。

四川省全面建设小康社会的重点在农村，难点也在农村，如果不下决心加快农村的改革和发展，就会严重影响全省建设小康社会的进程。要从根本上解决这一问题，必须统筹城乡经济社会发展，切实解决城乡二元经济结构问题，增加农民收入，促进农村经济社会发展。

（三）统筹城乡发展是消除城乡二元结构、实现城乡协调发展的关键

统筹城乡经济发展是一个内涵丰富的整体设计，体现在城乡经济和社会发展的方方面面，其核心就是要在改变城乡二元结构、建立平等和谐的城乡关系方面取得重大突破。统筹城乡经济社会发展是党的十六大深刻总结几十年来我们党在处理城乡关系问题上的实践经验而提出的一个重大战略思路，是彻底转变城乡不协调发展的根本举措。统筹城乡经济社会发展，关键是要在改变城乡二元结构、建立社会主义市场经济体制下平等和谐的城乡关系方面取得重大突破。总体来看，巨大的城乡差别是历史上城乡长期分割、封锁、对立的结果，也是新中国成立初期在经济体制上照搬"苏联模式"以及几十年来"工人做工、农民务农"的二元社会结构所造成的。城乡差别的核心是利益分配问题，是物质利益的差别问题。这种差别直接影响着各地的政治、经济和社会稳定，影响着农业的基础地位和可持续发展，影响着整个现代化事业的进程。统筹城乡经济社会发展有利于逐步缩小城乡差别，缓解由此可能引发的各种社会和政治危机，有利于社会稳定与长治久安。要实现城乡经济社会统筹，必须在城乡合理分工的基础上，充分发挥城市对农村的带动作用和农村对城市的促进作用，实现城乡城镇一体化、工业一体化的发展格局，促进城乡经济社会协调发展。

（四）统筹城乡发展是解决"三农"问题的突破口

从总体上看，县域经济中大多还是以农业和农村经济为主体，推进农村工业化、城镇化和农业现代化的任务十分艰巨。四川省要实现由农业大省向经济强省的转变，实现城乡经济统筹以带动农村经济发展是重要内容，只有统筹城乡经济发展，发挥城市的扩散效应拉动农村工业化和城镇化，才能带动农村经济发展和四川省整体经济实力的提升。实施城乡经济社会统筹发展战略，就是要通过综合运用市场和非市场力量，积极促进城乡产业结构调整、生产要素配置和社会发展

等各个领域的良性互动和协调发展,既充分发挥城市对农村的带动作用,又充分发挥农村对城市的促进作用,逐步形成以市场机制为基础、城乡之间全方位自主交流与平等互利合作,有利于改变城乡二元经济结构的体制和机制,实现工业与农业、城市与农村发展良性互动,从而切实增强四川省的经济发展实力。

统筹城乡经济发展为从根本上解决"三农"问题指明了方向,是解决"三农"问题的重大创新。大多数地区"三农"问题的主要表现是农业和农村经济结构不合理、农业综合效益不高、农民收入增长缓慢的矛盾日益突出、农村社会事业发展滞后、农村剩余劳动力转移困难、农民负担过重等。从根本上来说,"三农"问题归根到底是由于落后的生产方式和生产力造成的,如果不把大量的农村富余劳动力转移出来,就不可能大幅度提高农业劳动生产率,就不可能有效增加农民收入,就不可能促进农村社会发展。实现城乡经济社会统筹是转移农村富余劳动力、提高农业生产效率、增加农民收入的重要途径。统筹城乡经济社会发展,把建设现代化农业、促进农村经济发展、增加农民收入与城市化进程结合起来,逐步引导城市带动农村、工业反哺农业,加快推进城市化进程,使更多的农业人口转移到城市,以彻底解决"三农"问题,形成城乡统筹的格局,实现工业与农业、城市与乡村发展的良性互动。

(五)统筹城乡经济社会发展是扩大内需、启动农村市场的需要

工业和农业、城市与农村是相互联系、相互依赖、相互补充、相互促进的。农业是基础产业,不仅为人们提供基本的生活资料,还为工业和其他产业的发展提供重要的生产资料。同样,农业的发展也离不开工业的支持。农业和农村是工业品的巨大市场,只有农村经济社会健康发展,农民收入不断增加,农村市场需求才会旺盛,扩大内需的方针才能得以落实。我国还处于社会主义初级阶段,农村经济还不发达,多数人口在农村,农村消费需求是一个巨大的市场,对于拉动经济增长具有极大的潜力。从目前来看,由于农民收入增长缓慢,农村居民消费能力较低。农民收入增长缓慢是当前国民经济发展中的突出矛盾,是农村经济发展中的紧迫问题,也是贯彻落实扩大内需方针、促进国民经济持续快速发展的关键问题。只有统筹城乡经济社会发展,提高农民收入,扩大内需,拉动经济增长,实现城乡互动、城乡共荣,才能保证国民经济和社会发展的协调性和可持续性。

第二章 充分发挥政府的主导作用与统筹城乡发展

转变经济发展方式，推进社会主义新农村建设，必须坚持城乡统筹，实行以工促农，以城带乡，以发展农村生产力为中心，促进农村经济社会全面进步。建设社会主义新农村是我国现代化进程中的一项重大历史任务，稳步推进社会主义新农村建设，要处理好政府主导和农民主体的关系，协调推进，和谐发展。在社会主义新农村建设中，政府处于主导地位，农民需要发挥主体作用，两者相辅相成，不可替代。如果政府是主体，一切包办"要他干"，农民被动接受，既损害了农民的利益，又会播下不稳定的"种子"，贻误党的事业。政府的主导地位集中体现在编制推进新农村建设的规划、制定相关配套政策、改善生产生活设施、引导农民转变思想观念等。尊重农民的主体作用主要表现在充分尊重农民的独立性、主观能动性、自主创造性，引导农民自己做主，充分调动农民的积极性和创造性，实现由"要他干"转变为"他要干"。建设社会主义新农村作为一项战略部署，绝不是朝夕可成，更不会一蹴而就，社会主义新农村建设中正确、科学地处理好政府主导和农民主体的关系，既关系到和谐社会构建，又关系到坚持科学发展观与转变经济发展方式，具有十分重要的理论和现实意义。

一、统筹城乡发展需要政府干预

（一）统筹城乡发展中政府干预的必要性

统筹城乡发展关键是要充分发挥政府的作用。统筹城乡发展，政府的干预具有必要性。

1. 克服市场失灵是政府干预的基本要求

凡是市场可能失灵的地方，都是政府监管干预的地方。市场经济是一种信息分散的决策系统，市场经济主要依靠竞争来实现优胜劣汰。由于城乡之间人为的和天然的因素，致使在竞争中，与城市相比，农村处于不利地位，"无形的手"指挥的资源只会流向利润率较高的城市，从而使得农村经济因为贫困循环而陷入"马太效应"，这时政府干预就显得很有必要。

2. 公共品的提供需要政府介入

在产品市场中，市场通过价格机制解决私人物品的生产和分配问题，但是公共品的提供却不能听从市场的指令。从历史演变角度来看，组织和管理重大而艰巨的工程共同体活动直接导致了政府的产生并构成政府活动的主要行为内容。尤其是在东方国家，由于文明程度不同，不能产生自愿提供公共品的联合，所以就需要政府来干预。从这种意义上说，正是由于人类对公共品的需求，才使得政府的产生或者形成了这一制度安排，即使是被誉为"自由资本主义鼻祖"的亚当·斯密也不得不承认政府应"建设并维护某些公共利益事业及某些公共设施"。当然，公共品的非竞争性和非排他性的特点也需要政府的介入，竞争性的市场不可能达到公共产品供给的帕累托最优，无法满足社会公众对这类产品的需求，政府介入在一定程度上弥补了理性个体行为的不足。城乡统筹发展作为一种公共品，政府干预可以在一定程度上形成制度上的正外溢性。同时，在统筹城乡发展过程中，为农村提供公共品，保证农村居民共同享有普遍服务，实现财政均等化也正是政府干预的理由。

3. 从政府设置的目的和其本身的性质来分析，政府干预也是必要的

任何国家的政府都是作为国家的实体代表而存在的，迄今为止我们没有发现"无为而治"政府的存在，这主要取决于政府本身的特性。正如斯蒂格利茨所言："政府是一个对全社会成员具有普遍性的组织"，同时"政府拥有其他经济组织所不具备的强制力"。前一特点表明国家的公民无论是在城市还是在乡村都必须附属于一个政府，政府可以为了整体组织的利益而采取行动；后一个特点表明社会自觉服从行动。从我国的情况来看，城乡差距的存在既有客观历史的原因，同时在某种程度上也是政府战略选择作用的结果。然而，任凭这种趋势进一步发展则势必会对社会经济的发展造成伤害，因此为了扭转这种发展趋势，统筹城乡发展是政府本身应尽的职责。

（二）统筹城乡发展中政府干预的定位

城乡二元经济结构的形成在某种程度上在于政府对经济生活广泛而深入的干预，在化解城乡差距，进入"以工补农"的时代，"灵巧的手"是当前我国政府在城乡统筹发展中较为恰当的定位。

政府在城乡统筹和干预经济的发展过程中，需要引入市场机制。我国农村经济发展始终处于自然经济或者亚自然经济状态，生产从实物开始到实物结束，农民生产的自然商品率很低，基本上是一种生存模式。对于这种情况，单纯地依靠政府干预尽管可以在某种程度上激发农民求变的欲望，"官逼民富"也证明了政府干预的局部有效性，但总体来看，难以彻底改变农村落后的根本面貌。然而，以商品交换为主要生产目的的市场经济，能够自动激励农民寻找新的发展机遇，重新激活内在的消费需求，提高经济效益，打破原有的封闭循环圈，促使潜在的优势资源被合理开发和利用。

在我国市场经济条件下，政府干预要"有所为，有所不为"，"市场万能"和"干预万能"都不可取，而应根据各个领域在国民经济中的地位和具体情况，确定干预的程度和范围。当然，这里对政府干预的领域或者范围，很难设置一个固定的、一成不变的标准，但是城乡统筹发展的政府干预领域应该是这样一个范围，即假如不依据政府的特殊地位或者说政府的强制力，社会矛盾和冲突就难以解决的有限性领域。政府在城乡统筹发展过程中首先应该为农村提供公共品，这

可以说是"补课型"政府干预，属于政府干预情理之中的职责。实际上，在统筹城乡发展过程中，从目前的情况看来，政府不是把农村所有存在的问题都统揽下来，而是集中力量完成四大任务：一是在整个国民收入分配过程中伸出"政府之手"，加大对农村义务教育、医疗卫生、社会保障和基础设施的投入；二是解决农村剩余劳动力转移问题；三是巩固农村税费改革成果，推进农村综合改革；四是为农村经济社会发展提供必要的制度支持。

政府干预城乡发展及其范围是确定无疑了，但是究竟应当采取什么样的手段进行干预呢？一般而言，政府作为一个特殊的社会组织，对经济社会生活的干预可以采取政治、经济、行政和法律等多种手段。在我国计划经济时代，政府以指令性计划的形式来表现其在资源配置方面的绝对权威，市场在资源配置中的作用被抹杀了，企业、家庭和个人的决策权被政府替代了。这些干预手段一方面降低了干预效率，另一方面衍生出了很多问题。面对我国经济发展的困难和问题，政府在对城乡统筹发展进行干预时，要力求避免传统体制下的干预手段，要体现新的利益分配机制和灵活应变的能力，采取以经济手段为主的综合政策手段，按照客观经济规律的要求，运用计划、税收、利率、汇率、工资、价格、补贴、经济奖惩等方法，保证干预领域的规范和干预责任的明确，依靠经济利益的驱动来实现国家在农村的发展目标。

二、统筹城乡发展，建设社会主义新农村，转变经济发展方式要求充分发挥政府的主导作用

统筹城乡发展，建设社会主义新农村有利于促进国民经济又好又快发展，构建和谐社会，加快小康社会建设步伐。党的十七大指出，统筹城乡发展，推进社会主义新农村建设。解决好农业、农村、农民问题，事关全面建设小康社会大局，必须始终作为全党工作的重中之重。这一重要指示体现了坚持把解决"三农"问题作为全党工作重中之重的要求，体现了贯彻工反哺农业、城市支持农村方针的要求，对于促进城乡协调发展、全面建设小康社会具有重大意义。农民是新农村建设的主体，政府作为农民利益的代表起的是主导作用。没有农民积极参与的新农村建设不是真正的社会主义新农村建设。新农村建设是农村本位的改革，其主体本应以农民为核心，但当前建设新农村的责任大部分却由政府在承担。没有农民积极参与的新农村建设是很难取得成功的。因此，必须充分发动农民、组织农民，使农民成为建设主体。新农村建设的实质是为了缩小城乡差别、改善农民福利，为农村全面实现小康社会、构建和谐社会夯实基础，所以不能以城市和工业的视角来建设新农村。因为农业文明与工业文明、城市文明是不同质的文明，也是不同质的文化，如果用工业文化、城市文化的价值尺度来衡量，最终会脱离实际。必须在尊重农民、尊重农村的优良传统文化和良好生活习惯的基础上，发动广大农民积极参与。建设社会主义新农村的根本依靠力量是广大农民，使新农村建设变成农民自身的需要，才能事半功倍。这就从过去单纯地应付困难问题转为主动出击，在建设中克服问题，化消极为积极，化被动为主动。否

则，可能会使新农村建设偏离正确的方向。

如果个体农民从中看不到明显的、短期的收益，看不到细化的、具体的、新的政策措施，农民群体可能就不会积极地参与新农村建设工程。在新农村建设的起步阶段，有些地方在搞大拆大建，如修建高楼大厦将农民集中起来居住等，这样的建设其实没能有效反映中央的真实意图，也可能违背了农民的意愿。因此，一方面，在做什么方面要予农民以实惠。最关键的是要从农民最关注的事情着手，解决农村最迫切需要解决的实际问题。这需要把握好三个重点，即富裕农民、改善农村生产生活条件和提高农民素质。另一方面，在怎么做方面要予农民以话语权。在开展新农村建设试点工作的过程中，不能脱离实际，违背农民意愿，盲目攀比。符合农民意愿、带给农民实惠、得到农民拥护是推动工作所应当遵循的重要原则，做什么和怎么做都应该尊重主体的意愿。例如，在整治村容村貌、改善居住环境的时候就不能搞强迫命令和"一刀切"。

目前，我国人民生活的小康水平是不平衡的、不全面的。所谓不平衡、不全面，主要是科教文卫事业发展和环境建设等没有达到小康社会的要求以及多数农村地区没有达到小康水平。因此，解决"三农"问题是全面建设小康社会的难点和关键，加快农村经济社会事业发展是全面建设小康社会的重大任务。因此，加快社会主义新农村建设，推进现代农业建设，全面深化农村改革，发展农村公共事业，增加农民就业和收入，必将有力地推动农村小康社会建设进程。

推进新农村建设是扩大内需、保持国民经济平稳较快发展的现实需要。扩大内需是我国经济发展的一个长期的战略方针。我们有一个13亿多人口的大市场，特别是农村市场潜力巨大。但由于农民收入不高，农村购买力偏低，农村市场还没有真正打开。几年前，我国宏观经济出现的不稳定、不健康因素，一个重要表现就是投资规模尤其是钢铁、水泥、电解铝等投资规模过大。投资结构不合理，部分行业出现产能过剩。因此，需要通过宏观调控抑制某些行业过度盲目投资。一方面，投资仍然是扩大国内需求、拉动经济增长的重要方面；另一方面，又要防止投资过热，出现反弹。这是一个两难的问题。解决这个问题，出路在于调整投资结构。推进新农村建设，就是一个一举两得的办法。通过扩大农村的投资，加快农村的建设，可以增加农民的收入，从而提高农村购买力；可以改变农村的基础设施条件，从而改善农村的消费环境。可以说，推进新农村建设，是处理好投资与消费的关系，通过投资促进消费，进而拉动经济良性循环的一个很好的结合点。

推进新农村建设是构建社会主义和谐社会的重要方面。当前我国社会存在的一些不和谐的问题，一个重要原因是自然历史原因和体制政策带来的发展不平衡。收入差距拉大已经成为影响社会和谐的一个重要因素，在地区差距、城乡差距和群体差距当中，最大的问题是城乡差距。城镇居民和农民收入差距之比已经超过了3∶1。由于中央实行向农村倾斜的政策，这种状况有所缓解，但要从根本解决这个问题还需不懈努力。推进新农村建设，加快农业农村发展，增加农民收入，改善农民的生活条件，缩小城乡差距，对于建设和谐社会有着十分重要的现实意义。

推进社会主义新农村建设是促进城镇化发展的重要途径。我国由于长期实行城乡分割的二元体制，城镇化明显滞后于工业化，城市人口比例偏低，大量农业人口和剩余劳动力滞留在农村。因此，我们必须伴随改革开放和工业化进程，积极推进城镇化。但是，由于我国人口众多、特别是农民众多的基本国情，又决定了我国必须走符合国情的城镇化路子，要坚持大、中、小城市和小城镇协调发展。农民不进城不行，都进城也不行。这就需要一方面引导一部分农业人口和农村劳动力向城镇有序地转移，另一方面要加强传统农村的改造，加快新农村建设，改善农民的生产生活条件和居住环境，从而使一部分农民愿意留在农村。

加快社会主义新农村建设是全面推进小康社会建设的核心问题。社会主义新农村建设具有全新的内涵，与过去农村建设的含义相比，社会主义新农村建设内容丰富，涵义深刻，全面体现了新形势下农村经济、政治、文化和社会发展的要求。社会主义新农村的目标要求是生产发展、生活宽裕、乡风文明、村容整洁、管理民主。可以看出，社会主义新农村建设是经济建设、政治建设、文化建设、社会建设四位一体的综合概念：从社会文明建设看，"生产发展"和"生活宽裕"是物质层面上的，用于物质文明建设的范畴，前者是建设新农村必要的物质条件和基础，后者是建设新农村的物质体现和具体落实；"乡风文明"、"村容整洁"是精神层面上的，属于精神文明建设的范畴，前者是建设新农村的思想基础和灵魂，后者是新农村的环境氛围和具体体现；"管理民主"是政治层面上的，属于政治文明建设的范畴，这是建设社会主义新农村的体制保障和政治保证。可以说，社会主义新农村的目标要求是从统筹物质文明、精神文明和政治文明建设的角度对社会主义新农村的高度概括。社会主义新农村建设的提出是党在农村政策上伟大决策的连续。党的十六大明确提出了解决"三农"问题必须统筹城乡经济社会发展；十六届三中全会提出了"统筹城乡发展"的思想，而且将"统筹城乡发展"放在"五个统筹"之首；十六届四中全会指出我国已经进入了以工补农、以城带乡的阶段；十六届五中全会提出"建设社会主义新农村"。党的十七大指出，坚持把发展现代农业、繁荣农村经济作为首要任务。统筹城乡发展是调整城乡关系的一种战略思路，以工补农、以城带乡是调整城乡关系的一种战略取向，社会主义新农村建设则是落实统筹城乡发展、实施以工补农、以城带乡的战略举措。社会主义新农村建设将战略思路、战略取向进一步具体化，是实现城乡统筹发展、以工补农、以城带乡的必要途径和重要手段。

社会主义新农村建设抓住了全面推进小康社会建设的核心问题。社会主义新农村建设是实现社会主义现代化、全面建设小康社会，建立和谐社会的必然要求。实现全面建设小康社会目标的难点和重点在农村。就整体而言，我们最薄弱的环节还是农村，最困难的群体来自农村，最多的隐患也来自农村。"三农"问题不仅影响到国民经济的持续稳定健康发展，也影响到和谐社会的构建，更直接关系到全面建设小康社会的进程。农业不稳、农民不富、农村不强，势必影响国民经济的持续稳定发展。基础设施的欠缺，社会事业的不足，收入水平的低下，也直接带来城乡矛盾、工农矛盾的进一步加剧，从而影响社会的和谐稳定。只有广大农村、8亿多农民明显改变落后面貌，我国才能实现更大范围、更高水平的小康。

　　社会主义新农村建设内涵丰富，应重在"雪中送炭"，不应该成为"政绩工程"。社会主义新农村建设应注重全面推进，协调发展，而不是加大差距。尊重农民在新农村建设中主体地位，要妥善解决的是农民的人格权、财产权和发展权问题。首先，农民在社会中应得到应有的尊重，让农民尽可能多地享受国家给予的实惠；其次，国家应当继续维护严格的土地保护制度，确保农民的利益不受损害；最后，政府通过加大支持农村发展和促进农民增收的力度，加快农村基础设施建设的步伐，有效改善农村脏、乱、差的环境，调动农民发展生产、建设家园的积极性。在建设过程中，要正确处理好政府主导作用与发挥农民主体作用的关系，只能把两者结合好，而不能一厢情愿、一意孤行。

　　社会主义新农村建设需要充分发挥政府的主导作用。长期以来，农村发展滞后，必须发挥政府的主导作用。通过积极发挥政府的主导作用，文明新村建设在较短时间内基本形成，农民收入大幅度提高，农业生产和农民生活条件明显改善，党的基层组织建设和农村精神文明建设有新的进展。

　　政府的主导作用主要体现在宣传动员、科学规划、加大投入和组织实施上。政府的主导作用首先是发挥新农村建设中的思想导向功能。根据社会主义新农村建设的目标要求，大力宣传党的方针、路线、政策，动员农民群众积极行动起来，统一认识，形成合力，以主人翁的姿态投入到社会主义新农村建设中，在政府的主导下，充分发挥农民的主体作用。规划是政府发挥主导作用的重要任务。按照"发展新产业、建设新民居、创建新机制、培养新农民、塑造新风貌、建好村班子"的思路，立足长远，量力而行，尊重农民意愿，制订涵盖产业发展、新民居建设、农民教育培养、农村机制创新、村容村貌整治以及村班子建设等各方面内容的总体规划和相关专业、村域规划，充分发挥新农村建设中规划的指导作用。提供财力支持是政府发挥主导作用的主要功能和标志。从2003年起，以文明新村建设为契机，四川省连年加大财政投入"三农"力度。此外，四川省还通过引导信贷资金和社会资金向新农村建设投入。财政资金"四两拨千斤"，既为新农村建设输入资本"血液"，又助力农村"造血"能力提升。

　　政府主导还体现在引导、协调、组织各种社会力量和资源支援新农村建设上。政府利用其特殊的职能作用和影响，针对新农村建设提供相应的资源配置，在鼓励社会资本和产业资本进入农村发展产业、鼓励社会力量进入农村发展社会事业、鼓励农民组织起来利用当地资源加快发展等方面制定一系列相关措施；开展机关干部服务基层、服务群众的"双服务"活动，开展送科技、送图书、送智力、送医药下乡等活动；鼓励卫生、教育等领域的专业技术人员下乡支农；推动广播电视、信息网络等公用基础设施向农村延伸。

　　社会主义新农村建设是一项复杂的系统工程，涉及农村政治、经济、文化的全面创新。一方面，农民是新农村建设的主体，我们要发挥好农民作为具体建设者的重要作用；另一方面，在新农村建中，我们也应充分发挥好政府的主导作用。主体是动力，主导是方向，两者相辅相成，缺一不可。在新农村建设中要充分发挥好政府的主导作用，这主要是由新农村建设的特殊性和我国国情的特殊性所决定的。

第一，从制度创新的角度看，在社会主义新农村建设中，也要求政府发挥主导作用。社会主义新农村建设，本质也是一个制度创新的过程，而政府又是制度创新的关键变量。在制度创新方面，政府拥有独特的优势。作为社会中规模最大的非市场组织，政府本身的强制力和再分配能力使其自身在提供制度的服务方面，能够实现规模效益。所以，尽管推动制度创新的动力是多元的，但政府是推动制度创新最有效和最合适主体。目前，针对新农村建设，必然涉及一些体制方面的改革，如何改革，政府的主导作用是无法替代的。

第二，在我国的城乡二元结构中，农村处于弱势，这就客观要求政府应发挥好主导作用。在国家与社会的二元关系中，政府应对弱者给予更多的关怀。对强者而言，只要其行动符合法律的基本要求，政府则应管的越少越好，应让其有充分的自由，以有利于其创造性的发挥；而对弱者而言，政府则应给予更多的保护。这样做的目的有两个方面：一方面是出于人道主义的要求；另一方面是有利于创造一个更加公平的竞争环境。所以，对强者而言，政府应以效率为主导；对弱者而言，政府应以公平为主导。另外，发挥政府的主导作用，加强对弱势群体的关怀和倾斜也是现代化建设对发挥政府职能的必然要求。

第三，发挥好政府的主导作用是新农村建设内容的客观要求。新农村建设的主要内容大部分属于公共产品范畴，这也决定了政府在其中应起主导作用。对于公共产品的生产和供给，不论是自由主义的政府职能论，还是干预主义的政府职能论，都强调政府应起主导作用。所以，对于公共产品而言，由政府发挥主导作用也是一个共识。

三、四川省在统筹城乡发展、建设社会主义新农村中发挥政府主导作用的现状分析

四川省在统筹城乡发展、社会主义新农村建设中取得初步成效，围绕农民增收这一主题，通过一系列强有力的政策措施，直接给农民以实惠，新农村建设初见成效。四川省运用政府和市场两只手，以打破长期形成的城乡分割生产要素体制为突破口，激活生产要素合理流动。

首先，通过创新投融资方式，搭建政府性的投融资平台，发挥政府投入对社会投资的杠杆作用，引导社会资金参与现代农业发展、城镇体系建设，吸引民间资金参与城乡建设；通过积极发展村镇银行、贷款公司和资金互助社等新型农村金融组织，吸引社会资金流向农村。

其次，通过改革城乡分割的户籍制度，建立城乡统一的劳动力市场，配套构建城乡统筹的社会保障体系，并以产业集中区为载体，促进劳动力要素工业和城镇流动。

最后，通过推进以农村土地为重点的生产要素市场化改革，支持和培育各类农村市场经济主体，发展农民专业合作组织，积极引导龙头企业参与农业的多功能开发和现代农业产业基地建设，促进城乡要素流动。

近年来，眉山市立足农业增效、农民增收，围绕奶牛、生猪、蔬菜、竹木、水产品5大拳头产品和18个地方优势农产品，以"一村一品"建设为抓手，以特色效益农产品集中发展为指向，推进区域化布局、规模化和标准化生产，促进了特色效益农业向带状、块状、园区集约发展。眉山市强力推进"一村一品"建设。围绕推进基地建设，强抓"一村一品"发展不放松。坚持调优、调高、调特、调强的思路，大力开展结构调整，品种改良，提升品质，做响品牌，培育特色产业专业村。目前，眉山市建成"一村一品"专业村400多个，"一村一品"专业乡镇16个，占乡镇总数的12.5%。"一村一品"建设有力地推进了优势产业的发展，眉山市东坡区、仁寿县、洪雅县、青神县被确定为现代农业产业基地强县，洪雅县被确定为省级林业产业重点县，洪雅县、青神县被确定为培育林业产业强县，东坡区、仁寿县、洪雅县被确定为培育现代畜牧业重点县。

资阳市从2003年起，以"五改"（改水、改路、改厨、改厕、改圈）、"三建"（建家、建池、建园）为重点，通过科学规划，广泛发动，资阳市文明新村建设取得了较好成效，形成了丘陵地区经济社会可持续发展的"资阳模式"。资阳农民积极的可塑性在发展生产上表现尤为充分。安岳柠檬由零星种植发展为全国基地，其间有"伤心果"的体验、有"柠檬泪"的洗礼，自然风险、技术难题、市场变化，都考验农民的适应能力。同样，在乐至县，蚕桑业由50多年前，全县只1家农户有5棵桑树，发展到现在桑树上亿株，产茧4000多吨（1吨=1000千克，下同），蚕桑产业链条逐渐拉长，蚕桑产业化格局基本形成，蚕桑已成为乐至县一大支柱产业，蚕农的创造能力功不可没。"勤喂猪，懒养蚕，45天得现钱"，民谣体现了蚕桑业发展与休闲文化的结合，在这种结合中，农村老人、妇女、儿童可以充分参与到摘桑叶、管理蚕房这类轻体力劳动中。10万"蚕妹子"纤纤素手"熬"品牌，展示了农民群体特有的坚韧。

南充市顺庆区在社会主义新农村建设中以发展新产业、建设新民居、塑造新风貌、创建新机制、培养新农民、建好新班子为目标，依托新农村建设示范片，着力推广农民产业园发展模式，启动实施重点示范村、示范镇打造工程，新农村建设凸显出新成效和新亮点。新农村建设示范片位于顺庆区潆（溪）新（政）公路沿线、212线、嘉陵江沿线之间，包括潆溪、金台、大林、芦溪、搬罾5个乡镇25个村255个社，辖区面积58.6平方千米，耕地面积31 829.68亩（1亩=666.67平方米，下同），共10 610户37 136人。示范片重点村镇建设起步良好。采取比选办法，筛选了基础条件好、产业优势明显的潆溪大坪山村、搬罾干堰塘村作为重点示范村，并根据老君山道教文化、万佛桥水库、李家祠村农民产业园等得天独厚的优势，确定了芦溪镇作为重点示范镇打造对象，突出规划先行的优势。目前，南充市顺庆区已邀请国内知名专业策划规划公司按照高规格、大手笔要求着手规划，绘制一流发展蓝图。围绕示范片路况差、饮水难、生活不便的问题，启动了9条农村交通"断头路"建设和"四网"（路网、水网、田网、电网）改造工程，建设鱼塘300亩，建成园区道路5千米，建成排水渠6千米，投资30.45万元，建沼气池874个，正在启动建设金台镇梨子园村鱼塘1000亩，解决了农村2 000人的安全饮水问题。该区域森林覆盖率达到36%，沼气覆盖率达到 90% 以上，农村生产生活条件得到较大改善。

示范片专业合作组织、龙头企业不断壮大。牢固树立"扶持龙头就是扶持农业"的理念，大力扶持壮大龙头企业和农民专业合作组织，增强龙头企业带动功能和辐射作用，让龙头企业和专业合作组织带动农民发展特色产业。目前，示范片培育龙头企业 15 个、农民专业合作组织 28 个，带动农户 5600 户。

示范片村落民居建设加快。在栖乐垭率先开展以"确权赋能"为核心的农村产权制度改革试点的基础上，确立了搬罾、荆溪、潆溪等乡镇规划集中建设居住区 6 个，现正在实施的有绕家墙村、桑树坝村，其中基本完成建设任务的有干堰塘村，该村按照"政府引导、农民主体、自拆自建、建新拆旧"的原则，规划占地 150 亩，计划农民入社区 350 户，现已启动第二期工程，入驻农户可增加 30 余户，同时完善了社区支部活动室、医务室、老年人体育协会等服务组织，完成了植树绿化，社区联户道路等基础设施建设，目前正准备实施旧房拆迁还耕。

示范片风貌整治效果明显。按照川北民居风格，投资 2000 万元对国道 212 线、潆溪至仪陇沿线乡镇风貌统一规划打造，并确定大坪山、梨子园、水观音 3 个村为重点整治村，现已完成了 212 线 600 户农房风貌改造。

示范片服务保障体系完善。示范片内加大了社会保障，将失地农民和超龄人员纳入养老保险、医疗保险、城乡低保之中，五保对象集中供养面逐步扩大，示范片内新型农民社区医保投保率达 100%。整合各类资金向城乡统筹区域倾斜和集聚，示范片项目占到全区项目总数一半左右。通过各项工作示范，加快推进了农民向居民、农民向股民、农民向市民转变。新型社区成立了农民社区业主管理委员会，建立社区党员活动室，成立产销农民专业合作社，为农民提供种植、病虫害防治技术、产品销售等服务。组建社区老年人体育协会，建成村级卫生站、计划生育指导服务站、便民商店、农家书屋、健身广场，示范片服务保障体系日趋完善。

南充市高坪区社会主义新农村建设迈出新的步伐，农业集约化经营中心亮点纷呈，特色产业集约发展。南充市高坪区建成万亩订单蔬菜和万亩优质柑橘示范园，提升浸水山羊、螺溪河土鸭等 4 个国家级无公害畜产品生产基地，全力实施 5 万亩杨树速生丰产林工程，新建蚕桑基地 1.5 万亩，蔬菜、水果、畜禽、竹木四大产业发展成效显著，甜栗南瓜高产高效栽培模式在四川省全省推广。经营模式不断创新。南充市高坪区加强新经济组织建设，大力引进业主，积极培育新型专合组织。新农村建设有序推进。南充市高坪区成功探索城郊型、平坝型和山区型建设模式，稳步实施 10 个扶贫新村建设；创新农田水利基本建设机制，改善农业基础条件，惠农政策全面落实。大中型水利水电工程移民后期扶持及后期扶持规划工作全面完成；政策性农业保险试点工作成效显著；加强农民负担监督管理，兑现各项惠农政策，农民种粮积极性提高。

资中县立足人民群众实际利益，解决关系民生的突出问题。资中县从老百姓的实际困难出发，认真解决群众最关心、最直接、最现实的利益问题，为资中县推进社会主义新农村建设凝聚了人心、创造了条件。一是解决岩洞户和农村特困无房户的住房问题。20 世纪 80 年代，资中有 600 多户岩洞户。1987 年，资中县开展了一次大规模的搬迁行动，到 2005 年年初，资中县全县还剩 53 户岩洞户。资中县县委、县政府下决心，将 53 户岩洞户的搬迁工作纳入保持共产党员先进性教育活动的重要内容，一举搬迁了最后 53 户岩洞户。后来，通过普查，发现资中县还有 3000 多户农村特困无房户。为了解决他们的住房问题，资中县广泛宣传，深入发动，先后两次召开捐款大会，共募集捐款 500 多万元；连续两年以县委 1 号文件的形式，对建房工作进行安排部署。在建房工作中，资中县采取建（新房）、购（旧房）、腾（公房）、入（敬老院）、租（闲置房）等多种形式，村社群众帮工帮料，共同帮助特困无房户解决住房问题。二是解决农民看病难问题。资中县狠抓农村新型合作医疗试点工作，开展"村来村回"医士班培训。资中县针对全县 85 个村没有村医的实际，在四川省全省率先开展了"村来村回"医士班培训。从全县没有卫生站的村选拔优秀高中毕业生，参加定向培训，所有费用学校优惠一半，县政府利用专项资金对优秀学员实施奖励。学生毕业后回到本村从事医疗、预防保健服务 10 年。三是开展留守儿童关爱工作。资中县作为四川省全省劳务输出大县，常年外出务工人员近 30 万人，留守儿童近 5 万人。资中县把关爱留守儿童工作摆上了重要议事日程，通过开展青年文明号、青年志愿者帮扶活动，当留守儿童代管家长，建立留守学生之家等多种形式，为留守儿童提供义务家教、义务诊治、法律援助、心理辅导咨询等服务。启动了农村中小学寄宿制教育工程，资中县有 13 所农村学校建立了寄宿制，寄宿学生 5000 多人。

（一）社会主义新农村建设中农民的主体地位得到充分体现

农民是根植于农村这片土壤的主人，农村发展得好坏，是农民最直接的利益所在，农村怎样发展就是农民如何在党和政府政策指导下办自己的事情。因此，从贯彻落实以人为本的科学发展观的角度来说，农民不仅仅是新农村建设受益者，更是主力军，在社会主义新农村建设中处于主体地位。

1. 农民决策主体地位情况

农民成为决策主体是农民主体地位的实质体现。每个村都建立并实施了村民会议和村民代表会议制度，农民自己的事情自己议、自己办，办哪些、不办哪些，什么事先办、什么事后办，以及怎么办，主要由农民自己决定。新农村建设中，涉及农民切身利益的事项，比如主导产业定位、民居规划布局和房屋户型设计选择，都由农民民主讨论，按多数人的意见决定，充分体现农民的决策权。

2. 农民的价值形成主体地位情况

价值是劳动和资本等要素投入形成的。农民成为价值形成主体是农民主体地位的基础。通过广泛发动和积极引导农民群众，发扬自力更生、艰苦奋斗的精神，树立"自己的家园自己建"的思想，在产业发展、农房改造、基础设施建设等方面以农户自己投入资金、投入劳动为主。以"四自"（自议项目、自筹资金、自己投劳、自我监督）为特色的价值形成模式正逐步发挥作用。

3. 农民利益享受主体地位情况

农民分享发展成果是农民主体地位的保障。在认真落实国家税费改革有关要求，切实减轻农民负担的基础上，通过"支部+协会"、粮油产业"三方合作"（政府+金融机构+粮油加工储备企业）到畜牧业"六方合作"（担保公司+加工企业+金融机构+种畜场+肉食品加工企业+农户）深化等机制创新，确保农民群众的劳动和金融资本、商业资本共享发展的成果。

（二）政府主导和农民主体实现有机结合

如何通过政府主导和农民主体的有机结合建设好新农村，不仅关系社会主义现代化和全面建设小康社会目标的实现，而且直接检验我们党的执政能力，直接检验我们各级领导干部的政治素质、理论水平、工作能力和工作作风。

1. 促进政府主导作用和农民主体地位的有机结合，必须转变政府职能

税费改革后，农村面临许多新情况、新问题。这些新情况、新问题主要是乡村两级组织运转难，难以履行应尽的职责；农村社会管理难，解决一些问题缺少抓手；应该由农民自己办的事组织难，处于客观要求办而农民不愿意办的两难境地。产生这些新情况、新问题的根源在于，税费制度改革了，而与之相应的农村经济社会管理体制改革没有到位。这种情况下，切实转变政府职能显得尤为重要。以实施统筹城乡发展战略为突破口推进政府职能转变，重点引导县乡两级政府和村级组织转变职能，按照有所为、有所不为的原则，调整乡镇经济管理职能，主要向服务型和法制型转变。

一是为农户和各类经济主体进行示范引导、提供政策服务和营造发展环境，与主导产业紧密结合，与龙头企业或市场紧密联系，与发展新型经济组织同步推进；

二是提高社会管理和公共服务水平；

三是宣传落实政策和法律法规，规范自身行为，保障农民合法权益，维护农村社会稳定。

通过这些措施，有效促进了政府主导和农民主体的结合。目前，基层政府的职能作用已经发生了显著变化，经济职能相对弱化，社会管理和公共服务职能相对提升。农民对国家、对乡镇和村集体的经济关系从实质上完成从计划经济向市场经济的转变。

2. 促进政府主导作用和农民主体作用的有机结合，必须提高各级干部素质，各级干部要当新农村建设的明白人

重点要求各级干部根据形势变化，转变思想方法和工作方法，科学预测市场信息，准确把握市场走向，围绕市场需求组织发展生产，促进生产与市场紧密联系，切实转变过去那种靠行政命令的管理方式。同时，引导各级干部要尊重农民、引导农民、服务农民，突出农民的主体地位，把农民的事交给农民自己干，让农民主动干。通过学习教育，促进干部素质提高，作风转变，政府主导和农民主体的有机联系逐渐增强。

（三）农业和农村经济结构调整向纵深推进

优势农产品区域布局调整步伐加快，主要农产品向优势产区和产业带集中，优质农产品集中度提高。优质粮食产业发展加快，畜牧业不断壮大，园艺产业和水产养殖业快速发展。乡镇企业结构不断优化，增长质量提高。农业产业化健康

发展，全国产业化经营组织不断增加，农民就业结构非农化进程加快，非农就业占农村劳动力比例不断增加。

农业支撑保障能力明显增强。积极推进现代农业建设，为现代农业发展提供了有力支撑。启动优质粮食产业工程等一批重点工程，实施良种补贴、农机具购置补贴等重大财政专项，加强了农业综合生产能力建设和农业生态环境建设。农业应急管理机制初步建立。

（四）农产品质量安全水平逐步提高

农业标准体系进一步完善，标准化生产水平稳步提升，实施无公害食品行动计划效果显著。农资市场监管力度不断加大，农产品药物残留专项整治行动取得明显成效。

（五）农业科技进步取得重大进展

超级稻、转基因抗虫棉、矮败小麦、禽流感疫苗等方面的科技成果处于世界领先水平。主导品种、主推技术和主体培训工作深入展开，农技推广机制不断创新。农业先进技术引进工作成效显著，消化吸收和再创新能力逐步提升，农业装备水平显著提高，农业信息化快速发展，成为农业科技进步的重要推动力。

（六）农村社会发展取得初步成效

2007 年以来，广大农村整体上实现基本普及九年义务教育和基本扫除青壮年文盲的目标。国家还确定，"十二五"期间在农村义务教育阶段，中小学全面实行免费义务教育，在过去义务教育免除学费的基础上，农村学生的书本费、杂费等费用也将全部由国家负担。在医疗卫生方面，中央财政 2012 年进一步加大了公共卫生、农村卫生的投入力度，农村合作医疗全面启动。农村养老保险制度也开始实行。

（七）农村改革开放全面深化

农村税费改革取得显著成效，加大农业税、农业特产税的减免力度，着力建立为农民减负的长效机制，农民负担明显减轻。粮棉流通体制改革不断深化，农产品市场体系建设得到了加强，在全国范围内形成了粮食购销市场化和经营主体多元化的格局。积极推进农村经营体制改革，农民专业合作经济组织继续发展完善。

四、统筹城乡发展、建设社会主义新农村中需要解决的主要问题

社会主义新农村建设从推动的层次来看，机关热，基层冷。在县以上的各级党政机构特别是涉农机构，从年度工作计划到日常工作安排，都有大量建设社会主义新农村的内容。可是，有的地方到了乡、村两级特别是村级，建设社会主义新农村似乎还是个陌生的话题。有的基层干部积极性和主动性不够，存在着"等靠要"的思想。

社会主义新农村建设从分布的地区来看，富村热，穷村冷。在经济发达地区，一些乡村按照"生产发展、生活宽裕、乡风文明、村容整洁、管理民主"当中"村容整洁"的要求，已经开始搞村居规划，有的地方已经投入资金启动

建设工程，还有的地方与已开展的"小康村"建设结合起来，统一规划人居环境。然而，在一些欠发达地区特别是有的贫困地区，社会主义新农村建设则更多的还停留在口号阶段，由于缺乏明确的发展思路和资金支持，目前还没有很多具体措施来推动这项工程。

与新农村建设宏伟目标要求相对应，推进新农村建设中处理政府主导和农民主体关系还面临一些困难和问题。这些困难和问题通过一些现象表现，既有共性，也有特性，主要体现在以下几个方面：

（一）政府主导作用的充分发挥任重道远

社会主义市场经济是在国家宏观调控下的经济，政府管理实践是永无止境的，新农村建设是新形势下"三农"工作新的起点。从这个意义上看，政府主导新农村建设是一个漫长的过程。社会主义新农村建设中，政府主导作用的充分发挥更是任重而道远。

1. 从政府主导作用发挥的条件看，受制约的因素还较多

政府主导作用发挥需要一定条件，除了农民主体作用的发挥外，还有其他相关条件。制约政府主导作用发挥的因素主要是以下几方面：

（1）资源约束。对政府主导作用发挥影响比较大的资源约束因素一方面是自然资源约束。特别是土地资源约束。现有耕地的突出特点是田块过小过多，而且多数土地不规则，田埂和田间道路占地较多，中低产田土地占比重较大。这样的土地现状，农业种植业结构调整难度特别大。另一方面组织资源约束。政府主导作用发挥要各级党委、政府共同努力来实现，要靠党委、政府组织资源的协调配合。实践中，与政府主导作用发挥不相适应的组织资源因素最突出的是部分乡镇政府运转困难。取消农业税后，乡镇政府职能从"收钱、催种"上"大撤退"，国家同时给予乡镇政府以大量的财政支持。但是，由于乡镇自身无力将机构和人员精简到位，或者减员不减负，加之农村公共服务供给标准提高、基层政府隐性收入减少、事权财权不对称等原因，基层政府的财政压力继续增加，造成乡镇政府运转困难，政府主导的组织载体出现薄弱环节。

同时，社会化服务体系不健全。政府职能部门、涉农组织、企业及其他经济组织提供信息、资金、技术、保险等产前、产中、产后服务难到位。县（市、区）级农业服务体系基本健全，能发挥一定作用，但有的乡镇农业服务组织经济、技术实力不强，为农业生产提供服务非常有限，以行政村为依托的服务组织基本还处于探索阶段，民办的社会组织大多是松散的季节联合体。基层普遍反映，农业科技服务体系不健全，农业技术人员严重缺乏，人员和知识老化，队伍不稳定，经费严重不足，在岗的农业技术人员时常被抽作他用。此外，资本外流、信息传导阻塞等资源因素也影响政府主导作用充分发挥。

（2）机制约束。这里的机制约束主要是政府管理机制和市场运行机制的约束。改革开放以来，为加快农业发展，促进农业现代化，党和国家采取了一系列措施完善政府管理机制，但政府对农业的宏观调控还有不适应市场经济发展的要求的地方，比较突出的是管理分散、"政出多门"。仅以农田水利基础设施投入机制为例分析，农田水利基础设施建设主要靠乡镇以上各部门项目经费投入，

"农业综合开发"、"集雨节灌"、"土地整治"、"以工代赈"、"扶贫开发"等项目都要涉及，分别由相应的职能部门实施，项目多头管理造成各乡镇和建设单位间激烈竞争，个别项目安排随意性强，甚至滋生腐败，影响资金效能。

市场规律是以利益为导向的，讲究效率；政府是要维护经济环境的，重在公平。效率和公平的矛盾使政府主导的角色非常微妙，这在农业产业化经营中有所表现。从理论上讲，企业是市场经济的主力军，政府要培育、扶持农业产业化龙头企业，增强地方经济活力。企业按市场需要生产，是正常的政企关系。由于龙头企业和相关中介组织通常比较关注短期收益，并在利益分配过程中处于相对主动的地位，而有利于农户利益的分配机制很多地方还没真正建立起来，因此，在一些产业化经营组织中，农户利益很容易受到损害。有的龙头企业"坑农"的情况时而出现，这既在很大程度上制约了农业产业化经营的进一步发展，又制约政府主导作用的发挥。

（3）人才约束。领导人才、管理人才、科技人才缺乏是制约政府主导作用发挥的重要方面。新农村建设特别需要带领广大群众致富的领导人才，受经济社会发展水平的影响，农村人才外流现象严重，基层领导人才，尤其直接面对群众的村干部奇缺，一些边远乡镇村党支部的战斗堡垒作用的发挥和乡村治理出现人才断档，严重制约党和政府新农村建设方针政策的落实。与发达地区相比，经营管理人才相对缺乏。有的农业产业化龙头企业家族式经营特征突出，职业经理人发挥作用有限，企业管理水平与新农村建设要求不相适应，政府对龙头企业的政策扶持没发挥应有的作用。

2. 从政府主导作用的效果看，不同预期下的评定结果影响很大

政府主导作用的效果评定是对政府行为的总结，直接影响政府主导的方向、目标。这与领导班子和干部成绩的考核评价指标体系密切相关。从理论上讲，要使考核结果能够全面、客观、准确，考核标准就要同确立科学的发展观联系起来，既看经济建设成果，又看社会进步；既看城镇变化，又看农村变化；既看硬环境的加强，又看软环境的改善；既看当前的发展，又看发展的可持续性；既看经济增长的总量，又看人民群众得到的实惠；既看经济社会发展的成果，又看党的建设的成效；既要看"显绩"，又要看"潜绩"；既要看主观努力，又要看客观条件。衡量干部政绩的最终标准，是人民拥护不拥护、赞成不赞成、高兴不高兴、答应不答应。事实上，真正做到这样考核在认识和技术层面还有一定距离，部分乡镇领导对此颇感苦恼。他们忧虑的是，当工作中出现对上级组织领导和对下级基层群众的矛盾时，以对谁负责为主就是一个痛苦的选择过程。这个时候，是从基层群众的角度考虑，还是从上级组织领导的角度来考虑，往往有不同的任期目标考核结果，不同政治前途预期。在改革发展的过程中，很多理论和实践都在探索中前进，时常会面对这样的矛盾，处理不好，基层政府发挥主导作用的效果就大打折扣。

（二）充分发挥农民主体作用还面临多方面挑战

人民群众是推动社会进步的决定力量，这是革命和建设实践证明的真理，新农村建设必须发挥农民主体作用是这一理论的具体应用。发挥农民主体作用是从

全局、整体而言，就局部和个别而言，还有不同的情况。

1. 农民主体地位重塑过程漫长

新中国成立以来，缩小"三大差别"，一直是党和国家与全国人民共同努力的方向，农民政治地位、经济地位、社会地位与旧中国相比发生了实质性的转变，农民主体地位非常突出。各县（市、区）相继成立了农民协会，协会在履行地方行政权力，执行党和国家政策法令，保护农民利益，发动农民投入减租退押、清匪反霸和土地革命运动等方面，发挥了巨大作用。以后成立的贫下中农协会在开展"四清"运动、搞好生产、建设农村等方面也发挥了积极作用。

改革开放以来，随着市场机制在各个层面发挥作用，农村社会状况发生较大的变化，与此相对应农民主体地位发生了微妙的变化，突出反映在农民社会心理的变迁上。市场导向下的农民社会心理变迁分正负两个不同的发展方向。正向变迁主要有：变依赖为自主；变封闭为开放；变保守为进取；变轻视知识为重视知识；由尊重习俗转向关注和追求时尚。负向变迁主要有：政治上的冷漠心理和逆向心理；生产经营上的小农心理和怕担风险的畏惧心理；道德风尚上的金钱拜物教心理；精神生活上的宗教心理和迷信心理。正负方向交错导致农民社会心理的两重性：开放进取心理与不平等竞争心理并存；对科学技术的渴望与盲目从众心理并存；消费上的现代性与愚昧消费心理并存；流动欲望与对乡土的眷恋心理并存；认识与行为的不协调。例如，大部分农民能认识到法律面前人人平等，但是具体到自身的利益受到侵害时又往往认为自己无权无势，有理也没人给自己做主，从而采取忍气吞声的态度，超出忍耐限度又出现过激行为，甚至产生违法行为；在选举问题上，农民大都能认识到民主的重要性，但实际的选举行为却存在明显的家族倾向及观风、从众心理，不珍惜自己的民主权利。这种状况，对突出农民的主体地位产生消极影响。社会心理是社会、经济、政治制度共同决定并逐步形成的，其变化也需要相应的制度调整，不是一蹴而就的。

2. 农民利益诉求表达长效机制亟待建立

利益体现是农民主体作用发挥的内在动力，利益诉求表达机制是否建立和正常运行是农民主体作用发挥的制度基础。通过开展服务基层、服务群众的"双服务"活动，在建立完善机关基层互联互动的工作机制、渠道畅通的民情沟通机制、排查化解矛盾问题的协调机制、为民办实事的长效机制上进行了积极探索。"双服务"活动的深化又扩大了这一成果，但农民利益诉求表达事关生产关系的许多方面及其相对应的上层建筑安排，其长效机制的建立问题仍然十分迫切。

土地调整过程中，或因基层干部工作不细致，或与历史遗留问题相联系，或是业主经营过程引发的经济伦理问题（如环境污染、强占水利设施等），总有那么个别的农户"漫天要价"、"胡搅蛮缠"。其中，既有个别农民政治思想素质问题，较多的则是折射出农民利益诉求表达机制的缺陷。例如，具体到农户个体，级差地租效益如何体现、经济权力的实现形式等，这些是发挥农民主体作用必然面对的课题。

3. 农民创造活力的激励需要加强

近年来，与发达地区相比，农民创业思想观念相对落后，创新不足，创优不

29

够。比较突出的是以从事简单的体力劳动为主的劳务产业逐年发展的同时，一方面，区域农业产业化经营、农业结构调整、农业技术推广所需的劳动力缺乏；另一方面，"留守儿童"教育问题出现，"留守老人"孤独感增强，综合幸福指数下降。"发展劳务产业是无奈的选择"，不少干部群众这样感叹。激发农民创造活力，实现外出创业与本土创业的结合，创业与创新、创优的结合是发挥农民主体作用的重要途径。

（三）政府主导与农民主体互为条件、互相影响、互相促进，良性互动期待有效契合

新农村建设本质是一个体制创新的过程。在"三农"发展的历程中可以看出，政府主导与农民主体互为补充、有机结合是实现体制创新的必要条件。政府主导和农民主体关系互为条件、互相影响、互相促进，但就全局而言，政府主导与农民主体良性互动的行为契合、组织契合的契机等待和契合点的催生有不确定性。比较突出的表现是各级政府组织和同级组织间契合的随机性。

新农村建设中的政府主导，从纵向看，是各级政府组织的联动；从横向看，是同级政府组织的协作。这些联动和协作本应是政府调控的重要手段，事实上，"等待时机"却是不可避免的，一定程度上影响政府主导和农民主体良性互动的周期和效果。此外，政府组织和民间组织契合的偶然性，政府行为与农民行为的契合可变性也较大地影响政府主导和农民主体关系的良性互动。

五、国外统筹城乡发展的经验及启示

（一）国外统筹城乡发展的经验

美国作为世界上最发达的资本主义国家，也同样经历了从城乡不协调到协调发展的过程，并最终取得了城乡经济协调发展的明显成效。在这一过程中，城镇化和工业化对于城乡协调发展起着重要的作用。总体来说，美国城乡经济逐步实现协调发展的进程是伴随着工业化和现代化发展进程展开的，并在城镇化过程中先后经历了从城市化到郊区化的两大发展阶段。美国共有 51 个州，3043 个县，35 153 个市、镇，其中 300 万人口以上的城市有 13 个，20 万~100 万人口的城市有 78 个，3 万~10 万人口的城市有 878 个，几千到 3 万人口的小城镇多达 34 000 多个。虽然美国城市规模差别较大，但 10 万人口以下的小城镇占城市总数的 99.3%，从而对美国城乡协调发展起到了很强的均衡作用。

19 世纪末，美国农业技术的发展提高了农业的生产效率，不但提高了传统农业的投入产出比率，而且也造就了大批自由劳动者，为城市工业发展提供了必要的条件。工业革命之后，在美国国内有关的产业政策的引导下，电力、钢铁、汽车等制造业逐步崛起并超越农业成为经济发展的主导产业，为美国推进城市化、促进城乡协调发展奠定了雄厚的物质基础。与此同时，以工业化为动力的城市化过程，在吸纳大量农村剩余劳动力的同时，也造就了四通八达的交通网络，带动了公路沿线地区的经济发展，与之配套的第三产业也随之发展起来，有力地推动了周围农村地区的发展，为最终形成区域内稳定、可持续的城乡发展格局发

挥了重要作用。

在工业化促进城市化发展的过程中，美国逐渐形成了以纽约为代表的几个大城市，这些大城市在促进经济增长方面体现了很强的优势。与此同时，城市与乡村形成的巨大差距也带来了一些问题，一方面城市工业和相关产业的迅速发展创造了大量的就业机会，使大批农村人口涌入城市，引起城市交通系统的负荷加重，城市秩序混乱，造成交通堵塞、住房紧张、环境污染等一系列社会问题；另一方面农村收入水平低、城乡差距扩大，在很大程度上影响了农村经济社会的进一步发展。

在这种情况下，美国政府对过度集中的城市集群采取了郊区化的战略。在郊区化过程中，美国政府起到了积极的作用。美国政府推行大规模援助公路建设的政策，使美国公路交通网络尤其是高速公路网络快速发展，促使大量工厂、商业中心和居民住宅区向大城市周边地区分散，围绕大城市形成具有优势互补的众多中、小城市群，在一定程度上减轻了大城市的负担。与此同时，美国政府长期以来一直实施的有利于向郊区扩散的住宅政策也对郊区化起到了促进作用。大量中小城市（镇）在基于自身主导产业发展的同时，围绕大城市周围布局，从而形成大、中、小城市相互配合、错落有致的巨型城市带（群）。尤其是小城镇的迅速发展，对于平衡城乡格局、协调城乡发展起到了重要作用。

日本在工业化时期对于农业发展仍非常重视，制定并大力推行"劝农政策"，努力推进农业技术的改良和农业生产的发展。从 19 世纪 60 年代末到 80 年代初，日本政府基本上直接照搬西方的农业生产技术和经营方式，这些措施虽对于当时日本农业生产领域的变革起了一定作用，但由于片面照搬西方的农业生产技术和经营方式脱离日本国情，最后以失败告终。19 世纪 80 年代，日本开始探索适合本国农业发展的道路，转而重视本国传统农业的经营方法和经验，创造出一种适合日本国情的农业生产方法和技术，并采取各种措施促进农业生产经验的交流和推广。通过这些措施，日本农业生产在工业化过程中仍有很大的发展，农业商品经济化程度有较大提高，农业为工业等生产部门提供了富余的劳动力，并有力地促进了农村工业的发展和城市化进程。1876—1880 年，平均每年有 5.9 万人离开第一产业转向其他产业；1881—1885 年，每年有 7.3 万人离开第一产业转向其他产业；整个明治时代，农业为工业等非农业部门提供的劳动力年均 17 万人，共 700 万人左右，其中工业雇佣工人 70% 来自农村；1884 年，日本民间资本创办的 1981 家工厂中，设在城镇的工厂占 19.2%，设在农村的工厂占 62.4%，厂址不明的占 18.4%。农村工业的发展，使农村工厂的所在地成为农村工业的中心，这些中心进而发展成为新的市镇。从 1873 年到 1886 年年末，居住人口达 3000 人以上的城市由 439 个增加到 677 个，城市数增加了 238 个；1898 年至 1918 年 5 万人口以下的城市从 213 个发展到 510 个。农业生产的发展、工业化和城市化的进程，都对日本的城乡协调发展起到了重要作用。

日本政府通过财政倾斜和提供金融、税收等优惠政策调动地方政府发展农村工业的积极性，并吸引城市工业，以促进农村工业生产力的聚集。国家通过财政出资，对农村基础设施进行大量投入，帮助农村地区改善交通、通信等基础设施，为农村工业的发展创造良好的外部条件，起到了增强城乡区域联系、提高农村的劳动生产力、缩小城乡差距的作用。建立和完善农村工业融资体系，保证农村工业企业融资渠道的畅通。还对农村工业企业实行减税、免税政策。农村基础设施的改善，加强了城市间、城乡间的联系，为实现城乡一体化提供了可能，而农村发展也为城市产业和人口的扩散开辟了道路，创造了良好的条件。特别值得一提的是，政府不仅注重农村基础教育，还特别注重职业教育，在各地建立了很多职业培训机构，进行各种形式的职业培训，为农村工业企业提供了大量的合格的劳动力，满足了农村工业化的需要。另外，日本政府还采取多种措施，提供各种雇工信息，进行就业指导及职业介绍等。

在工业化迅速发展的过程中，日本还注重通过均衡发展计划以协调城乡发展。1962年，日本政府制订了第一次全国综合开发计划。该计划以"防止城市的过度集中"和"消除地区差别"为口号，提出以大规模建立新据点的方式，扩散城市工业，振兴地方经济，缩小城乡差别和地区差别。1969年，日本实行第二次国土开发计划。1977年，日本实行第三次全国综合开发计划，提出进一步调整工业布局，大力发展中小城市，开发落后地区，解决工业、人口过密和过疏的矛盾。

为配合统筹城乡经济的发展，日本政府出台了一系列法律，如《落后地区工业开发优惠法》《半岛振兴法》《山区振兴法》《大雪地区对策特别措施法》及《离岛振兴法》等，旨在推动落后山区和人口稀疏的农村地区的经济发展。为鼓励和引导工商产业向农村地区转移，日本政府还先后推出了《农村地区引进工业促进法》《新事业创新促进法》和《关于促进地方中心小都市地区建设及产业业务设施重新布局的法律》等。日本还制定了对农村工业化进行规范的法律，比较典型的有《公害犯罪法》《防止农田污染法》《废弃物清理法》《自然环境保护法》等。这些法律为禁止企业超过规定排放污染物、防治环境污染提供了必要的法律依据。

随着日本城乡差距的逐渐缩小，日本农村居民的生活得到了很大的改善，基本实现了农村生活的城市化和现代化，在农村区域居住的居民也由原来全为农业人口发展为农业人口、兼农人口和非农人口混合居住，

可见，城乡统筹和立法保证是日本实现城乡经济一体化发展的主要经验，城市化和农村经济发展不能割裂开来，否则将导致城乡发展脱节、差距扩大、国民经济发展总体水平不高的后果。

（二）国外统筹城乡发展的启示

1. 政府的统筹规划对于统筹城乡发展具有重要意义

日本等国通过制订国土综合开发计划等形式，对于如何缩小城乡差别、促进农村城镇化和工业化进程、统筹城乡发展进行长远和统筹规划。这种措施可以在工业化的过程中防止出现城乡的过度分化，从长远来看可以通过国家对农村的综合开发和发展规划统筹城乡发展，这是我国在制订发展中长期规划尤其是在"十二五"期间应该重视的一条重要经验。需要指出的是，这种计划的执行并不完全等同于我国过去计划经济体制下的指令性计划，而是采用符合市场经济的调控手

段，通过国家的宏观调控和政策引导，逐步实现城乡均衡、协调发展。

2. 政府在财政、金融等方面对农村的倾斜和支持对统筹城乡发展具有重要作用

美国、日本的经验表明，政府在财政、金融、税收等方面提供的优惠和倾斜性政策对于促进农村发展具有重要作用。由于城乡在工业化，城市化等方面发展水平的差别，农村在基础设施、吸引和聚集生产要素、产业集群的能力等方面要薄弱得多，这会进一步扩大城乡差距，不利于城乡统筹发展。为了缩小城乡差距，保证农村经济的健康发展，中央和地方政府就必须采取各种政策和措施，对于农村的基础设施、产业发展、农村劳动力就业等方面给予大力支持。

3. 重视增强农村自我发展能力、促进农业发展和农村工业化是统筹城乡发展的物质基础

国内外城乡统筹发展的一条重要经验是必须增强农村的自我发展能力，其主要路径是农业发展和农村工业化。日本发展的经验表明，对于农业和农村的重视是保证农村经济健康发展的重要保证，因此，必须以农业产业化经营为契机，大力促进农村经济发展。另外，在各国城市化发展和城乡统筹发展的过程中，工业化和地区工业的发展为地方经济繁荣创造了良好的条件，工业化是城市化和城乡经济发展的原动力。一方面，工业的发展引起了对大批劳动力的需求，创造了大城市对来自农村的剩余劳动力的吸纳能力；工业向郊区和廉价资源地区分散也为以形成小城镇为单位的地区发展中心提供了良好的基础。另一方面，产业发展的关联性使某一产业的发展带动相关产业的发展，通过产业之间的连带作用，形成核心城市或小城镇拉动周边地区经济、文化事业的协调发展。

4. 在加快推进城市化的同时，应重视农村经济发展以及大、中、小城市和小城镇的协调发展，促进城乡协调发展

从美国和巴西的经验看，城市化是伴随着工业化和经济发展而出现的一种现象。城市的发展不仅给人们带来了生活、工作、娱乐等方面的便利，也为一国经济的发展提供了必要的支撑。我国的城市发展在改革开放以来取得了很大的成就，初步形成了大、中、小城市有机结合的城镇体系。但是，城市化水平相对于工业化水平仍然明显偏低，相对滞后。并且，城市化进程在带来丰富物质文化生活的同时，也带来了交通堵塞、住房紧张、城市环境恶化等一系列社会问题，其原因就在于忽略了农村经济的发展，忽略了对广大农村地区的利用与开发。割裂城市化与农村经济发展最直接的后果就是城乡经济发展差距拉大，经济发展整体水平不高。因此，加快推进城镇化是我国 21 世纪经济社会发展的一个重大课题。而在推进城镇化的同时，千万不能忽视农业和农村经济的发展。美国现有的乡村不再发展成传统的城市，在保留乡村某些特征的同时，在生产、生活方式上乡村已经和城市没有什么差别，城乡进入了协调发展的良性循环。而巴西的情况正好相反，在城市化过程中片面强调城市的扩张而忽略了农村的发展，导致城乡之间存在巨大的差距，进一步强化了城乡二元经济结构。正反两方面的例子告诉我们，我国应该纠正传统的偏重城市发展的政策倾向，采取城乡协调发展的政策措施。国际经验表明，凡是城市化水平高的国家，其农业也相应较为发达。农业部

门生产率的提高是城市化得以顺利推行的基础。因此,我国应该通过改善农业的生产条件和农村的生活环境,提高农民的收入水平和社会福利水平,消除城乡经济机会不平等现象,实现城乡协调和可持续发展。在城乡统筹发展过程中,由于各地区具体情况不同,采取的发展策略也不尽相同。在追求高度城市化和大城市带发展时,应配合小城镇的发展,以此来填补大城市与农村经济发展之间的空白,通过小城镇发展来协调城乡经济,缩小城乡发展的差距。

5. 加快农村剩余劳动力转移是统筹城乡发展的必要途径

从各国经验看,伴随着工业化的发展,大量劳动力由农村涌入城市,从而推动城市经济和社会全面快速发展是城乡经济发展的必然趋势。世界各国发展的一般规律是,当工业在国内生产总值中的比重达到40%左右时,农村劳动力转移程度基本达到50%左右。我国工业目前占国内生产总值的比重已经超过了50%,农村劳动力转移水平应该更高一些,但实际上仍存在较大差距。除此之外,我国长期存在的城乡差距(经济、技术、观念、劳动者素质等)在短期内是不可能消除的,城乡二元经济结构的彻底打破也不是短期内能实现的,这有待于政府出台相关法律法规,调整对农村、农民的政策和有关产业政策,实现国内产业结构优化升级,引导城乡经济健康发展。另外需要指出的是,我国农村剩余劳动力转移不能只依靠大城市而更应依靠小城市和小城镇的发展,总体上形成"放射"状良性发展的趋势,逐步缩小城乡经济发展差距,达到协调城乡经济发展的目的。

6. 以立法促进城乡统筹发展

从韩国、日本统筹城乡经济发展的过程来看,引导城乡协调发展的规划落实的有力保证是有关法律的制定和实施,以使之具有较强约束效力。任何好的方法或规划,如果只停留于形式上面不能实际实施是没有任何实际意义的。没有法律的支持和保障,政府和有关管理部门的统筹规划的职责很难明确,城乡统筹发展的规划也不可能具有权威性。因此,立法先行是统筹城乡或区域间经济协调发展的必要环节。在农民剩余劳动力的就业方面,通过立法形式保证劳动力转移的步伐不被城乡户籍制度等阻碍;在城市化过程中,通过立法形式对农村土地的合理使用、赔偿和农民的社会福利进行相应的详细规定,以保护农民利益不受损害等,都是非常必要的。

六、统筹城乡发展、建设社会主义新农村中应处理好的关系

(一)建设社会主义新农村与推进市场化、工业化、城市化的关系

推进市场化、工业化、城市化是中国从落后的农业大国转变成发达的现代化强国的根本途径,也是推进社会主义新农村建设的必要条件和强大动力。正确处理好这"三化"与社会主义新农村建设之间的关系是确保新农村建设成功的首要问题。建设社会主义新农村是中央依据"两个趋向"的科学论断,站在统筹城乡发展高度提出的战略部署。建设社会主义新农村绝不是否定推进市场化、工业化、城市化的必要性,而是要纠正前些年里不少地方在抓市场化、工业化、城市化的过程是忽视"三农"发展甚至牺牲"三农"利益的做法,解决工农差别、

城乡差别、地区差别和贫富差别不断扩大的问题。正确的做法就是要坚持一手抓市场化、工业化、城市化的健康推进，一手抓建设社会主义新农村，推进农业现代化，建立起市场化、工业化、城市化带动"三农"发展的互动互促的机制，不断增强"三化"对"三农"的带动力，着力于改变农村经济社会发展严重滞后状况，把传统农业改造建设成为具有持久市场竞争力和能持续致富农民的高效生态农业；把传统村落改造建设成为让农民也能过上现代文明生活的农村新社区；把传统农民改造培育成为能适应分工分业发展要求的有文化、懂技术、会经营、高素质的新型农民。概括起来讲，建设社会主义新农村就是要通过"三化"对"三农"的有效带动，促进农民有序的分工、分业、分化，让更多的农民进城务工经商、安居乐业，让留在农村的农民也能过上富裕文明的幸福生活，形成城乡互促、共同繁荣的城乡一体化发展新格局。

（二）建设社会主义新农村的近期目标与长远目标的关系

新农村建设的长远目标就是要建设繁荣、富裕、民主、文明、和谐的社会主义现代化新农村。20世纪初的新乡村建设运动的实质就是要以科学和民主的两大手段来解决农民"贫、愚、弱、散"的问题。我们今天讲的建设社会主义新农村就是要在中国共产党的领导下，通过走中国特色的社会主义现代化建设道路来实现中国农民的全面发展和农业、农村的现代化。现在中央提出的"生产发展、生活宽裕、乡风文明、村容整洁、管理民主"的要求，实际上是在全面建设小康社会阶段的新农村建设的中期目标。近期目标应该是从解决好农民群众最关心、最直接、最现实的利益问题入手去推进社会主义新农村建设，实现好、维护好、发展好农民的物质利益和民主权利。各地在社会主义新农村建设的实践中必须把近期、中期和远期的建设目标统一起来，必须坚持以远期的目标为导向；从近期目标入手去努力实现中期目标。因此，必须科学地搞好社会主义新农村建设的远景蓝图、中期规划和近期的建设计划，把远景蓝图作为新农村建设的指导。例如，村庄的整治建设既要从解决村庄环境脏、乱、差和道路硬化、河道净化、四旁绿化以及改水、改厕、改厨、改房等农民迫切需要解决的问题入手，又要考虑到优化统筹城乡生产力和人口布局，促进农村人口向城镇集中，农民住宅向新社区集中，工业企业向工业功能区集中。因此，必须搞好县域的村庄和新社区布局规划，并与县城和小城镇的建设规划以及基础设施和公共服务规划相衔接，同时各地在建设社会主义新农村过程中切忌生搬硬套别人的经验，遵循因地制宜的原则，从地区差异大的实际出发，找准建设的突破口和着力点，使社会主义新农村建设既能解决农民群众最迫切的难题，让农民群众普遍得到实惠，又能实现全面小康的新农村目标，为社会主义现代化新农村建设打下扎实的基础。

（三）建设农村公共服务体系与建设农村新社区的关系

推进村庄整治、改变村容村貌、优化人居环境是建设社会主义新农村的重要目标任务。新村建设也不能就村庄建设搞村庄建设，必须借鉴现代社区的建设理念来改造传统的村落社区，把发展农村公共服务与新村庄建设紧密结合起来，提高农村公共服务体系建设效率和服务覆盖面，在村庄整治建设中要以农村新社区建设为方向。要按照资源节约、环境友好、服务共享和创造最佳人居环境的要求，对现有的布局分散、杂乱无章的村落和农民集中居住点进行科学的规划和整治建设。把农村基础设施建设规划、公用事业发展规划与农民集中居住点建设规划结合起来，重点是要搞好中心村的建设规划和农村公共服务建设规划，使中心村成为农民的集中居住点和农村公共服务的基点，着力改善农民生产生活条件和村容村貌，引导农民住宅建设和居住向中心村集中，努力把传统村落改造建设成为布局合理、环境整洁、设施齐备、服务配套、管理民主、生活舒适的农村新社区。城中村和城郊村要按照城镇社区的要求进行规划建设，使之成为新的城镇社区。开展的"千村示范、万村整治"工程建设，就是以农村新社区建设为方向，全面推进村庄整理、环境整治和中心村建设，整体推进"改路、改水、改厕、改房"和农村垃圾集中处理以及污水处理，并且把乡村康庄道路、河道治理、农民饮用水等基础设施和公共事业工程建设与村庄整治建设相配套，与农村医疗、养老、教育、卫生等一系列农村社会事业发展紧密结合起来，成为全面推进社会主义新农村建设的有效载体。

（四）建设社会主义新农村中物质文明建设与精神文明建设的关系

从当前的实际来看，必须首先抓好农民群众最关心的发展生产、增加收入的经济建设，改善生产生活条件的基础设施建设、村庄建设和公共服务体系建设，只有把这些物质文明搞上去，新农村建设才会对农民有更大的吸引力。同时要避免把新农村建设单纯当作物质文明建设的偏见，还要把精神文明建设搞上去，不仅使精神文明建设成为新农村建设的有机组成部分，而且要使精神文明建设成为推动新农村建设的强大动力。要把改善农村的生产、生活、生态条件与提高农民的科技文化素质、文明道德水准结合起来，要大力开展文明乡镇、文明村、文明家庭的创建活动。韩国新村运动的一条重要经验是在开展新村建设的同时，广泛开展倡导"勤勉、自立、合作"精神的现代公民素质教育。我们现在应该把新农村建设与农村保持共产党员先进性教育活动紧密结合起来，形成互动互促效应。同时，要在广大农民群众中开展以社会主义荣辱观为主要内容的新农村思想教育活动，丰富农村的文化生活，引导农民树立爱国守法、明礼诚信、团结友善、勤俭自强、敬业奉献的基本道德规范，革除陈规陋习，推动移风易俗，促进乡风文明，使农民群众保持昂扬向上的精神状态。使农民群众具备现代国民素质，促进农民的全面发展。

（五）建设社会主义新农村中发展生产与改善生活的关系

生产发展是手段，生活宽裕是目的。建设社会主义新农村要坚持以人为本，把提高农民的收入水平和生活质量作为根本的出发点和落脚点。要把经济建设作为新农村建设的首要任务，要摒弃那种就农业抓农业、就生产抓生产的做法。要紧紧围绕扩大农民就业、增加农民收入、提高农民生活水平来发展农业和农村第二产业和第三产业。农业的发展决不能以农民的低收入和生态的破坏为代价，要把发展目标定位在建设现代农业上。要充分发挥农业的生产、生态、生活功能，努力使农业成为能使农民致富的经济高效的产业和优化生态环境的产业。要以发展高效生态农业为主攻方向，走出一条经济高效、产品安全、技术密集、资源节约、环境友好、人力资源优势得到充分发挥的新型农业现代化路子。农村第二产业和第三产业的发展要把扩大农民的就业放在优先的位置，建立有利于农村劳动力稳定转移和农民持续增收的机制，并为现代农业建设创造农业富裕劳动力转移、农业投入建设资金不断增加、农业技术装备水平不断提高的条件。在农村基础设施建设上，既要重视改善生产条件，又要重视改善生活条件，既要创造良好的投资环境，又要创造最佳的人居环境，要强调生产、生态和生活功能区的建设，避免以牺牲生活环境和生态环境为代价的生产建设。在新农村建设的投入上，既要重视提高农业和农村生产力水平的生产性投入水平，又要重视增加农村社会建设和生态建设的投入，在不断提高农村劳动生产率的同时，努力提高农民的收入水平，大力发展农村社会事业，努力做到在农村生产力水平不断提升的同时，使农民的生活质量和农村生态环境得到全面的改善，促进农村走上生产发展、生态良好和生活富裕的文明发展道路。

（六）建设社会主义新农村与建设新城镇的关系

目前，我国"三农"落后的状况没有根本改变，一个非常重要的问题是城市化的水平严重滞后于工业化和经济非农化水平，大量的人口及劳动力滞留在农村和农业。从我国的实际来看，城市化必须走大、中、小城市和小城镇协调发展的路子，由于目前我国大城市的人口已趋于饱和，农民进入的门槛也非常高，做强做大县域城市和小城镇应该成为推进我国城市化的战略重点。建设社会主义新农村绝不是把所有的农民束缚在农业和农村中，而是要积极地推动农村劳动力向第二产业和第三产业转移，农村人口向城镇集聚，同时又要避免农业萎缩和农村的衰落，科学的抉择就是把小城镇特别是县城和中心镇培育成农村经济的增长极，成为农民市民化的转化地，成为农村公共服务中心。因此，在战略上我们必须把小城镇建设作为社会主义新农村建设的有机组成部分。全面推进社会主义新农村建设就是要以县域为平台，依托县城和中心镇，推动农村工业化和城镇化健康发展，加快农民分工分业，不断开拓农民就业致富的门路。要把培育中心镇作为新农村建设的重要任务，引导乡镇企业向工业功能区集中、农村劳动力向非农产业转移、农村人口居住逐步从分散的自然村落就近向城镇和农村新社区集中。要以特色块状经济发展为支撑，把一批有特色产业基础的小城镇培育成为区域经济的中心、农村劳动力转移的吸纳器。不断增强小城镇对农村生产要素的优化配置作用，加快农村劳动力的非农化和农民的市民化步伐，推进农业的专业化、规模化、产业化，使得新村庄与新城镇之间以及农村第一、二、三产业之间形成相互促进的良性循环。

七、统筹城乡发展中加快社会主义新农村建设，充分发挥政府主导作用的路径选择

在新农村建设中充分发挥政府主导和农民主体作用，正确处理两者之间的关系，是一项长期的任务。要在清晰认识政府主客体二重性基础上，着重消除影响政府主导作用发挥的制约因素；要在认真研究农民的可塑性基础上，激发农民创造热情，畅通农民利益表达渠道，突出农民主体地位；要以政府管理方式改革为

突破口，建立政府主导和农民主体的互动机制。为此，要确立一个明确的思路，在社会主义新农村建设实践中努力探索发挥好政府主导、农民主体作用的途径，实现两者的有机结合。

（一）在社会主义新农村建设过程中需要注意抓好的主要问题

1. 推进社会主义新农村建设必须始终把发展农村生产力放在第一位

要继续打牢农业基础，这不仅是保证粮食安全、支持城镇化的必要条件，也是增加农民收入、安排农村劳动力就业的客观要求。要大力发展现代农业，全面繁荣农村经济，特别是稳定发展粮食生产，持续增加农民收入。要切实保护好耕地，加快农业科技进步，提高农业装备水平，转变农业增长方式，提高农业综合生产能力。要加快调整农村经济结构，积极推进农业产业化经营，大力发展农村第二产业和第三产业，壮大县域经济，促进农村劳动力转移就业，千方百计增加农民收入。

2. 推进社会主义新农村建设需要加快公共基础设施建设

加快公共基础设施建设是解放和发展农村生产力的一个关键措施，也是社会主义新农村建设的一项重点任务。在农村较大规模地开展基础设施建设，不仅可以改善农村落后的生产条件和农民的生活环境，而且能够增加农民的就业机会，增加农民收入。从当前宏观经济运行看，这有利于创造新的社会需求，消化已经和即将出现的水泥、钢材等产业的过剩生产能力。从长远看，拉动经济增长的潜力和空间很大，将成为我国今后很长时期一个新的经济增长点。现在我国沿海一些地方农民房子盖得很漂亮，但水、电、路、排污等公共设施很差，"屋内现代化、屋外烂泥巴"。这个问题不解决，新农村建设无从谈起。

3. 推进社会主义新农村建设要引导富余劳动力向非农产业和城镇有序转移

一部分农民进城务工，这是我国工业化、城镇化的客观需要，也是增加农民收入的重要途径，对新农村建设也有重要的现实意义。农民打工的收入，已成为新农村建设资金的重要来源。1.2亿多外出农民工每年可以增加5000亿~6000亿元农村发展资金，这是政府投入及其他任何资金都不能比拟的。可以说，农民进城务工是工业反哺农业、城市支持农村、沿海发达地区带动中西部地区的有效实现形式。大批农民外出务工，还有利于农村资源优化配置，缓解人口对土地的压力，为农业逐步适度规模经营准备条件。这就是所谓的"要想富裕农民，必须减少农民"，用农民的话讲就是"走一户、活两户"。因此，要善待农民工，维护他们的权益，提高他们的素质，为他们的就业和生活创造良好的条件和平等的环境，引导那些在城市稳定就业、长期生活的农民逐渐完成由农民向工人、村民向市民的转变。

4. 推进社会主义新农村建设要规划先行

我国农村的落后状况是长期形成的，改变这种面貌也要经过一个过程，新农村建设要长期实施，不可能一蹴而就。我国农村地区广大，经济社会发展、自然地理条件、民族风俗传统等差异很大，新农村建设必须因地制宜，不可能一个模式。这就需要对每个县域的发展、乡镇的建设、村落的改造，制订出具体的建设规划，包括基础设施、村容村貌、民房设计以及村镇建设与自然环境的和谐等，都要有长远的、总体的考虑，并进行充分论证，这样才能防止走弯路，防止造成资源浪费。这也正是我国沿海一些农村20世纪80年代以来几次大拆大建的一个教训。新农村规划要多彩多姿，要突出区域特色、地方特色、民族特色，不能整齐划一。小城镇规划设计建设要和区域的城市布局建设相衔接，基础设施特别是交通和通信要统筹考虑，这样才有利于将来实现城乡一体化。

5. 推进社会主义新农村建设要形成多元投入机制

我国总体上已到了以工补农、以城带乡的发展阶段。要进一步调整投资结构，继续增加政府财政支农资金的投入总量，拓宽资金的来源渠道，优化资金的投入方向，提高资金的使用效率。通过发挥政府投入的导向作用，引导社会各方面广泛参与新农村建设，尽快建立起政府为主导、农民为主体、社会力量积极参与的多渠道、多形式、多元化的投入格局。尤其要把政府的资金支持同农民投工、投劳结合起来。

6. 推进社会主义新农村建设要坚持两个原则

一要从实际出发，二要尊重农民意愿。要认识到新农村建设是一个长期的历史任务，需要循序渐进，防止急于求成，不顾农民的承受能力，搞达标升级。要通过规划引导、政策引导、典型示范的方式，组织和引导农民参加新农村建设。新农村建设说到底是农民的事，要靠提高农民的觉悟和素质，发挥农民的积极性和创造性。要坚决防止形式主义和强迫命令。尤其要十分注意巩固农村税费改革的成果，不能搞集资摊派，加重农民负担。把握好从实际出发和尊重农民意愿两个原则是保证新农村建设健康发展的根本。

7. 深化农村改革，推进社会主义新农村建设，大力发展农村社会事业

要落实党的农村政策，稳定土地承包关系，加快转变乡镇政府职能，推进乡镇机构改革，健全县乡财政体制；发展基层民主，完善村民自治，进一步打破城乡二元结构，为新农村建设提供体制和制度保障。用科学发展观指导和统领新农村建设，坚持不懈奋斗，若干年之后，我国广大农村面貌将会有一个根本性的改观。

推进社会主义新农村建设必须大力发展农村社会事业。我国经济社会发展的一个突出问题是"一条腿长、一条腿短"，农村这条腿更短。要大力发展农村教育、科技、卫生、文化等社会事业，大力普及农村义务教育，保障农民能够得到基本的医疗服务，这是新农村建设的一个重要方面，也是消除农村贫困落后状况的治本之策。要推动精神文明建设，促进农村和谐稳定。

（二）树立三种意识，从思想上把握政府主导和农民主体的关系

加大新农村建设的宣传力度，促进理念转变。要加大新农村建设的宣传力度，进一步统一思想、提高认识，让全国上下真正理解领会新农村建设的内涵，正确理解新农村建设的目的、意义，要了解当地农村文化、民族传统、风俗习惯、宗教特点、生产方式和农民的切实需要，牢固树立为农民服务的理念。对村镇建设的认识，要从原来单纯抓农房建设和基础设施建设，最终转变到综合协调、有机整合，农民自愿、社会力量参与，政府引导和扶植来共同推动中去。深刻领会社会主义新农村建设的真正内涵。社会主义新农村建设是一个经济、政

治、文化和社会建设四位一体的综合概念，而不是某一方面的建设。更不能把社会主义新农村建设片面地理解成"建新村"，以为农民住进小区新房就算建成新农村了。目前，不少地方正是以如何盖楼来描绘新农村建设蓝图的。例如，有些地方政府部门已经开始向农民散发修盖小别墅的范本，似乎只要农村的旧房子都变成两层小楼，新农村建设也就大功告成了。这明显表明没有正确理解和把握新农村建设的内涵。多盖点房子、多修几条道路，是农民改善生活水平不可缺少的一方面，然而，如果不能够从统筹城乡经济社会发展，推进现代农业建设，全面深化农村改革，大力发展农村公共事业，千方百计增加农民收入，树立新风尚，进行民主管理等多方面对农村现有的生产力和生产关系进行根本改造，新农村建设就不能得到真正完成。

在政府主导和农民主体作用发挥上存在的困难和问题，说到底是因为思想观念上的制约。要让干部群众从思想观念上认清政府主导和农民主体的关系，就要树立以下三种意识：

1. 全局意识

政府该不该主导？农民能不能成为主体？这是政府主导和农民主体关系面临的首要问题。少数干部群众认为，从总体上看，政府财政实力弱，不能担当"主导"角色，农民素质低，发挥不了主体作用，这些认识是片面的。要从参与国际经济循环的角度来纠正这些认识。企业是市场经济的主力军，没有政府主导和农民主体作用的发挥，涉农企业要参与国际竞争，在广阔的国际市场中占据一席之地几乎是不可能的。

要从新农村建设的全过程中来纠正这些认识。新农村建设就是要实现工业反哺农业、城市支持农村。建设新农村需要激发农村的内部活力，但在农村普遍缺乏资金、技术、人才的情况下，没有各级政府主导和社会各方面的支持，没有全市农民群众的积极参与，新农村建设就难以顺利进行。

2. 区情意识

政府怎样主导？农民如何成为主体？这是政府主导和农民主体关系面临的重要问题。部分干部认为，既然党和国家号召新农村建设，我们就要高标准，严要求，向发达地区看齐，把基础设施建设、产业结构调整、村容村貌治理、基层民主建设等工作搞上去。这些看似正确的认识，其实忽略了区情基础。最显著的区情就是欠发达地区自然生态不平衡、经济结构不合理、基础设施功能不完善、教科文卫体制不适应发展要求，表现在"三农"上，农业是弱质产业，农民是弱势群体，农户家庭承包经营责任制有待完善，农业产业化经营水平低下，农村流通体制很不适应。这样的区情条件，政府主导和农民主体作用发挥都要因地制宜，量力而行，既不能盲目攀比，也不能消极等待。

3. 本末意识

政府主导新农村建设的切入点在哪里？农民主体地位的主要标志是什么？这是政府主导和农民主体关系最迫切的问题。一些干部认为，让农民群众住上新居，就突出了农民主体地位，因此政府主导的重点在新民居建设上。这是一种伪逻辑。新农村建设中农民持续增收的能力与基层民主政治建设是两个基本问题，是"本";民居改造是"末",把主要精力投入到以"村容整洁"为主要内容的民居建设和改善上,忽略了与"生产发展,管理民主"的协调共进,是本末倒置,是"政绩工程"作祟。有本有末,就出现了如何协调本末的问题。本不固不足以存久远,末不显不足以激本生。"末"之目标的解决,可以产生立竿见影的效果,这有助于激发农民参与新农村建设的积极性,可以为以后更加深入的建设打下良好的群众基础。但是,也正因其见效快而容易产生"政绩",也就造成一些地方因"本"不显政绩而轻视,甚至忽视的情况,这种倾向一定要克服。

(三)建设社会主义新农村中要注重解决几个难点问题,以农民为本进行社会主义新农村建设

1. 明确新农村建设的根本目标

建立社会主义新农村的根本目标是促进农村经济社会全面进步,包括发展农村经济、建设农村基础设施、发展农村社会事业、推进农村体制改革、建设农村现代文明和增加农民收入等。因此,新农村运动的立足点是农村问题,而不是其他。但也有专家认为新农村建设的立足点不是为了解决农村的问题,而是为了启动农村内需来解决工业产品,如洗衣机、电视机、电冰箱等的供给过剩问题。拉动内需是新农村建设的一个组成部分,但不是主要目标。因此,进行社会主义新农村建设,必须紧紧围绕促进农村社会全面进步这一根本目标。

2. 分清新农村建设中的投资主体

在新农村建设中,投资主体是政府,而不是农民自身。过去,为了工业和城市的发展,农民已经做出了巨大的牺牲。长期以来,财政和金融对农村的支持不足。如今,必须回报农民,工业反哺农业、城市支持农村来进行新农村建设。我国已经具备了工业反哺农业、城市支持农村的实力。我国已进入工业化中期阶段,国民经济的主导产业由农业转变为非农产业,经济增长的动力主要来自非农产业。根据国际经验,这时采取相应措施,以工业反哺农业是带有普遍性的现象。但是,由于我国农村基数大,农村各方面均极为落后,所需要的新农村建设资金庞大,我们也不能完全依靠政府投入。农民是利益主体,不能仅仅等待国家财政拨款,要充分发挥广大农民自身的积极性和创造性,进行部分自主投资,发扬自力更生、艰苦奋斗的精神,以自己勤劳的双手改变农村面貌,建设社会主义新农村。

3. 准确把握新农村建设中的顺序选择

全面建设社会主义新农村,并不是在短期内能得以实现,也不是要使农村建设一下子全面铺开,而是要分步骤、有次序的进行。对于我国大部分农村来讲,由于财力约束,不可能同时进行"生产发展、生活宽裕、乡风文明、村容整洁、管理民主"五大目标的建设。笔者认为,在五大目标中,"村容整洁"应摆在首位,同时要"生产发展",并实现"生活宽裕",而"乡风文明"、"管理民主"是一个漫长的建设过程,不可能一蹴而就,如果没有前面的经济基础,建设起来会事倍功半。设想一下,生活在贫困、脏乱的农村环境中,如何能要求农民树立起文明乡风?因此,进行社会主义新农村建设,一定要依据具体情况正确选择建设顺序。

社会主义新农村建设中农民是主体，"社会主义新农村"是农民自己的家园。我国农村经济还是比较脆弱的，农民尤其经不起折腾，在建设社会主义新农村中坚持科学发展观，最要紧的是不能急躁冒进、盲目蛮干。要建设好社会主义新农村，就不能不以农民为本，要研究农民的现实需要，充分尊重农民的意愿，着眼农村的发展远景，立足当地的具体条件，在积极、科学的引导下，好主意让农民自己出，不同地区情况不同，要形成各自的特色发展模式，不可千篇一律。一般来说，可以先从整治村容村貌做起，也可以从其他地方开始。但有一条，不能把新农村建设当成"面子工程"和"形象工程"，不顾及农民的现实情况而盲目建设。那样的话，不但不能取得良好的成效，弄不好还会增加农民负担。

巩固民生本源，适度转移农民。所谓"无粮不稳"，对于从事农业生产的农村人口来说，国家可以借鉴西方经济发达国家的经验，采取鼓励政策，实行务农补贴，提高农民种粮积极性，确保国家粮食安全。所谓适度转移农民，就是指农民的人口控制在合理限度前提下的一定人口转移。就中国而言，城市资源有限，大量农民进城短期内不现实，但应消除农民进城的体制性障碍，在扩大社会保障覆盖面的基础上，让一部分有知识、有能力、能适应城镇生活的农村人口逐步进入城镇，鼓励农村剩余劳动力转向城市第二产业和第三产业，寻求新的发展空间。让农村人口中的老年人及其他弱势群体率先进入城镇，享受社会公共福利保障。

导入公平、机会、保障等制度要素，营造政府主导和农民主体作用发挥的制度环境。区域发展相对滞后的形成因素很多，除资本稀缺的经济因素外，还有诸多社会因素，如缺少发展机会和就业不充分、缺少基本的社会保障、普遍的发展歧视等是重要原因。为突破这些限制因素，要导入制度要素，包括农村教育、农业科研、农业技术推广、农村文化娱乐与农村社会服务的规划与实施，农村剩余劳动力转移政策与计划，用政策手段吸引发达地区的有志人员在广大农村地区发展等内容。

导入"以人为本"的发展理念，形成政府主导、农民主体共同推进新农村建设的社会氛围。新农村建设背景下的"以人为本"就是要"以农民为本"，要在经济制度上承认农民在市场经济中的独立主体地位，让农民享有自主的物权、自主经营权、公平竞争权、平等择业权、劳动报酬权、收益权；在政治制度上承认农民在政治主体资格上的主人地位，让农民获得应有的民主权、选举权、监督权、自治权、自由组织权、迁徙权和居住权、社会公共产品受益权；在文化制度上承认农民的人格地位，让农民享有人格权、话语权、自由权、思维权、受教育权、文化产品受益权、申诉控告权等。

（四）实施三大工程，形成政府主导和农民主体的合力

政府主导和农民主体作用发挥，最终要体现在实践上。政府角色、农民地位及两者之间的互动是关键环节，要实施以下三大工程，促进政府主导和农民主体合力的形成。

1. 政府角色转换工程

从总体上看，政府是新农村建设的组织者和推动者，同时又是公共产品提供

的主导者。从政府主导的复杂性和政府地位主客体二重性来看，新农村建设中起主导作用的政府必须是实现了角色转换的政府，即实现了从发展型向公共服务型的转型的政府。县乡政府最贴近农民，更容易获得和把握农民对公共产品和服务的需求信息，由县乡政府分析利用这些信息，可以避免信息在政府间传递过程中可能发生的信息不对称乃至信息失真，从而可以使公共支出的安排更有效。与上级政府相比，由县乡政府负责农村公共产品的供给，具有信息搜寻费用低、安排的项目针对性强和更便于引导农民参与等优势。因此，县乡政府的转型是关键所在，努力打造诚信政府，推动开放、开明、效率、公正的县乡政府形象的形成。

2. 农民主体地位重塑工程

在计划经济体制下，农民处于依附和依赖的地位，一切经济活动由国家和集体来组织，农民缺乏必要的自主性、主动性、开放性和创造性，缺乏必要的独立判断和创造性思维，也缺乏竞争压力和利益动力，文化素质低下，对现状的理解能力和改造能力差。反映在生产发展上，农民可塑性消极的一面要多些。在新农村建设中发挥主体作用的农民应该是新型农民群体。改革开放以来，通过实行家庭生产承包责任制、允许农民从事商品生产、扶持农民兴办乡镇企业、鼓励农民搞多种经营和基层民主管理活动，农民的主体作用逐渐增强，广大农民在勤劳致富愿望的驱动和市场竞争的压力下发挥着越来越明显的主体作用，为从整体上向当代新型农民过度奠定了坚实的基础。在提高广大农民的整体素质，努力实现广大农民的根本利益的基础上，扬长避短，培育并造就创业、创新、文明的新型农民群体是新农村建设的当务之急。

3. 政府和农民间的"桥梁"工程

农村中间组织是社会分工和农村经济发展的必然产物，是社会主义市场经济体系的重要组成部分，是沟通千家万户小生产与社会化大生产之间的桥梁和纽带。农村中间组织连接农户与市场、农户与政府、政府与市场，为农民和农村经济发展提供各种服务，有"农村经济发动机、社会安定稳定器、群众利益护身符"之称。农村中间组织是否发展及其发展规范和程度，标志着农村市场体系的发育成熟程度。政府和农民间的"桥梁"工程主要是建立和发展农村中间组织。在社会主义新农村的建设中，应尽快明确农村中间组织的法律和政治地位，赋予农村中间组织在组织生产、产品流通、技术指导、信贷服务、农资配送等方面的职能，促使农村中间组织健康发展。

（五）体现各自特色，不求统一模式，统筹规则，分步推进社会主义新农村建设

社会主义新农村建设是农民自主的新农村建设，改变由政府独立承担责任的模式，变设计制度主观创新为社会实践的自觉创新。就我国国情而言，建设社会主义新农村并不等于将农村城镇化、将农村工业化。一方面，农村有其特有的组成方式、生活习惯、居住环境，一旦失去了自身特色，农村将不再是农村。一些地方片面理解新农村建设，一味追求农村城镇化，搞农民别墅、农民新区，结果并不受农民欢迎。建设社会主义新农村的本意应当是在革除农村生产生活陋习、合理整合资源的基础上，充分考虑农村各组成元素，保留乡村特色，营造适合广

大农民居住及有利于发展生产、发展经济、新型的美好人居环境。另一方面，由于发展不平衡，城乡差距很大，贫富差距很大，中西部与沿海发达地区差距很大，地理环境和资源、文化差距很大，以及我国幅员辽阔使农村的很多问题呈现差异性状态，一旦遇到具体问题时，同一个问题在不同的地方会得出不同甚至截然相反的结论。因此，在建设的过程中很难追求统一的发展模式和道路，只有因地制宜、因势利导。

新农村建设应立足长远和当前现实，有计划、有步骤地推进。目前新农村建设的主要内容是加强农村基础设施建设，改善农村公共服务。我国农村基础设施极为落后，近些年来城乡人均基础设施投入差距越拉越大，因此要加强农村基础设施投入和建设。应当在初期建设一些投资少、工期短、见效快、经济和社会效益好的农民迫切需要的项目，包括农田水利、乡村道路、洁净能源、饮水安全、环境卫生、"一池三改"（建造沼气池、改厕、改灶、改牲畜圈），然后再发展农村教育、医疗卫生、文化和社会保障，使农民生活水平逐步提高。

加快建立以工促农、以城带乡的长效机制。要加快建立有利于促进农业、农村更快发展的投入机制，坚决执行"多予、少取、放活"的方针，不断加大对农村的投入，扩大公共财政覆盖农村的范围，逐步形成新农村建设稳定的资金来源。要继续加强财政支农力度，要加快建立有利于促进改变城乡二元结构的发展机制，实行城乡劳动平等就业的制度，建立健全与经济发展水平相适应的多种形式的农村社会保障制度，全面深化农村各项改革，增强农村经济发展活力。要加快建立有利于促进城乡统筹发展的工作机制，保证新农村建设始终有力、有序、有效地推进。

（六）坚定不移地采取措施提高农民收入

政府是新农村建设的投资主体，但政府也不能完全承担所有投资，必须引导农民自主投资。要提高农民自主投资新农村建设的能力，必须要增加农民收入。增加农民收入，一是要解决农民就业，增加货币性工资收入；二是要扩大农产品的商品性需求，使过剩农产品变现。目前增加农民收入主要是依靠前者。我国大量农民外出打工，获取工资收入，再把这些工资性收入投入到新农村建设中来，正是我们所希望的。为此，城市要为农民进城务工提供良好的条件，要逐步统一城乡劳动力市场，改善进城农民就业环境，提高农民工收入，解决拖欠农民工的工资问题，探讨和完善依法保护农民工保障权益法制制度。同时，在新农村建设中尽量先启动劳动力密集型项目，能为农村创造不少就业机会，提高农民收入。

改善农村生产生活条件见效快、成本低。改善农村生产生活条件，这是农民的最基本生活需要。按照马斯洛的需要层次理论，只有较低层次的需要得到满足以后，才会有更高层次的需要，满足农民需要时，首先要满足农民较低层次的需要。我国农民特别是欠发达地区的农民基本处于改善生产生活条件的需要层次，把有限的资金用于改善农村生产生活条件，农民可以得到极大的满足，效果明显，见效快、成本低。农民在新农村建设的过程中立即得到了实惠，能增加新农村建设的信心、积极性和主动性。这对于新农村建设的健康发展至关重要，因为农民才是建设新农村的主体，没有农民的支持新农村建设是无法想象的。

政府有能力对改善农村生产生活条件提供财政支持。我国已经具备了工业反哺农业的条件。对于改善农村生产生活条件的公共基础设施投资，在财政上已基本上能保证。我们完全可通过政府财政的支持，来激活农村这个大系统的功能，恢复农村的造血功能，使新农村建设走上自我发展，自我完善的道路。中国农村建设已经从追求效率到追求公正的根本性转变，新农村建设到底怎么开展，还需要一个很长的路程去摸索，要想把政策、制度、程序、观念等层面的问题完全解决，不是一朝一夕的事情。我们需要在历史发展规律中的制度创新层面上寻求启示，观察分析国家的法律、政策的预期与基层组织在农村执行的实际成本与现实效果，理性看待新农村建设中的"冷"与"热"不均衡现象。

（七）科学利用资源，提升传统农业，大力发展现代农业，建设社会主义新农村的核心任务是发展农村经济

发展农村经济关键在于适度利用资源，形成农村特色的现代农业支柱产业。因此，需要有计划、分步骤开发利用农村现有资源，注重农村人口、资源和环境的可持续发展，避免杀鸡取卵、急功近利的行为。农村发展生产离不开整个国家的产业现代化进程，但新农村建设中的生产发展除了强调农业本身的发展，还应注重农业相关产业的发展。围绕传统农业产业的信息化、现代化，带动和发展相关产业，扶持农民从事家庭多种经营，带动种植业、养殖业、加工业、运输业、旅游业等多种行业的发展。

完善农村金融，突破资金束缚。有了一定的资金支持和保障，新农村建设的很多工作才能有效开展起来。这在本质上需要建设一个健康完善的农村金融体系，而不能仅仅看到资金问题，这好比"输血"是为了恢复"造血"和"血液循环"功能一样。健康的金融体系可以有效地进行资本要素配置，建立起支持农村建设资金循环的长效机制，同时解决农业市场空白、缺损和体制落后等深层次问题，使农村发展步入良性循环的轨道。财政和金融两者相互补充、支持、促进，形成合力，就可以产生明显的倍增效果。因此，尝试通过市场建设和融资推动的方法加以整合财政与金融资金的来源、渠道、分配与使用，发挥聚集效应，可以改变长期以来支农资金使用分散、效率低下的局面，确保资金安全运行，有力地支持新农村建设。

（八）突出工作重点，注重权利保障，大力改善农村生产生活条件

基础设施落后是制约农村建设小康社会的一个突出问题，具体来说主要是教育、医疗和社会保障方面的落后，从现状来看，改变农村公共服务落后的状况是新农村建设的重点和难点之一。具体而言，在农民权利保障方面需要有所突破：一是生存权利保障，主要是农村居民的大病救治、弱势群体的扶助、人身安全等；二是教育保障，主要是农村居民的基本受教育权利，努力提高农民子弟的受教育程度，防止"因贫弃教"、"因教致贫"、"因教返贫"等现象发生；三是公共产品保障，主要是保障农村居民生产和生活的公共产品，如水、电、道路、文化事业建设及科学技术的普及推广等。因地制宜，科学规划，根据当地经济社会发展状况和农民的承受能力，合理确定目标任务，不好高骛远而脱离实际。找准新农村建设的切入点，从农民群众最关心、要求最迫切、最容易见实效的事情抓

起，把该做和能做的事情先做起来，切实让农民得到实惠。

加强技能培训，提高农民素质。新农村建设不是扶贫运动，不是福利配送，要提高农民对新农村建设的基本认识，调动其积极性，强化农民全局意识和长远观念，避免不思进取，等、靠、要、拿。注重加强农村人才的培养，特别是农村年轻干部开拓意识和创造技能的培养应成为农村部队伍建设的首要任务。通过广播电视等途径进行科技推广，宣传教育农民改变传统的不良生活方式。积极尝试在农村开展农民技能培训工程，由政府财政资助，免费培训农民，培养有文化、有道德、有技术、懂经营的新型农民，使农民素质技能与生活水平的提高之间形成一个良性循环。

改善农村生产生活条件是当前大多数农民的迫切愿望。在经济欠发达地区，农民对于改善农村路、水、电等公共设施的愿望非常强烈，但靠农民自身集资又难以实现。农民盼望着国家尽快建立普惠性的投资政策，加大对农村公共设施的支持力度，从而加快更多地区新农村建设的步伐。总而言之，水、电、路不通，农民饱受其苦。

改善农村生产生活条件是新农村建设的突破口。改善农村生产生活条件涉及大量公共建设工程和民居改善工程，这些建设需要大量投资，但这种建设性投资会拉动对投资品的需求，进而导致投资品生产和供给的增加，就业量增加，城乡居民货币收入增加。城乡居民收入增加的同时就意味着购买力增强，又会增加对消费品的购买，进而导致消费品生产相应的增加，从而进一步提高就业率，增加城乡居民的货币化收入，并导致更大的消费需求，使经济按乘数效应增长。此外，在现代化生产的技术条件下，增加1元钱消费品的消费，就要增加生产消费品的更多投资，因此由此引发的城乡居民收入水平，进而消费能力的增加会对投资产生进一步加速作用。

1. 改善农村交通落后状况是改善农村生产生活条件的第一步

农村交通落后直接影响到农民的生产生活，影响到农民收入水平的提高。近几年，一些乡村公路基本修起来了，但是质量较差，因此要把道路硬化作为新农村建设的一项重要内容。

2. 关停污染工厂，进行卫生整治，直接关系到农民的身体健康

许多布局在农村的工业企业污染严重，严重影响农民的身体健康。农村卫生方面，要实行人畜分离，修建垃圾处理场，解决污水处理问题。

3. 统一规划，进行农村宅基地整理是实现农民安居乐业的基础

农村脏乱差和路难行，已严重影响到农民的日常生活，而这种情况很大程度上是因为村庄缺乏规划，房屋布局不合理，农民乱搭乱建现象严重，随意侵占道路，只求自家宽敞，不顾街道阻塞导致的。

4. 喝上自来水，实现安全饮水是农民的基本生活需要

现在农村还有的地方使用的是有害的水，要进行深水井改造，同时进行自来水建设。在新农村建设中，公益性的公共设施建设不可缺少而且投资额巨大，基层干部群众认为，水、电、路等公共设施是公益事业，像城市里一样，农民也应该享受公共财政提供的这项服务。

第三章　深化农村产权制度改革，使农民的土地使用权真正成为农民的财产权

党的十八届三中全会作出的《中共中央关于全面深化改革若干重大问题的决定》（以下简称《决定》）提出要赋予农民更多财产权利。《决定》指出，这些权利包括"赋予农民对承包地占有、使用、收益、流转及承包经营权抵押、担保权能，允许农民以承包经营权入股发展农业产业化经营"。赋予农民更多财产权利对于切实保护农民财产、激活农村生产要素、调动农民生产经营积极性、实现农民财产的保值增值、更快提高农民收入具有重要的现实意义。

一、使农民的土地财产权流动并实现增值才能使农民增加财产性收入

（一）赋予农民更多财产权利是社会主义的本质要求

邓小平同志在南方谈话中指出，社会主义的本质是解放生产力，发展生产力，消灭剥削，消除两极分化，实现共同富裕。共同富裕是目的，解放和发展生产力是手段。劳动者、劳动对象和劳动工具共同构成了生产力的基本要素。解放和发展生产力就是要充分释放蕴藏在生产力各要素中的活力，实现三者的有机结合。党的十一届三中全会之后，我国农村改革取得巨大成就的原因就是在农村土地集体所有权不变的前提下，实行土地承包制。土地承包制的实质就是让农民拥有了对土地的占有权、使用权和收益权，劳动贡献与收益直接挂钩，从而实现了劳动者、劳动对象和劳动工具的有机统一。在农村，发展生产力的主体是农民，发展生产力的本质就是增加农民收入，增加农民收入的实质就是要把应该给农民的权利还给农民，消除对农民的各种束缚，释放各种生产要素的活力。

（二）赋予农民更多财产权利，符合市场经济的基本要求，有利于激发农村生产要素活力

要实现商品交换，商品主体就需要拥有对其所属商品的权利，如果没有对其所属商品进行抵押、担保、转让等权利，市场机制就不能起作用，商品价格无法确定，商品交换就无法实现。要健全现代市场体系，最为重要的是构建生产要素市场。如果所有者对生产要素没有权利或权利虚置，就会阻碍市场体系的构建和完善。

我国农民所拥有的不动产，如土地、宅基地等，表面看属于农民所有，实质上农民没有转让权、抵押权和处置权，导致这些财产只能作为财产存在，而不能

作为生产要素发挥作用，不能变为能够给农民带来更多收益的资本，这些财产只能是"死的财产"。只有让农民拥有更多财产权利，特别是对不动产的转让、抵押权利，才能把"死的财产"转化为"活的资本"，才能成为真正的生产要素，源源不断地给农民带来更多的财产。

（三）只有赋予农民更多财产权利，才能实现城乡居民拥有同等权利

随着我国新型城镇化进程的推进，房地产市场是我国市场体系的重要组成部分，按照相关法律，城市居民的房地产可以上市交易，而农民的宅基地及其房屋不能上市交易，对于农民而言显然是不平等的。这样的房地产市场就是不健全的甚至是残缺的房地产市场。因此，要健全现代市场体系，就需要构建城乡统一的而不是分割的房地产市场，赋予农民宅基地及其房屋的抵押权、转让权。农民可以到城市购买房屋，城市居民也可以到农村购买房屋。同样，如果只有城市居民的房屋可以转让、抵押，而农民的房屋无法实现转让、抵押，对于农民而言显然是不公平的。当然，赋予农民更多的财产权利，不是要让农民拥有所有的财产权利，农村的土地所有权仍然属于农村集体，正如城市的土地属于国家所有一样，而是要在农村土地集体所有的前提下，让农民拥有更多的权利。

（四）使农民的土地财产权流动起来并实现增值有利于推进新型城镇化

推进新型城镇化是一个国家走向现代化的共同趋势。从本质上看，城市化的过程就是减少农民的过程，就是农民转化为市民的过程。改革开放以来，我国新型城镇化在工业化的带动下稳步推进，然而许多农民工虽然在城市工作和生活，却难以享受与城市居民平等的公共服务和社会保障待遇，他们的家还在农村，拥有自己的承包地、宅基地、房屋以及留守儿童、空巢老人，这些农民工为了生计常年处于城乡的流动状态中。推进新型城镇化问题的关键在于，并非农民工不愿意进城成为真正的市民，从目前农民工的意愿来看，真正成为市民，享受与城市人同等的福利待遇和公共服务是其中绝大多数人的迫切愿望。那么是什么因素导致农民难以成为市民呢？城乡分割的户籍制度虽然是重要的制约条件，但是最核心的因素是农民的土地财产权如何处置和保障问题。在农村，土地升值空间日益凸显，农村公共服务和社会保障不断完善的条件下，城市户口的含金量已经大为减少，仅凭城市户口的吸引力而试图让农民无偿放弃土地权利而"光着身子"进城，或者在土地权利体系得不到有效保障的情况下而糊里糊涂地进城，农民宁愿选择目前的城乡两地流动。因此，赋予农民更多财产权利，在很大程度上决定着农民进城的态度和现实选择。

二、深化农村产权改革中赋予农民更多财产权利

财产权利是指以物质财富为对象，直接与经济利益相联系的民事权利。根据不同的权能可以将产权划分为所有权、占有权、使用权和收益权。由此看出，产权是一组权利，而不是单一权利。由于产权具有多个权能，不同的权能既可以独立行使，也可以与其他权能进行不同的组合。在我国农村，农民虽然对其所承包的土地拥有占有权和使用权，但这些权能依然受到一定的限制，在没有国家授权

的情况下，农民只能在其所占有的土地上进行农业经营，而不能进行工业和商业经营。当然，至于农民种植什么庄稼或养殖什么动物，农民有权选择，这就是土地使用权的权能受到了限制。在各项产权权能中最重要的是收益权。让农民拥有更多的财产权利就是赋予农民更多的产权权能。

（一）让农民拥有对其承包土地的更多权能

按照《中华人民共和国宪法》的规定，农村的土地属于集体所有。在新的历史条件下，必须坚持农村土地的集体所有制，这是符合我国国情的制度安排。但是，农民可以拥有更多权能，党的十八届三中全会作出的《决定》指出，这些权能包括"赋予农民对承包地占有、使用、收益、流转及承包经营权抵押、担保权能，允许农民以承包经营权入股发展农业产业化经营"。其中，承包经营权抵押、担保权以及土地权能入股则是过去农民期盼却没有拥有的。农民对其拥有的承包地没有承包经营权抵押、担保权就意味着农民无法从银行获得贷款用于发展农业生产，这不仅制约了农民收入的提高，更重要的是制约了农村其他生产要素积极性的发挥。

（二）农民对其宅基地拥有更多权能

《决定》指出："保障农户宅基地用益物权，改革完善农村宅基地制度，选择若干试点，慎重稳妥推进农民住房财产权抵押、担保、转让，探索农民增加财产性收入渠道。"长期以来，农民的宅基地不能抵押、担保和转让，除了制约了农村信贷，导致农民无法获得充足的农业资金外，还制约了城市化进程。因为，一方面，需要进城的农民由于农村的宅基地及其房屋无法变现，直接影响了进城农民在城市购买房屋；另一方面，产生了一部分农民既在城市拥有房屋，也在农村拥有房屋，越来越多的农村出现"空壳村"，导致稀缺土地资源的极大浪费。

（三）农民对集体资产拥有更多权能

农民作为集体经济组织的成员，自然拥有对集体资产的股份占有、收益、有偿退出及抵押、担保、继承权。特别是拥有对于在符合规划和用途管制前提下，农村集体经营性建设用地通过出让、租赁、入股获得收入的权利。

三、我国农村土地产权制度的演变进程

土地是农民的生产资料，是农民赖以生存的重要基础，也是农民生活的最后一道安全保障。由于我国农村土地产权界定不明确，在我国城镇化进程中，没有相应的制度保障农民的利益，使大量农民失去土地后，生存危机凸现。保障农民的土地财产权利是保障农民权益的根本举措。因此，我国必须改革现行农村土地产权制度。

当前，我国农村现行土地产权制度的基本模式是集体所有、家庭联产承包制度。这种模式是新中国成立之后，经过一系列的社会变革形成的。这种变革大体上可以分为如下三个阶段：

（一）第一阶段

20世纪50年代初的土地改革，实现了"耕者有其田"，极大地调动了农民

的积极性，农村经济得以迅速恢复。农民有了剩余产品索取权，生产积极性得到提高。与 1949 年相比，1951 年全国农业总产值同比增加了 28.8%，1952 增加了 48.5%。1949 年前，全国粮食最高年产量为 2774 亿斤（1 斤 = 0.5 千克，下同），1949 年为 2263.6 亿斤，1951 年增长到 2873.7 亿斤，1952 年达到 3278.2 亿斤，比 1949 年前最高年产量提高 18%。

（二）第二阶段

20 世纪 50 年代中期推行初级社、高级社和人民公社，又逐步剥夺了农民的土地所有权，完成了"由私返公"的土地集体化。在实行这种土地制度期间，土地所有权和使用权高度集中，土地不能出租和买卖，不利于土地资源的合理流动和优化配置。

（三）第三阶段

20 世纪 80 年代初实行家庭联产承包责任制，农户重新获得了土地的承包经营权和部分收益权。这种变革实现了农村集体土地所有权与经营权的分离，扩大了农民经营自主权。实践证明，这种农村土地产权制度能发挥其效用，让农民和国家的收入都得到了大幅度的增长，实现了国家和农民的双赢，国家以法律的形式将这种制度确立了下来。

20 世纪 90 年代以来，由于政府大规模的征地，导致大量农民丧失土地权益。目前，农民生存的基本权利正面临着来自有的地方政府随意征地的威胁。

四、深化农村产权制度改革中需要解决的主要问题

（一）农民缺乏财产权利

随着农业生产力的发展和提高，原有的生产关系对生产力发展的制约作用越来越明显地显现出来，其中一个重要制约因素就是农民缺乏财产权利，特别是对不动产的财产权利，如农民没有对其所承包的土地、宅基地及其住房的抵押权、担保权和转让权，农民无法从银行获得必要贷款，直接制约了农村生产力的发展。在土地承包制实行初期，农民运用简陋的劳动工具从事农业生产，不具备规模经营的条件，也不具备外出务工的机会或者机会很少，但随着生产力的发展，更多农村剩余劳动力转移到第二产业和第三产业，从农村转移到城市。原来适应生产力发展的生产关系变得越来越不适应新的生产力的发展变化，唯一的途径就是通过深化改革，让农民拥有更多财产权利特别是不动产的权利，才能让更多的农民走上共同富裕的道路，促进农村生产力发展。只有从根本上改革农村产权制度和征地制度，消除制度上的障碍，才能使农民的土地承包经营权、宅基地使用权、集体收益分配权真正成为农民的财产权。

（二）土地流转不顺畅

实行家庭承包责任制以来，在强调稳定农村土地承包关系的前提下，政策上对土地的流转也是允许和鼓励的，农民也在进行不同形式的流转实践，但从总体上看，土地流转还是不顺畅，土地流转范围和规模都比较小。原因主要在于：一是农村土地承包的社会保障功能制约了土地的流转。土地是农民的基本收入来源

和重要的社会保障，由于农村社会保障体系还没有建立起来，农民如果没有找到固定的工作，不会轻易将承包的土地转让出去。二是农地产权制度的不明晰和相关制度建设的落后制约了土地的流转。由于土地产权主体、土地承包权的性质缺乏明确规定，保护农民土地权益的制度建设落后，使得土地流转市场难以发育。

（三）土地征用制度不完善

土地征用权是政府特有的权利，现行法律仅笼统规定，国家为公共利益的需要，可以依法对集体所有的土地进行征用，但对"公共利益的需要"没有必要的阐述和界定。因此，有些政府滥用土地征用权，以"公共利益需要用地"为名，低价征用了大量的经营性用地，使得征地范围过宽。同时，现行征地补偿标准过低。按现行《中华人民共和国土地管理法》的规定，对征地农民的补偿，根据农业平均产值来计算。这种计算方法极不科学，没有考虑市场在配置土地资源上的作用。

另外，分配方法不科学。很多地方对这个低标准的补偿采用分期付款的方法，少则几年，多则几十年，还有些地方把补偿农民的钱用来搞基本建设。土地征用制度的不完善，严重伤害了农民的利益，在一定程度上扩大了城乡差距。

五、统筹城乡发展中深化农村产权制度改革的路径选择

（一）赋予农民完整的土地财产权，明确界定土地财产权利是农村土地产权制度改革的核心任务

农村土地产权制度在决定农民土地财产权的完整性和土地权能的强弱上起着决定性作用。因此，改革农村土地产权制度应当按照建立归属清晰、权责明确、利益共享、流转顺畅的现代农村土地产权制度的要求，使农民土地财产在权属上更加清晰，在权能上更加完善，在管理上更加规范，在保障上更加充分，从根本上消除城乡土地产权的差异，实现城乡土地产权的同地同权同价，真正促进土地要素在城乡间的市场化配置，最大限度地发挥土地的财产功能。

农村土地产权制度包括所有权制度、使用权制度、流转权制度、收益权制度等。在农村土地产权制度中所有权制度处于基础和关键地位。我国目前改革传统的土地集体所有制比较切实可行的做法是对传统的集体所有制进行产权结构的变革，寻找农村土地集体所有制新的实现形式。实际上，集体所有制就是农民共有所有制，共有就是由两个以上单位或个人共同所有。农村土地集体所有就是由农村经济组织内的成员共有，而对于土地这样的资产共有是可以量化的，土地股份合作制就可以把不明确的、含糊的共有实现量化。因此，应通过土地股份合作制把农民集体所有的土地量化给每一个成员，并对每一个成员颁发具有法律效力的土地所有股权证，实现由共同共有向按股共有转变。这样，按股份共有人对共有的土地按照其份额享有所有权，并可以转让其享有的共有的土地所有权份额。

农民的土地权益能否得到保障，其核心在于明确界定土地财产权利，即必须明确农民对自己所承包土地的收益权和受损权，而不在于土地归农民私人所有还是归国家所有。那么，只要将农民作为农村土地财产权利的主体，并确保农民对

51

土地的使用权、收益权和法律允许范围内的处置权不受侵害，农民的土地财产权利就得到了有效保障。因此，国家应尽快建立对农民土地财产权利的法律保障体系，除法律另有规定外，任何一级政府和组织不得侵犯农民的土地权益，也不得干预农民依法行使自己的各项权利。

同时，应当赋予农民对土地的长期而有效的使用权，并授予农民对所承包土地的转让、抵押、入股等处置权。为了鼓励农民对土地进行投资，使农民稳定地经营土地，从土地中获得更大的收益，农村土地使用权的年限应大大延长，至少不低于城市土地使用年限。

此外，应当允许农民自由选择土地用途。既然农民在法律上享有土地的使用、处置和收益等权利，就应当充分尊重农民对土地经营用途的自由选择。由于农民处于天然的弱势地位，国家不能阻碍农民运用上述权利，而且应当运用适当的法律手段，积极保护农民自主行使土地使用的权利，体现国家保护产权、维持秩序的核心职能。

（二）改革现行的土地征用制度

在农村土地制度改革中，当务之急是改革现行土地征用制度。在土地征用过程中，巨大的土地收益与农民利益之间的矛盾是农业、农村和农民问题中的一个焦点。应改革土地征用制度，以保证农民土地转让的公平与公正。

一方面，改变现有征地价格确定制度。土地征用的价格确定应当遵循以下两个原则：一是最低法定价格原则，这是土地征用的必要条件，即国家制定一个最低征地价格，这个价格应当足以保证失去土地的农民未来的基本生存费用，类似于现在征地补偿价格的确定方法，只是现在的补偿价格过低；二是谈判原则，即在前述价格基础上，土地的转让价格应由农民集体与政府平等地谈判确定，可由农民选派代表进行谈判定价，谈判价格必须经三分之二以上农户同意方能生效，政府不得强制定价。

另一方面，改革土地征用补偿方式。在农村土地转为建设用地的过程中，应当让农民分享城市化和工业化的改革成果。应针对失地农民建立起一套切实可行的长效保障机制。必须从征地补偿费中确定一定比例资金，用于农民的长效保障，即强制性地建立个人账户，纳入养老、失业、医疗等保险基金。同时，国家应将拍卖、出让土地的增值部分，拿出一部分用于解决过去土地征用中的历史遗留问题，建立失地农民的社会保障基金。

土地征用不应是政府单方面就可实施的行为，而是征地一方和被征地一方共同参与民主协商的过程。我国规范征地程序，应规范土地征用的主体、客体、对象、条件、方式、范围、具体步骤等，主要应建立统一的农地征收补偿法律程序制度体系、农地征收公益性审查法律程序制度、农地征收的听证制度等，在征地方案的制订和征地行为的实施过程中都应让农民有知情权、参与权和决定权。为了使土地征用真正做到公开、透明、规范，避免行政征用权的滥用，迫切需要制定一部操作性强的土地征收法，明确公共利益的内涵、非公益性用地的取得方式、集体土地使用权的流转补偿项目和标准补偿的分配方式、安置方式及征收程序等，用法律手段切实保护农民的土地权益。

（三）农村土地市场化是农村土地产权改革的最终目标

我国农村人多地少的矛盾是农民贫困的根本原因，要使农民摆脱贫困、彻底解决"三农"问题，必须将大量农民从土地上解放出来，实现土地的规模经营，而土地的自由交易是其前提条件。因此，农村土地市场化是农村土地产权改革的最终目标。

我国现行的《中华人民共和国农村土地承包法》虽然允许农户自由流转土地的使用权和承包权，为推动土地市场化提供了一个良好的开端，标志着土地市场化的萌芽，但是离成熟的土地市场化要求还非常遥远。因此，政府应在保障农民土地财产权利的前提下，大力培育农村土地流转市场；在市场准入、交易程序、权利义务、合同格式等方面做出明确规定；在允许农民自由选择土地用途的前提下，实现土地的自由交易、自由抵押和自由兼并，才能实现土地资源的优化配置，使大量的农民自然地从土地上解放出来，进入城市，这是社会经济发展的必然规律。

需要建立和完善农村产权交易市场。《决定》指出："建立农村产权流转交易市场，推动农村产权流转交易公开、公正、规范运行。"产权交易市场的主体是农民，交易的对象是农民承包的土地。承包地的所有权仍然属于农村集体，交易的只是占有权、使用权以及收益权。为了确保交易的有效实施，需要制定交易规则，这是政府的责任。赋予农民更多财产权利本身不是目的，目的是盘活农村资产，让农民财产成为增加农民收入的重要渠道。进行交易的财产的价格不能由政府确定，只能由市场来决定。因此，需要建立和完善农村产权交易市场，让市场成为农民财产价格的评估者和实现者，让市场来发现农民财产价格。只有在充分竞争中的市场定价才是公平的。没有市场，即使农民拥有更多财产权利也没有更多实际意义。由于农民财产权利特别是不动产的性质复杂，这就要求构建和完善适合我国国情的多层次的产权交易市场。

（四）培育土地使用权市场，建立"依法、自愿、自偿"的土地流转机制，真正放活土地使用权

土地承包权流转要建立在长期稳定家庭承包制度的基础上，在承包期内，不能采取强制手段直接收回农民的土地承包权，重新进行土地发包。农村土地流转应当主要在农户间进行，不提倡工商企业长时间、大面积租赁经营农户的承包地。我国的基本国情决定，在相当长的时间内，土地是农民的最基本的生活保障，要充分认识到农村土地使用权流转和集中的长期性。

要保证土地承包经营权的健康合理流转，首先必须坚持土地流转的主体是农户。农户有权决定是否将自己的承包地经营权进行流转，以及如何流转，其他任何组织或个人都不得以任何名义代替农民行使土地经营权流转，更不能以任何形式导致农户土地承包权的丧失。应在上述前提下，坚持"依法、自愿、有偿"的原则。

"依法"就是要按照有关法律法规和中央的政策进行。这些政策和法规在新近出台的《中华人民共和国农村土地承包法》中都有具体规定。该法对土地流转的基本原则也有明文规定，其核心就是土地承包经营权的流转要在充分尊重与

保障农户土地承包权和土地流转权的前提下进行。

"自愿"就是土地承包经营权的流转应建立在农户自愿的基础上。任何组织和个人不得强迫或阻碍农户流转土地。近来在一些地方出现了一些不好的苗头，如集体经济组织单方面解除土地承包合同；有的地方收回农户的承包地搞招标承包，或将农户的承包地收回抵偿欠款；有的地方借土地流转改变土地所有权和土地用途。这些做法都违背了自愿的原则，是对农户土地承包权和土地流转权的侵犯，应予以纠正。

"有偿"就是土地流转的收益应归农户所有。土地收益权是农户土地承包经营权的核心，农户的土地收益既包括了土地直接经营的收益，又包括了流转土地的收益。土地承包经营权在发生流转时，农户不仅有权获得土地流转为农用时的土地转包费和租金，而且也有权分享农用地转为非农用地时的土地级差收益。

建立土地流转市场，活化农民的土地财产权。随着现代农业的发展，对于土地承包经营权的流转，目前在农业用途范围内按照依法自愿有偿的原则已经在各地全面展开，探索出了转让抵押和互换等物权性质的流转、出租和托管等债权性质的流转、入股股份合作等股权性质的流转等多种模式。这些流转模式只要尊重农民意愿，有利于发展农业规模经营，都是有效的和应当鼓励的。当前，应当加强和完善的环节是为农民土地承包经营权流转提供更多的法律法规服务、合同服务、仲裁服务、土地价值评估服务，完善土地交易平台，防止农民因对未来承包土地价值把握不准而出现后悔，违规收回承包权的现象。

（五）积极探索集体非农建设用地进入市场的途径和办法

应允许在不改变集体土地所有权性质的前提下进行集体非农建设用地流转。也就是说，农村集体土地，非经营性用途的，可以不再经过国家强制征用，直接进入土地市场，以土地入股、产权交易、租赁等方式用来搞开发和建设。在经济发达地区和城乡结合部，农村集体非农建设用地的流转实际上一直在自发地进行。一些地区在不改变集体所有权性质的前提下，将集体土地进行统一规划，然后统一以土地或者厂房的形式出租给企业使用。这样做法的好处是农民间接分享了农地非农化过程中土地增值的好处。必须突破现行的政策和法律框框进行改革，在符合土地利用总体规划、城市和集镇规划，在依法办理农用地转用手续的前提下，集体建设用地可以参照国有土地使用权招标、拍卖、挂牌出让的程序和办法，采用招标、拍卖、挂牌出让等方式出让集体土地使用权，确保农民成为土地流转收益的主要获得者。

征地过程应进一步程序化、公开化。任何政府机构或组织为"公共目的"征用集体土地时，必须得到有关政府部门的批准并获得征用许可证。在此过程中，必须充分尊重土地所有者和其他权利人的权利。同时，要加强征地的民主程序，必须提前公告、充分协商尤其是在土地能否被征用、土地补偿费问题上，需要征用土地的政府机构或组织应同土地所有者代表进行谈判，听取被征地的农村集体组织和农民的意见。在双方达到一致意见的基础上，签订征用协议，实行土地征用。建立公开、公正的争议仲裁机制，保证被征地农民的知情权、参与权和申诉权。

（六）发展和完善农村土地股份制

农村土地实行股份合作是近年来来自基层农民实践的一次制度变迁，具有很强的活力，但也存在着不规范和欠成熟等问题。应当借助试验区建设的有利机遇，主动发展和完善农村土地股份制，使之成为政府主导的强制性制度变迁模式，结合自身实际，主要发展以下两种模式：

1. 农民土地股份合作社模式

以村或组为单位，将农民承包地、集体未分配土地、集体建设土地和村集体经营性资产折股量化，组建农民土地股份合作社，明确每个社员的股份，对入股土地实行统一规划、开发和经营，经营收益按股分红。合作社股份农业人口无偿配给，但不能抵押、买卖，经社员代表大会同意可以在本社区范围转让。

2. 农民土地参股模式

农民以集体土地、承包土地、资金以及农业设施的全部或部分折价向产业化龙头企业参股，成为企业股东，定期从企业获取分红。为保证农民的利益和鼓励农民积极性，在发展初期阶段可以由企业向农民支付保底分红。

（七）以农业产业化和规模经营为导向加快农用地流转

农用地流转应充分发挥政府的导向作用，以实现农业产业化和规模经营为基本目标。围绕本地区的特色优势农产品布局规划，重点促进农地向大中型农业产业化龙头企业集中流转，建立规模化、标准化的现代农业园区和农产品生产基地。为了实现这一目的必须加强政府和基层组织在农地流转中的中介作用。一方面是在引入企业建立生产基地时，可以采取村级集体经济组织代表自愿参加的农户与企业签订租地合同，充当企业与农户之间的缓冲带和协调者。另一方面是实行土地使用权虚化入股化成立股份合作组织，由该组织与龙头企业签订租地合同，或者直接与龙头企业成立新的股份制公司来经营农地。总之，无论采取哪种模式，都需要坚持产业化和规模化的基本方向。

（八）建立农村宅基地流转市场

农村宅基地不属于农用地而属于建设用地，具有较大的财产增值空间，在城郊更是如此。因此，在统筹城乡发展过程中，应该在政策法律上破除宅基地不能流转、转让、交易的限制，赋予其转让权、收益权、买卖权、抵押权，使农民的宅基地和住房具有与城市居民私人住宅同样的财产权利。对于集体收益分配权，应实行股份化，明确集体经济组织成员所占的股份，规定农民收益的最低标准，为确保农民的土地财产权不受侵犯，必须抓紧对农村集体土地所有权、土地承包经营权、宅基地使用权进行确权颁证和登记。在确权颁证过程中，只要是农村集体土地及土地上的建筑物，都应进行确权颁证和登记，并做到土地台账、证书合同一一对应，账实相符，程序规范。建立农村宅基地流转市场是农村宅基地改革不可逆转的主要发展趋势，必须因势利导，强化顶层设计，把宅基地纳入生产要素市场的统一体系中，加强宅基地使用权流转的有关制度建设和立法工作，积极探索农民宅基地使用权流转的有效方式。农民宅基地在工业化、城镇化加速发展中蕴含巨大的财产价值，是农民的重要财产。由于历史的原因，农村宅基地客观上存在内部占有不均衡的现实，在此情况下作为财产权流转可能引发矛盾，针对

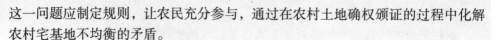

这一问题应制定规则，让农民充分参与，通过在农村土地确权颁证的过程中化解农村宅基地不均衡的矛盾。

（九）合理确定农用地流转中政府与市场的关系

在推进农地流转过程中，必须要防止政府干预过多，坚决杜绝不尊重农民的意愿，强制收回农民承包地的情况发生，切实避免政府行政性的经营部属，降低农地的经营效率，打击农民积极性。同时，又要将政府的职能由直接干预转向间接提供服务方面，充分发挥政府的作用，克服市场失灵现象。因此，在促进农用地流转时，关键在于正确处理政府、村两委及村民小组与市场机制的关系。

在加快农用地流转时，应当以发挥市场机制的土地资源配置功能为基础，政府或集体组织只能扮演服务者和监督者的角色。让农户和企业根据市场需求和生产成本来选择农地流转规模和时间，既要防止政府以行政力量来人为推动农地流转，又要尽量避免政府过分运用财政补贴来扭曲价格信号从而促进农地流转。与此同时，要充分发挥政府组织在降低农地流转的交易成本，实现农地集中连片、专业化规模经营等方面发挥作用。以政府组织为主体开展农地整理，改善农业生产条件和生态环境，提供流转信息和场所，通过规范管理促进耕地流转的规范化，保护耕地不流失和农民利益不受损失。

第四章　深化农村公共产品供给
体制改革与统筹城乡发展

在全面建设小康社会的新形势下，统筹城乡经济发展，解决农村、农业、农民问题，统筹城乡公共产品供给显得尤为必要。

一、农村公共产品的含义、特征与分类

随着西方经济理论逐步渗透到中国经济领域，人们也已大量使用"公共产品"及相关理论来解释市场经济中政府行为及其职能内涵。其实，类似公共产品与私人产品含义的词汇，马克思用"公共利益"与"私人利益"表达了出来。公共产品区别于私人产品，是全社会成员共同消费的产品与劳务，在社会发展中有巨大推动作用。

（一）公共产品的含义与特征

伴随着经济结构的变动和经济学的进步以及政府宏观经济管理模式的不断完善，人们又从产品消费方式角度去考虑产品类别划分，由此把千差万别的产品区分为两大类：一类是个体消费品；另一类就是公共产品。

早在1739年，著名的苏格兰哲学家休谟就给公共物品下了一个直观的定义。他认为，公共物品不会对任何人产生突出的利益，但对整个社会来讲则是必不可少的。因此，公共物品的生产必须通过联合行动来实现。按照通俗的说法就是"大家的事大家办"。将这一思想抽象和确定后，现代经济学又把公共物品归结在消费中的经济特征并用来与个人产品相区分，即公共产品是指具有联合的、共同消费性质的产品或服务。公共产品与个人产品区分的基本标志是消费上的不同特点，即是共同消费还是个人消费。萨缪尔森给公共产品下了更为精确和深入的定义，并被后来的经济学家所广为引用。他认为，某种私人物品的总消费量等于全部消费者对私人物品消费的总和。纯粹的公共产品具有非排他性和非竞争性两个基本特征。

1. 非排他性

对于私人产品来说，购买者支付了价格就取得了该产品的所有权并可轻易地排斥他人消费这种产品，这就是排他性；而公共产品的消费是集体进行、共同消费地，其效用在不同消费者之间不能分割。这样，将不为公共品付费的个人排除在外，或者在技术上不可能，或者成本高昂到不可接受。

2. 非竞争性

对一般私人产品来说，一个人消费了这一产品，别人就无法再消费了；公共产品则不同，公共产品一旦提供出来，任何消费者对公共产品的消费都不影响其他消费者的利益，也不会影响整个社会的利益。非竞争性包含如下两方面的含义：

（1）边际生产成本为零。这里所说的边际成本是指增加一个消费者对供给者带来的边际成本，而非产量增加导致的边际成本的变动，在公共产品的情况下，两者并不一致。

（2）边际拥挤成本为零。每个消费者的消费都不影响其他人的消费数量和质量，这种产品不但是共同消费的，而且不存在消费中的拥挤现象。

根据以上多种定义的描述与特点的限定，公共产品可以通过一句话来概括，即公共产品是具有非排他性的和非竞争性的物品。满足非排他性和非竞争性两个特征即为公共物品；具有排他性与竞争性的物品为私人物品。

（二）公共产品的分类

一般来说，全国性公共产品主要由中央政府来组织提供，地方公共产品主要由地方政府组织提供，因为只有地方政府才能更好地确定地方公共产品的需求（包括需求什么、需求多少）。当然，有些公共产品，如公共教育，是跨层次的，各层级的政府都负有一定的供给责任。

将公共产品划分为城市公共产品和农村公共产品。这是根据公共产品所处区域的性质不同所进行的划分。当然，城市公共产品和农村公共产品的划分，还表明城市和农村两种性质不同的人类聚居体需要的是性质和特点不同的公共产品。城市公共产品主要表现为市政设施和市政管理，包括城市道路、桥梁、公共交通、自来水、污染治理、城市规划、市容美化、消防救灾、垃圾处理等；农村公共产品主要包括大型农具、乡村道路及桥梁建设、水利设施、农业科技等。

将公共产品划分为城市公共产品和农村公共产品在中国有特别重要的意义，因为中国农民占了全国人口总量的绝大多数，农村区域占了国土面积的绝大部分，因而农村公共产品的有效供给不仅对农村的发展来说是关键的问题，而且对整个中国的发展都是重要的问题。

（三）农村公共产品的含义及特征

1. 农村公共产品的含义

农村公共产品是指存在于农村区域，适合农业发展和农民生产生活需要的公共产品。农村公共产品包括如下内容：

（1）农村生产所需的公共产品。例如，小流域防洪防涝设施建设、农业科技成果的推广、农田防护林建设、病虫害的防治、植物保护、农村水利灌溉系统、中低产田改造、大江大河大湖治理、农村道路建设、乡村电网建设、农业多种经营等。

（2）农民生活所需的公共产品。例如，农村社会保障、农村义务教育、农村公共卫生、农村医疗、农村文化馆，以及农村电信、电视、自来水、计划生育等。

2. 农村公共产品的特征

农村公共产品区别于其他产品，农村公共产品除了具有非排他性与非竞争性两个特征外，还有规模经济性、分散性等特点。结合中国的实际情况，中国农村公共产品具有以下几个特征：

（1）农户对农村公共产品的依赖性更大。由于农民收入普遍不高，与城市公共产品相比，农村公共产品收入弹性低，中国农村公共产品具有弱替代性特点。再加上我国农村农民生产私人产品的组织形式是以户为单位。这种分散性的组织形式，就决定了农民生产私人产品对农村公共产品的强烈依赖，农村经济市场化程度越高，这种依赖性就越强，农业生产外部条件的好坏，直接影响到农业生产的丰歉和农民的利益，对农业经济的发展有着重要的促进作用。此外，农业部门的特殊性也决定了农民私人产品对农村公共产品的强烈依赖。农业是自然风险与市场风险相互交织的弱势产业，农民是一群难以抵抗这些风险的弱势群体。因此，农村公共产品的重要性更为突出。

（2）农村公共产品的短缺更加严重。从需求角度来看，中国农村人口多，收入水平低，对农村公共产品的需求更大。从供给角度来看，中国农村公共产品与发达国家相比，其回报率更低，回收周期更长，而资本天然是"趋利而动"的，政府和集体等各方供给主体对农村公共产品的供给意愿是偏低的，而且现有的农村公共产品供给机制运作成本高、效率低下。因此，在庞大的需求和不足的供给共同作用下，农村公共产品供给的缺口越来越大。

（3）需求多样性。我国农村地区广大，不同的经济发展水平，不同的农民收入水平，不同的农民普遍受教育程度，都决定了不同的农村公共产品需求。因此，农村公共产品需求呈多层次分布，呈现多样性特点。

由于经济发展水平不同，沿海地区的农村公共产品比西部贫困落后地区农村公共产品内容要更为狭窄。因为西部地区经济水平落后，部分本来可以属于私人物品设施，如小型机械设备，现在需要共同承担。就同一社区内部来看，从事不同产业和不同工种的农民，流动性不同，收入不同，对农村公共产品的需求也是不同的。

（四）农村公共产品的分类

1. 在层次构成上分类

在层次构成上，农村公共产品包括全国性的公共产品和地方性的公共产品。中央政府和地方各层级政府对自己所属农村公共产品的供给都负有不可推卸的责任。

2. 在性质上分类

在性质上，农村公共产品包括纯公共产品和准公共产品，前者如农村基层政府行政服务、农业发展战略研究、农村环境保护、农业发展综合规划及信息系统、农业基础科学研究、大江大河治理等服务，后者如农村职业教育、农村水利灌溉系统、中低产田改造、农村医疗、农村道路建设、乡村电网建设。

3. 在范围上分类

在范围上，狭义农村公共产品包括有形的物品和服务，如水利设施、道路桥梁、文化教育、保健医疗等；广义的农村公共产品除包括有形的物品和服务外还包括无形的物品和服务，如良好的社会治安环境、稳定的宏观经济秩序、稳定的且富有激励的农业政策环境等。

乡村范围内经济发展有直接关联的公共产品的供给问题主要是指与农村经济直接关联的，为全乡或全村农民所消费且对农民生活生产具有重要意义的公共产品。该问题主要集中对有形物品、服务的公共产品进行研究，既包括纯公共产品又包括准公共产品，具体有以下几大类：

（1）农村基础教育及文化设施与服务；

（2）乡村道路、交通、通信以及农田水利、农业灌溉系统等基础设施；

（3）农村基本医疗卫生服务及社会保障；

（4）技术推广及其市场信息服务。

二、解决农业、农村、农民问题需要深化农村公共产品供给体制改革

乡村公共产品是满足农民公共需要的公共设施和服务，具有程度不等的非竞争性和非排他性，包括公共环境服务（如道路及管理、公共卫生服务、气象服务）、公共文教（如基础教育、文体事业）、公共医疗保健、公共交通及社会保障。我国当前的公共产品供给远远不能满足农民的生产生活需要。公共医疗保健服务供给极为落后，许多乡村基本医疗保健服务指标难以达到国家规定的最低标准。我国的绝大多数农民还在社会保障体系之外。

乡村公共产品供给的落后限制了农民消费需求的实现，严重影响了农村消费市场的扩展，公共产品的供给不足，促使农民以私人消费品来替代，降低了农民的消费效用，也因规模不经济造成了极大的浪费。例如，不少地区的农民各自花费2000多元购买使用比一般彩电昂贵的卫星电视接收器。同时，一些公共产品供给不足增加了农民负担。农民在公共产品方面的负担加重必然以压缩私人消费品支出为代价，对子女教育费用和养老费用预期的上升也促使农民减少即期消费。农村消费需求下降延缓了中国消费品工业发展，农村消费增长的乏力也拖曳了城市工业的升级改造，影响了国民经济运行，大多数消费品在城市市场的饱和促使出口压力加大，导致中国产品在国际市场密集遭遇反倾销制裁。就农村的基础设施而言，水、电等和生活有关的基础设施得到改善后，农村将会出现"厨房革命"、"厕所革命"，以及其他提高生活质量的消费热潮，能起到消化现有制造业过剩生产能力的作用。因此，对当前的农村公共产品供给体制的改革，不仅有利于农村社会的发展，也有利于农村经济发展以及宏观经济的可持续发展，也是培育农村消费品市场和化解通货紧缩的重要举措。

中国城乡的二元格局，形成了城市的工业化与农村小农经济的对峙局面，形成了城乡二元的税费体制和二元的公共产品供给体制。向相对富裕的市民供给的公共产品进入了国家公共财政体系，市民收入又远远超过农民平均收入，而收入远低于市民的农民享受的公共产品仍是千百年来的制度外供给，农民却不管收入

高低平均分摊乡村公共产品的供给成本，这就导致了城乡居民、城乡政府在公共产品供给上迥异的态度。一边是城市政府在城市经营、改善投资环境的激励下和市民的要求下为民办实事，举办"民心工程"，迅速地提高城市的公共产品供给水平，使城市的公共品供给"锦上添花"，让市民获得更多、更好的物质利益和精神享受；另一边却是乡村公共产品供给水平与城市极为悬殊的态势，农民因要为增加的大多数公共产品供给全部或部分"埋单"，对政府推动的各项公共事业建设态度冷漠。农民要为政府所谓的"为民办实事"承担成本，农民在对公共产品的需求上的冷淡是一种理性的沉默。这样的格局不能迅速改变，将形成城乡社会发展越来越隔绝的局面，生活在乡村的居民有被更加边缘化的危险。城市开展的科技、卫生、文化等下乡活动和各种对口扶贫将流于形式，更多是因其社会机会成本高昂、效率低下，因而只具"作秀"的功能。

当中国已进入全面建设小康社会的时代，农业作为一个明显弱势的产业还要向庞大的基层政府的运转提供经济剩余时，这种与现代社会格格不入的乡村公共产品供给体制和税费制度到了非改革不可的时候了，也到了需要城乡社会经济统筹发展的关键时候。城乡二元格局的瓦解首先需要对城乡二元的公共产品供给体制和相应的二元城乡税费体制进行改革和制度创新。

三、农村公共产品供给现状及其存在的主要问题

（一）农村税费制度与公共产品供给的进程分析

1. 新中国成立初农村税费制度与公共产品供给

新中国成立初期，农民社区人口平均分配了对土地的占有权和受益权，纳税主体较新中国成立前增加了 9 倍，农村税费制度的运行成本大幅度提高。此外，政府与分散农民之间在农产品上的交易成本也大幅度增加。为了满足工业化的需要，国家实行了统购统销和合作化生产（后来发展为人民公社制度），土地由农民私有变成社区集体公有，政府面对的交粮与纳税的主体由 4 亿农户变为了 400 万个合作社（1958 年后为 7 万个人民公社），既有效解决了政府与分散农户交易难的问题，又使政府占有了几乎全部农业剩余。由于县以下也不设立政府，相当于乡镇政府的人民公社实行"政社合一"的管理体制，其交易、管理成本虽然大于过去，但仍然控制在比较小的范围之内。

当时政府不得不应付工业化发展等重要经济问题，无力照顾农村财政开支及公共项目开支，因此对地方政府参与农业利益分享十分宽容。允许地方在征收农业税的同时，按一定比例征收农业税地方附加，并用法律加以规定。因此，为满足地方公共开支，地方摊派情况也就随之而生了。合作化后，由于公共产品供给成本低廉，而且均由集体开支，这个矛盾暂时被掩盖了，但引发农民负担增加的制度由此确立起来，并为以后地方利益扩张行为提供了制度根据。

2. 家庭联产承包责任制后税费制度与公共产品供给

中国实行了以农民平均占有土地产权为实质内容的"家庭联产承包责任制"以后，政府要再次面对与 8 亿农民管理交易费用高的问题，理应建立社区合作经

济组织来替代分散小农作为纳税主体及管理社区，但我国自农村改革以来一直以1958年颁布的《中华人民共和国农业税条例》为基础，根据当时实际情况制定的税收原则、计税标准、课税对象仍然被沿用，同时依靠单一行政组织来组织庞大的农村社区。

改革开放初期，巨大制度效益显现的同时，当时还没有建立各级地方政府财政，粮食统购统销体制也并没改变，政府通过垄断流通部门对农民交易加以控制管理，因此交易管理成本增加幅度很小。

1985年起，粮食统购统销垄断经营被打破，政府实行粮食交易计划与市场并行的双轨制。随后，完成了撤销人民公社、改制为乡镇政府的农村组织体制改革，成立了约7万个由自己独立的财政利益和相应的税收权力的基层政府。这种制度改变，直接导致地方扩张思想膨胀及对税费收益需求的增加。随着完善乡级财政和加强村级组织建设等项目自上而下的任务的全面落实，振兴地方经济公共建设客观要求，公共开支也呈大幅度增加趋势。国家为了满足地方党政组织和下设部门不断增长的开支需求，又给农业和农民增加了多种负担。例如，农林特产税、乡统筹、村提留以及各级地方政府出台的行政事业收费摊派集资等。

同时，通过基层村委干部负责收缴税款，虽然这是当时成本最低的征收方式，但为村干部在征收上留有太多漏洞，集资摊派往往因此而流失。

基层在税费征收上矛盾林林总总，其根本原因仍然在于政府与农民之间交易成本太高。一方面，基层政府开支不断增加，迫使政府必须增加收费；另一方面，政府面对分散、剩余太少的农民，又找不到更好的公共产品筹资渠道与资金施用方式。

从上面的历史分析可以看到，每个时期税费制度都是与政府公共产品建设密不可分的，为了完成政府一定的公共产品建设管理职能，税费制度随着交易管理成本不同也逐一改变。税费改革后，农村的各种乱收费、乱集资、乱摊派被明令取消，乡（镇）级财政运转困难必定大大降低其供给公共物品的能力，虽然政策对某些公共产品开支也有了硬性规定，但并不能扭转农村公共产品供给机制在新政策环境下产生新变化的趋势。

（二）农村公共产品供给存在的主要问题

1. 农村义务教育

税费改革后，取消了农村教育费附加、农村捐（集）资，维系20年多年的教育投入保障体系被打破。多年以来，我国一直沿袭"分级办学、分级管理"的办学体制。中央分到省、省分到县、县分到乡、乡分到村、村分到农户。分级办学最终是农民办学。县上多渠道资金筹措也是以农民捐（集）资办学和征收农村教育费附加为主渠道。按照地方说法，教育投入主要来源于"三靠"格局，即教师职工靠财政（财政只保人头经费）、校舍建设靠社会（捐资、集资等主要是靠农民）、学校运转靠学生（学校收取的学杂费维持公用经费）。近年来，各乡村学校在这种投入格局下改善办学条件，尤其在"九五"期间，是四川省一些县乡大力普及九年义务教育的高潮时期，为实现达标，一些学校基建工程强行上马，新建、改建、扩建校舍，添置设备与环境建设，这使县乡学校近年来积压了巨大教育负债，集资和教育费附加一直是化解县乡学校巨大教育负债的主要路径选择。

税费改革后取消了教育费附加和教育集资，确立了以县为主的农村义务教育财政体系。农村义务教育投入与收入统一划到县，由县财政统一调配，乡镇教师工资直接由县财政通过教师专户统一发放，并且正式把中小学危房改造资金纳入财政预算体系。从改革绩效来看，目前已严格控制了乡村集体教育费集资、摊派，农民教育负担确实有所减少，但各地学校如何运转现在却成为了各地政府最为头疼的大事。虽然上级加大财政转移支付力度，但从我们实际调查情况来看，其财政支持额度仅够支付工资，几乎不能满足学校基本运转，各地教育资金缺口巨大。各地农村义务教育难以为继，形势相当严峻。

税费改革后，中央财政将其教育融资的责任推给地方基层。当县乡两级政府乡镇可支配的财力有限情况下，用于财政支出的教育的资金难以保证，更不提所谓的资金缺口。此外，新的农业税制中没有规定相应比例用于教育，对各级财政如何保障教育投入，没有硬性约束，也无所遵循，因此县级财政对教育经费投入必定大幅度减少。目前教育经费存在以下具体问题：

（1）教师工资由于只包括省级以上认可部分（通常所说的四项工资之和），目前教师班主任补贴、误餐补贴、奖金、课时补贴等相关费用均没有资金拨付，严重影响当前的教师教学质量。

（2）中小学危房改造资金虽然也由县财政负责，但上级机关补充数额较少，不少部门是采用"以奖代补"的形式，显然难以解决问题，不少学校已难以保证师生安全。

（3）学校要寻求良性发展，具备先进教学手段，需要对教学仪器及其电教装备投入，税费改革后，也没有专项经费支出，这对本来就落后的农村教育更为不公。

（4）教育负债难以化解，"两基"投入再无可能。农村教育基础设施薄弱，起点低、起步晚，因此在普及九年义务教育期间，各地均加大教育公共产品，举债新建、改建、扩建校舍及其添置设备。改革后，这些负债如何化解且不说，继续扩大投入农村义务教育的现象基本不可能再发生了。

2. 基础设施建设

为了加大农村基础设施建设的投入力度，国家一方面督促管理部门重视，另一方面鼓励集体和个人投资，因此助长了乱收费、乱摊派现象的发生。而实际情况表明，这样的做法虽然存在一定供给无序的问题，但确实也大大改善了农村基础设施建设。农村交通、通信、水电等公共设施建设，改善了农村生产、生活条件，方便了城乡经济、文化交流，为农村经济的持续稳定发展奠定了坚实的基础。然而，税费改革后，"两工"（义务工、积累工）逐步取消，"一事一议"方案的实施，无疑将带来基本建设尤其是社区群众性基础设施的重大变化。

（1）投入机制发生了变化。长期以来，"两工"一直是兴建农田水利、交通等基础设施的投入来源主体，地方财政只给予适当补助。税费改革后，"两工"逐步取消，改革村提留使用办法，占基础设施工程总量70%～80%的跨村、跨乡工程失去了原有投工投劳渠道，新的资金投入渠道尚未明确。

（2）由于基础设施工程受益范围大多跨村、跨乡，实行"一事一议"后，给那些跨乡村的流域性工程实行统一实施带来难度。同时，对受益范围虽属一村一组，但仅靠本村组的能力难以做到当年实施、当年受益，只有采取"推磨转圈，轮流受益"的协作方式才能完成的工程，也将带来不少难度。

（3）由于长期以来，农田水利、道路基本建设习惯于依靠政府号召，行政干预，奖罚推动，部门协调，实行"一事一议"后，所有建设需要通过农村集体讨论，在当前农村尤其是边远地区农村，由于短期利益思想意识及"搭便车"心理影响，民主决策导致无效率，必定导致农田水利基本建设难以开展。

从当前看，"一事一议"的规范要求与农村的实际情况不尽吻合，而且筹资筹劳数额小，经济欠发达地区的乡镇村难以举办公益性事业。

3. 社会保障

社会保障实际上就是政府向国民提供的一种公共产品。目前，中国对农村的保障主要体现在农村五保制度与农村合作医疗制度。

五保制度是一种集体保障制度，五保制度规定集体经济必须保障农村居民中无法定抚养义务人、无劳动能力、无生活来源的人的吃、穿、住、医、葬（孤儿保教），使他们生养死葬都有指靠。税费改革前以乡统筹村提留形式保证了五保供养。

税费改革后，经过各地先行试点，为了妥善解决五保户问题，目前已把农村义务兵家属优待金、五保户供养金和农村特殊困难户救济金一律改为由乡镇统一管理，其经费补助列入乡镇财政预算支出范围。但在实际上，仍然出现五保供养资金难以到位；税费减免受限；乡镇对五保供养情况不了解，未能及时给予支持等情况。

农村合作医疗制度是在政府和集体经济的扶持下，农民遵循自愿、互益和适度的原则，通过合作形式、民办公助、互助共济，建立起来的满足农民基本医疗保健要求的农村卫生保健制度。基层卫生机构一般在乡财政支持下主要从村提留公益金中提取、农民缴纳保健费和业务收入（药品利润）保证了主要经费来源，实现了"合医合防不合药"的合作医疗，基本解决了农村缺医少药的问题。

农村家庭联产承包变革后，农村医疗预防保健网络就出现"底破线断"的局面，但至少通过统筹制收费能解决缺医少药问题。税费改革后，一方面取消乡统筹影响卫生服务的供方筹资，另一方面村提留征收使用的改革则影响合作医疗，即卫生服务的需方筹资。原来，依据国务院发布的《农民承担费用和劳务管理条例》中规定"村提留公益金用于合作医疗保健"的筹资政策，村集体投入农村合作医疗的资金占卫生服务需方筹资总额的比例，全国平均数为21%，与关于合作医疗投资"集体扶持"的要求相符。税费改革后村提留改为农业税附加，村提留公益金不复存在，村集体对合作医疗的投资实行"一事一议"，这是集体扶持合作医疗资金面临的新形势。

以前大量的初保、防保、爱卫、传染病防治、健康教育、除四害等工作需要乡村医生来完成，乡统筹、村提留中按一定比例提取防保费用于从事防保工作的劳务报酬。现在这笔经费随着乡统筹、村提留取消而消失后，乡村医生预防保健等基础工作将成为无偿劳动，由于缺乏必要的经济支持，很容易造成重医轻防的问题，导致预防保健等各项工作的滑坡，必定导致相当一部分农民生活和医疗状况的恶化。

由于医院远离农村而医疗费用又太大，农户看病成本过高，因而往往无力承担。因此，主要依靠基层卫生机构医治日常疾病。而税费改革后取消卫生站或者将卫生站承包给个人，由于缺乏正规卫生管理机构，许多缺乏行医资格的庸医、游医甚至"神医"必将出现；送药渠道混乱，假冒伪劣药品也将流入农村。

此外，税费改革后，技术推广、病虫害防治、中低产田改造、农民职业技术教育培训服务等由于资金奇缺也被搁浅。税费改革前，由于地方政府追求政绩，热衷予提供看得见、摸得着的"硬"公共产品，而不愿提供农业科技相关的"软"公共产品。有关研究表明，"十五"时期农业科技投入的密集度已出现逐年下降的趋势。税费改革后，在资金紧张情况下，科技服务缺位将更为明显。这将直接成为制约农村生产力发展的重要矛盾。

当前，农村税费改革的实施是历史和多种复杂因素的共同影响，但不论从何种角度评价，农民负担问题都是最直接的导因。国家对减轻农民负担也曾采取过一系列方针措施，加强了对农民负担的监管，也取得了一定的成效。但由于各种原因，农民负担过重的问题并没有从根本上得到有效解决。

党中央、国务院针对我国农村存在的收费过多、过滥、管理失控的状况，按照社会主义市场经济关于转变政府职能和建立公共财政的要求，结合国家税收制度的改革和完善，对农村税费征收全面清理。自1994年起，安徽、河北等省份就开始尝试改革现有的农村税费征收体制。2000年，在安徽全省进行全国农村税费改革的试点。经过2000年一年多的试点后，中央政府确定在全国推行，推进农村税费制度改革，取消乡统筹、村提留和其他面向农民征收的一切行政性收费，同时，适当提高现行农业税和农业特产税税率。这是保障农民合法权益，减轻农民负担的治本之策。

四、统筹城乡教育与城乡教育均衡发展

促进农村义务教育的发展并以此推进义务教育的高水平均衡发展，既是社会公平的重要组成部分，又是教育发展的本质要求，也是农村全面建设小康社会的一个重要目标。但目前来看，农村教育发展面临的问题还很多，其中有些问题可以一次性解决，有些问题则需要一个一个地、有步骤地多次处理。而要解决这些问题，需要遵循的一条基本原则是一定要有利于提高农村教育质量。具体来说，重点应放在义务教育经费投入体制建设、办学条件改善、教师教学水平提高、教育质量评价标准重建，以及支持、鼓励和规范义务教育阶段民办教育的发展上，而这些又离不开各级政府官员良好的法律意识、责任意识和服务意识。

义务教育关乎国民整体素质的提高，是影响国家长远利益的公益事业，给予所有的社会公民享受平等的教育机会是国家的责任和义务。在我国社会发展中，

对农村人口的关注涉及社会的公平，因为我国的大部分贫困人口在农村，特别是西部农村。而对贫困人口的生存权和发展权的保证是社会公平的基本要求，只有如此才能造就农村人口利用其禀赋的平等能力。而教育是发展权之一，教育能有力提高受教育者利用其基本权利和物品的能力。对已脱贫的人口来说，良好的教育可减少返困率，有利于增加农村地区人力资本的总量和质量，有利于在小农经济意识根深蒂固的乡村传播市场意识和法治意识。虽然对义务教育的投资短期收益不及实业投资，但义务教育关系整个中国社会层面的公平。当今义务教育未真正义务化，这种情况在农村尤其严重，当乡村的财政危机导致了教育的供给危机时，在农村将导致新的教育贫困，这也将派生出农民下一代的信息贫困、人权贫困，也可能导致农民的收入贫困加强的循环，使一个个乡村的发展继续锁定在低水平陷阱中。

当前，农村义务教育面临巨大危机，不少地区义务教育徒有虚名，高额的学校收费不仅直接减少农民的可支配收入，也导致发展中辍学问题（传统体制下，辍学率相当低）。中国公共教育经费占国民生产总值的比例低于发展中国家的平均水平，同时，中央财政所承担的义务教育比例过低。据国务院发展研究中心调查，目前我国义务教育投入中，乡镇负担78%左右，县财政负担约9%，省（地）负担约11%，而中央财政只负担2%，而从国际情况来看，无论是发达国家，还是发展中国家，都是由中央和地方政府共同承担初等教育的全部或主要费用，特别是中央和省级政府往往承担了更大的责任。例如，日本（1980年）中央政府承担了初等、中等教育经费的25.4%，县级政府（相当于中国的省）承担了67.8%；美国（1979年）联邦政府承担了8.5%，州政府承担了40.1%；德国（1978年）联邦政府承担了0.3%，州政府承担了74.2%。因此，根据不同层次的政府职能分工理论，再分配职能主要由中央政府履行，而义务教育提供具有较强的再分配性质，所以应加大中央政府或省级政府对农村义务教育的供给责任。应对现行的农村义务教育的管理体制和投入体制进行力度较大的调整和改革，增加中央财政对农村义务教育的供给责任。

（一）四川城乡教育均衡发展的现状分析

城乡教育差距的存在和持续拉大是四川省当前教育发展所面临的严峻现实。由于教育是经济和社会发展的基础，这种差距的进一步扩大将会严重影响到小康社会的建设和和谐社会的建立。因此，为逐步缩小城乡教育差距，必须制定更加合理的公共教育政策以确保所有适龄青少年都能公平地享受公共教育资源。

教育公平隶属于社会公平，是社会公平在教育领域中的表现。教育公平是指人与人之间、社会利益集团之间、区域之间教育利益关系以及非利益关系的反映、度量和评价。教育公平不仅是对现实教育公平问题的反映，也是运用既有的教育公平标准对现实教育公平问题的度量，同时还是一种教育评价和规范。就教育的公平感而言，因为教育公平感具有很强的主观性，所以对于同一教育事实或现象，不同的人就会产生不同的公平心理感受。因此，应尽量减少或消除事实存在的教育不公平，坚持对同样的情况给予同样的对待，不同的情况给予差别对待的原则。

四川省委、省政府高度重视义务教育均衡发展，将其纳入统筹城乡发展、建设社会主义新农村的重要内容，统筹规划，强力推进。组织实施西部农村义务教育重大工程，缩小地区之间、城乡之间义务教育办学差距；合理调整布局结构，推动解决大班额问题；关注困难群体学生，切实保障其接受义务教育；积极推动义务教育均衡发展试点，发挥引领示范作用。

2001—2012年，四川省先后实施《四川省民族地区教育发展十年行动计划》、"农村寄宿制学校建设工程"、"农村初中改造工程"、"农村中小学危房改造工程"、"农村中小学现代远程教育工程"和"新农村卫生新校园建设"等重大专项工程。

此外，四川省将义务教育经费全面纳入公共财政保障范围。2008年，四川省共投入资金65.36亿元，惠及1.8万多所义务教育学校。2009年，81亿元农村"普九"债务全部化解。据2012年统计数据表明，四川省义务教育阶段共有进城务工人员随迁子女30.27万人。

（二）四川城乡教育均衡发展中存在的主要问题

1. 教育经费投入不足

四川省中小学教育的主体仍然是政府，社会力量办学的规模依然很小，而且还主要是在城市里。在义务教育阶段必须坚持以政府办学为主。办好义务教育是政府义不容辞的职责。这就是说，各级政府应该是提供办学经费的主渠道。中央政府近年来对西部地区的义务教育投入了大量经费，解决了教师的工资问题，但学校的教学质量、办学条件、日常运行和教师的待遇还需要进一步提高，因此仍要有不断的大量经费投入。虽然各级地方政府也投入了教育经费，但是并未完全落实《中华人民共和国教育法》中规定的比例。其原因有两个：一个是思想观念问题，另一个是经济发展缓慢而造成财政收入低下，政府拿不出更多的钱投入到教育中。即使在有限的投入中，政府更倾向于向城镇学校投入，从而造成农村教育经费更加有限。此外，城市和农村学校在筹资能力方面存在显著差异。

2. 公平教育意识薄弱

由于对教育本质和功能认识的历史局限性，人们认识不到农村新生公民接受优质教育对于国家和民族的深远意义，因而没能把同步加速农村义务教育的发展摆到应有的位置，造成义务教育投资体制的城乡"二元性"结构迟迟得不到改变。多年来，在城市义务教育基本上做到由政府提供的同时，农村义务教育的发展则较多依赖于学生学杂费收入的维持。

在教育经费的投向上，有的政府主管部门和相关部门常喜欢将有限的资金集中于各种名牌的城市学校。在很多市、县和乡镇，我们都可以看到这种普遍的等级性倾斜，即市属学校比区属学校、"县教育局直属学校"比乡镇学校、乡镇"中心校"比起非中心校，总是能够得到更多的"关照"。

3. 制度不配套

虽然教育部《关于义务教育阶段办学体制改革试验工作若干意见》已出台了多年，但由于义务教育投入法的缺失，以及民办教育实施细则的不完备，造成教育财政转移支付不能落实，农村义务教育阶段民办教育或民间投资的严重贫乏，延缓了农村义务教育的快速发展进程。

4. 教育思想和管理滞后

中小学阶段的学习，究竟应该学习什么？应该学到什么？对于不同地域的学生是否都要按一种模式培养？相当多的城市学校和一部分条件比较好的农村学校已开发并实施了地方课程和校本课程，而大量的农村学校则不具备开发校本课程和乡土教材的条件，加之地方课程和校本课程尚未被列入学生考核体系，这更助长了国家课程在这些农村学校的"一统天下"之势。很多农村学校的教师和学生反映，教材中的很多内容和要求使他们感到力不从心。普遍认为，现行的国家统一的课程在很大程度上是城市本位的，课程编制过程中并没有太多地考虑广大农村地区的实际情况。于是，开发乡土教材和校本课程就显得极为迫切。然而，这些农村学校受人力资源、经费等因素的限制，不具备开发校本课程的基本条件。他们只能被动地接受国家的统一课程，教学过程中所遇到的不能理解的内容也只能敷衍而过。

5. 社会因素影响

教育不是一个封闭的体系，社会的很多问题会影响到教育，比如就业问题、留守儿童问题、独生子女问题等会直接影响到农民对于子女上学的积极性。

有部分农民不愿意让子女上学是认为读了书，以后还是难以找到工作，不如早点打工，还可以挣点钱。这种新的"读书无用论"随着就业难问题的扩大还会有蔓延之势。随着社会进步和经济的发展，城市居民对教育的要求还会更多，有可能还会进一步拉大城乡教育的差距。

（三）促进城乡教育均衡发展的路径选择

1. 强化法律意识

有关教育的各种法律法规，各级政府应当带头遵守和执行。长期以来，我国的教育投入严重不足，国家财政性教育支出占国内生产总值的比重很低。教育投入的严重不足，极大地制约着教育的发展，进而阻碍着实现教育公平的历史进程。要确立农村教育投入占各级财政支出的比例关系，完善、规范并落实教育财政转移支付制度。近几年来，我国促进义务教育发展的相关法律规定陆续出台，确认了义务教育的公益性、强制性和免费性特征，确定了举办义务教育是政府的法定责任，农村义务教育实行在国务院领导下，由"地方政府负责、分级管理、以县为主的体制"等，农村义务教育发展的宏观环境正在得到优化。目前，从中央到地方都已经把农村义务教育乃至整个农村教育的发展作为教育发展的重中之重。可以说，建立规范的义务教育财政逐级转移支付制度并确保落实的有利时机已经出现并日渐成熟。关键是必须确立各级政府对农村教育投入的基本依据，以及对农村教育投入占本级财政支出的比例关系。在一定程度上讲，没有定量的指标，再好的制度也是难以落实的。所以，需要有一个刚性的制度，特别是以立法的形式，将各级政府对农村教育投入的比例确定下来。要进一步加强和完善教育立法，以法律来保障教育公平的实现。政府要肩负保障教育投入和降低百姓教育成本的双重任务，要做到投入与规范并重。出现乱收费问题，一方面要追究学校负责人的责任，另一方面要追究政府负责人的责任。政府既要监督学校的收费行为，又要监督政府的投入到位情况，建立责任追究制度。对于教育领域中各类违法犯罪要坚决予以制裁和打击，对于教育收费不规范和乱收费的现象要坚决纠正，以法律作为实现教育公平的坚强保障，树立教育部门的良好形象，办让人民真正满意的公平教育。

2. 制订切实可行的中长期教育发展规划

四川省面积辽阔、资源丰富、人口众多，这些都是发展四川教育的优势，但是四川的经济发展和财政收入不尽如人意。要改变这种状况，提高全四川人民的素质是至关重要的，而且也是四川长远可持续发展的根本保证。要在充分调查和论证的基础上，根据四川省未来的经济和社会发展目标，制订出四川省中长期教育发展规划。规划不仅要突出四川的特色和优势，要因地制宜，建立合理的教学质量评估体系，而且还要有足够的前瞻性和可行性，要特别注意各种办学层次的相互衔接，比如中小学规模的大小将取决于四川省未来人口的发展趋势，与之相衔接的各类职业技术学校、学院和大学的规模，不同层次学校的办学主体、投资模式和规模也要与之适应，并要制定相应的管理办法和激励机制。

在制订规划时，应总结四川省城乡统筹办教育的经验并在有条件的市县逐步推广。例如，成都市为打破城乡教育"二元"分割状态，从 2003 年起在城市和农村小学之间探索实施"一体化"教育，或称"捆绑式"办教育，在促进城乡学校均衡、和谐发展上取得实效。

3. 规范管理

重新确立农村义务教育办学条件的最低控制标准和农村教育政绩考评标准，建立同级监督和上级督查的有效机制。加速农村义务教育的发展必须从小学入学阶段抓起，强化村级小学和乡镇一般初中的建设。

目前，最首要的是抓好农村学校的布局调整。村级小学布点过多，规模太小，制约着村级小学的发展，也不利于教师水平的提高。因此，要进行学校布局调整，确保学校和班级都有一定规模。《国务院关于深化农村义务教育经费保障机制改革的通知》规定：将农村义务教育全面纳入公共财政保障范围，建立中央和地方分项目、按比例分担的农村义务教育经费保障机制。从 2006 年开始，全部免除西部地区农村义务教育阶段学生学杂费；对贫困家庭学生免费提供教科书并补助寄宿生生活费；建立农村义务教育阶段中小学校舍维修改造长效机制；巩固和完善农村中小学教师工资保障机制。这是一个调整学校布局的很好机遇。

实施"标准化建设工程"，逐步改善办学条件，缩小校际差异。为了便于操作，各地应根据当地实际情况，制定实现义务教育学校标准化的具体条件，引导县、乡、村和学校为实现教育均衡发展而努力。

加快农村小学人事制度改革的步伐。从实际出发，适当增加教师的编制，同时采取提前有条件退养等办法，合理分流部分不称职的教师，使新的师范毕业生能及时补充到学校。

同时，要加强对省级以下各级政府相关领导和全体工作人员对于发展农村义务教育，以及农村义务教育阶段学校领导的问责制和责任追究制建设，强化教育经费管理和对学校杂费的收支管理，提高教育投入效益。

4. 建立合理的中小学教育质量评价体系

建立合理的中小学教育质量评价体系，以教育质量评价体制建设为突破口，切实提高农村义务教育学校的实际培养能力。重新确立中小学教育质量评价指标，对于全面推进素质教育，有效提高农村义务教育质量和水平具有十分重要的意义。

应明确教育质量"评价"而非"评比"，即要"评特色、评质量"，而不是"比优秀、比（数量）多少"。评价主要放在对学校的督导上，是对学校是否达标的评估，而不应成为一种功利性的"锦上添花"。对学校，应实行分类评估，以突显特色、质量标准为主导，围绕学生的全面发展、教育潜能、办学效率和教育竞争力的提升。对教师，应实行综合评价。评价教师的创新能力、教学实绩、师德、教研能力综合素质相结合，促进教师的全面发展。对学生，应实行过程评价，取消"一考定乾坤"的评价制度。从学生阶段性学习过程中综合评估学生。小学阶段可试行等级制，中学阶段可试行学分制。以等级和学分参与升学，实现终结性评价向过程性评价的过渡。

为了确保教育质量评价体系的公平性，一方面应根据新的社会需求调整课程结构，加速课程形式和内容的改革，不断丰富农村义务教育阶段学校教育的内涵，整体推进包括身体素质、心理素质、文化素质、技能素质等在内的全面素质教育。课程和教材体系的重构，是新时期农村中小学义务教育质量提高的关键。另一方面，应全面提升农村中小学教师队伍的整体素质。从学校教育的特点看，所有的课程计划、教学方案都必须通过教师集体合作实施。可以说，没有教师队伍整体素质的提高，就不会出现真正意义上的农村义务教育高质量、高水平发展。目前，重点是加大农村小学教师培训的力度，落实校本教研制度的建设。各级教育行政部门应设立专款用于村级小学教师培训，确保培训工作落到实处。要特别重视发挥乡镇中心小学的带动作用，可由乡镇中心小学牵头，同年级、同学科的村级小学教师定期集体备课，还可采用在县城范围内几个乡镇一片，定期开展教学研究和培训活动，由县教研室直接管理，既保证教研和培训质量，又使多数教师能就近参加。

5. 建立有效的城乡教师制度

针对农村教育整体素质不高，教师队伍结构不合理，教师待遇低、代课教师较多等问题，应多从制度建设上下功夫。

建立城乡教师双向流动制度，包括城市教师支援农村教育制度和农村教师定期到城市学校进修制度。城乡教师之间可以采取一定的方式进行轮换和多方面的交流活动。由政府主管教育的部门制订规划，城市和农村学校可以 1 对 1 或 1 对多所学校开展定期的教师轮换；城市学校可选拔一些教学经验丰富的教师到农村学校示范教学和开展培训工作，而农村学校的老师也可以通过选拔到城市学校进行观摩学习。开展定期轮换的经费应由政府部门负担。

出台农村教师流失补偿制度。农村教师一旦有了工作业绩，很容易流向城市或较发达地区，为保护农村教育，应出台补偿制度加以规范，即流入地对流出地应有补偿，补偿金可用于农村学校在岗教师进修和再聘用其他合适教师等。

规范代课教师制度。要淡化公办教师和代课教师这种身份上的区别，同样的教师岗位不应有身份歧视。只要具备岗位教师资格，代课教师按合同聘任，就应与公办教师享有同样待遇。

教师编制制度合理化。目前教师制度中教师编制只考虑"生师比"这一因素，因此农村学校教师编制数普遍少于城市（因农村学校普遍规模较小），考虑到农村教育的特殊性和真正的素质教育需要，建议以农村学校为单位核定教师编制。

此外，每年可组织一些省内的大中专毕业生志愿者到农村进行支教活动，他们一方面可以将所学的最新知识传授给学生，另一方面可以亲身体会农村教育的艰辛，以提高他们的社会责任感和使命感。政府应给予这些志愿者一定的政策倾斜。

6. 开展"手拉手"活动

在城乡学校的学生中开展"手拉手"活动，应与上述的城乡教师双向流动制度相衔接。生活在城市里的孩子普遍是身在福中不知福，他们普遍认为自己的幸福生活是理所当然的，压根不知道这个世界上还有吃不饱饭、穿不上衣、上不了学的同龄人。同时，那些生活在农村的孩子又向往外面的世界，对城市生活充满了好奇和憧憬。因此，很有必要让城市和农村的孩子建立联系，一方面交流彼此学习和生活，另一方面互相帮助和提高。农村孩子可以帮助城市孩子了解农村，城市孩子可以帮助农村孩子了解城市。目前的民间助学活动大多是由成人资助贫困学生的学费，其实贫困地区的孩子除了需要经济上的资助以外，还需要心灵上的关怀，但是成人和孩子毕竟是存在代沟的，不如同龄人之间的交流那么自然流畅。

7. 进一步完善分税制

目前，中央财力情况也不是非常乐观，中央财政可先对一些经济落后的省和自治区给予一定数额的教育拨款，这些拨款既可先拨到省级财政，再由省级财政根据具体情况分配到县，也可由中央财政直接划拨到县财政。中央对中西部农村教育拨款数额的确定，应综合考虑各县应该接受义务教育的学生规模、当地财力大小及其他特殊情况而定。

在此基础上，再逐步在全国范围内建立一套科学、规范的对农村义务教育的教育财政转移制度，来平衡各地区之间的教育财政投入的差异。

五、深化农村医疗体制改革与统筹城乡发展

我国城乡居民在医疗保障方面的差距很大，农民的生命质量、健康状况以及农村地区卫生防疫系统的脆弱性，已成为影响我国国民经济持续健康发展和建设小康社会的障碍性因素，是统筹城乡发展中需要解决的一个重要问题。

（一）新型农村合作医疗保障制度是适应社会主义新农村建设的需要

新型农村合作医疗制度就是由政府组织、引导、支持、农民自愿参加，个人、集体和政府多方筹资，以大病统筹为主的农民自愿参加，个人、集体和政府

多方筹资，以大病统筹为主的农民医疗互助共济制度。其中，以大病统筹为主就是指新型农村合作医疗制度重点解决农村居民因患大病出现的因病致贫和因病返贫问题，也即首先保证对农村居民大额医疗费用补助，并同时兼顾小额门诊医疗。因此，实施新型农村医疗保障制度，既不同于医疗保险，也不同于过去的合作医疗制度，具有鲜明的时代特色和新型特点。

我国传统的合作医疗一般是以村或乡镇为单位，旨在改变当初农村的缺医少药局面，实现以较低的医疗保健缴费向农民提供普遍的基本医疗保健服务的目标，在当时特定的社会和经济条件下，合作医疗为迅速改善农村就医条件、提高农民健康水平做出了很大贡献。而在新形势下，由于农村经济发展水平、农民收入水平、农村医疗资源状况等都发生了很大的变化，传统合作医疗的低水平、广覆盖模式已不再适用于当前的农村医疗需求状况。如果说传统时期农村合作医疗卫生存在的主要问题是缺医少药，农村卫生工作的重点是解决农村医疗卫生服务的可及性，那么现阶段农村合作医疗的突出问题就是农村居民在医疗卫生服务方面的支付能力下降问题，这也正是新型农村合作所要重点解决的问题。因此，新型农村合作医疗一改以往"低水平、广覆盖"的宗旨，明确提出了以"大病统筹"为主的原则，从而使得新型合作医疗保障制度具有了明显的医疗保险的特征，并使之与传统合作医疗保障制度无论在制度构建还是具体实施过程中都有着明显的差别。

新型农村合作医疗保障制度是适应我国农村新形势发展的一种医疗制度安排，主要用以解决当前农村医疗所面临的农民"因病致贫"、"因病返贫"或"有病不治"等突出问题。在医疗费用快速攀升和农民收入徘徊不前的双重约束下，农村居民的就医成本显著提高，医疗消费的相对支付能力和实际消费水平都明显下降，成为制约当前农村合作医疗发展的主要因素。

当前，我国新型农村合作医疗发展中，各地都根据当地实际情况加大了对农村医疗费用的补偿力度，在补偿标准上，基本采取了以大额医疗费用统筹补偿为主、兼顾小额补偿的方式。对于我国农村目前的贫困农民而言，他们参加新型合作医疗时，普遍都面临几种困难：一是医疗保障基金的个人筹资缴纳部分有困难；二是住院治疗时自己垫付医疗费用有困难；三是由于"封顶线"和单病种定额补偿标准较低，超过部分的医疗费用家庭无力承担。因此，作为新型农村合作医疗的实施，强制要求这部分人参加显然是不合适的，如果严格遵循"自愿"的原则，这部分贫困人口势必被排除在新型合作医疗保障制度之外。由于贫困人群容易陷入贫困与疾病的恶性循环怪圈之中，成为因病致贫、因病返贫问题的易发人群，因此作为新型农村合作医疗保障制度的一部分，贫困农民的医疗救助问题必须引起高度重视。

（二）农村医疗发展中存在的主要问题

1. 我国现行的农村医疗体制是二元社会结构下的一种"延伸"，是城乡二元社会结构与城乡统一医疗市场的一种"失衡"的并存

城乡二元社会结构的现状直接导致了城乡居民收入的巨大差距，这种二元社会与一元医疗市场并存的局面，不仅使得农民看不起病，而且严重制约了建立农

村医疗保障的可行性，因为如此大的收入差距，使得农村医疗保障制度很容易被统一的医疗市场定价所压垮。再加之农村医药市场管理混乱，使得农民的医疗费用急剧增加，远远超过农民实际收入的增长幅度，使得相当多的农民陷入了看不起病、吃不起药、住不起院的困境，在"自愿"的原则下，自动放弃了合作医疗。

2. 农村地区各级医疗机构的权限职责定位不明

县乡村三级医疗防疫保健网一直是我国农村卫生体系的特点和优势，在第一次农村卫生革命中曾发挥了关键性的作用。其中，县级医院应负责全县的保健防疫、卫生监督、重大病症的诊治、下级医疗机构卫生人员培训等职责，处于三级保健网的顶层；乡镇卫生院是三级保健网的枢纽，发挥着承上启下的作用，承担着本乡镇的预防保健、基本医疗、卫生监督等基本卫生服务；村卫生室是三级保健网的"网底"，为村民群众提供安全方便的常见病诊治服务，在公共卫生和预防保健方面发挥着重要的作用。随着20世纪80年代农村合作医疗的大范围解体，我国农村原有的三级保健网也形同虚设，各级医疗机构的权限划分更为混乱，县和乡级医院都尽可能地变成综合医院、全科医院，尤其是县医院，基本承担了全县的住院和门诊病症的诊治工作；乡和村的医疗机构又面临着私营和个体医疗机构的竞争。在这样的形式下，根本就不存在原有的上下级关系，也使原有的病症治疗的转诊机制丧失殆尽。

3. 农村地区医疗资源的配置不合理

目前我国农村地区的医疗资源还相当缺乏，从医疗费用、医疗设施、医务人员素质和数量等方面都没有达到胜任当地农村卫生防疫和医疗的水平。我们还应当看到另一个现象，那就是医疗资源配置的不合理。从县、乡、村三级网络配置状况来看，根本没有按照各级医疗机构的医疗职责和任务来配置医疗资源，县医院各项配置基本到位，乡和村的医疗机构则相差甚远。

由于财政支持不足，人才很难留住，设备也很少更新。而村级卫生室，情况就更糟了，由于很多地方连卫生员的工资都发不出来，只好将卫生室交由乡村医生自己承包，或干脆分散单干。

4. 医疗机构的盈利性趋势

随着原有合作医疗制度的解体和医疗重点向城市的转移，农村医疗经费严重不足，再加上医疗设备的陈旧失修和新型设备的价位高涨，使得医疗机构为维持生存和发展而使工作重点日益转向盈利性为主的业务，竭力开发盈利能力，如诱导就医、引致消费等。这样本来就已经与医疗事业救死扶伤的本性相背离，而且更加重了收入不高的农村地区农民自身的负担和农村医疗保障的承负能力。

(三) 深化农村医疗体制改革的路径选择

自从农村经济体制改革以来，随着农村原有的县、乡、村三级卫生防疫保健网的逐步解体，农村的医疗卫生事业也逐步走向了市场化。有的农村居民处于"有病不敢看、有病不敢医"、"小病拖、大病扛、扛不过就去见阎王"的境地。这其中也有农民收入增长缓慢的原因，但更大的原因还是应该归结为医疗体制问题。加强医疗体制改革，已经成为解决农村医疗问题的关键。

1. 优化卫生资源配置

（1）改变城乡卫生资源配置的不公平现象。

第一，合理制订全国统一的卫生事业发展规划，尽快扭转卫生发展"重城轻乡"的思想和做法；各地农村也要制订符合本地区特点的农村卫生事业发展规划，并将其纳入当地的社会发展总体规划中；从政策、政府和社会总体发展的高度发展农村卫生事业。

第二，对卫生事业费进行存量尤其是增量的支出结构调整，适当向农村卫生事业倾斜，重点加强农村基础卫生设施和人才的培养。

第三，多渠道发展农村卫生事业，积极鼓励和支持医药、医疗器械生产和经营等单位，向农村医疗机构提供低价、微利价医药用品；鼓励和支持社会各行业、各部门为农村医疗保障体系捐款捐物等慈善活动。

（2）改变医疗机构内部的卫生资源配置不合理现象。我国卫生机构的内部资源配置存在着严重的"重医轻防"现象，无论是城市还是乡村，卫生防疫与病症诊治的资源配置比例都严重失调，医院规模一直在不断扩张，但一些符合公众利益和成本效益的预防保健工作却因筹资困难而发展缓慢，更有农村地区甚至已多年没有开展过系统的卫生防疫和保健工作。为此，必须重新修订农村卫生发展规划，加大对卫生防疫和医疗保健的资金投入，重回"以防为主，防治结合"的医疗方针。

（3）改变卫生机构在技能等级和病员数量比例上的失调现状。我国农村卫生机构的病员数量与自身技能等级比例关系严重失调，呈现反常的"倒三角"结构，即县级医院诊治的病员数量多于乡医院，乡医院又多于村卫生室（多数农村已不存在卫生室）。

造成我国农村地区医疗机构间这种不合理比例结构的基本原因，一方面在于农村基层医疗机构资金投入的长期严重不足和乡、县级医疗机构收费标准的趋同性，致使大量患者倾向于在较高层次的医院就诊，尤其是县医院大有收治全县病患的态势；另一方面是由于利益的驱动，各层次医院之间的双向转诊制度很难实现，"大马拉小车"的资源利用不经济的现象十分突出。

这种不合理的比例结构一方面造成了医疗资源的浪费，县医院挤占了大量本应归下级医院收治的常见病、多发病的诊治工作，不但自身技术优势未能发挥，还造成了下级医院病源短缺并限制了下级医院的发展；另一方面又使得大量的患者涌向县医院，不但影响诊治效果，而且造成人力、物力、财力的浪费，是一种严重的社会不经济。

为解决这一问题，首先，必须抓好卫生资源的优化配置工作，使卫生资源的配置与各级医疗机构的等级和功能相符合，重点是逐步引导卫生资源向下流动，把资源配置的"倒三角"转为"正三角"，村级医疗机构诊治的病员总数量最多，位于"三角形"的底层，在此之上为病员数量逐渐减少的乡医院和县级医院，重构新型合理卫生服务体系。其次，促进双向转诊制度的建立和完善，制定严格的转诊转院标准，尤其注意控制县、乡医院"出院难"的现象，使已过急性期和处于恢复期的病人转向村级卫生机构或家庭病床。最后，对于不同层次的医院应制定不同的需方费用自付标准，低等级卫生机构的患者自付比例要尽可能降低，县级及以上级别医院的自付比例要适当提高，引导患者增加对基层医疗机构的利用，促进卫生服务体系的合理分化，进而实现合理控制医疗保险费用的目标。

2. 规范农村药品市场

药品是保证居民身体健康的关键，货真价实而充足的药品供应也一直是医药市场健康发展的重要标志，而在我国的广大农村地区，却一直是一种缺医少药的状态：农村市场的专业医药销售点严重缺乏，尤其是西部偏远山区，村级基本没有专门的药品销售点；药品价格偏高，甚至高于同种药品的城市销售价格；假药的畅行与泛滥。

影响农村药品市场健康发展的原因很多，地域偏僻、流通不畅、管理不善等是主要原因。因此，应当着重从行政和法律等方面加强对农村药品市场的整治，具体举措如下：

（1）推行医疗与药品分业管理政策，将零售药店和分离出来的医院门诊药房统一纳入定点药店管理。

（2）加强医药销售点管理，包括构建和清理整顿两个方面。一方面，补充药品销售点，以村为单位设点，既可由医保机构统一规划设置和管理，也可鼓励药品生产企业设立直接销售网点，还可以鼓励城市药品销售机构到农村设立销售网点；另一方面，整顿和清理已有的销售点，包括对违规售药、售假药等销售点的整顿和清理，以确保正规销售点的规范性。

（3）加强药品销售管理，实行药品的统一定价或参考价制度，以确保药品的货真价廉。一方面，要规范药品流通秩序、减少药品销售的批零环节，降低批零差价，采取药品的医院集中招标采购的方式和药品生产厂家直接派送的方式；另一方面，要严格限制药品零售的利润空间，可以直接规定零售药品的利润加成比例，并进行严格检查。

3. 规范农村就医市场

规范的农村医疗市场应该是以国有医疗机构为主体，私营或个体医疗机构为补充，保持适度竞争并有序运转的多元化市场。为此，应该赋予非国有医疗机构一定的生存和发展空间，引导并鼓励非国有医疗机构参与医疗市场竞争，以充分发挥其对国有医疗机构的有益补充。

（1）医保机构在定点医院的选择上范围应尽量扩大，可以选取不同类型、不同系统的多家医院，以促进竞争。

（2）允许医保患者自由选择医疗机构就医，但限制在非国有医疗机构的就医项目和报销比例。

（3）建立国有和非国有医疗机构间的转诊治疗制度，充分发挥两者的技术和技能互补的优势，以切实提高医疗服务的效率和质量。

4. 推行卫生服务信息公布制度

只有建立卫生服务信息公布制度，才能抑制信息不对称和暗箱操作，才能增强医、保、患之间的透明度和可信度。信息发布制度的建立分医院之间和医院内部两个层次。

（1）医院之间的信息发布由医疗保障机构与卫生行政部门共同进行，制定包括服务质量、服务效率、价格水平、患者满意度等内容的指标体系，以月或季度为单位，对医保定点医院进行单项和综合评价并公布，以备患者进行就医选择。

（2）在医院内部，分门诊和住院部定期公布最近主要病症的诊治措施、医疗效果、收费情况、主要医师等项目，以提高医疗服务的透明度，以备患者进行就医选择。

5. 严格限制医疗产品价格，提高医疗服务价格

事实上，现行的医疗服务价格政策为医疗费用的攀升起了推波助澜的作用，公立医疗机构之所以要在药品和医用耗材上去谋取利益，是因为无法通过低廉的服务费去获取补偿。改革医疗药品价格制度，建议由社会保障部门和物价部门共同管理医疗药品价格。

如前所述，医疗费用是医疗价格和医疗消费量的综合反映，单纯的价格控制无助于对医疗费用的有效控制。为此，政府对医疗市场的管理应该逐步由价格管制过渡到费用管制，具体措施包括如下内容：

（1）医疗保险系统逐步建立按病种收费的费用控制体系，减少因医疗服务供需双方信息不对称带来的医疗消费量的增加；

（2）卫生行政部门要设立医疗费用监测警戒线，一旦居民的医疗支出占人均收入比例超过11%，就应该查找原因予以控制；

（3）应该建立起城市医疗机构层次结构费用常规模型，用以考评医疗机构经营行为，并把考评结果纳入医疗机构质量管理范围。

六、增加农村公产品供给要求坚持公平与效率原则

城乡统筹不仅具有现实和逻辑基础，从我国现实来看，城乡统筹还具有一定的伦理需要。改革开放以来，我国坚持"效率优先，兼顾公平"的原则使我国的经济有了很大的发展，但是包括收入差距在内的城乡差距的进一步扩大势必会损害经济发展的基础，经济的发展不能在损害部分人的基础上发展，改革成果应该为多数人不断分享。然而，30多年的经济发展，在一定程度上忽略了基本的公共服务和公共品的供给，尤其是农村地区的公共品供给，老百姓从国内生产总值增长中获益的份额在降低。因此，尽管我国渐进式改革取得了很大的成功，但是如何使广大农村地区的老百姓能够从改革过程中不断受益，需要新思路，需要对公平和效率进行重新考虑。

公平和效率两大目标是政府和市场两种制度安排的理论基础，大致上来说，政府和市场分别实现公平和效率两大目标，但是经济学理论提供给我们的公平和效率之间相互替代的无差异曲线越来越得不到现代经济学的支持。实际上，公平和效率已经成为了现代市场经济特别是社会主义市场经济的伦理基础。尽管在实际生活中，公平和效率的关系固然很难融合，但是经济和效率之间不是互相替代

关系而是互补关系，相互推动。目前，我国的社会不公平问题正变得越来越突出，贫富悬殊和城乡差距仍在扩大并开始固化为社会结构。种种迹象显示，公平和效率并非互为代价，公平和效率的权衡不一定就意味着两者必定放弃其中之一。实际上，公平是效率得以实现的基础，效率是公平的外在表现特征，充分发挥效率对公平的反哺作用已经更紧迫、更优先地摆在我们面前了。

从公平角度来看，在现代经济生活变迁过程中，我们要重视社会公正的现实意义。传统经济学一般认为，财富积累能够增加社会福利，但现代经济发展表明人均国内生产总值的提高与人的幸福程度改善没有根本的正相关关系。我国城乡统筹发展实际上是给予城乡同样的发展机遇，甚至在某种程度上政策实行向农村倾斜。著名发展经济学家拉格纳·纳克斯认为，发展中国家收入水平低是因为存在供给与需求两方面的贫困性循环。供应方面的恶性循环表现为：低收入→低储蓄→资本形成不足→投资引诱不足→抑制了生产率的提高→收入停留在较低水平。要走出贫困的恶性循环，唯一的方法就是平衡发展各个经济部门，打破城乡发展的界限，推动经济全面协调增长。从世界城市和乡村发展的规律来看，大部分国家都经历过"以农补工"和"以工补农"两个基本阶段，在财富分布空间已经相当不平衡的区域内，在城乡二元结构系数很高的态势下，在城市开发度达到中期和工业化程度较高的状况时，必须及时地将城市化战略转移到以城市反哺农村、城市支持农村、工业支持农业、统筹城乡协调发展的主流之中。目前，我国城乡居民收入差距拉大已经超越了经济范畴，成为当前社会的一个亟待解决的公共课题，这不仅涉及一个社会的基本正义，更关系到经济的安全运行、社会的繁荣稳定和可持续发展问题。统筹城乡发展不仅能够使农村居民普遍增进社会福利的公平度，而且还能提高农民的能力，实现自我发展，更重要的是在增长能力的过程中增强了国家的可持续发展能力。

从效率的角度看，现实中如果政府针对统筹城乡发展问题，通过提供适当的制度安排，如增加农村地区的公共品供给，那么这些制度必然会导致社会福利的重新流动。如果这种制度安排既可以改善农村人口的福利状况，同时又不降低城市人口的福利水平，那么就可以说这种制度安排是可行的。但是，如果福利损失有出入，只要是农村的收益大于城市的损失，这种制度安排仍然是可行的。换句话说，统筹城乡发展，缩小城乡差距，在增强对农村投入的同时其基本前提是不降低城市生产力，而是降低城乡二元结构系数；不拉大贫富差异，而是推进社会公平、公正。国家可通过加大对农村的转移支付力度，从政策导向、物质扶持、资金倾向、项目带动等方面对农村实施全方位的支持，提高农业综合生产能力，在发展中解决农村贫困和农民的弱势问题，在提高农业生产效率的同时重现社会正义，推进城乡和谐统一发展蓝图的早日实现。

当前政府在农村所采取的措施是必要的，也是可行的。"民惟邦本，本固邦宁"，城市也好，农村也罢，都是中国居民生存的重要载体，城市和农村的和谐发展是社会进步的基础，但客观上的不协调发展不符合现代经济社会发展的伦理和效率标准。因此，通过相应的制度调整扭转现状，实现统筹城乡发展，不仅可以实现城市和农村经济社会发展的良性互动循环，而且还能舒缓积累已久的财政压力，提高政府在乡村治理方面的认同度，产生持久的经济效应，有力支持城市经济的发展和国民经济整体的产业结构升级和优化，真正保证农业在国民经济中的基础地位和发挥农业在产品贡献、要素贡献、市场贡献和外汇贡献四方面的功能，真正实现农村经济的可持续发展和农民自身的全面发展。

七、深化农村公共产品供给体制改革的路径选择

（一）正确处理公共产品供给与农村税费制度变革的关系

由于公共产品的非排他性和非竞争性，使市场机制在公共产品供给上是"失灵"的，政府必须在公共产品供给中处于主导地位。而中国农业人口多、农民收入低导致了中国农民对农村公共产品的高度依赖性，再加上农村公共产品的规模经济性、分散性等特性，使政府在中国农村公共产品的供给中处于绝对的主导地位。

这样一来，政府能否建立一个有效的农村公共产品供给体制成为破解农村公共产品供给难题的关键环节，建立有效的农村公共产品供给体制需要解决两个问题：一个问题是收的问题，即如何高效率、低成本地筹集到公共产品所需资金；另一个问题是支的问题，即如何高效率、低成本地将筹集资金施用到具体的公共产品项目中去。目前进行的农村税费制度改革，从收、支两个方面同时影响到农村公共产品供给。由此一来，我们有必要将税费制度改革与农村公共产品供给联系起来分析。

政府决定征收一定数额税的时候，一般有多种可供选择方式。税费制度如何更为公平且有效，各国政府一般都根据一定原则加以制定。其中最为重要原则即受益原则。这种原则认为对不同个人征收的税应与他们从政府计划中得到的利益成比例。如同人们根据自己消费的面包数量按比例地支付给卖主货币一样，个人纳税也应与他对公共产品的利用状况对应。

同样，农村税费来源于对农村剩余的分配，也应该用于对农村的公共产品的开支。我国农村的税费制度与政府维持公共产品供给的收支两个方面的制度成本都有密不可分的关系，我们把政府维持公共产品供给管理体制所有成本中细化为公共产品资金的筹集成本和公共产品的供给成本两个方面。

1. 公共产品资金的筹集成本

公共产品资金的筹集成本，即政府与农户的交易成本，包括税费收取及农产品获取成本（在工业化进程中掌握粮食的需要使得农村税费征收上曾主要采取粮食征购的方式）。

2. 公共产品的供给成本

公共产品的供给成本，即对村民管理服务成本，包括税费分配、治安管理、基础设施建设等公共产品供给成本。

从历史发展角度来看，中央无力顾及地方公共产品开支，于是中央在农业税费收取上对地方政府做出让步，是农民负担产生的根源。当前，在急于建立类似于发达国家的税费制度的同时，没有对过去依托于人民公社而形成的基层乡村管

理体制进行改革，就使农村税费分配问题越来越与农民负担相关。

（二）统筹城乡公共产品供给制度安排

在统一城乡税制的渐进改革中，在缩小城乡收入差距方面，政府能做的事有一定的局限性，但公平分配税负和为所有公民提供大致相同的公共服务与公共产品则是政府义不容辞的责任，是财政横向公平的体现，也是相对容易做到的。政府应尽量为所有公民提供大致相当的公共服务和公用设施，缩小城乡在公共产品供给上的巨大差距，逐步消除城乡二元公共产品供给体制。改善农村社会经济环境，促进城乡经济一体化，增强市民阶层与农民阶层的亲和度，阻止两大社会集团的分离趋势，这必将促进农村社会稳定和强化广大农民对社会主义公平的认识。

结合发达国家公共财政的实践，以及我国市场经济体制对社会主义公平的强调，我国公共财政的一个重要目标就是应使不同地区和不同职业的公民和法人主体都能够享受相当的公共服务。农民集团再也不能因其身份只能享受远低于城市居民的公共产品和公共服务，缴纳远高于市民的税费，继续如此，既谈不上对农民在国家工业化中所受无偿剥夺的追偿，更谈不上对农民公民权的维护，有悖社会主义的公平主旨，也使我国公共财政的公共性大打折扣。因此，当务之急应是从社会稳定和公平的角度出发，使体现均衡化的公共产品供给的城乡一体化的区域和范围由小到大，逐步向更具广泛意义的公平推进。立足我国大多实行市管县的实际，城市在对公共基础设施进行规划和建设时，先考虑农村公共产品供给水平和农村社会经济发展的实际，制定建设资金投入的长期制度安排，在优先满足农村公共产品供给"雪中送炭"的前提下，才考虑城市的"锦上添花"。在这一制度安排上，大城市更应如此，城市的公用设施的建设应延伸到农村，启动一场新农村建设运动，逐步扩大城乡一体化建设的范围。这一制度必然涉及城乡居民的经济利益调整，对相对更有政治优势的市民的教育和引导也应成为城市政府的重要事项，这也应对热衷于城市超强度建设的城市官员有相应的政绩导向。

在统筹城乡公共产品供给时，应先对农村居民的社会基础设施进行统筹安排，如公共医疗和基础教育的良好供给，保证农民作为公民的社会性权利，在此基础上再建设经济性基础设施推动农村经济发展。加大对农业基础设施建设的投入，支持农田基本建设、水利设施、农村电网、乡村道路等设施建设，改善农村和农业产业的市场条件，这也符合公共财政思想和世界贸易组织支持农业的"绿箱"条款。可将过去在贫困地区实行的以工代赈的办法用于整个中西部农村地区的基础设施建设，如中央财政拿出一部分资金和积压的工业品，发动农民大搞包括农村道路、水利、自来水、电网、电信、广播电视、农田基本建设在内的农村基础设施建设，这将发挥增加农民家庭收入、改善农村生产生活环境、扩大中低档工业品需求等多重效应。

在有利于乡村社会可持续发展的基础设施中，农村公共医疗体系的建设和完善具有巨大的社会效益，也是对农民生存权的重大关注。20 世纪 80 年代，曾被国际社会赞誉有加的传统农村合作医疗体制趋于瓦解，90% 左右的农民成为无保障的自费医疗群体。预防保健服务属公共卫生产品，受政府投入不足及农村预防保健机构服务能力的限制，农村公共预防保健服务十分薄弱。目前农村家庭的小型化比例和收入增长数量均远低于城市人口，降低了农民家庭的自我保障能力，农民比城镇职工更需要国家在医疗保障方面的支持，使这些没有健康保障的群体得到最基本的保障。公共卫生保健是典型的社会公共产品，公共卫生保健更应面向全社会，所以政府必须统筹城乡公共卫生保健建设，在经费、人员、设施等方面加强对农村预防保健的投入，合理规划公共卫生（卫生防疫、卫生监督、爱国卫生运动等）、妇幼保健、医疗预防卫生保健体系建设，使有限的公共卫生资源发挥更大的社会效益。

在农业各种投入要素中，技术服务的重要性日益增强。农民从自给型农民向半自给型、商品型农民转化，面临较高市场门槛，传统农业向效益农业转化客观上对农民人力资本提出了更高的要求。所以应培育农业技术服务市场，让农技人员通过支农获取自身利益而与农民结成利益共同体。在农技服务因农民的小农经济模式缺少市场激励的初始情况下，现有各种享受财政扶持的机构必须强制从事支农服务，像农业院校教师学生必须定期或不定期挂钩支农，使乡村的农业技术服务项目主要由各省的农业大学提供，各省的农业大学建立为农业服务的延伸机构，把支农成效与享受的财政资助挂钩，使政府对农业保护体现在直接生产者身上。让科技、卫生、教育、文化、法律等下乡活动制度化、契约化、常规化，让农民获得稳定的收益。

政府财政资助应多用于农村基础设施、公共产品提供，随经济发展水平提高，在农村逐步实现让农民直接受益的通水（必要生活和生产用水）、通电、通邮、通路（乡村简易公路）、通广播、电视、电话等。但应注意，在举办各种公共工程时，应杜绝地方官员搞"政绩工程"、"形象工程"坑农、扰农进而诱发农村财政的债务危机。应该看到，现阶段农村公共产品的供给，不是根据农村社区的真实需求来决定，而是根据地方政府官员的"政绩"、"利益"目标函数来决定的。现行农村公共产品供给体制导致供求结构失调，信息的不对称及难以根除的体制障碍导致有限的农村公共资源配置效益低下。

（三）完善农村公共产品的产权改革和供给制度的需求

在国家对农村公共产品供给有限的情况下，在国家有限的财力难以满足乡村社会多层次、多领域的公共需要的形势下，为了使有利于乡村社会短期和长远发展需要的公共产品能及时生产和提供，对乡村社会的公共品供给体制在乡村层次进行制度创新和公共产品的产权改造是极为必要的，它将加快相对封闭的乡村社会与市场经济体制的接轨，催生与此相关的社会经济制度的形成和农民思想观念的改造。在对城市公共产品、公共事业的建设和供给实行政府和市场共同提供的情势下，农村所有的公共产品供给都一味地希望政府的财政资助也是不现实的，对政府财政的"等、靠、要"必将延缓乡村公共产品供给步伐，阻碍乡村社会经济的发展。因此，在国家财政对农村公共产品的制度供给比例持续提高的情况下，在逐步减轻农民的税费负担的情况下，应同时促进农民和其他民间主体提供各种公共产品的供给，形成乡村公共产品政府制度供给、农民适当缴费摊派的制度外供给（即农村社区公共产品的"一事一议"）、民间主体的市场供给等多元供给格局。

乡村社会公共产品根据其受益范围的不同，可分为乡村范围内的纯公共产品和准公共产品，而农民因生产生活的实际需要居住相对分散，因此农村公共产品大多为准公共产品。这就需要根据各种公共产品的特性探索供给制度的改革，明晰公共产品的产权关系，在法律和制度上鼓励农民和各种利益主体提供公共产品，在不增加农民不合理负担或农民自愿为公共产品筹资的前提下增加公共产品供给总量和供给的层次、水平，而且这种供给模式还有多种优势，如组织灵活，决策程序自上而下使组织成本和运作成本较低，便于监督且克服了"搭便车"问题。随着农民经济利益独立性的增强和因民众收入的分层导致的公共产品需求偏好的层次化，存在着农民在旧体制下难以获得的潜在利润和新体制的制度红利，这为部分公共产品明晰产权由农民个体供给的制度改革提供了充分性。政府应采取思想引导和配套优惠措施的利益引导相结合的方式，引导乡村的公共产品供给体制变迁，激发体制创新的制度潜力，使更多有良好社会效益或有外部经济性的公共产品能顺利地、及时地生产出来，加快农村公共产品供给步伐，提高农村居民的生活质量和改善农民生产经营的外部条件。

对现行的农村公共产品供给推行公办民助、民办公助、公退民进等多种形式的体制创新路径，明晰公共设施的产权，这些相关制度创新在现实中取得了较好的社会效益和经济效益。由集体农作制到家庭责任制的转变，对农村公共产品供给制度也提出了新的需求，在旧体制已瓦解而新的完善的体制还未真正确立的一段"体制真空"时期，中国的农民在需求驱动下，正在不断地进行制度创新的实验。

（四）完善村民自治和建立公共产品需求的偏好表露机制

当今农村公共产品供给决策是"自上而下"的，即由上级政府和机构根据自身的偏好或政绩导向来决定公共产品供给总量、供给结构和供给方式，而供给成本却大都由农民分摊，导致部分公共产品的供给与农民的现实、迫切需求发生错位，增加了农民对公共产品的制度外筹资方式的抵触情绪。公共产品供给资金的筹集因循制度外筹资体制而公共产品供给的决策却是"自上而下"的，这强化和固化了作为供给方的政府增加资金筹集加重农民负担的机制和冲动，也是对公共产品需求方的农民作为直接的乡村公共产品供给纳税（费）人权利长期的漠视。当由外生变量来决定公共产品的供给时，必然加大公共资源筹集的客观和主观压力，导致农民对政府决策的任何公共产品供给都会反感和消极反对。因此，即使在农民税费负担没有减轻的情况下，对公共产品的供给决策体制做出根本性的改变，乡村公共产品特别是村级公共产品的供给由乡民、村民决策，由乡村社会的内部需求决定公共产品的供给，使公共产品的供求顺利衔接，使乡村公共产品供给决策由"自上而下"向"自下而上"转变，建立良好的公共产品需求偏好的表露机制，使乡范围内或村范围内最广泛民众的意愿得以充分体现，这对农村的税费体制改革来说也是一个重要的进步。因为这一改革不仅能推进乡村社会的民主政治建设，激发民众当家做主的积极性，也使符合农民迫切需要的公共产品能由农民自愿和更有效率地提供出来，也使乡村社会有限的公共资源发挥最佳效益。

在建立村民的基层民主架构时，乡村的公共机构设置不宜过大，以免占用太多的社会资源，应以精简、效能、适用为原则，根据地方经济发展水平和公共事务的空间大小决定公共主体。对大多数经济落后、社会经济关系单纯的乡村，可考虑村委会和村党支部职能的合一，避免两套机构的掣肘，即"两委合一"，由村党支部和一般村民共同推选村主任候选人。当然，对经济发达地区和城郊地区的村组织建构，则应根据村民之间社会经济联系的加强和公共空间的扩大、来自于集体资源利益的激增，设置较复杂的公共机构，维护广大成员的合法、合理权益，而且民众对这种民主的需要也是有支付能力的需求。

（五）各级政府事权的重大调整和农村义务教育供给的财政体制变革

在实行城乡一体的税费体制时，必然导致农村财力的大幅下降，这将直接影响农村公共产品的供给，因此必须有基层政府财权和事权的重大调整，根据公共产品的受益范围和层次，划分中央政府和地方政府的责任，根据财权与事权对称的原则确定乡级政府的公共产品供给责任。

随着分税制实施和各上级政府在财权的"强干弱枝"的政策导向下，省、市级政府照搬中央政府加强宏观调控的政策思路或取向，不断加大财力的集中程度，在将财权上收的同时，基本事权却有所下移，特别是县、乡两级政府，履行事权所需财力与其可用财力极不对称。县、乡两级政府所履行的事权，大多刚性强、欠账多，所需基数大、增长快而且基本无法压缩，如农村的普及九年制义务教育和改变农村基础设施严重滞后的局面都成了基层政府特别是乡级政府的沉重负担。

因此，对各级政府财权和事权的调整势在必行，应重新划分政府与市场、中央政府与地方政府在农村公共产品供给的责任即事权安排。例如，计划生育是基本国策，为了全国人民的共同利益，应是全国性公共产品；乡村教育也并不完全是地方性质的公共产品，其受益者不仅包括上学的学生，整个国家都会因公民素质的提高而受益，这也是国家强行规定九年义务教育的依据；民兵训练属国防事业的组成部分，是典型的全国性公共产品，这些责任向基层政府的转移使乡镇政府承担了极其宽泛的政治与经济责任。在乡镇政府承担的沉重事权中，九年义务教育是最典型的公共事业，也是农村公共产品供给危机的主要表现。消除城乡财政二元结构是农村公共财政改革的方向。在现阶段，国家最起码应承担起农村义务教育、计划生育、优抚、民兵训练等公共产品供给责任，而农村义务教育良好供给则是重中之重。实行义务教育供给的财政体制变革，也是农村税费改革和改善农村社会发展状况、农民的人权状况的重要举措，有助于降低农民人力资本贫困程度。

第五章　深化县乡财政体制改革与统筹城乡发展

在推进四川经济发展新跨越的进程中，扩大财政支出的客观要求与财政收入水平低、财力不足之间的矛盾十分突出。这不仅严重阻碍了财政作为经济稳定器与助推器的作用的发挥，而且造成各种社会公益事业欠账太多，社会保障、医疗卫生和科教文化事业的资金缺口很大，基础设施建设长期落后，行政事业费支出与债务还本付息支出不断增长，财政难以保证正常的社会公共产品和公共服务的供给，给地方财政带来风险，特别是县乡级财政的力量更为薄弱，已经影响到了基层政府职能的正常发挥。因此，如何构建县乡财政收入稳定增长机制，对于降低财政风险，为经济社会发展提供持续的、强有力的财力支持，促进四川经济跨越式发展，有着重大的意义。统筹城乡经济社会发展，发展现代农业，增加农民收入是建设社会主义新农村的重大任务。缩小城乡收入差距，减轻农民负担，增加农民收入，提高农村购买力水平，是城乡经济良性循环，全面建设小康社会的重要任务。因此，必须正视城乡收入差距态势，并关注其对全局的影响，要采取有效的措施，加强乡镇财政管理，深化乡镇财政体制改革，加快建设社会主义新农村的步伐。

一、统筹城乡发展，增加农村收入要求加强县乡财政管理，深化县乡财政体制改革

统筹城乡经济社会发展，推进现代农业发展，全面深化农村改革，大力发展农村公共事业，千方百计增加农民收入，这是建设社会主义新农村的突破口。农民收入是农村经济发展的基础，也是农村经济发展的晴雨表，农民负担是指农民向国家、集体和社会无偿支付和承担的一切费用、实物、劳务和压力的总和。农民负担问题不仅仅是一个重大的经济问题，也是一个重大的政治问题和社会问题。农民收入的增加是党的农村政策能够顺利贯彻执行的最关键因素。实践证明，树立科学发展观，坚持全心全意为人民服务的宗旨，真心实意地为农民增收而努力，才能为农村建设小康社会打下基础，才能实现农村稳定，才能发展农村各项社会事业，才能赢得农民群众的拥护与支持。同时，农民收入能否增加，也是农村党群关系、干群关系是否密切，社会治安状况是否良好的关键。

要实现国民经济持续、稳定、协调发展的目标，必须扩大市场有效需求，拉

动经济增长。扩大市场有效需求要扩大国际市场的有效需求和扩大国内市场的有效需求。启动广阔的农村市场是促进我国经济走出低谷的强劲动力源。开拓农村市场关键在于增加农民收入，通过农民购买力的提高来释放农村市场的巨大潜力。因此，建设社会主义新农村中增加农民收入对于当前扩大内需，开拓国内市场，促进整个国民经济良性循环和城乡关系的良性互动，实现国民经济的可持续发展，具有十分重要的现实意义。

改革开放以来，随着社会主义市场经济体制目标模式的确立，我国财政体制逐步完善和健全，基本适应了我国的政权形式和经济体制。财政作为各级政府的职能部门，按一级政府一级财政的要求，我国财政机构设为国家财政部、省财政厅、市（地、州）财政局、县财政局、乡镇财政所5个层级。乡镇财政所作为我国财政体系中最基层的一级财政，是随着乡镇政权的建立、完善而产生的。乡镇财政所的主要工作任务是直接与乡镇基层组织一起，参与农村经济建设。乡镇财政所职能履行的好坏，对于促进社会安定，加快乡镇建设，推动农村经济和各项社会事业发展，都具有十分重要的意义。乡镇财政所处于最基层，是我国5级财政体系的最低的一级，也是我国财政的基础。我国农村不仅区域辽阔、人口众多，而且经济发展极不平衡，乡镇政府作为国家一级基层政权组织，负有调节、引导本区域经济和各项事业发展的使命。乡镇财政所则是乡镇政府直接运用来管理乡镇经济和社会发展的重要手段和杠杆，不仅要为乡镇政府履行职能提供财力保证，而且还要为地方财政，乃至全国财政良性运行奠定基础。

党的十一届三中全会以来，随着党在农村的各项改革措施和经济政策的贯彻落实，农村广泛推行了家庭联产承包责任制，给予了农民生产的自主权，使得农产品真正成为商品，减少了工农业产品之间存在的"剪刀差"，减轻了农村税收，增加了对农村投入，解放了农村的生产力，最终调动了广大农民的生产积极性，使农业生产迅速发展，农村产业结构得到较大改善。农村商品经济有了很大的发展，加之乡镇企业的蓬勃发展，形成了以合作经济为主体，多种经济形式和经营方式并存的多元化生产局面。乡镇财政所作为国家财政的基层组织和乡镇政府的直属机构，除了在信息、技术、市场等方面支持农村经济发展外，还要做好乡镇资金的筹集、供应、调节、监督工作。乡镇财政所在巩固农村乡镇政权建设和促进农业、农村经济发展等方面，发挥了重要作用。乡镇财政所为乡镇政府全面履行政治和社会服务职能提供了基本的财力保证，缓解了县级财政困难，增强了地方预算平衡和调控经济的能力，促进了我国财政体系的健全和完善。

财政是政府干预的重要手段。在市场经济条件下，公共财政既是政府经济干预的重要工具，也是政府实施其他干预的重要载体，有其不可替代的功能。从一定意义上讲，财政是推动城乡统筹发展的经济基础和保障。财政政策的再分配、社会稳定职能决定了其在缩小城乡差距、促进城乡协调发展过程中发挥着非常重要的作用。例如，一方面，财政通过转移支付政策，对农村和城市的收入进行再分配，均衡城乡间的财力；通过政府公共基础设施建设，并与私人投资互补，促进农村地区的经济增长；通过税收政策，增加政府的总体财政收入，增强政府公共支出的能力。另一方面，财政通过税式支出的调整和安排，制定有利于农村地区发展的税收政策。总体来说，财政政策的作用就是在市场力量驱使农村地区资金外流的情况下，通过政府的力量促使不同形式的财政资金再次流入农村地区，通过财政的区域性补偿制度来保证农村地区发展的基本资金需要。当然，财政干预可能会出现正反两方面的效应，如果处理不好，城乡协调发展可能会成为一句空话。

乡镇财政已成为贯彻国家对农村财经方针、政策的重要桥梁和纽带。党的十七大提出建设社会主义新农村的重大战略决策，为从根本上解决"三农"问题指明了方向，强调形成一个全体人民各尽其能、各得其所而和谐相处的社会，是巩固党执政的基础，是实现党执政的历史任务的必然要求。

县乡财政困难是目前城乡发展不协调、城乡差距扩大化的重要原因，而县乡财政困难主要源于制度缺陷，即现行财政体制的不完善。"三农"问题、县乡财政困难问题和财政体制问题的相互交织，是目前地方财政局面复杂性的突出表现，也是统筹城乡发展中必须面对的问题。因此，从城乡统筹的思路出发，改革现行财政体制势在必行。

统筹城乡发展是增加公共品供给的要求。从我国的实际情况来看，实现国民经济健康稳定发展是社会的一种共识，但是在客观的二元结构下，城乡发展的巨大差异如果不能得到有效解决，势必会对城市经济乃至国民经济产生影响，最终将会影响到经济的整体绩效和全社会的福利水平改进。从政治和社会的角度看，国家或者政府在乡村治理的主要目标就是要增强有效性，改进人们的福利，进而提高农村居民对国家的认同度和维护政权的合法性。从历史经验来年看，农民安居乐业对于国家的稳定发展具有决定性作用。显然，过大的城乡差距容易引发治理危机的统治失序，最终可能会对居民稳定的生产、生活环境形成冲击。因此，无论从经济还是从政治、社会的角度看，统筹城乡发展在我国目前已成为了一种公共品。但是，这种公共品有别于传统的公共品，从现实的情况来看，城乡统筹发展的根本问题主要是制度结构和制度安排的问题。因此，加快改革城乡二元制度结构，促进城乡协调发展，发挥政府在城乡统筹中的作用，在某种程度上对某些领域进行干预并非是计划经济时代政府干预的回归，而是在尊重市场内在规律的基础前提下，为城乡的协调发展提供一些制度性公共品。政府作为公共管理机构，虽然本身不直接创造价值和参与价值创造，但政府可凭借其政治权力和权威，作为制度和规则的供给方，来维护价值创造和服务价值创造，直接打破我国在城乡发展中的路径依赖。

统筹城乡发展是农村税费改革的必然要求。1978年党的十一届三中全会以后，我国农村普遍实行了制度效应入户的家庭联产承包责任制，农民成为真正意义上独立的乡村农业生产的微观主体，农民对农村税费负担具有直接性和敏感性。然而，自20世纪90年代以来，我国农村社会经济发展滞后，乡镇企业发展遭遇发展"瓶颈"，农业产业结构调整和农业剩余劳动力转移等问题也日益突出，农业收入增长缓，城乡差距逐渐拉大，农民负担日渐沉重。针对农民负担重的问题在全国启动了以稳定为中心的各项改革，改革先期路径选择以农民减负为主要目标，通过"禁止四乱"和"设置上限"等措施来推进以总量控制为治理策略的顺利实行。从 20 世纪 90 年代末开始，我国政府在总结前期改革成功经验的基础上积极开展以"并税式"改革为主要特点的农村税费制度改革。2003 年，中央政府在总结安徽等省的农业税费制度试点改革之后，在全国范围内全面推行农业税费制度改革。各地按照中央的统一部署，实行了"三个取消，两个调整，一项改革"为主要内容的农村税费改革。在这次改革中，农民负担大为减轻，农村经济也得以恢复和发展，基层政权的合法性危机和政府行为失落也在某种程度上得以缓解。但是，我们也应当看到，我国农村税费改革的涉及面极广，改革历经艰难险阻，政府为此支付了巨大的改革成本。由于我国客观存在的二元经济结构未能从根本上得以改观，现行的改革成果要想得以巩固并从根本上治理乡村社会，避免陷入"黄宗羲定律"的怪圈，农村税费改革的后续改革何去何从？如何沿着新的改革逻辑推进农村税费制度改革并在保持制度收益不减少的前提下取得改革成效是我国当前普遍思考的问题。

从当前进行的改革来看，我国农村税费改革存在两条基本的改革逻辑：一条是主要以减轻农民负担为目标，协调国家、集体和农民间的分配关系，使基层政权的合法性得以维护和巩固；另一条是通过改革，增强农村经济的自主成长能力，逐步与城市经济乃至世界经济对接，直接打破长久以来我国存在的城乡分割的二元经济结构，使城乡经济发展融为一体。农村税费改革在经历漫长的试点阶段取得较大成效之后，升级为统筹城乡发展就成了自然的逻辑演变。

二、分税制改革对地方财政的影响分析

（一）县乡财政困难对经济发展的影响

县乡财政困难问题是一个重要的经济问题，这一问题的影响远远超过了经济范畴。县乡财政困难对经济发展的影响具体表现如下：

1. 加重了农民的负担

由于县乡财政困难，在得不到上级财政支持的情况下，为了维持县乡政府运转，有的县乡政府就向农民伸手，增加农民的负担。在各种媒体的报道中，经常可以看到因为县乡政府及政府职能部门强行向农民摊派集资而诱发社会矛盾激化的事例。

2. 损害了党和政府的形象

由于县乡财政困难，县乡党政机关经费严重不足。有的县乡政府甚至把手伸向企业（包括公私企业、县乡企业及中央省市驻县乡企业）、农民、工商个体户以及一切可以伸手收费的单位和个人，严重损害了县乡党组织和人民政府的形象。

3. 制约了县乡各项事业的发展

县乡政府不仅无钱用于安排县乡公共设施建设，还常常挤占挪用上级财政下拨的专项经费，用于补发拖欠的干部职工工资或者归还借款，弥补财政赤字，社会基本保障职能和公共职能难以实现。

4. 制约了经济的发展

县乡政府不仅没有能力为企业"输氧供血"，反而"杀鸡取卵"，要求企业贷款交税交"利润"。

5. 对农业的支持力度不够

农田水利基础设施得不到改造更新，抗灾能力减弱。

6. 削弱了政权基础

县乡政府是我国政权的基础。由于县乡财政困难，拖欠工资现象严重。干部职工生活没有保障，思想浮动，人心不稳，优秀人才大量流失，严重危及政权巩固。

7. 加大了财政的潜在风险

由于县乡财政困难，县乡财政到处举债，一些县乡领导，根本不考虑承受能力和偿还能力，造成巨额债务。这些债务最终都要由财政兜底偿还，从而加大了财政的潜在风险。

（二）分税制改革的特点

关于分税制改革理论与政策的研究，最早始于20世纪80年代中期的"价税财联动"改革方案。1992年，国家在一些地方进行了分税制改革试点，积累了一定的经验。分税制改革采取了"渐进式"路径，改革的成本是小的，新旧体制的过渡是平稳的。分税制改革的主要措施是在保证地方既得利益的前提下进行"增量调整"，减少改革的阻力以确保分税制改革成功。由于我国市场经济体制刚刚确立，原有的财政体制使中央财力匮乏，无法实施必要的宏观调控，在当时的情况下，我国的分税制选择了中央财权相对集中、财力相对分散的集权式模式。1993年12月15日，国务院发布了《关于实行分税制财政管理体制的决定》，并于1994年1月1日起实行。

改革前，我国的税制实际上可以分为三部分：工商税制、农业税制和关税税制。其中，核心的一块是工商税制。要实行分税制，就必须全面改革我国的工商税制。因为分税制要求按照事权与财权相结合的原则，按税种划分中央与地方的收入，而原有税制无法做到这一点。

在实行分税制前，我国的税收收入主要来源于工商税，工商税收收入占整个国家税收收入的90%以上，涉及工商业、交通运输和服务业等各大行业。在工商税制中，主要存在三个问题：一是税制不够简化，税种设置不符合市场经济"税收中性"的基本原则。当时，工商税的税种多达32个，税种设置和市场经济的要求也不符，如还设有集市交易税、牲畜交易税、奖金和工资调节税等。二是作为主体税种的产品税严重扭曲市场资源配置效率。产品税要求有详细的税目税率表，但要正确认定"产品"的适用税目和税率是不容易的。比如，"新产品"的适用税目税率是需要税务机关认定的，但税目税率表的更新速度远跟不上"产品"的更新速度，因此需要根据税目税率表比照执行，往往不尽合理。而且，产品税存在重复课税问题，产品税实行按产品交易价格全额征税。因此，同样一种最终产品，采取专业协作生产方式的企业，税负重；实行"全能式"生产方式的企业，税负轻。这在客观上鼓励了"大而全"、"小而全"的企业形式，不利于专业化分工和效率的提高。三是原有税制的相关法律制度不健全。原有的很多税种都没有规范的法律制度作为依据，有的税种还只是暂行办法，如个人所得税，严重影响税收的严肃性和权威性。在企业所得税方面，按经济性质分设的所得税税种使得产品之间、企业之间、地区之间的公平竞争无法实现。

针对这些问题，我国对原有工商税制重新进行了根本性的制度安排，将原有的 32 个税种，该废除的废除、该合并的合并，同时开设了一些新税种，改革后简化为 18 个税种。现行税收制度尽管还存在许多需要完善的地方，但基本上是和市场经济体制相适应的。税收制度的重新安排为分税制改革的成功进行创造了重要的前提条件。分税制要求一些税种归中央，一些税种归地方，还有一些税种则由中央和地方共享。在划分税种的同时，分设中央和地方两套税务机构，分别征收。

分税制实际上就是中央与地方之间财权划分的制度安排。财政体制的变化对地方的影响很大。分税制实行以前的 40 年中，我国的财政体制很不稳定，经常变化，造成的实际结果是：地方政府在编制预算时出现"一年之计在于争"的局面，即地方政府要与中央政府"争"尽可能大的支出基数以及尽可能小的收入基数，地方政府自身的努力程度反而成为影响地方财政状况的次要因素。"重分配、轻生产"的制度安排，必然导致"越包越瘦"的局面。最少的年份全国财政收入仅增收 100 多亿元，其中中央财政增收五六十亿元。国家的财力和中央政府的财力对于一个国家的政治稳定有重要影响，因此在当时的情况下，分税制改革对切实提高中央财政收入有着重要的意义。

（三）分税制改革对地方财政的影响

1994 年分税制改革的一个主要目的是逐步提高税收收入占国民收入的比重和中央财政收入占全国财政收入的比重（即当时所说的"两个比重"）。分税制改革的主要内容之一就是把税收划分为中央税、地方税和共享税三个部分。划分的原则是：将收入大、影响范围广、维持国家利益、宏观调控作用强、易于由中央征收的税种划为中央税；将税源分散、影响范围小、不宜统一征收管理、便于因地制宜、发挥地方优势的税种划为地方税；将征收面宽、收入弹性大、涉及中央和地方共同利益的税种划分为共享税。

分税制改革前，所有的税收都由地方政府管辖的税务局征收。当时，地方政府经常通过减免税收来扶持本地国有企业，而这些税收本来是应该上缴中央政府的。地方财政收入的大部分来自与中央共享的工商税收，在经济持续高速增长且国有企业经济效益逐年下降的情况下，工商税收以其收入稳定增长的特征在地方财政收入中占据重要地位，地方政府均不甘心与中央分享，经常通过隐瞒收入、人为降低财政收入增长速度的做法来"藏富"于企业，减少上交中央的财政收入，再通过集资、摊派等手段把这部分收入收上来。这样共享收入的增长部分实际上就变成了地方独享收入。

分税制改革则显著硬化了地方政府的预算约束。税种在中央政府和地方政府之间有了明确的划分，并且由相互独立的国税局和地税局分别征收。因此，分税制改革以后，地方政府很难再像过去那样通过减免税来扶持本地企业了。

1. 分税制改革对财政收入的影响

1994年开始的分税制改革对中央和地方间的财政收入分配格局影响很大。分税制改革前，地方财政收入占整个国家财政收入的比重在70%以上。分税制改革后，这一比例下滑到45%以下，随后各年度该比重虽然略有变化，但基本稳定在50%以下。这说明分税制改革使税收征管权力和财政收入更多地集中到了中央政府手中。

2. 分税制改革对财政支出的影响

财政支出的变化趋势有所不同。分税制改革后，地方政府的财政支出占国家预算内财政支出的比重基本没有变化。1991年以来中央和地方财政支出所占比重相当稳定，中央政府本级财政支出所占比重稳定在全国财政支出的30%左右，地方政府财政支出所占比重稳定在70%左右。因此，1994年的分税制改革对中央和地方财政支出格局的影响并不像对财政收入格局的影响那么大，至少从比重上看，分税制改革基本没有影响到中央和地方财政支出格局。这意味着，分税制改革大大减少了税收中地方政府所占的比重，削弱了地方政府减免税收的权力，同时也意味着分税制改革显著扩大了地方的财政收支缺口，极大地增加了地方政府的财政增收节支压力。

3. 分税制改革对地方政府财政自给率的影响

将分税制改革以后的中央和地方财政收入和财政支出比重的变化趋势结合在一起看，一个事实就非常直观地显示出来了，即分税制改革以后，地方政府的财政自给率（地方本级财政收入与地方本级财政支出之比）显著下降。

分税制改革以前，地方财政基本可以自给；分税制改革以后，对于地方财政缺口，地方政府要么提高对中央财政的依赖性，要么在预算外寻求其他收入来源，再就是"甩包袱"，即减少对地方公共服务的供给水平或降低服务质量，以减轻财政支出压力。

4. 分税制改革对财政分权化的影响

分税制改革虽然提高了中央财政收入占全国财政收入的比重，但分税制改革并没有真正提高全国财政的集权化程度。虽然据资料显示1994年的分税制改革提高了全国财政集权化程度，但是这主要是由于中国财政统计数据的报告方式所致，即各种统计年鉴中所报告的中央和地方的财政收入是转移支付前的财政收入。在这种数据报告方式下，实际上将由地方政府支配使用的税收返还并没有包含在地方政府的财政收入中，却包含在中央政府的收入中。在这样的报告数据中，包括北京市、上海市和天津市在内的各省、市、区财政自给率均处于陡然下降的状态，地方政府财政自给率仅为60%左右。地方政府财政自给率下降的必然结果是地方财政收支矛盾变得尖锐起来。如前所述，为了弥补收支缺口，地方政府要么提高对中央财政的依赖性，要么在预算外寻求其他收入来源，再就是"甩包袱"，即减少对地方公共服务的供给水平或降低服务质量，以减轻财政支出压力。

事实上，如此报告的财政收支数据大大低估了地方政府实际可支配的预算内收入，高估了中央政府的可支配收入。因为中央政府向地方政府转移支付的绝大部分是在 1994 年启动分税制改革时就确定下来的税收返还，税收返还是中央政府必须返还给地方政府的收入。对这部分收入，名义上是中央政府的收入，实际上中央政府并没有实际使用权。如果将这部分税收返还从中央政府的收入中剔除，转而计入地方政府的可支配收入，就会发现，中央和地方的财政收入格局会呈现出一幅截然不同、却更贴近现实的画面。1994 年以来的"人均地方政府财政支出/人均中央政府财政支出"这个比值的平均值比 1982—1992 年期间的平均值有明显的提高。这意味着，与 1982—1992 年期间相比，中国财政支出的分权化程度有了进一步的提高。特别是在纳入预算外财政支出的情况下，这一变化显得尤为明显。

总之，分税制改革并没有改变改革开放以来中国财政的分权化趋势，但是分税制改革一定程度上强化了地方政府发展经济的内在约束，增加了地方政府增收节支的压力。

三、统筹城乡发展中基层财政面临的困境

（一）预算外收支制度损害了预算决策权

改革开放以来，围绕"放权让利，放水养鱼"的财政管理体制改革，原先相对严密的集中控制和集中决策体系被打破。虽然名义上预算决策权仍相对集中，但实质上由于资金管理权的混乱，预算决策权在很大程度上被层层分解，层层截留，预算决策权的可控性降低。

中央采取的不断向地方转移支出责任的策略，导致了地方预算支出负担沉重。同时，地方政府在教科文卫、社会保障、抚恤救济、支农等方面承担了越来越多的支出责任，地方预算支出结构僵化特征日益明显。然而，分析中国的财政问题仅仅考虑预算内财政收支是不够的，因为中国财政在结构上的一个显著特点是预算外资金的数量特别大，这一点在省以下的各级政府财政中尤为明显。中国的渐进式改革导致各级地方政府的财政收支越来越不匹配，这给地方财政预算造成了很大的压力，中央政府也清楚地认识到了这一点，因此常常默认甚至鼓励各级地方政府寻求一些"自力更生"、"自谋生路"的办法来扩大收入来源。这种做法逐渐导致了各级地方政府在预算外支配的资源超过了预算内资源。预算外资金对地方政府财力运用的影响是十分明显的，在地方政府提供公共产品、履行公共事务和发展地方经济方面也起着举足轻重的作用。统计资料显示，自 1997 年中国预算外收支范围调整（即不再包括纳入预算内管理的政府性基金和收费）后，预算外收支基本上就属于地方政府的准公共财政活动。

（二）财权与事权不对称导致基层财政困难

1994 年，财政体制重新界定了中央、地方政府之间的财权和事权范围，着眼点是增强中央政府的宏观调控能力，明确各级政府的责、权、钱。当时尚做不到配套确定省以下政府之间财力分配框架，原本寄希望于通过逐步深化省以下体制改革，在动态中解决此问题，但由于省以下体制改革的深化近年来并未取得明显进展，财权划分模式与事权划分模式出现了两相背离格局。按照事权划分的原

则，地方性公共产品理应由相应的地方政府提供，同时现行中国各级地方政府还需要承担支持地方经济发展的"义务"，使得中国各级地方政府在事权上呈现出高度的刚性，没有任何与上级政府讨价还价的余地。但是在财权方面，由于财权的层层集中，而地方各级政府又不具有发行地方政府债券和地方立法征税的权力，现行的分税制又没有确定省（市）级以下地方各级政府独享的税基，使得地方财政收入失去稳定而可靠的收入来源，从而出现了无相应财权支撑的刚性事权，地方政府财政出现严重困难必然是不可避免的。

（三）分税制使基层政府财源缩减，只能把筹资目光集中于农业

没有充足的税基财源是大多数基层财政困难的主要原因。实行分税财政体制后的基层财政逐步陷入困境：划分税种后基层政府收入结构改变—基层政府更依赖自有的农业税收—规范的农业各税数量不足，且转移支付制度不规范—基层政府不得已采取非规范的筹资行为—解决农民负担的税费改革堵住了基层政府的乱收费渠道—取消农业税后基层政府收入来源更少。

分税制改革中一项重要的制度变革，就是把一些原来由地方财政支配的收入划归中央政府所有，从而改变了地方财政收入的来源结构。在这一制度安排下，基层政府为了自身收入的稳定，就把筹集收入的关注点由1994年以前的偏向工业，部分地转向了农业。这种行为的改变具有一定的积极意义，特别是可以减少当时地方政府争投资、忙于上短线项目的短期化扭曲行为。但是，规范的农业各税数量是有限的，而规范的转移支付制度尚未健全，因此难以提供基层政府正常运转所需要的资金。特别是处于财政级次最底层的乡镇财政，在巨大的支出压力下，为了弥补财政收支缺口，不得不在制度外采取非规范的筹资行为，形成了"费大于税"、"三乱"的局面。随之而来的农村税费改革，堵住了基层政府的乱收费渠道。

取消农业税政策的出台，意味着因农村税费改革已经大大降低了的基层政府收入来源的进一步枯竭，使乡镇政府机关的运转只能依靠上级的转移支付。特别是对于以农业为主的地区，取消农业税对基层财政的影响很大。在一些以农业为主的区、县，国、地税收入所占比重很低，农业税占到当地财政收入的1/3以上，有些县甚至高达70%~80%。在中西部贫困地区，一些镇的地税和国税收入占其财政总收入的比重只有5.5%。

（四）其他导致基层政府财政陷入困境的体制因素

1. 过多的财政层次导致处于分税体制末端的基层财政收入来源有限

1994年分税制改革基本确立了中央和各省之间分税财政体制的基本框架，也决定了各省对下进行财力分配的资金总量。在中央与省，省与地市，地市与县，县与乡镇的财政关系中，基本是财力集中在上一级政府，支出放在下一级政府，这样的安排是符合公共财政理论的成本效益原则的。但是，过多的政府级次带来的中央与地方政府之间财政关系的复杂，导致了基层财政收入来源的不稳定。一方面，基层政府缺乏自有的主体税种；另一方面，给转移支付、特别是省以下的转移支付带来困难。分税制改革允许省以下的财政体制随地区不同而存在差异，因此许多地区的基层财政体制是过去的财政包干制和现行的分税制的结

合。省以下，特别是县乡两级处于政府级次的末端，转移支付链条过长，在经过了多级次财政的缺少透明度的转移后，尽管有专项拨款，到政府级次末端往往已所剩无几。

2. 基层政府职能转换导致政府资金缺口加大

在财力集中的同时，按照公共财政框架的要求，基层政府职能逐步调整，县乡财政支出更多地集中在提供教育和行政事业费、基础设施建设等地方性公共物品开支方面。另外，省以下地方政府还要承担额外职责，如工资调整须由地方负担的部分等。职能范围的扩大加剧了基层政府的收支矛盾。

3. 机构臃肿、冗员过多也是乡镇财政紧张的重要原因

我国乡镇一级普遍存在"小政府、大机构"的状况，财政供养人员支出负担过于沉重，呈现典型的"吃饭财政"的特征。由于对乡镇政府机构设置的审批程序没有严格规定，造成机构设置随意性大，机构和人员不断膨胀；由于向下和横向分流渠道的匮乏，约束和监督机制的缺失，即使精简机构，执行起来也往往是减了机构不减人。

四、当前乡镇财政管理中存在的主要问题

（一）农村基层财政的收支矛盾突出

农村税费改革后，原有的一些税费项目得以取消，直接导致农村基层财政收入锐减。农村基层财政收入的减少，造成乡村两级政府服务运行困难。同时，实施农村税费改革后，农村原来依靠"三提五统"支持的事业，如乡镇道路建设、优抚、五保户赡养、计划生育、民兵训练等基本上都转移到乡镇政府的预算开支中，增加了乡镇财政的困难。乡镇财政收支矛盾加剧的压力，必然在一定程度上传导到原已十分困难的县财政，成为影响基层政权运行的重要因素。

（二）乡镇负债严重，阻碍乡镇农村经济发展

当前存在乡村债务属于历史遗留问题，呈现出两大特点：一个特点是情况复杂。既有 20 世纪 90 年代中后期以来大办乡镇集体企业风潮引起的，也有由于农村基础教育达标、村村通公路引起的，还有清理农村合作基金会以及对上级财政的"挂账"引起的；既有欠银行的，又有相当一部分欠个人的，还有欠上级部门的。另一个特点是数额巨大。乡镇巨大的债务使乡镇经济发展受到一定的制约，处理不当势必引起农村社会经济秩序的混乱。

（三）行政管理费支出压力增大

乡镇行政管理费支出包括乡镇人大、乡镇政府各职能机构的各项经费支出以及维护农村社会秩序所发生的治安费用等。在目前乡镇机构改革没有真正到位之前，农村税费改革的实施，无疑使靠预算外收费收入维持运转的乡镇机构面临困境。

（四）农村公共产品供给不足，农村基础设施建设支出缺口较大

农村税费改革取消了乡镇道路建设费集资和村提留，乡镇道路的建设，要求列入乡镇财政预算；村级道路的修建，则通过村民"一事一议"方式加以解决。

对于大部分乡村来说，交通问题是这些地区经济发展的"瓶颈"，道路修建任务繁重，在税费改革减少了乡镇财政收入和上级转移支付额之后，与道路修建实际所需要的资金量相距太远，在交通资金存在严重缺口的情况下，再挤出一部分经费用于乡镇道路建设就不太现实了。同样，对于农村水利设施建设、土地治理等方面的支出，税费改革后同样是捉襟见肘。

农村基础设施供给不足，主要表现在农村的交通、供电、用水、邮电条件落后。近些年来，中央与省级政府加大了对农村地区基础设施建设的投入力度，但由于农村地区地理条件复杂，乡镇政府经济实力较弱，农村基础设施仍不能满足发展的需要。农村地区公路网的行车条件差，公路技术等级、通达水平低，高级、次级路面里程比重较小，除少数地区与局部路段外，路况较差、抗灾能力弱，缺少必要的桥梁和防护工程。邮电通信、用水和用电等方面也存在着供给水平低和数量不足的问题。

（五）农村基础教育投入不足

农村义务教育经费不足。近年来，虽然中央财政加大了转移支付力度，但教育经费的安排仍然不能满足农村义务教育，农村地区的教育费附加过去一直是补充教育经费的来源。虽然国家在进行税费改革过程中对农村义务教育经费提出了原则性的规定，即实行农村税费改革的地区，要把农村税费改革与促进农村义务教育健康发展结合起来，对因税费改革而减少的教育经费，有关地方政府应在改革后的财政预算和上级转移支付资金中优先安排，确保当地农村义务教育投入不低于农村税费改革前的水平，但从目前执行的情况来看，在县、乡财政普遍困难的情况下，仅仅靠地方财政还难以完全填补农村税费改革带来的日益扩大的农村义务教育经费缺口。农村义务教育经费主要来源于三个方面：一是乡镇财政拨款；二是向农民行政收取"三提五统"中的教育附加费收入；三是向农民征收的"教育集资"。农村税费改革的一个重要内容便是取消乡镇统筹、各类集资、各种提留款，而这又必然导致农村义务教育投入大幅度减少。虽然各地对教育体制进行了改革，乡镇教师工资由县级财政统一发放，但对于财政状况较差的乡镇仍然无法保证义务教育基本建设资金的投入。

农村税费改革后，为了解决教师工资的按时足额发放，乡镇学校教师工资陆续改为直接由县财政通过教师工资专户统一发放。这项措施虽然有效地解决了教师工资的拖欠问题，但并未从根本上解决基础教育投入不足的问题。同时，由于税费改革取消了教育附加和集资，规范了学生收费，从而使教育投入不足的问题更加明显。农村义务教育投入不足导致农村教育供给的不足，农村义务教育普及率难以得到较大提高。此外，由于农村义务教育投入不足，致使农村中小学师资力量薄弱，教学设施匮乏，许多农村中小学无法按标准配齐基本的教学器材、实验仪器、图书资料等，更不用说现代化的教育教学设施。

（六）农村社会保障制度不健全

建立农村社会保障体系面临困难。目前，我国除村级经济比较发达的乡镇基本建立了以村级经济为依托、乡镇财政给予补助的农村社会保障体系外，大部分乡镇的农村社会保障仅仅停留在军烈属优抚、五保户供养的层面上，尚未建立完善的社会保障支出体系。税费改革后，对大部分乡镇而言，若上级政府转移支付不到位，不要说建立完善的社会保障支出体系，就连现有的军烈属优抚、五保户供养都将出现资金缺口。社会保障制度是每一个公民都应该享受到的基本公共品。我国现行的社会保障制度将城乡分割开来，占全国人口绝大多数的广大农民几乎没有享受到国家提供的社会保障，农村社会保障制度远远落后于农村经济发展的要求。

五、财政体制改革中缓解县乡财政困境需要解决的主要问题

分税制改革之初的设想，是在中央与省为代表的地方之间先搭成分税制框架，并提出了短期在省以下实行"过渡状态"的设想，寄希望于其后在动态中使分税制在省以下也逐步进入规范贯通的境界。中央与地方政府的财政关系逐步按照"一级政权，一级事权，一级财权，一级税基，一级预算，一级产权，一级举债权"的原则，配之以自上而下转移支付制度的健全，从而完善以分税制为基础的分级财政。但是，在改革的进程中，我国的财政体制改革是在一个制度供给失衡的环境中进行的。

（一）政府之间的财政关系缺乏宪法和法律保障

分税制之前如此，分税制之后也没有改变。规范的财政分权要求以宪法和其他法律的形式来明确政府间的财政关系。但在中国，中央和地方迄今为止基本上所有的财政关系调整都是根据中央的"决定"、"通知"来传达和执行的，并没有法律的规范。在财政关系的具体调整中也缺乏相应的法律依据，1994 年实行分税制以后最重要的税种——增值税也只有条例作为征收依据。由于没有法律的依据和约束，过去的财政分权方案总是中央和地方谈判妥协的结果。分税制虽然采用了各省一致的分享方案，但每个省的基数是不同的，随着时间的推移，各省之间的差距逐渐拉大。由于分税制方案是中央政府和各省分别谈判所形成的，各省之间没有直接的交锋，因此分税制方案不是各省之间的妥协的结果。虽然各省在改革之初都接受了这个方案，但是随着地区差距的拉大，调整分税制方案的呼声自然增加。同时，由于制度变迁的主导者是中央政府，在没有法律约束的情况下，中央政府也随时有可能根据自己的利益来调整方案。

（二）财政分权和政府行政垂直集权之间隐藏着尖锐的矛盾

中国政府行政的垂直集权是非常明显的。地方主要领导是由上级政府任命的，党管干部使得上级政府对下级政府官员具有几乎绝对的权威。为了强化领导和便于官员的管理，上级政府往往依赖一些可以度量的指标来考核下级政府官员，目前流行的"一票否决"就是一个明显的例子。由此而造成的结果是，下级政府只重视上级政府的行政命令。这种行政的垂直集权对于消解财政分权的负面效应（如地方保护主义）有一定的作用，但是这种作用得以发挥的一个前提条件是地方官员受到来自辖区内的横向制约以及来自民众的监督。如果没有这种制衡，财政分权就会因为垂直行政集权而产生强烈的负面作用，其主要表现就是事权的层层下放。

（三）现行的干部任命体制加强了地方政府官员软化预算约束的动机

地方官员的升迁往往取决于上一级政府对其"政绩"的考核。为了仕途的发展，地方官员往往努力完成甚至超额完成上级的指标，甚至不惜牺牲地方的利益。只有在升迁无望或者某些道德因素的作用下，地方官员才可能去抵制上级下达的不合理指标。地区之间的竞争也是一个因素。为了不在地区间的竞争中落后，各地都拼命地上项目、跑贷款，而忽视其实际效益，前任升迁了，烂摊子留给后任处理。因此，从这些方面看，中国的财政分权并未导致地方政府预算约束的硬化，甚而相反，它在一定程度上还加深了预算软约束的问题。

（四）当前中国缺乏不同级别政府之间支出责任的正式划分，政府间事权与财权不明晰

我国现行法律对政府间支出责任只提出了原则性划分，还不够清晰、也不够合理。一是一些应当完全由中央承担的支出责任地方也承担了一部分；二是完全属于地方的支出责任，中央也承担了一部分；三是部分支出责任中央与地方职责划分不够合理，执行中经常发生交叉、错位；四是省以下各级政府间支出责任划分更为模糊，地区之间差别较大。一般来说，上级地方政府要确保自己拥有足够财力并尽量把这些资金用于改善本地投资环境、加快经济发展上，其结果导致公共卫生、基础教育等公共事业的发展得不到充足的资金支持，支出责任被分解、下压到基层政府身上。于是出现了各级政府事权与财权匹配失当的尴尬局面，即越到基层政府支出责任越重，而财力却越紧张。

六、农村基层财政解困面临的制度障碍

我国实施的分税制改革，构建了与市场经济内在要求相适应的财政体制框架，重新界定了中央和地方政府之间的财权和事权范围，建立了中央对地方的过渡期转移支付制度。分税制的实施，提高了财政的"两个比重"，加强了中央的宏观调控能力，取得了明显成效。然而，我们也要看到，分税制改革以来，在实际运行中也暴露出不少问题，仍不完善。我国农村基层财政困难，很大程度上可以归结于现行财政体制。如果现行财政体制不进行调整，取消农业税后农村基层财政困难将进一步加大。

（一）县乡政府事权和支出职责的划分不合理

事权和支出职责的划分是分税制改革的关键。然而，我国分税制改革以后，各级政府之间的事权和支出职责的划分并没有真正做到明晰、合理，事权下移，特别是县、乡两级政府履行事权所需财力与其可用财力不对称。在现行财政体制下，县乡基层政府的事权划分不合理，承担了许多应该由上级政府承担的职责。例如，农村义务教育、计划生育、优抚保障、民兵训练等事务都是社会共同需要的公共品，外溢性极强，并不专属于某地方、某部分居民的利益和事业，但现在这些事权主要由县乡基层政府承担。目前，对全国农村义务教育的投入，乡镇财政负担了78%左右，县级财政负担约9%，省级财政负担约11%，而中央财政只负担约2%。这种"上级政府决策，下级政府出钱"的现象直接加重了县乡财政

的支出压力。所以，取消农业税，受影响最大的还是县乡基层财政。

(二) 收入划分不合理，县乡政府税源缺乏

在目前的财政体制下，中央财政收入主要由一些金额比较大、征收成本较低的税种组成，而县乡基层财政收入则主要依靠农业税这样一些小额、零星的税种组成，缺乏支柱财源。因此，取消农业税，受影响最大的当然是县乡基层财政。同时，在现行分税制下，共享收入在全部税收中的比重过高（为60%左右），且中央的共享比例较大，县乡基层财政的共享比例极低，与彻底的分税制相比表现出很大的差距。因此，取消农业税，改征共享比例过大的工商税，必然使得县乡基层财政的一部分财权上移，导致基层政府的财权进一步削弱。这种财权向上集中的趋向被盲目推广和延伸，省、市也形成了集中的思维定势，最后留给县乡基层政府的财力已是杯水车薪。

(三) 转移支付制度不规范，均衡效果不明显

地区间财力差距是客观存在的，这就需要在实施分税制体制过程中有一个规范的转移支付制度相配套，均衡地区间财力差距，使各个地区的人们都享受大致均等的公共服务。农村税费改革以来，特别是取消农业税后，农村基层财政困难突出，尤其需要上级财政加大转移支付的力度。我国虽然建立了中央对地方的过渡期转移支付制度，地方政府也结合本地实际设计和制定了各具特色的省以下过渡期转移支付办法，但仍不规范，均衡效果不明显，难以满足农村税费改革后基层财政解困的要求。一是中央直接对县的转移支付总量偏小。按原设计，实行分税制后，随着基层财力的减弱，中央直接对县的转移支付额将越来越大，但中央财力增长有限，直接对县的转移支付水平仍较低，导致均衡作用被淡化。二是结构不合理。中央财政实施均衡作用较强的一般性转移支付比较少，用于过渡色彩较浓、均衡作用较弱的体制补助、专项补助和税收返还的资金却数额巨大。三是制度不健全。虽然中央对地方转移支付制度已基本建立，但省以下的转移支付制度尚未健全，且所实施的转移支付大多是采取分级管理、逐级转移的办法，真正的省直接对县的纵向转移支付制度、县（市）级之间的横向转移支付制度尚未建立，导致均衡效果发挥不出来，省内各县乡间的财力差距过大。由此看来，取消农业税之后，如果现行转移支付制度不进行相应的改革，县乡基层财政的困难就无法从根本上解决。

政府间转移支付制度是在各级政府间或同地区的同级政府之间通过财政资金的无偿拨付来调节各预算主体收支水平的一项制度，是财政管理体制的重要组成部分。政府间转移支付制度具有纵向财政均衡和横向财政均衡的功能。所谓纵向财政均衡，是指通过中央对地方的转移支付，解决多级政府间支出责任和收入能力之间的结构性失衡，弥补地方财政缺口；所谓横向财政均衡功能，是指通过中央对地方的转移支付，消除各地区之间公共服务水平过大的差距，保障各地方政府具有基本相同的提供公共品的能力。

虽然，规范化的财政转移支付制度对于缓解县乡财政困难、保证农村公共品供给具有重要作用。但是，我国现行的转移支付制度还存在很多缺陷，主要表现在以下方面：

1. 税收返还形式具有明显的基数法色彩

建立在充分照顾各地既得利益基础上的税收返还形式，具有明显的基数法色彩，留有包干制的痕迹，不但没有发挥调节地区财政、平衡地区发展的作用，而且还有可能加强地区间的财力分布的不均衡。在这种分配格局下，经济不发达、收入能力较差的中西部地区特别是中西部农业地区的县乡必然处于不利地位。

2. 转移支付的规范性程度和比重仍然偏低

与分税制改革前相比，均衡性转移支付从无到有，比重不断提高，但是与分税制下公共服务均等化的目标相比，均衡性转移支付的规范性程度和比重仍然偏低。在我国现有的转移支付形式中，除过渡期转移支付属于真正意义上的均衡性转移支付、专项补助属于有条件的转移支付外，其余的转移支付皆属于旧体制的延续，都是以保证地方既得利益为前提，基本上起不到均衡地方财力的作用，甚至造成旧体制中不合理因素逐年滚存，进一步扩大了地区间的财力差距。

3. 尚未建立省以下的转移支付制度

目前，我国财政体制的构建中只是明确了中央和省级政府之间的转移支付制度，省级以下的转移支付制度尚未完全建立，省、市级政府对县、乡政府的转移支付普遍均衡性不足，县乡财政困难难以得到有效缓解。

4. 转移支付资金缺乏有效管理

目前，我国尚无转移支付方面的法律、法规制度，转移支付资金实行多头管理，管理权分散，分配方法缺乏科学依据和标准，资金安排随意性严重，缺乏有效的监督制约机制，致使难以保证转移支付资金流向农村和实施统筹安排。

七、乡镇财政管理中存在问题的原因分析

（一）农村经济发展落后，税源严重不足，收支矛盾难以自我消化

乡镇财政预算内收入主要来源于工商税和农业税，但缺乏具有稳定性收入达到一定规模的主体税种。县、乡两级国有和集体工商企业相继改制后，税收成本急剧上升，工商类税收增长缓慢。政府为了提升农业竞争力，必然会加大对农业的补贴。广大农村经济结构相对单一，传统农业经济仍占主导地位，第二产业和第三产业发展缓慢，乡镇企业由于规模小、技术含量低以及管理落后等弊病，在市场竞争下效益不佳，工商税收严重不足。在没有足够的税源的情况下，乡镇政府的事权范围不断扩大，却没有与其责任相适应的财力支撑，以致一方面决定不了收入来源，另一方面又难以控制支出的额度，这种局面使乡镇政府日常事务的实际运作受到种种限制。

（二）县、乡两级财政转移支付额度不能满足乡镇财政事业发展支出

在分税制下，转移支付在平衡各级政府财政能力、弥补地方政府缺口、提供均等化服务、优化各地区资源配置等方面发挥着重要作用。特别是对乡镇政府而言，要完全担负起乡村公共产品供给的任务，上级财政"转移支付"资金便如"杯水车薪"远远不能满足乡镇各项事业发展的需要，从而使乡镇财政困难状况不断加剧。

（三）乡级财政困境的实质反映了脆弱的农业经济基础与现存的上层建筑有不相适应的地方

实际上，在农村税费改革前，乡级财政危机便"隐性"地存在，只不过那时乡级财政可以通过村用自筹制度将乡级财政缺口转换为对于农民的超经济索取，通过加重农民负担的方式把乡级财政的危机转嫁给广大农民。农村税费改革取消了自筹制度，这迫使农业乡镇不得不主要依赖农业税来对付日益庞大的财政支出，而以农业税为主体财源的农业乡镇仅仅凭农业远远不能维持自身的财政支出。在此条件下，农业乡镇的财政收入缺乏"经济弹性"，无法弥补刚性增长的财政支出所形成的财政缺口，于是乡级财政危机得以彻底"显性"化，也就是说，无论是在农村税费改革之前还是在农村税费改革之后，我国的乡级财政缺乏合法、大宗而又稳定的税源，脆弱的农业经济基础不足以支撑乡级财政与乡级政府这一庞大的上层建筑。而取消农业税改革的实施，则抽掉了乡级财政赖以苦苦支撑的最后支柱，乡级财政体制的根本性改革也就成为迫在眉睫、势在必行的了。

乡级财政不具备其生存与发展的坚实的经济基础的事实，决定了乡级财政危机绝不是仅仅通过开辟税源、压缩开支、精简干部这些体制内的修修补补就可以成功解决的。农业经济基础的脆弱性及农业乡镇财政收入的缺乏弹性，决定了开辟农村税源的不现实性，除非返回到增加农民负担的老路，而那也只能将乡级财政危机重新"隐性"化而不可能消除危机本身，且要伤害农村和农业的根本。而仅凭压缩开支和精简干部，也不可能产生实质性作用。只要存在乡级政府这个层级，精简干部和压缩开支总是有限的，即使是最精简的政府机构和干部人数所耗费的财政支出也是刚性的，而这种刚性的财政支出亦非农业乡镇的财政收入所能够承受。

（四）乡级财政难以有效提供农村公共产品和服务而使其存在的基石受到影响

财政是政府为维持其存在、实现其职能而借助于公共权力进行的理财活动。长期以来，我国实行的是一种城乡分离的二元公共产品供给制度：城镇实行的是由政府供给为主导的公共产品供给制度，城市的公共产品完全由政府保障，并列入城市财政预算；农村实行的是以农民"自我供给"为主导的公共产品供给制度，农村的公共产品政府投入很少，主要由农民上缴税费和集资、集劳、自给自足解决。这导致农村基础设施投入严重不足，农田水利和农村道路常年失修，农村公共卫生、基础教育、社会保障均十分落后，严重影响了农村的发展和农民生活水平的提高，城乡差距日益扩大。可以说，农村公共产品供给的严重不足是导致目前"三农"问题的重要原因，地方政府和地方财政对此负有不可推卸的责任，而这也使其存在的基础受到一定的影响。

我国乡级财政中的多数是供养乡干部的"吃饭"财政，提供地方公共物品的能力十分有限。我国乡级财政严重负债以及财政支出恶性膨胀表明，乡级财政具有"自我满足"、自我服务的特性，这种特性使乡级财政在很大程度上单纯消耗财政收入而不提供公共服务。因而，乡级财政对于提供财政收入来源的农民来说，是一种额外负担。乡级财政的存在并不能够有效地为农村居民的社会公共需要提供服务，却反过来成为消耗农民收入、加重农民负担的"体制包袱"。

八、统筹城乡发展中深化财政体制改革，加大转移支付力度，缓解县乡财政困境的路径选择

对于县乡财政困难，中央财政在实施"三奖一补"政策的同时，进一步加大对地方的财力性转移支付力度，不断增强财力薄弱地区的财政保障能力；省级财政及有条件的市财政在用新增财力加大对财政困难县的财力性转移支付力度的同时，要积极采取完善财政体制，调整支出结构等方式，加大对财政困难县的支持力度。中央政府和省级政府都要下决心清理、整合专项转移支付，将数额相对固定的专项转移支付，归并到财力性转移支付中，增强地方政府根据本地需要安排公共支出的自主能力。这为深化财政分配制度改革，缓解县乡财政困难指出了方向。缓解县乡财政困难，既是一项重要的经济任务，也是一项重要的政治任务。在积极发展县域经济，做大"蛋糕"的同时，强化中央财政调节职能，认真切分好"蛋糕"。权利与义务对等的财政分权体系是合理地激励和制约各级政府行为的制度基础。当前，财政制度的缺陷已使得我国财政出现了一些不稳定因素，因此，必须进行制度创新，消除集权政体与分权经济体制的矛盾，才能实现财政稳定。

（一）重新界定地方政府的财权与事权，实现财权与事权相统一

形成目前地方财政困难的原因有很多，政府职能定位不够明确、不够合理，各级次政府之间事权划分不清晰，是其中的一个重要原因。基层财权萎缩的同时事权却没有减少，工业化、城镇化的推进和社会各项事业的发展所需要的大量物质条件和社会条件要由省以下地方政府来提供，特别是县乡两级政府承担着许多具体的政治、经济和社会责任。

深化改革中应根据市场经济条件下政府与市场分离的基本原则确定中长期地方政府职能调整的方向，按照"有所为"、"有所不为"的原则，将省以下地方财政的主要职能转移到保证地方政府区域性公共职能发挥、为辖区提供公共产品及公共服务上来。在总体的事权划分上，涉及国家安全、国防、内政、外交、宏观调控、地区财力平衡、全国性及跨地区的基础设施建设与环境保护重点项目、大型国有企业兴建与控股监管、协调地区间经济和社会事业发展及其中央政府机关职能运转、中央直接管理的事业发展等支出项目，应由中央财政负责，以保证国家法制、政令和市场的统一和宏观调控的有效性。省级财政主要负责区域性的经济结构调整、环境改善、宏观目标的调控、省本级机关的职能运转和省直管事业的发展等地方性支出项目，以完善中观层面上的调控、承上启下增强行政活力与效能。市、县政府具体负责各自辖区范围内的社会治安、行政管理和公用事业发展等具体支出事宜。此外，可将基础教育、卫生防疫、环境保护等涉及国民素质、社会公共产品、国土资源保护和环境治理方面的支出，作为中央、省和市、县政府的共同职责，中央在全国范围内统一规划、统一调控、协调发展。

无论是借鉴国外经验，还是从国内实践中表现出的问题来看，政府间事权划分除了应明确化、具体化外，是否达到在客观因素量化基础上的法制化也至关重要。否则，财政支出管理中的"上级挤下级、下级求上级"的问题永远得不到解决。因此，建议通过完善《中华人民共和国预算法》、制定财政转移支付法律法规等措施，逐步强化政府间事权划分和财力分配的法制化，完善配套改革。

1. 调整税收征管机构设置

为了克服国税、地税、财政分设带来的征收成本高、协调难度大，管户交叉、征税交叉、检查交叉等弊端，需要寻找适当时机，对税收征管机构进行调整。目前有两种调整思路，一种是将国税和地税合并，从而降低税收征收成本，并提高税务机构的行政协调效率。但考虑到我国税收机构分设后，税务人员已逾百万人，大量分流现有人员易影响税收收入的稳定增长并有可能带来社会问题，可以先采取地税和国税分工，在条件成熟时再进行实质性的合并。比如先由现有国税部门负责稽查，对国税和地税两套税务机构进行职能整合，人员适当调配。另一种思路是将财政和地税合并，以改变目前地方政府收、支职能的割裂局面。这种合并方法可以完全避免地税部门和国税部门合并有可能带来的地方税收侵占中央税收问题，充分保证中央税收收入的安全，同时还可以增加财政统筹收支的能力，其缺点是在降低征税成本和减轻企业负担方面力度不大。无论选择哪种切入路径，从中长期看，国税与地税合并势在必行，特别是"金财"、"金税"工程对接后，中央税收安全性的问题将完全解决，现在就有必要加强实施调查税收征管机构预案的研究。

2. 在一定前提条件制约之下给予地方政府适当举债权。

鉴于地方对公共基础设施的需求很大，而中央政府的财力支持有限，因此允许地方举债是有效率的，但前提条件是在地方政府举债前，必须先建立适当的监管和申报制度。

由于财政支出的不同性质，财政收入也往往采取不同的形式。经常性支出一般由社会绝大多数人共同享用，是为满足社会公共需要无偿拨付的，无取得收益的可能性，而且此项支出形成的效益大体上限于一个财政年度之内，因此满足这个用途需要的资金应该由本期受益的人们来分担。与经常性支出对应的是资本性支出，这类支出的受益不仅体现在本财政年度。也体现在以后的多个财政年度，如果由税收为此项目融资，将负担加在当代人身上，而受益却延续到以后各代，从经济意义上来讲，有不够公平之处，还易发生筹资困难和资金缺口。有些资本性支出项目，其收益只落在一部分使用该项目的人身上，若由全社会普遍负担的税收形式为此项目融资，更是不公平的。因此，对于这类支出，可采取有借有还的政府债务形式进行融资，并通过以后年度的税收或受益者的付费逐年偿还先期的投入。正是由于资本性支出形成的准公共服务的这种性质，使政府有通过公债筹集收入的必要。

在高度集中的财政管理体制下，中央政府集中统一管理下级各地方政府的财政收支，地方各级政府的相对独立性很弱。中央政府完全可以以自己的名义发行债券并将所筹资金拨给地方政府使用。前些年的转轨过程中，由于地方政府存在管理机制中的欠缺，为了保证政府的信誉和金融市场的稳定，也只能由中央政府代地方政府发行债务。但随着分税制财政体制改革的深化，地方政府将有逐步清晰、相对独立的事权与财权，统筹本级政府收支的能力将有所增强。相应地，地方政府也应该具有一定的选择本级政府收入来源与收入结构的权利，同时承担相关的责任。因此，可以考虑在一定前提条件制约之下，谨慎进行赋予地方政府举债权的试点，至少在第一步，可试行将地方政府从"项目债"、"公司债"等变相举债的行为改为规范、透明的地方市政举债行为，使其可以根据本地区支出要求与发展规划在公共财政框架下筹集所需资金。同时，要周密设计、严格执行地方政府举债的程序和规模，使地方政府的举债行为能够做到内部自律和外部有效监管。

3. 在现行行政管理体制不变的情况下，减少财政体制层级

20 世纪 80 年代，随着"分灶吃饭"财政体制的实施，我国开始建立乡镇财政，形成了中央、省、市、县、乡镇五级财政。如此复杂的五级财政体制，从世界各国来看都是罕见的。五级财政体制无论在国家财政运行和管理效率方面，还是在纵向和横向财政平衡的公平性方面，都已表现出不少负面效应。在许多地方，"市管县"体制要么造成与城市缺乏关联的县拖垮市财政的问题，要么形成市财政肆意挤占县财政的现象。乡财政的问题更加突出。随着经济体制改革的不断深化，乡镇的工商、税务、公、检、法等重要经济管理部门和执法部门被先后上划或垂直管理，加上农村中小学教师工资上划和乡镇卫生院经费的上划，已使乡镇财政处在非常尴尬的境地。随着农业税的取消，乡镇财政的主要任务只剩下政府人员工资支出，其预算编制、执行和监督方面的职能形同虚设，乡镇财政作为五级财政之一，基本上已名存实亡。

预算级次过多造成机构重叠、财政养人过多以致不堪重负，而且明显降低了行政效率，形成层层向上集中、层层对下截流的局面，在改革和发展的进程中，预算级次过多的负面效应还有扩大之势。因此，建议在现行的行政管理体制大体不变的情况下，在省以下率先启动和进一步推动"省管县"和"乡财县管"的改革试点，即在有条件的地方逐步取消"市管县"体制，实行省级财政直接管理市、县财政，市、县行政不同级但可财政同级，市级财政只管市辖区；虚化乡财政——将乡镇预算内容归入县级财政管理，为将乡镇变为县级政府派出机构创造条件，这样逐步形成和完善中央—省—市、县三级财政体制。这样就可以通过行政体制与财政体制的"扁平化"，来使分税分级的实质内容在省以下具有可操作性，按照分税制体制的基本原则，根据我国财源体系、税种设置、财政功能和分级分税的特点，追求有利于发挥各级财政基本功能，有利于促进各级政府发展经济的积极性，有利于提高政府运行效率和实现公共服务均等化的目标。

实行中央—省—市、县三级财政体制，不仅有利于夯实财政体制的低端基础，把县级财政和市辖区的财政建成我国功能齐全、职能完善的基层财政，同时有利于在减少政府层级、化解政府间摩擦因素的同时显著减少行政成本，从根本上解决政府职能过宽和机构臃肿、财政养人过多的问题。这样，既可以促使政府

摆脱大量的微观管理，把与市场经济发展相悖的职责剥离出去，解决政府目前存在的职能转换不到位、事权划分不清和办事效率不高的问题，还可以避免因政府层级过多而形成的层层集中模式，增强省级财政对市、县级财政的指导和协调功能，从而为规范省以下各级政府间的分配关系，建立架构合理、职能规范、运行高效的分级、分税财政体制奠定基础。

4. 逐步完善地方税收体系，调整各级政府的财力划分

改进省以下财政体制要把税制改革放在重要位置，本着简税制、宽税基、低税率、严征管的原则，逐步健全、完善地方税体系，不断提高征管水平。在收入的划分上，除了要考虑中央的宏观调控外，还应考虑满足地方政府行使职能的需要，更重要的是要有利于全国统一市场的形成，有利于生产要素的合理流动和资源的合理配置。因此，应在完善现行税制的基础上重新合理划分收入：统一内外资企业所得税，将其确定为分享税种，采用税源式分享或地方征收附加的方法；实现增值税由生产型向消费型的转变，扩大税基；调整消费税的征收范围。完善地方税收体系：改革农业税，完善个人所得税，适时开征环境保护税、遗产税、赠与税、社会保障税、城乡维护建设税等。在不违背税法的前提下，将一些不需要全国统一的、地方特征特别明显的地方税的征税权下放地方。与此同时，还要稳妥推进税费改革，规范税费关系，把税收作为政府收入的主要来源，实现政府收入机制的规范化；依靠培植税源，加强征管，提高征收效率，实现收入的稳定增长。这样，中央和地方都将有较为稳定的财政收入来源来保证其履行职能的需要。

要合理划分各级政府之间的收入范围及征管权限。从中长期来看，可将目前中央和省级财政集中的部分专项收入按不同的性质和责任分别下划到县级，分别设置省税和市、县税，将税基广、收入稳定、流动性不大的税种作为市、县级政府的主体税种，改变目前县级没有主体税种和共享税过多的局面。

可考虑在改革之后，中央财政的固定收入包括增值税、消费税、所得税、社会保障税、关税和证券交易税等涉及国民经济稳定、统一市场运行、调节收入分配以及流动性较强和分布不均的税种，其收入总量应控制在全国收入比重的55%~60%。省级财政的固定收入包括营业税、环保税等涉及社会结构调整和环境改善方面的税种，其收入总量应控制在全国收入比重的15%~20%。市、县财政的固定收入包括不动产税、城市维护建设税、车船使用税、印花税、土地增值税、遗产及赠与税、教育税和契税等流动性较低、信息要求较细、适宜由基层掌握的税种，以及其他国税、省税以外的较小税种，其收入总量应保持在全国收入比重的25%~30%。个人所得税和资源税等成长性税种和保护性税种可作为各级政府的共享收入，具体分享比例由中央财政根据各级政府间的财力状况合理划分。在中期，增值税可继续作为中央、地方共享税以维持大格局的稳定。

在财力分配上，要大力向基层政府倾斜，降低上解比例，取消困难县的上缴任务，共享税的返还部分要尽可能多留给县级财政，使基层财政能在涵养财源的基础上休养生息、正常运转，从而真正担当起基层财政的职能。

5. 合理界定县乡财政的事权和财权

根据公共品区域受益原则，政府间事权划分提出的一个总体原则是：全国性的公共品由中央政府提供，具有区域外溢性的公共品由中央政府和地方政府共同提供，地方性公共品则由当地政府提供。当然，由于历史、社会经济状况等方面的原因，不同的国家以及同一国家在不同的发展阶段，政府间事权的划分都会有所差别。尽管如此，对一国的财政体制建设来说，至关重要的是，在一段相对稳定的时期内，必须明确各级政府的事权范围，并且有必要将其上升到法律的高度。

和"一级事权"对应，必须要有"一级财权"。为此，应健全地方税体系和建立地方公债制度。这样，地方才有稳定的财力来源，并把使用方向对应于自己应提供的公共品。

健全地方税体系应从以下三方面着手：

（1）合理选择地方主体税种。现在地方政府的主体税种是营业税，而从长远来看，应该发展不动产税，在省级以营业税为主体税种，在县级以财产税为主体税种。

（2）赋予地方适当的税收管理权限。分税制财政体制是在各级国家机构之间划分税收管理权限的一种制度。税收管理权限包括税收立法权、税收法律法规的解释权、税种的开征与停征权、税目和税率的调整权、税收的加征和减免权等。从完全意义上的分税制来说，地方政府应具备地方税收的上述所有权力。从部分国家的实践来看也是如此。当然，中央政府的监督管理也不可缺少。另外，在全国统一政策的宏观调控的情况下，可以赋予地方开征一些新税种的权利。当然，开征新税时，必须经过地方人民代表大会及其常务委员会正式立法。

（3）完善现行地方税制。地方税制的完善可从以下三方面进行：

①统一内外税收制度，包括统一内外企业所得税，统一车船使用税和车船使用牌照税，统一房产税和城市房地产税。

②取消失去时效的税种，适时开征新税种。例如，取消固定资产投资方向调节税、筵席税，开征燃油税、物业税、社会保障税、还款保护税等。

③改革现行税制。例如，改革个人所得税、资源税、城市维护建设税等。

就我国而言，在各级政府间财政关系的协调过程中，现行分税制财政体制虽然仍有许多不足之处，但它已在一定程度上明确了地方政府的财权和事权，使地方政府与中央政府的利益边界有了一个比较合理的界定，从而使地方政府作为发行债券的主体地位身份成为可能。经过十几年的发展，我国已基本构建起相对规范并逐步趋于成熟的资本市场。从衡量社会应债能力的两个重要指标——国债负担率与居民应债能力来看，政府债券规模在我国尚有进一步扩张的余地。我国应当按照公共财政与分级财政体制的客观要求，逐步建立起规范的地方政府公债制度，允许地方政府发行统一的债券筹集地方社会事业发展资金。也就是说，在建立中央政府严格审批和监管制度的前提下，通过国家法律明确规定地方财政的发债资格、规模、方式、范围和偿债机制。

（二）牢固树立科学发展观，在确保全面完成收支预算任务的基础上，充分发挥公共财政在提供保障、实施调控、促进平衡、统筹发展等方面的作用

1. 拓宽保障领域，着力解决涉及人民群众切身利益的问题

继续完善社会保障体系，确保企业离退休职工养老保险金和下岗职工基本生活费按时足额发放；安排好失地无业农民、困难企业军转干部、破产企业人员的就业和生活；积极做好抗灾、救灾工作，维护人民群众生命财产安全；加大扶贫工作力度，加快建立城乡特殊困难群体的社会救助体系；继续落实和完善支持就业和再就业的财税政策，加大下岗失业人员职业培训力度；加强对政策执行情况的督查督办，确保为民办实事如期完成；继续做好财政应急保障工作，健全补偿和救援体系；切实维护社会稳定，使广大人民群众从财政的发展中得到更多的实惠。

2. 统筹规划，科学安排，循序渐进，夯实社会主义新农村建设的基础

以支持"金土地"工程建设为重点，加强基本农田保护，提高粮食生产能力；以支持农产品加工业为重点，推进农业产业化进程；以支持劳务开发为重点，提升农村城镇化水平。继续完善粮食直补等惠农政策，确保农民负担不反弹。要统筹规划，科学安排，循序渐进，保证农民群众得实惠，使社会主义新农村建设在坚实的基础上起步。

3. 整合财政职能，充分发挥公共财政的作用

按照科学发展观和公共财政的要求，着力调整财政支出结构，加大对农业、就业和社会保障、环境和生态建设、公共卫生、教育、科技等经济社会发展的薄弱环节投入，努力促进"五个统筹"和全面协调发展；搞好城乡医疗卫生体制改革试点，抓好乡镇卫生院改扩建；要认真落实中省"三奖一补"政策，完善"乡财县管"的财政管理体制，缓解县乡财政困难；继续落实"两免一补"政策，深化教育体制改革为主的农村综合试点改革，努力化解乡镇债务。深化财政支出改革和行政事业单位国有资产统管改革，逐步缩小工农差距、城乡差距，解决部门、单位分配悬殊的问题。建立部门预算和财政资金绩效评价制度，下大力气解决专项资金不专用的问题，切实提高财政资金的使用效益。

4. 大力增收节支，努力支持经济社会事业协调发展

按照政府主导、社会参与的原则，发挥财政资金的导向作用，积极推进"工业强市"战略，做到生财有道、聚财有方、用财有度，改善税收征管环境，努力培植和开辟新的财源。大力节约能源，支持循环经济发展，做大财政经济"蛋糕"，不断扩大后续财源。继续加大对新型工业化、经营城市和旅游产业、招商引资、"项目年"的资金支持，确保财政收入持续、快速增长。要进一步管好财政资金，严格支出管理，运作好财政预算内外资金、土地收益资金及社会资金，保证各项重大决策的资金需要。把有限的财政资金安排到最需要、最能发挥效益的领域，努力使每一笔财政资金用得适度、用出效益。当前特别要针对易于引发群体性事件的突出问题，建立和完善财政应急反应机制，加强部门的协调，及时调度拨付资金，在紧急情况下特事特办，要事先办。

5. 完善监督机制，提高依法理财的能力和水平

深化财政体制改革，加强国库管理工作，保证财政资金安全，完善内部监督制约机制，强化财政监督职能，坚决查处各种违反财经法律法规的行为，确保财政资金的使用效益。主动接受人民代表大会及其常务委员会的法律监督和工作监督，把财政权力的运行置于人民代表大会及其常务委员会的有效监督之下。认真贯彻执行人民代表大会及其常务委员会的决议、决定，及时办理好人大代表提出的议案、建议、批评和意见。预算编制要更加清晰，财政政策要更加透明，财政政务要更加公开。各级各部门要针对审计部门审计出来的问题，分析原因，加大整改力度。要认真学习贯彻《财政违法行为处罚处分条例》，整顿和规范财经秩序，推进依法理财和诚信建设，廉洁从政，认真履行廉政承诺，广泛接受群众监督。

（三）加大转移支付力度，调整转移支付结构

由于我国是五级政府行政体制，需要有相应层次的政府间转移支付制度的设计。目前中央对省级的转移支付制度还不够严谨，需要进一步加以公式化、规范化和制度化，而省级以下的财政转移支付也需要公式化。明确的政策可以带来稳定的、可以预期的政府关系，避免政府间纵向和横向的摩擦，并且由于地方事务更为具体化、实务化，要求省以下的支出安排应有较强的灵活性，相应要有一定份额的专项转移支付。

1994 年分税制改革的初衷是通过公式化和规范化的转移支付，将收入分配和政府间转移支付放在客观的基础之上，增加了两项新内容——税收返还和过渡期均等化转移支付。尽管中央政府将其很大一部分收入返还给省级政府，但转移支付并不均衡，对转移支付的分解表明税收返还与财政收入高度相关。现行的均等化补助体系只有很少的资金，不能有效地解决地方政府间不断拉大的财政差距问题。目前用于均等化补助的计算公式也需要进行彻底修改。为此，可以对地方政府规定强制性的规则和框架，或者采用能深入到省级以下政府的中央转移支付机制，实行以纵向转移支付为主、纵横交错的转移支付制度，加大向落后地区的资金转移力度，确保地方政府也能贯彻均等化目标，推进各地区协调发展。

为了调节地区财力平衡，应在中央集中国内大部分财力的前提下，建立规范化的中央对地方的各种补助制度。具体可包括如下内容：

（1）一般性补助，即税收返还。必须强调规范化，按照因素法，建立由各种因素（如人口、人均国民生产总值、地区教育水平、地区医疗水平、区域面积等）加权组成的转移支付公式，测定地方财政公共开支的数额。如果支大于收，由中央财政给予一般性税收返还。对于一般性税收返还，中央不规定具体用途，由地方政府统筹使用。

（2）专项拨款补助。这主要是为了有效贯彻中央政府的有关政策，解决经济和社会发展中的特殊问题设置的。总结我国过去专项补助的经验教训，参照市场经济国家的有关做法，专项拨款补助不能"撒胡椒面"式地随意进行，一要体现国家产业政策的要求，二应要求地方有配套资金，三要加强资金管理。

（3）特殊因素补助。这包括对老、少、边、穷地区在一般性税收返还基础

上，再增加一些补助，以体现国家的民族政策，调节分配结构，特别是扶持经济不发达地区的发展。除此以外，有一些特殊补助是临时性的，主要是在地方遭受特大自然灾害和其他意外重大事故时，中央政府预算给予必要的补助。

建立科学、规范的财政转移支付制度，不仅是分税制财政体制的自我完善，同时也是公共财政框架下调节地区差异、加速经济社会发展、全面建设小康社会的客观要求。因此，规范和完善转移支付制度，提高基层财政的公共服务水平，必须在改革、创新的基础上，重点加大均等化转移支付的力度，尽快构建与分税制体制相适应的财政转移支付制度体系。

要在确保中央财政财力分配主导地位和调控能力有效发挥的基础上，强化中央财政的再分配功能，把规范和完善财政转移支付制度作为财政体制改革的重要内容。

从现行财政转移支付的规模看，中央财政用于转移支付的资金约占全国财政支出的30%，中央财政支出的50%，这样的规模与现行体制及中央财力基本适应。其中，主要的问题是转移支付的制度不规范，均等化程度低。因此，必须大力改进转移支付制度与方法、手段，争取较快增加转移支付的数量和覆盖范围，在税收返还等既得利益的比重下降到相当小的份额之后，便可以取消增值税返还、基数返还、体制补助等，主要根据政府财力和地区间财力的不平衡程度来合理确定转移支付的结构、资金比例和计算方法。

在转移支付的结构安排上，一是要根据地区间人口、经济、财力和支出标准等综合因素，科学测算"标准支出"和"标准收入"，确定标准支出的范围和计量方式，根据客观因素，设置一般均等化转移支付项目和指标；二是要根据国家产业政策、经济目标和阶段性任务，设置专项转移支付项目和指标；三是要根据区域间经济、财力的不平衡程度和省以下政府的公共服务水平，设置横向均等化转移支付项目和指标。从体制上扼制地区间差距拉大的趋势，有效实现地区间财力横向均衡的调节目标。

在各项转移支付资金的比例和计算方式上，用于一般均等化转移支付的比重以保持在转移支付资金总量的50%以上为宜，专项转移支付及横向均等化转移支付两项资金之和不高于50%。同时必须采用科学的计算方法和规范化的分配手段，并使转移支付的资金和项目与各级政府的预算相衔接，把转移支付的资金和项目纳入整个预算体制和财政体制通盘考虑，在全国构筑一个主体明确、层次分明、纵横交织的财政转移支付体系，在提高均等化转移支付的规模和比例、增加转移支付科学性和透明度的基础上，使财政转移支付制度真正贯彻均等化的导向和意图。

要在提高转移支付总量和增加转移支付规模的基础上，加大中央财政对中西部地区转移支付力度以及省级财政对县级财政转移支付力度。在因素的选择和权重的设定上，要充分考虑县级财政的困难问题，对多年来受工农产品价格剪刀差不利影响及为我国工业化发展做过巨大贡献的农业地区和中西部地区，给予体制性倾斜支持，逐步实现全国不同地区间公共服务水平大体均等，促进不同区域间经济社会的协调发展。省级财政在分配中央拨给地方的转移支付资金时，不仅要更多地让利于基层，而且要做到辖区内公平、公正、公开、透明，把解决县级财政的困难问题作为稳定基层政权和完善财政体制的战略任务，力争在较短的时间内有效缓解县级财政困境。

建立科学和规范化的转移支付制度。转移支付制度是平衡地方财力、缓解基层财政困难的一项主要措施。目前，建立科学和规范化的转移支付制度应采取以下措施：

（1）逐步用"因素法"取代"基数法"来确定转移支付资金的分配。可以在《过渡期财政转移支付办法》的基础上进一步完善，设计出一套科学的公式，对各地的标准化收入能力和标准化支出需要进行测算，以此确定转移支付的数额。在因素的选择上，应全面、客观。既要考虑各地经济发展水平的高低，财政能力的强弱，又要考虑到各地公共品和服务支出成本的差异。改革过程中，可以先选择一些最主要的和数据取得相对容易的因素，逐步扩大采用"因素法"核定的范围，完善评估体系和公式设计。

（2）根据转移支付的目标，优化转移支付形式。政府间转移支付形式的选择，取决于转移支付制度的目标。目前，我国的转移支付目标主要有两个：一个是调节地区之间的财政能力的差异，达到横向均衡的目的；另一个是提高地方政府提供公共品的能力。因此，要将一般转移支付和专项转移支付结合起来，并以一般性转移支付为主。一方面，加大中央对地方特别是中西部经济落后的农村地区的一般性转移支付力度，均衡各地区的财力。应确定过渡期转移支付资金在中央财政收入增量中的比例与增长速度，并制造一个中长期的增长目标和资金来源扩展计划，逐步扩大均衡性转移支付。另一方面，为提高基层政府提供公共品的能力，应选择实行专项转移支付形式。在中央财力逐步扩大的情况下，应适当扩大专项转移支付的规模，规范分配方法，优化专项转移支付的结构，保证重点，建立严格的专项转移支付监督机制，提高专项转移支付的科学性、公正性和效益性。另外，应逐步取消税收返还、体制补助等有深厚旧体制特征、均等化功能很弱的转移支付形式，提高均衡性转移支付比重，缓解并缩小目前城乡共品供给的差距。

（3）完善省以下政府的转移支付制度。目前，我国农村公共品有些由中央提供，有些由省、市提供，但大部分还是由县和乡镇特别是乡镇一级提供。由于乡镇处于我国行政区划的最底层，乡镇以上各级政府提供的全国性或地方性的公共品都有覆盖到乡镇的可能性。因此，为缓解基层财政困难，实现城乡公共品的均等化供给，不仅需要完善中央政府对地方政府的转移支付制度，还要完善省以下政府的转移支付制度。

（4）建立、健全与转移支付制度相关的一系列法律制度，形成有效的监督约束机制。政府间转移支付要作为一种规范性的制度建立起来，就必须遵从法制化的原则。从各级政府事权、财权的划分到转移支付目标、原则、形式、分配方法、监督内容都应以法律形式确定下来，并辅之以必要的司法和审计措施，做到制度运作的各个环节都有法可依、有法必依、保证制度运行的实效。

建立科学和规范化的转移支付制度，还必须加强中央宏观调控能力。提高

"两个比重"，特别是中央政府的可支配财力。加强中央宏观调控能力，是建立科学规范的转移支付制度的基础。

此外，建立科学规范的转移支付制度，还必须加快建立政府统计信息系统，完善基础性数据的统计。建立科学规范的转移支付制度需要大量的基础数据。数据的准确和完整与否直接影响转移支付资金分配的合理性。由于长期以来我国一直采用基数法，缺乏用"因素法"核定财政收支的资料和经验，加上对统计交回的不重视，使得基础性资料残缺不全，可信度低。今后，应加大投入，加快政府统计信息系统的建设，提高政府统计信息的质量。

（四）相对固定各级财权和事权，避免随意变更地方权限

县、乡是党执政和社会稳定的基础，县、乡政府是直接落实党的方针政策、与群众接触最紧密的一级政权，却也是目前财政最困难、任务最艰巨的一级政权。按照《中华人民共和国预算法》的规定，一级政府一级财权，但我们目前的现状是县、乡的收入权时常被随意调整或剥夺，支出权被随意强加或转嫁。在现有行政管理格局下，县、乡处于行政级次底层，中央、省、市政府及有关部门都可以通过文件的形式，以税制调整、部门及单位隶属关系变更等名义，随意划走县、乡税费收入；同样可用变更单位隶属关系、加强某项工作的名义，扩大县、乡支出范围、增加财政支出，而且这种责任具有不可转嫁性，最终的矛盾和风险集中在县、乡一级。如果任由目前这种状况保持和发展下去，县、乡财政困难状况无法得到大力改善，城乡二元化结构就永远无法打破，全面建设小康社会难以实现，提高党的执政能力也缺乏根基。因此，必须以法律的形式对各级财权事权做出较为稳定的安排，避免上级政府在未征得下级政府同意或者未提供配套资金的情况下，随意转嫁、增加下级政府的事权或者剥夺、减少下级政府的财权，从体制上减轻县乡财政压力，让基层分享到发展所带来的成果，增强自我解困和发展的动力。

（五）按公共财政要求，建立防范机制防范负债产生

1. 转换政府职能，按公共财政要求明确政府责任

按公共财政理念，农村乡村政府主要职能是提供农村基础设施和社会公共服务，兴办企业不是政府职能所包含的内容。政府退出一般竞争性领域，对乡村企业或私营经济乃至农民家庭生产，政府只是利用经济杠杆进行宏观调控，绝不可干预其事。对于以后农村公共设施的提供可以采用"一事一议"方式进行，即项目论证由政府进行，项目是否实施的决策由农村村民投票解决，如果村民投票通过，则向村民收费用于此项设施建设，项目完工后由村民大会验收，多余的资金退还给群众。不能在任何公共设施项目上欠下债务。至于政府公共服务的经费则主要来源于农村的商品课税或上级财政的转移支付。在财政支出方面排除借债的可能。

2. 精简机构，压缩人员，防止因人员经费导致负债

重构县、乡政府体制，按公共财政的要求确定政府的职能部门，并进一步明确各部门编制，坚决裁减闲散、富余人员。至少把县、乡吃财政饭的人裁减60%，把一切靠向农民收费生存而又不能为农民服务的部门全部砍掉，把挂靠农

村乡镇的"七站八所"全部市场化。村级干部不是公务员，上班才有补贴，不上班就无补贴。

3. 科学决策，防范盲目决策带来债务

可以说乡村的达标、政绩等不少都是盲目决策产生的。决策者为了自己的政绩浪费农村资源，建了无效项目，却又没有约束、制衡机制，这使得农村债务越积越多。只有追究决策者的决策失误责任，才能有效防范决策失误。今后要遵循"谁决策，谁负责"的原则，由决策者承担决策失误的部分损失，用决策者个人的财产赔偿。因为以前的决策只有奖励机制，有了政绩就升迁，没有惩罚机制，这是不公平的。应加强干部任期、离任审计制度和责任追究制度建设，从制度上防范债务危机的产生。

4. 量入为出，谨慎举借

从财政角度看，债务是支出大于收入的压力下产生的。每当财政存在支出大于出入的缺口时，政府就举借债务以弥补这个缺口。《中华人民共和国预算法》规定地方财政收支不能有赤字，必须在平衡或略有结余的前提下，量入为出更显得有必要，量入为出要求理财者在财政事先安排时，即在预算的过程中，就达到收支平衡。债务是非正常收入，是要用未来的资产偿还的。地方财政在预算时不可把债务列为收入，农村要摆正生产、生活、债务的关系，债务未还清的，不可举债上项目。禁止非正规借债，免除农民的高息负担。坚决控制新债，把举借新债消除在思想的萌芽中。加大各级组织、社会对农村债务化解的监督力度。

（六）规范完善乡镇财政体制

1. 要从优化公共经济责权配置，明确划分县级和乡镇级财政支出责任

对乡镇专项补助要集中财力用于教育、农业、科技和社会救济，发挥财政的宏观调控作用。要按照乡镇财政支出划分与基层密切相关的、与公共经济责任相应的专项资金。转移支付资金一律以规范的方式下划到乡镇，以解决上级财政承担的财政支出变相转嫁给乡镇，加重乡镇财政负担。

2. 要合理界定县、乡两级财政支出责任

合理界定县、乡两级财政支出责任后，需要相应地进行财政收入配置调整，从有利于乡镇职能转变和经济发展角度，按照县、乡两级采取不同的收入划分方式，对经济实力较强的乡镇实行分税制财政体制，对经济发展水平较低的乡镇实行县级财政统收统支的管理体制。通过规范划分格局，解决乡镇财政困难，以调动乡镇组织收入的积极性。

3. 要加大对乡镇财政转移支付力度和转移支付的规模

由于各地经济发展水平不同，财政收入差距很大，必然产生财政支出责任需要的财力与统一划分税种配置的财政收入能力之间不均等问题。建立和完善一套科学合理、规范透明的一般转移支付和专项转移支付制度，来解决各级财政支出责任划分与财政收入能力之间纵向上的不均衡问题，加大对乡镇财政的一般性转移支付力度和转移支付的规模，减少对下级财政支出的政策干预，缓解乡镇财政困难，给基层政府更大的自主权。同时，增强一般预算转移支付测算和分配的科学性，专项转移要按照应付事件的性质分为突发性专项转移支付和经常性转移支

付两类。对于突发性专项转移支付资金，应主要由省级财政部门统一掌握，以保证应对全省范围内的突发事件需要；对于经常性专项转移支付资金，应逐步减少专项转移支付的类别和规模，并将其补助范围相对集中到义务教育、社会保障、扶贫救灾、环境保护、公共交通等主要项目上。通过规范一般性转移支付和专项转移支付制度，解决省对县、乡专项转移支付中存在的问题，达到改善乡镇财政困难状况的目的。

（七）加快乡镇财政改革，推行"乡财县管乡用"的管理模式

应根据建立适应社会主义市场经济体制公共财政框架的要求，结合深入开展农村税费改革工作，应对积极探索"乡财县管乡用"和"村财民理乡代管"的管理模式。目前乡镇财政改革正在逐步深入，乡镇财政改革在保持乡镇资金所有权、收支权、使用权不变，财务审批权不变的前提下，采取"预算共编、账户统设、集中收付、采购统办、票据统管"等管理方式，坚持以乡镇为独立核算主体，实行乡镇财政资金的所有权与使用权以及审批权与管理权、监督权相分离，县财政直接管理并监督乡镇财政资金。

1. 推行"单位开票、银行代收、财政统管"的新型非税收入征管模式，加强收入管理

对乡镇使用的票据全部上收到县财政局管理，并实行"限量领用、定期缴销"制度，通过非税收入管理系统对票据和资金进行监控。

2. 实行定员定额，规范财政支出管理

对人员支出、个人和家庭的补助支出等全面实现资金"直达"，计入个人工资账户；对乡镇公用支出严格支出标准；对专项支出实行严格的审批制度。

3. 加快信息网络建设，达到资源共享提高财政管理效率

对乡镇级行政管理模式进行制度创新，将乡镇级财政变为县级财政的派出机构，对乡镇财务实行会计委派制度，将乡镇财务全部纳入县级财政统一核算管理，原乡镇财政承担的事务全部由县级财政统一规划、统筹安排，所需经费由县财政列入支出预算，乡镇公共物品统一由县财政规划并由县级各部门具体提供。比如乡镇道路建设、中小学维修由县交通局、县教育局统一规划和组织修建等，负责提供地方公共物品的具体事务的是县级各部门及其派出机构。督促乡镇加强财政收支管理，严格预算执行，强化预算约束，严禁超预算、超财力安排支出，确保财政资金用在刀刃上，促进乡镇财政依法理财、民主理财、科学理财。切实防止发生新技术开发区的不良政府债务，避免出现新的财政风险，确保乡镇政权正常运转。乡镇政府只负责从政治和政策上指导、监督以及收集和传递政治信息。

（八）立足长远，壮大乡村经济，促进工商税收，优化乡镇财政收入结构

从长远看，壮大乡村经济，促进工商税收，优化乡镇财政收入结构是乡镇财政走出困境的根本出路。

一是广大农村乡镇要积极调整产业结构，大力培育农村支柱产业，实现抓大扶优、龙头带动、扩充增量、盘活存量的方略，推进农业产业化；因地制宜，突出特色，做到宜林则林、宜牧则牧、宜桑则桑，以农副产品深加工为重点；从本

地实际出发，按照自然经济布局构建财源建设，注重产业间的协调，注重建设具有区域特色的财源结构。在发挥本地资源优势、产业优势、区域优势的同时，要认真考虑国家的产业政策，按照市场经济规律办事，达到布局趋于合理和经济社会效益双增的功效，实现农产品增值增收。

二是集中财力向具有牵动性的大项目上倾斜，提高资金的使用效益。财政投入吸引社会资金，实行对外招商引资，集聚资金，围绕结构调整，向骨干财源上倾斜。突出乡镇企业地位，以乡镇企业提高经济质量，扩大乡镇企业在乡镇财政中的创收比重。支持一批有优势、有潜力、有前景的企业，围绕技术改造，增强产品竞争力，使其成为乡镇经济的支柱；帮助一批重点企业，使其逐步成为具有支撑力的骨干企业；盘活一批停产半停产企业，使其成为新的经济增长点。

三是围绕深层加工，向产业化上倾斜，变资源优势为经济优势，走产业化道路，在拉长产业链条上做文章，对一些资源优势较大的乡镇建立加工企业。

四是建立上下合作的推动机制，促进乡镇财源建设的健康快速发展，加大政策宣传力度，帮助乡镇和企业沟通、协调、指导。

五是进一步解放思想，深化改革。支持乡镇非公有制经济的发展，为非公有制经济发展创造宽松的环境；加大财政税收支持力度，促进有条件的企业做强做大；改进服务质量和水平，引导非公有制经济不断提高自身素质，促进非公有制经济持续健康发展。

六是加强乡镇财源网络信息建设，提高乡镇财源建设的管理水平和办公效率。各乡镇要建立微机网络，培训财源建设工作人员；配置微机设备，用现代化手段管理乡镇财源建设。

（九）完善乡镇财政预算管理体制

第一，把预算外资金纳入预算内统一管理。预算外资金一直游离于财政预算统一管理之外，应逐步将预算外资金（包括自筹资金）纳入预算内管理。对于一些确实需要单独列支的预算外资金，应建立"财政专户"，实行"收支两条线"管理。

第二，把农村经费更多地列入高级别的财政预算，至少让一半比例的农村经费由地级市以上（包括省和中央预算）承担。

第三，合理划分政府间的事权和财权，确定县、乡财政收支管理体制，并以地方性法规的形式明确下来，确保乡镇财政预算的稳定性。建立规范的乡镇预算管理约束机制，严格乡镇财政预算的执行，积极调整支出结构，净化支出内容；严格按照预算规范的支出项目，杜绝在财力允许的范围内超预算花钱现象的发生；严格控制公用经费支出，各乡镇应制定严格的财务管理办法，对各项支出要做到有请示、有汇报，努力控制乡镇财务开支。完善对村级"一事一议"资金使用的监督检查机制和资金管理制度，对兴办的公益事业，要本着"谁受益、谁出资"的原则，对水、电、路等关系到群众生活必需的公益事业，适当通过"一事一议"的办法出资，但必须保证此项资金真正用到公益事业当中。

第六章　健全农村社会保障制度与统筹城乡发展

　　健全农村社会保障制度既需要政府积极引导与高度重视，又需要农村集体与广大农民的积极支持。加速健全我国农村社会保障制度，有利于解决"三农"问题，推进城乡一体化进程。建立完善的社会保障制度是我国社会主义市场经济发展的迫切要求，也是关系到广大人民切身利益和社会稳定的大事。农村社会保障制度是我国社会保障制度的重要组成部分，在农村的所有问题中，社会保障问题是一个十分重要而且又非常突出的问题。社会保障制度既代表了广大农民群众的根本利益，又是社会文明和进步的重要标志。

一、统筹城乡发展，推进城乡一体化进程，需要健全农村社会保障制度

　　（一）建立农村社会保障制度是农村经济可持续发展的客观要求

　　农村经济的可持续发展，必须以不断深化农村改革与大力发展农村市场经济为前提。农村改革的深化和农村市场经济的发展，又必须以建立农村社会保障制度为重要条件。

　　1. 大力发展农村市场经济要求建立健全农村社会保障制度

　　目前，我国农村正在大力发展社会主义市场经济，市场经济的一个显著特点就是风险性，因此农村经济也是一种典型的风险经济。以家庭联产承包为主的双层经营体制的实行，使农户成为了独立的商品生产者和市场行为主体，从而决定了他们必然会遇到生产经营中的各种风险，如自然灾害、意外事故和价格变动等，因而也就产生了对相应的社会保障要求。

　　2. 健全农村社会保障制度也是农村剩余劳动力不断增多的客观要求

　　我国是人口大国，9亿多人口在农村，2/3的农业劳动力集中在农村第一产业上。由于我国的人均耕地面积只有1.2亩，随着农村改革的不断深化和农业劳动生产率的提高，我国将有大量的剩余劳动力需要脱离传统的农业而转移到第二产业和第三产业就业，也有大部分人会"在家待业"，这些脱离传统农业的农民，如同城镇在岗职工和下岗职工一样，也迫切需要有社会保障。

　　（二）健全农村社会保障制度是建设社会主义新农村的必然要求

　　自从实行家庭联产承包责任制以来，农村劳动者保障基本上由农民家庭承

担。实践证明，这存在着自身难以克服的弊端。

1. 随着农村经济发展，劳动者生产经营活动日趋频繁，其生、老、病、死、伤、残等风险明显增加

由于我国相当一部分地区农村经济较为落后，集体经济脆弱，大部分劳动者得不到集体帮助，农民家庭经济基础又极为薄弱，一旦风险发生，个人和家庭难以抵御。

2. 劳动者保障由农民家庭承担，将进一步强化农民"养儿防老"的传统观念，极不利于农民生育观念的转变与降低生育率

过去那种由生产队统一组织和调配劳动力，老年人可以由生产队安排一些力所能及的轻活，由生产队给予一定的养老报酬并直接分配到老年人手里的养老方式已经消失，大部分地区农村养老已转为由家庭成员提供。不难想象，需要依靠子女养老的农民是很难接受低生育率的。即使在政府强有力的干预下勉强接受了，也很难长期保持。况且，仅靠政府强力控制极易引发党群、干群矛盾，绝非长治久安之计。从国际经验来看，亚洲、非洲和拉丁美洲等国家的绝大多数农村老人由于得不到任何保障，他们把孩子当成自己年老时经济和生活保障的重要来源，因而出现高生育率的现象。如果向人们提供养老保障，就可使生育率降下来，这已被墨西哥的实践所验证。由此可见，解决我国生育率偏高的途径不在于收紧政策，而在于综合治理。而综合治理的关键之一是建立健全农村社会保障制度，逐步破除传统的养儿防老观念，从而转变农民的生育观念。

健全农村社会保障制度，补偿家庭保障功能，是建设社会主义新农村广大农村劳动者的迫切需要，关系着亿万农户的家庭幸福。我国作为一个社会主义国家万万不能忽视健全农村社会保障制度，补偿家庭保障功能。

（三）促进中小企业发展，建立现代企业制度，迫切需要健全农村社会保障制度

改革开放以来，农村中乡镇企业异军突起，蓬勃发展，成为我国经济的主要增长点，在国民经济中具有举足轻重的地位。随着市场经济体制的逐步确立，国有企业将在市场竞争中重新崛起，"三资企业"（中外合资经营企业、中外合作经营企业、外商独资经营企业）以机制灵活、技术先进、市场渠道畅通等特点，成为市场竞争中强劲的竞争主体，个体、私营经济迅速发展。特别是在我国加入世界贸易组织后，企业成为世界范围内的一个经济细胞，乡镇企业发展初期那种计划经济向市场经济转轨，"夹缝"与"缺漏"甚多，灵活机动与廉价劳动力优势的环境已不复存在，取而代之的是国际和国内两大市场激烈的竞争和难以预测的市场风险。乡镇企业是经济体制转轨时期的产物，与生俱来的产权模糊、规模狭小、管理不规范和机制退化等缺陷成为制约自身进一步发展的障碍。乡镇企业要立于不败之地，必须按照建立适应社会主义市场经济需要的、产权明晰、权责明确、政企分开、管理科学的现代企业制度的要求，深化企业改革，转换经营机制，再造乡镇企业发展优势。而这一切，若没有一个完善的社会保障制度做后盾，为改革创造良好的环境和必要条件，将无法实现。国有企业 30 多年的实践证明，没有健全的社会保障制度为条件，下岗失业人员不能妥善安排，转换企业

经营机制，建立现代企业制度是很难办到的。

（四）政府向农民提供社会保障的投入和制度供给，能够减少贫困、减少收入分配不公平

社会保障制度的一个主要功能就是充当社会的"安全网"或"减震器"，这一功能是通过社会保障对国民收入再分配实现的。在国民收入的初次分配和再分配过程中，我国城乡居民的收入分配存在着巨大的差异，成为越来越严重的社会问题。从城乡居民的收入水平来看，城镇居民收入始终高于农村居民，并且有不断扩大的趋势。20世纪80年代初，由于农村落实联产承包责任制和国家大幅度提高农副产品收购价格，农民收入迅速提高，城乡居民收入的差距从1978年的2.57倍迅速下降到1983年的1.82倍。以后随着经济体制改革的全面推进，这个倍数又逐年攀高，到1994年上升到2.86倍。此后又有所下降，到1997年下降到2.47倍。在接下来的几年中，城镇居民收入的增长再度快于农村居民，城乡收入差距扩大到2000年的2.79倍，已经超过了改革开放之初的1978年，2013年城镇居民人均可支配收入增长8.2%，快于农村居民人均纯收入4%的增长率，城乡居民收入的差距上升到前所未有的3倍之多。然而，据统计城乡居民实际收入差距高达5~6倍。

由于农村居民收入远低于城市居民，加上中国60%~70%的人口是农村居民，因而无论是相对贫困，还是绝对贫困，中国绝大多数贫困人口都居住在农村。农村的贫困问题无论在广度上还是在深度上都较城市更为严重。中国最大的贫困问题在农村，而不是城市。从这个意义上讲，政府更应该健全农村社会保障体制，减少农村贫困，缩小城乡收入分配差距，实现收入分配的公平。

（五）长期以来，农民为中国的社会经济发展做出了巨大的牺牲和贡献，国家理应对农民的利益损失做出一定的补偿，应将农民纳入社会保障体系之中

1949年新中国成立以来，农村为国家工业化提供了可观的资金积累。在重城轻乡、挖农补工的政策背景下，国家通过对农产品市场的垄断，利用工农业产品的价格剪刀差，将大量的农业剩余转移到工业部门。然而，工业化的收益绝大部分用于城镇工业，即使投资于农业水利方面，其中很大一部分还是解决城市和工业用水问题。农民为国家提供积累的相当一部分直接转化为城市居民的福利。国家资源分配的不平等，使农业在为国家提供积累而承受重负的同时失去了自身发展的机会。农民为国家经济建设做出了牺牲和贡献，理应得到一定的回报，国家理应对农民的利益损失做出一定的补偿，应将农民纳入社会保障体系之中。

二、农村社会保障的主要内容

要健全农村社会保障制度，首先必须明确我国农村社会保障制度的主要内容。农村社会保障制度各项内容的标准，既要与我国农村经济发展水平相适应，又要考虑国家财政承受度和农民个人的经济承受能力，同时还要充分注意广大农民对社会保障的迫切要求。

（一）农村社会救济

农村社会救济是指国家和社会对因各种特殊原因造成收入减少或中断，无法

维持正常生活的那部分农民给予资金或物资帮助，从而保证他们最低生活需要的一种制度。在我国现阶段，农村社会救济的重点主要是以下两个方面：

一方面是对遭受自然灾害后的农民进行生活救济。众所周知，我国农村地域辽阔，各种自然灾害频繁发生。据统计，一般年份，全国有受灾农民 1 亿人左右，重灾年份则有受灾农民 1.5 亿人以上，因而灾民的生活救济就成为农村社会保障的重点。

另一方面对目前尚未解决温饱问题的贫困农民辅之以必要的生活救济。社会救济作为最低层次的保障，是最广泛、最基本的保障，也是社会保障的最后防线。社会救济应用范围最广，因为无论经济发达地区还是经济落后地区，都有人需要国家的救济，所以社会救济就成我国农村保障制度的第一项重要内容。其中，社会救济的一项重要内容是最低生活保障制度。

农村最低生活保障制度是国家和社会为保障收入难以维持最基本生活的农村贫困人口而建立的社会救济制度，是社会保障中最低的也是最基本的层次。目前，全国还有 2000 多万农村人口的温饱问题没有解决。因此，农村最低生活保障是健全农村社会保障制度的突破口。农村最低生活保障制度的内容如下：

（1）保障对象。农村最低生活保障制度的保障对象一般应包括：因缺少劳动力、低收入造成生活困难的家庭；因灾、因病及残疾致贫的家庭；无劳动能力、无生活来源及无法定抚养人的老年人、未成年人、残疾人等。

（2）保障线标准确定。农村最低生活保障制度的基本要求是既能保障农村贫困人口的最低生活，又要防止保障标准过高而形成"养懒汉"的倾向。据调查，农民吃、穿等最基本生活费用支出一般占农民人均收入的 25%～35%，1996 年国家确定的全国农村贫困线标准是基本生活费支出占农民人均纯收入的 27.5%。

（3）保障资金的筹集。通过社会救济制度来保障人民的基本生活历来都是政府的职责，因此农村最低生活保障制度的资金来源应以政府为主，决不能向农民个人伸手。在实际工作中，可由省、市（县）、乡各级财政和村集体合理分担，至于具体分担比重应根据具体情况确定，乡村条件好的主要由乡镇和村集体负担，条件差的则主要由省、地、县三级负担。

（4）资金管理。最低生活保障资金的管理可采取的方式有两种：一种是将保障资金集中到县统一管理，实行专户专账，按时下拨到乡镇统一管理；另一种是村集体负担的资金可由村集体直接与保障对象签订合同协议，按时发放。

（二）农村社会保险

农村社会保险是国家通过立法采取强制手段对国民收入进行再分配，形成专门消费基金，对劳动者在遇到生、老、病、伤、残、死、失业等风险时，由于暂时或永久丧失劳动能力或暂时失去工作而给予物质帮助的形式。改革开放以前，我国将此称为劳动保险，实质上两者是一致的。因为我国的劳动保险举办的主体是国家，并由国家立法，对象是劳动者，内容是劳动者在生、老、病、伤、残、死、失业时的基本生活需要提供物质帮助，资金虽是企业支付但也是整个社会资金的一部分。当然，我国过去的劳动保险与社会保险相比还存在实施范围窄，资金的筹措和工作的管理社会化程度不高等问题。例如，劳动保险仅覆盖城镇国有集体企事业单位职工，由企业负责实施。而且，基本上没有考虑农村社会保险问题。因此，我国的劳动保险是不完善的社会保险。由于劳动保险已具备社会保险的基本内容和基本特征，同时强调劳动者的劳动保险的历史条件也已发生了根本的变化，故国家在第七个五年计划中将劳动保险改为社会保险。社会保险构成社会保障最为主要的内容。

农村社会保险包括养老、医疗、失业、工伤和计划生育等许多方面。从当前农村的现实情况看，农民最迫切需要的社会保险主要是养老保险和医疗保险。这是因为我国农民主要是以家庭联产承包责任制的形式进行生产经营，主要从事种养业劳动，因此他们对失业保险和工伤保险的要求相对而言还不十分迫切。另外，随着农村人口老龄化以及平均寿命的延长，养老和医疗保障问题将越来越突出。而且随着社会经济的发展和人民生活水平的普遍提高，养老费用和医疗费用也必然会不断上升。因此，当前农村社会保险的重点就是要抓好养老保险和医疗保险。农村社会养老保险各项工作的进行和开展，必须以建立农村养老保险基金为依托，除此之外，农村养老还必须办好农村福利院、敬老院、光荣院等福利性服务设施。我国农村医疗社会保险，主要有合作医疗、集资办医和大病住院统筹等形式。其中，合作医疗是当前农村医疗保险中最普遍的形式。因此，农村医疗保险的重点则是要发展和完善农村合作医疗制度。

1. 农村养老保险

养老保险是为保障劳动者在因年老丧失劳动能力退出社会劳动领域后的基本生活需要而设立的保险。养老保险是国家根据劳动者的体质和劳动力资源情况，规定一个年龄界限，允许劳动者在达到这个年龄界限时，作为年老丧失劳动能力解除劳动义务，由国家、社会提供物质帮助，保障其晚年生活的一种社会保险制度。建立有中国特色的农村养老保险制度是我国经济体制改革、市场经济机制建立过程中必须首先要解决的重大问题。

（1）农村养老保险的实施范围。非城镇户口、不由国家供应商品粮的农村人口，一般以村组为单位确认（包括村办企业职工、私营企业、个体户、外出人员等），组织投保。乡镇企业职工、民办教师、乡镇招聘干部、职工等，可以以乡镇或企业为单位确认，组织投保。少数乡镇因经济或地区等原因，也可以先搞乡镇企业职工的养老保险。外来务工人员，原则上在其所在地参加养老保险。

（2）农村养老保险的形式。农村养老保险的具体形式很多，按投保人的情况不同可以归纳为两类：一类是普遍保险，即由个人直接向农村养老保险机构投保而形成的保险，其保险费主要是由保险对象缴纳；另一类是职业保险，即与某种职业有关的保险，如乡镇企业职工养老保险、村干部养老保险、农村义务兵养老保险、民办教师养老保险等，其保险费可以由保险对象与有关单位按一定比例缴纳，也可以完全由有关单位代保险对象缴纳。在我国农村，这两类保险形式都应大力提倡。

（3）农村养老保险的筹资模式。农村社会养老保险基金的筹集，在现阶段实行"以个人缴纳为主、集体补助为辅、政府予以扶持"的办法是符合农村实际的，关键是要把握好"为主"、"为辅"、"扶持"的力度。针对目前集体补助比重过小、国家扶持微乎其微的状况，应适当提高集体补助的比重，加大政府扶持的力度。一般来说，在集体经济实力较强的乡村，集体补助所占比重可以高一点；集体经济实力一般的乡村以 20%～35% 为宜。对于政府来说，除继续给予政策扶持外，还可以按集体补助的一定比例给予财政补助。

（4）农村养老保险基金的管理模式。从国外情况看，目前流行的社会保险的基金管理模式大致有政府直接管理、基金会管理和基金管理公司管理三种。以基金管理公司形式管理农村社会养老保险基金比较符合我国实际。在进行基金管理体制改革时，可以以省为单位建立行政或经济区域性基金管理公司，负责养老保险基金的运营及管理。这些基金公司作为金融法人进入金融市场，自主经营、自担风险、自我约束，可以直接或以委托的形式运作基金，提高基金运营效率，实现基金保值增值。与其他金融机构不同，农村社会养老保险基金管理公司不以自身赢利为目的，投资运营的最终目的是为了实现养老基金的保值增值，最大限度地返回给农民，用于农民的养老需求。为此，国家应给予其税收减免等优惠政策和项目优先选择、破产优先补偿等保护性措施。

（5）农村养老保险金的支付。养老金的给付一般从年满 60 岁开始直至死亡为止。给付不足 10 年死亡的，保证给付 10 年。剩余年限的养老金，由法定继承人或指定受益人领取。对未领取养老金以前死亡的，除按有关规定支付一定丧葬费外，其余部分退还其法定继承人或受益人。

2. 农村合作医疗保险

农村合作医疗制度是指在政府的指导下和集体经济的扶持下，以农民为保障对象，按照自愿、适度和受益的原则，通过多种合作形式建立的满足基本医疗需求的医疗保险制度。20 世纪 80 年代以来，随着农村联产承包责任制的推行，集体经济结构的变化，合作医疗制度在大部分地区解体，到 1989 年维持下来的仅占全国行政村的 4.8%。近年来，农村合作医疗制度虽有一定程度的恢复和发展，但进展十分缓慢。尽快恢复和建立农村合作医疗制度已成为当务之急。

（1）农村合作医疗的形式。农村合作医疗形式有乡办乡管、村办乡管、乡村联办、村办村管等，合作的内容有合医不合药、合药不合医、合医合药、合作医疗保险等，各地应根据具体情况来分析选择，要有利于提高农村合作医疗的社会化程度，在更大范围内发挥合作医疗的互助互济功能，满足农民的需要。

（2）农村合作医疗的保险形式。农村合作医疗制度应与其他保障形式相互补充，形成多层次的保障体系。我国由于地区发展的不平衡性，乡与乡、村与村之间的经济发展水平差异很大，医疗保障需求也不同，因此在经济发达地区，可以建立商业性保险、社区保障等形式作为农村合作医疗的补充。

（3）农村合作医疗的筹资机制。目前的农村合作医疗制度存在着筹资额太少、集体与政府补助不足等问题，不能很好地抑制农民因病致贫、返贫现象的发生，因此必须建立科学合理的筹资机制。合作医疗资金的筹集应采取以个人缴纳为主、集体补助为辅、政府予以支持的办法。农民个人缴纳合作医疗资金以多少为宜，我们认为主要取决于以下两个基本因素：一个基本因素是农民年人均医药费实际支出；另一个基本因素是农民每年愿意缴纳的数额，如果医药费报销比例控制在30%~80%，农民个人应缴纳的合作医疗资金以上年农民人均纯收入的2%左右为宜。集体与政府的投入比例应随着社会经济的发展而相应提高，集体补助部分要根据当地集体经济的状况而定，一般应占筹资总额的20%，各级政府（主要是县、乡两级）也应有适当的财政投入。

（4）农村合作医疗中医疗费用的报销比例。医疗费用的报销比例应由各地合作医疗管理组织根据筹资数额与以往医疗费用实际支出情况，按照"以收定支、略有节余"的原则自主确定，一般可控制在30%~80%。在合作医疗的初建阶段，报销比例可以低一点，但不可低于30%，以后随着个人缴纳、集体及各级财政补助资金的增加逐步提高，但一般不要超过80%。

（5）农村合作医疗基金的管理制度。农村合作医疗能否长久不衰，其中重要的一环是要建立长期、稳固的基金管理制度。

一是要实行专款专用原则，不得随意挪用或挤占医疗基金；

二是要因地制宜，确定合理的用于合作医疗的集体留成比例与医疗费用报销比例；

三是要与医疗体制的改革结合起来，大力整顿农村医疗卫生市场，加强对乡（村）卫生院（所）的财务监督，加强对个体医生的管理，杜绝见利忘义、销售假药、非法游医的"坑农"行为，做到合理就诊、合理用药，切实保障农民的利益，减少医疗基金的浪费。

三、农村社会保障发展的进程分析

我国已初步建立起以养老、失业、医疗三大社会保险制度和社会救助制度为骨架的中国城镇社会保障体系。在此基础上，我国社会保障制度改革的基本思路是低水平、广覆盖、多层次、多方负担、统账结合。这样的改革思路和选择方向是比较符合中国的实际情况的，但在实施中，社会保障体制的改革与创新遭遇到的阻碍和挑战也是巨大的。

农村社会保障始终未被纳入国家社会保障体系，有相当部分社会保障的内容将整个农村人口排挤在保障体制外。这种现象在很长一段时间内被许多人认为是"自然的"。然而，随着农村经济体制改革进一步深化，以城乡属性对社会保障进行分类是不合理的。也就是说，农民和工人所从事的产业活动尽管类型不同，但不应该作为社会保障分层的标识。随着农产品的商品化和农村经济的市场化，农民也同样面临生存、生活的风险。非农化与城镇化进程以及农民就业岗位的不稳定等客观因素，使农村居民的保障需求提高，全面构建农村社会保障制度已成为完善社会主义市场经济体制和全面建设小康社会的迫切需要。

长期以来，由于自给自足的自然经济和国家财力不足的限制，我国农村人口的社会保障，不论在观念层面上、制度层面上或是在立法层面上，都是被轻视、被忽略或被淡化的。进入21世纪，随着社会主义市场经济体制的日趋完善和全面建设小康社会目标的提出，建立农村社会保障制度的紧迫性和困难性就成了亟待明确和解决的任务。

（一）对农民实行社会保障是宪法赋予政府的基本义务，是农民享受的基本权利

《中华人民共和国宪法》第四十五条规定：中华人民共和国公民在年老、疾病或者丧失劳动能力的情况下，有从国家和社会获得物质帮助的权利。国家发展为公民享受这些权利所需要的社会保险、社会救济和医疗卫生事业。这一规定表明，全体公民都有获得物质帮助的权利，农村人口也不例外；公民获得物质帮助的权利，就其实质而言，是宪法权利或公民基本权利，国家应保障公民获得这些权利。

我国是发展中的社会主义国家，"户籍在农村"的农民，其生活发生困难或受到威胁的社会因素、自然因素远比"户籍在城市"的市民要多，可能性要更大，而农民的自我保障、社区保障、社会保障能力则更弱。因此，同为社会主义国家的公民，农村人口为了满足其生存需要或维持其基本生活，有权利要求国家和社会在其陷入困境或基本生活受到威胁时，提供物质保障。

（二）农民被排挤在保障体系以外

从历史来看，与城镇居民普遍享受社会保障的情形不同，中国农村居民主要依靠家庭保障而缺乏社会保障。在 1978 年实行承包责任制以前，中国农村居民除了依靠家庭保障以外，他们还可以通过社队为基础的集体经济而获得集体保障。此外，他们也可以获得依靠集体经济资助的合作医疗。但是，这些保障无论在保障项目、保障内容和保障水平上，都根本无法与城市居民所获得的"（企业单位）保障制"的保障相提并论。

农村实行家庭联产承包责任制以后，传统的集体核算被彻底打破，农户成为独立自主的经营单位。由于以社队为基础的集体经济瓦解，农民也从此丧失了集体保障。同时，农村合作医疗同其所依赖的集体经济随之消失，农民陷入了依靠单一的传统家庭保障的境地。尽管改革开放以来，农民的收入水平有了明显提高，但农民的社会保障问题始终没能得到解决，特别是农村贫困人口的社会保障问题十分突出。

（三）随着改革深入，农村社会保障问题日益凸现

30 多年的改革开放，使广大农村发生了翻天覆地的变化，也使农村社会保障问题日益突出。

第一，自然就业制度造就了较多的农村人口生活在贫困线以下。因为这种不同生产需要的自然就业是一种很不经济的就业形式，新增的自然就业人口中相当一部分一开始就是边际劳动生产率在零以下的隐蔽性失业人口。正因如此，形成了目前各大城市所出现的"民工潮"现象。这种现象是农村人口的劳动权或就业权分配不公平的产物，其实也是大批农民的自救现象，是农村人口生存方式的临时选择，是生存状态的权宜之计。这一点，与城镇人口因企业改革和机构改革而造成大批下岗职工，在性质上是有区别的。尽管农村人口流入城镇"打工"与城镇下岗职工抢占就业市场，但是对于农民打工者，国家从未有过保障其劳动权或就业权的法律举措。

第二，计划生育政策和家庭规模小型化对家庭养老保障制度的冲击很大。应当说农村人口的家庭养老保障制度，既符合中国传统文化，也有利于维持农村社会的家庭功能。问题是 20 世纪 70 年代的计划生育政策使农村生育人口的多胎化生育被遏制，家庭的成员减少，农村家庭规模小型化，削弱了家庭养老保障的功能。

第三，农村人口的医疗保健体系的转型，医疗资源的不平衡分布，即城乡医疗资源的人为差别，导致城乡人口医疗需求满足程度悬殊。农村人口中有病不医、重病不治和因病死亡的人口数据远远高于城镇人口。

（四）实现"广覆盖"目标的起步艰难

社会保障覆盖面的更大的盲区在广大的农村，广大农村不仅地域广阔而且人口众多。目前，绝大多数乡村尚未建立正规的社会保障制度，亿万农民仍以家庭为依托实行家庭保障；政府、集体和社会一般只在农村遭受大面积灾害时才给予农民一定程度上的资助或救济。城乡之间在社会保障方面存在的差别十分明显，有资料显示，占总人口 75% 左右的农民的社会保障费支出仅占全国社会保障费总支出的 11%；而占总人口 25% 左右的城镇居民的社会保障费支出却占全国社会保障费的 87%。但是，我们无论从消灭城乡差别和缩小工农业产品剪刀差的社会发展目标看，还是从稳定社会经济政治秩序和健全社会保障体制的目标看；无论从广大农民兄弟理所应当的要求看，还是从各级政府的历史欠债和应当承担的现实责任看，农村都是我们建立健全社会保障制度，实施改革与制度创新绝不能忽视的广大区域。在城镇，个体经商户和非就业人口也未完全囊括进社会保障体系之中，有的只是把一些非就业人口列入了"低保对象"。

（五）构建农村社会保制度的条件基本成熟，构建农村社会保障制度具有可行性

我国经过改革开放 30 多年来的发展，经济实力已经有了很大的增强。随着财政体制改革，转移支付比重逐渐增大，如果有 1/5 的财政收入用于社会保障，这就有条件、有能力拨付用于建立农村社会保障基金。

城市社会保障经过几年的改革，已初具规模，并逐渐走上健康发展之路。同时，在积极推进城市社会保障体制建立的过程中，我们也积累了不少成功经验，摸索一些行之有效的、具有中国特色的、可以推广应用的办法，可以为建立农村社会保障制度提供借鉴。

新中国成立以来，尤其是家庭联产承包制推行以前，农村集体所有制经济中的"五保"养老体制、农村合作医疗都曾发挥过积极的作用。因此，我国农村社会保障制度也存在一定的基础，不少富裕农村建立了行之有效的社区保障制度。这些也都是我国在改革中建立健全规范的农村社会保障制度的可行性条件。

四、建立全面的农村社会保障制度中需要解决的主要问题

（一）发展优先与效率优先观念制约

由于计划经济体制导致的"平等"，使整个社会经济发展普遍缺乏效率，经

济发展缓慢、发展水平低，整个社会陷入了贫困境地。因而，发展优先与效率优先成为整个改革的核心思想，以效率为核心的市场经济改革，使中国经济出现了前所未有的快速发展，并取得了巨大成就。

农村社会保障的发展需要经济或财政的支持，因此政府的愿望和政府行为常常受到政府财政水平的限制，政府在社会事业中常常"力不从心"。我国城镇居民的年人均社会保障支出为 455 元。如果参照这一标准，农村也实行同样待遇的社会保障，并由国家来承担费用，那么这就意味着每年国家将增加支出 4550 亿元。即使国家只承担其中的 1/4，国家每年仍然需要增加支出 1137 亿元。如果每年增加这么多基金去反贫困，那么解决农村贫困人口的目标，显然将变得更容易。可见，发展优先与效率优先的原则，以及与此有关的政府财力限制，显然是对政府开展农村社会保障的一种重要约束。

（二）福利病的警示制约

自从 1980 年经济合作与发展组织在巴黎会议上提出了"福利国家危机"的警告以来，提醒政府在社会保障实践中，要小心谨慎从事。从西方国家的社会保障制度的实践看，政府已经获得了有关社会保障的上限。就我国来讲，我国政府已经知道我国的社会保障程度还不够，但尚不知道究竟需要增强到何种程度是适当的，社会保障支出占国民生产总值应该达到什么比例为好。由于"福利病"的警示，政府采取了一种小心的最低原则。也就是说，在社会保障实践过程中，采取了"不行再建、不够再加"的社会保障操作思路。正是由于"福利病"警示，政府不得已采取了一种最低社会保障政策，从而制约了农村社会保障的发展。

（三）城市改革的中心地位思想制约

中国经济体制改革始于农村，但中国经济体制改革的重心在城市。国有企业改革、金融改革、住房制度改革等，主要是在城市进行。由于改革的重心在城市，这意味着需要社会保障制度加以弥补的主要工作也在城市。这就决定了中国社会保障工作的重心在城市，而不是在农村。城市改革的中心地位在一定程度上影响了农村社会保障的开展。换句话说，农村社会保障制度的建立依赖农村社会改革深化和整个社会改革的深化，以及在改革过程中所出现的矛盾冲突程度。

（四）中国农村区域经济发展的不平衡制约

目前，中国农村不仅存在区域经济发展不平衡状况，而且这种发展不平衡还有进一步扩大的趋势。中国农村区域发展的不平衡问题已达到相当严重程度，而且这种不平衡具有继续扩大的趋势。区域经济发展的不平衡，给建立一个统一的农村社会保障制度增加了诸多客观上的难度。最直接的问题就是无法实行一个统一的保障给付标准。即使按中等发展水平给付，也存在很大问题。按中等标准给付对发达地区而言，可能保障给付过低而无法达到维持最低生活的标准；按中等标准给付对不发达地区而言，可能保障给付过高。此外，由于区域经济发展的不平衡，在保险筹措，以及社会保障实施对社会经济的影响等方面，都会有很大的不同。区域发展不平衡性为农村实施统一的全国范围的农村社会保障设置了客观障碍。

（五）农村社会保障制度发展长期滞后

中国人口多，底子薄，农村人口基数大，农村社会保障的建立和完善不可能一蹴而就，这是一个客观原因。然而，农村社会保障制度发展长期滞后的主要原因还在于，从 20 世纪 50 年代初到 80 年代初的大约 30 年的时间里，国家为了加速工业化积累，通过税收、储蓄和"剪刀差"等方式从农业中净调动了约 1 万亿元的资金，平均每年高达 250 亿元，从 20 世纪 50 年代末开始，为了保证城市的发展和城市社会的稳定，国家制定了严格的户籍管理制度，阻止农民大量流入城市。这种城乡二元化的格局成为当前城乡社会保障差异的人为的历史性因素。国家机关和企事业单位职工享受的国家给予的退休金、公费医疗、福利分房、粮食和副食补贴等待遇，农民都没有。不过在那时，中国农村居民在依靠家庭保障以外，还可以通过以社和队为基础的集体经济获得一定的集体保障，如"五保"和合作医疗等。但 1978 年实行家庭联产承包责任制后，农村社会保障组织系统也随之消失，农民不得不又退回到传统的以家庭为单位的社会保障模式中，农村家庭社会保障是目前农村返贫的直接原因之一。改革开放的 30 多年里，城市居民由过去的单位保障制变成了多层次社会保障制，形式改变了，水平和层次都得到了发展和提高。农民的生活虽然在改革开放后也有了大幅度的提高，但在享受社会保障方面却倒退了。城乡社会保障的不平衡不仅没有改变，反而进一步加强了。

（六）农村社会保障资金严重不足，农村的社会保障体系不健全

我国农村的社会保障体系不健全主要体现在如下四个方面：

第一，目前，我国农村最低生活保障的标准仍然很低，按照联合国和世界银行的标准来衡量，中国仍有 1500 万贫困人口。

第二，社会保障应包括社会保险、社会救济、社会福利和优抚安置等，是涵盖了生老病死、生育、就业等全方位的保障体系。而当前我国农村所实际付诸实施的除救灾救济、优抚安置外，社会保险、社会福利等都无从谈起，不发达的农村地区更是如此。

第三，保障覆盖面窄，农村民政对象应保未保的现象普遍存在。

第四，农村社会保障机构的组织和制度效率低下，克扣、截留等不正常现象还时有发生。中国广大农民基本的要求和愿望就是"生有所靠，病有所医，老有所养"，然而农村的最低生活保障制度、医疗保险制度、养老保险制度等，从各方面来看都还无法满足农民的需要。

（七）农民的失业风险正在产生并加剧

随着农村市场经济的发展，以家庭联产承包为主的双层经营体制使农户成为独立的商品生产者和经营主体，而市场经济的一个重要特征就是市场经济的主体必须独立承担自然灾害、意外事故、价格变动等经营风险。农民在面对市场经济带来的利益增长的同时，也面临着更大的风险。同时，耕地的减少和生产效率的提高，使农村产生大量的剩余劳动力，有的转入第二产业和第三产业，也有的在家待业，甚至有完全脱离土地的农民和家庭，这些脱离了传统农业的农民，同城镇在岗职工和下岗职工一样，也迫切需要社会保障。这就使得一方面土地的保障功能在不断弱化，另一方面因为农村低保制度的不健全，农民也不愿意放弃土地的保障功能。现阶段对广大农民来说，土地既是农业最基本的生产资料，又是仅有的生存保障手段。那些收入主要来自非农产业，甚至长期脱离农业生产的农民，宁愿倒贴转包或者将土地撂荒也不转让的原因就在于此。

（八）农村社会保障基金的管理失范，风险大

农村社会保障基金在管理方面所存在的主要问题是虽然现在农村社会保障项目门类较少，但管理多头、政出多门、社会救助和社会优抚主要由民政部门负责；医疗保障由民政部门和劳动者所在单位或农村集体共同管理；社会福利既由民政部门负责，同时教育、卫生等部门也负责；一些地方农村或乡镇企业也建立了社会保障办法和规定；有些地方保险公司也涉足了农村社会保障。在不同的保障项目中，有些是谁都争着管，以图从中受益；有些是谁都不愿意管，相互推诿扯皮。同时，由于我国保障制度迄今尚未立法，只是靠单纯的行政手段管理，于是也就造成了对农村社会保障基金的管理缺乏法律保障，难以保证其安全和保值增值。有些社会保障基金被借给企业周转使用，有些社会保障基金被用来搞投资、炒股票，更有甚者，有些从事农村社会保障工作的基层领导人员自身素质较差、私欲严重，把农民交来的钱用来建住宅、私分等，导致基金大量流失，严重影响基金正常运转，在农民心目中造成极坏的影响。

五、统筹城乡发展中健全农村社会保障制度应坚持的原则和处理好的关系

（一）坚持城乡分治的原则

城乡分治一直是我国的特色，这种状况在建立农村社会保障制度中也要得到体现，因为在城镇和农村地区建立社会保障制度所面临的背景是不同的。城镇地区职工对土地不存在任何产权，其生活依赖于所在的单位，在市场经济环境下，当单位不再为其提供保障的时候，由政府提供社会保障是必然的，否则他们将失去生活来源。在农村地区，农民对土地拥有经营权、收益权等，土地可以为农民提供一定程度的保障。由于城乡居民对土地的产权背景存在的差异，因此建立农村社会保障制度与目前正在建立和完善的城镇社会保障制度要有所区别。城镇地区的社会保障体系以政府为主体，农村地区则可以根据具体情况而定，即可以以政府为保障主体或建立合作性的社会保障机构，尤其是在经济较发达的地区所建立的社会保障体系应以农村集体为主体。

（二）坚持地区差异原则

社会保障制度提供的保障水平总是与经济发展水平相适应。由于我国地域辽阔，不同的地区经济发展水平差距很大，因此不同的地区应建立不同程度的社会保障标准，社会保障模式也应因地制宜。经济较发达的地区保障程度较高，以农村合作性的保障为主；经济欠发达地区保障程度低些，以地方政府的保障为主。

此外，农村社会保障制度的建立时间不能一刀切，应按步骤分期实施，而且农村的社会保障制度应从发达地区开始，逐步推广到全国。

（三）社会保障制度应处理好"养穷人"与"养懒人"之间的关系

从发达国家社会保障制度执行的效果来看，社会保障制度在为低收入者提供生活保障、维持社会的稳定以及缩小收入分配的差距等方面所起的作用是不可低估的，但如果社会保障标准较高，也会带来一些负面的问题，导致社会和经济效率的损失，国家财政负担过重。

在设计我国农村的社会保障制度过程中，借鉴别国的经验与教训是非常必要的。如果社会保障的程度较高，显然会导致劳动供给的大幅度减少，而且从中国的实际情况看，由于需要保障的农村人口很多，受到政府财力的限制，不可能提供高标准的保障制度，因此农村的社会保障制度必须要制定一个适度的保障标准，即社会保障的均衡点。在这一点上，既能够使低收入者在一定程度上得到制度的保障，同时又不会丧失寻找新工作机会的动力。

（四）政府部门应处理好社会保障制度与其他转移支付之间的关系

在为农村提供适度社会保障的同时，让农民有更多选择工作的机会同样是非常重要的，而这光靠农民自己是难以解决的，因此国家财政可以根据财力的状况，在逐步建立农村社会保障制度的同时，加大转移支付力度。一方面将转移支付资金用于对农村的教育投入，以提高农民整体素质，从而提高他们在劳动力市场上的竞争力；另一方面不断增加对农村的基础设施建设的投入，为农民提供更多的就业机会。实际上，与社会保障制度一样，政府在这两方面所做的工作，其本身就是缩小城乡收入分配差距的最重要的财政政策手段之一。

六、统筹城乡发展中健全农村社会保障制度的路径选择

（一）健全农村社会保障制度的指导思想、目标和方向

1. 指导思想

从农村实际出发，因地制宜，量力而行，循序渐进，着眼于保障农民的基本生活，有利于保护和发展农村生产力，积极建立社区型的农村社会保障体系。

2. 目标

到 21 世纪中叶，在农村基本建立起适应社会主义市场经济需要的资金来源多渠道、保障方式多层次、权利和义务相对应、管理和服务社会化的农村社会保障制度；近期目标是集中力量办好农村养老保障和医疗保障，因为这两项内容关系到每一位农民的切身利益，这两项保障实行得好，整个农村社会保障体系的建立就有了一个坚实的基础。

3. 方向

农村社会保障的发展应遵循社会化的方向。社会保障的社会化主要包括如下内容：

（1）保障对象一体化，即农村的所有居民都将纳入社会保障网。

（2）组织应由农村社区来做，但社会保障事务必须接受专门机构和广大群众的监督。

（3）基金来源多元化。国家要支持，集体要投入，但主要由农民个人负担。

（二）更新观念，充分认识健全农村社会保障制度的作用

长期以来，我们在社会保障制度建设中形成了重城市、轻农村的格局，城市居民有失业保险、退休金和医疗保险，农民却没有；城市居民有最低生活保障制度，农民却没有。之所以出现这种情况，其中很重要的一个原因就是我们在认识上有偏差。这种偏差主要表现在两个方面：一方面是看不到健全农村社会保障制度的重要性和迫切性；另一方面是存在畏难情绪，认为对9亿农民建立社会保障虽有必要，但不可行。因此，更加快健全农村社会保障制度，首先要求我们提高认识，更新观念。我们一定要从深化农村改革、促进农村经济可持续发展与扩大内需的高度，来深刻认识当前建立农村社会保障制度的迫切性和必要性。同时不应该存在畏难情绪，我们既要充分估计到建立农村社会保障制度的种种阻难，更要看到其可行性。事实上，改革开放30多年来，我国农民收入的显著提高，已为我国建立农村社会保障制度奠定了良好的经济基础。另外，1949年新中国成立以来，我们党和政府在农村长期开展的救灾救济、五保供养和优抚安置等社会福利工作，也为我国建立农村社会保障制度打下了良好的工作基础。

（三）加大健全农村社会保障制度的政策扶持力度

重视农村社会保障的发展，这是首要的，也是最基本的。我国社会保障的城乡差别很大，农村社会保障覆盖面和社会保障水平都很低。作为一个农业大国，我们必须重视农村社会保障的发展。各有关部门应相互支持，社会保障行政管理与社会保险基金经营要分开，以提高社会保障事业的管理水平。把减轻农民负担作为主要目标和基本出发点的农村税费改革，不失为一项治本举措。要调整中央和各级财政支出结构，提高社会保障支出在财政支出中的比例，而且把增加投入部分重点投入农村，使城乡社会保障水平都比较适度。计划生育作为我国基本国策，国家和各级政府投入了大量资金，还通过其他诸多渠道获取资金。由于农民有缺乏养老社会保障制度的后顾之忧，这些资金要专用于建立农村计划生育的社会保障体系。要进一步加强农村社会保障工作，逐步实现管理工作的规范化、制度化和法制化，要尽快制定和完善农村社会保障的法律体系。在社会保障的管理中，应该采用现代化的科学手段进行科学的管理，这样才能使社会保障机制准确、高效地运行，尤其要建立社会保险基金监督组织，监督社会保险基金的收支和管理。

（四）尽快完善社会保障的法律体系

可以考虑在条件成熟时专门制定农村社会保障法，以切实反映农村变革中所出现的特点和情况。从我国社会保障立法的历史与现状来看，加快农村社会保障法制建设，一方面要抓好单项法规的建设，如农民养老社会保险法、农村扶贫与救济社会保险法、农村残疾人保险法、农民医疗法、农村工伤保险法等；另一方面要抓好地方性法规的建设，鼓励与提倡各地政府根据本地实际制定具体的保障办法。目前，社会保险在农村发展缓慢，一个重要原因就是社会保险立法滞后。在许多私营企业和三资企业中，由于一些企业主认识水平低，常常以政府有关强制保险的文件不是法律为由，拒绝给广大农民购买社会保险。要实行务工、务农、经商等各类人员一体化，要对各类人员统一编号，实行统一管理。这样既体

现了农村养老保险的平等性，又适应了农村劳动力务工、务农、经商和离土不离乡的实际情况，同时也适应农村劳动力务工务农流动性大的特点和发展乡镇企业、逐步实现农工一体化的农村经济发展方向。加快农村社会保障法制建设，才能使农村社会保障工作有法可依。

（五）广泛筹集农村社会保障资金

随着我国老年人口的不断增加，社会保障资金不足的矛盾越来越突出。据有关专家测算，我国仅养老、医疗、失业三方面保障基金的支付缺口每年大约达673亿元。因此，要从以下几个方面着手来筹措社会保障资金：

（1）尽快开征社会保障税。当前社会保障在筹资方面存在的问题很多，如以统筹缴费的方式筹资，法律强制力不够，基金收缴效率难以提高；保障面过小，乡村提留差异悬殊，筹资水平有限，再加上个别政府官员贪污挪用保障资金之事经常发生和农民自身认识水平和经济条件的限制，大部分农民并未对养老和医疗保险表现出太多的积极性。在这种情况下开征社会保障税有助于解决社会保障筹资中存在的问题。第一，开征社会保障税有利于增强社会保障筹资的强制性，加强基金的征收力度；第二，开征社会保障税有利于建立一个比较规范稳定的收入来源渠道，保持社会保险筹资政策的统一性、连续性和相对稳定性；第三，开征社会保障税有利于对基金实行收支两条线预算管理，建立起监督机制；第四，开征社会保障税有利于降低基金的征收成本。

（2）多渠道筹集农村社会保障资金。可采用的方法通常有三种：一是增加彩票发行。在现行社会福利彩票和体育彩票发行额基础上，扩大发行规模，统一管理，划定统筹资金的各类用途，并确定一定比例，新增的收入主要用于补充社会保障基金。二是国家发行社会保障长期债券。三是国际捐款、社会集团捐款和个人捐款可以适当拨出一部分分给社会养老保险机构。

（3）加大对社会保障的投资力度。我们应该借鉴美国和日本等国的经验，适当增加社会保障的支出，尤其是对农村社会保障的支出，这不仅有利于解决我国当前有效需求不足的矛盾，还有利于完善我国农村社会保障制度。

（六）健全农村初级卫生保障体系

要进一步健全农村社会卫生保障体系，完善其服务功能，解决农民看病难的问题。要因地制宜确定农村医疗保障方式，建立多层次的农村医疗保障制度，如合作医疗、医疗保险、医疗补贴和大病统筹等形式。要努力控制危害严重的传染病、地方病，不断提高农民的健康水平和生活质量。为实现人人享有初级卫生保健目标，以农村贫困地区为重点，加强农村卫生基础设施建设，重点支持西部办医条件严重落后的地区，特别是国家扶贫开发工作重点县医院和中心乡卫生院建设。在农村还应加强中医药知识和技能的培训，推选农村中医药适宜技术，规范卫生服务，提高农村医生职业道德水平。

（七）加快农村社会保障专业人才的培养

农村社会保障工作的好坏，首先取决于从业人员的综合素质和业务技术水平的高低。要做好农村社会保障的各项工作，需要从业人员熟知农村特殊情况。这就要求他们要真正深入到农村，亲身体察村情，了解农民的需求和呼声，才能做到有知可行，有备而做，以避免工作的盲目性和社会资源的浪费。社会保障项目管理是当代金融领域的高科技行业，需要一支高素质的专业队伍。首先，要对现有从业人员进行在岗培训，努力塑造一支适应市场化管理需要的、专业化、现代化的队伍；其次，要采取各种措施，积极引进保险、财会、金融、计算机等方面的专业人才；最后，可以在高等院校开设农村社会保障专业，培养后备人才。

（八）重视失地农民的社会保障问题

土地是农民工作的场所和生存的基础，可谓农民"安身立命"之本，来自于土地的收入成为农民最基本、最可靠的经济来源。然而，近年来，农村农民特有的土地保障功能正在弱化。这表现在：市场风险和自然灾害等因素，导致土地收益下降，难以保障基本生活；耕地渐少，在城市化进程中，农村集体土地大量被征用，大部分农业劳动力的大部分时间闲置，特别是加入世界贸易组织以后，农村逐步向农业规模化、非农产业化方向发展，完全脱离土地的家庭日渐增多，导致这部分农民既丧失了拥有土地的社会保障权利，又无法享受与城市居民同等的社会保障权利，成为既有别于一般农民，又有别于城市居民的边缘群体——弱势群体，失地失业农民面临极大的生存风险。因此，为适应新形势的变化，政府应当在土地政策之外，实施逆向的财政政策、事业补偿、福利计划、社会医疗和应负所得税等机制，以保障农村居民的最低限度收入。

（1）充分认识和估量农民的失业风险，为失地失业农民设立社会保障基金。基金的主要来源以征地中土地补偿安置费以及土地转用后的增值收益为主，加上中央政府和地方政府统筹的财政拨款，失地农民社会保障基金运营收入以及慈善机构的捐赠等。

（2）将失地失业农民纳入最低生活保障对象范围之内。

（3）为失地失业农民提供基本的养老保障和医疗保障。

（4）为失地失业农民提供受教育和培训的机会。由于文化素质和知识技能的低下，失地农民在社会上的竞争能力十分有限，通过教育和培训提高农民素质，促进农民就业上岗，从而减少保障基金的支出。

（5）为失地失业农民提供法律援助。法律援助是社会弱者接近法律、实现其行政救济权的重要保障。通过提供法律援助，确保失地失业农民在其合法权益受到侵害时具有平等的接近法律以寻求保护的能力，这对于建立和完善我国农村社会保障体系意义重大。

第七章 完善农村社会化服务体系与统筹城乡发展

随着社会主义市场经济体制的确立，如何把农业分散的家庭经营与日益发展的大市场结合，这是当前我国农业发展面临的一个十分紧迫的问题。在实施农业产业化经营过程中，健全农村社会化服务体系显得尤为重要和紧迫。

一、加快农村社会化服务体系建设是发展现代农业的客观要求，加快农村社会化服务体系建设在社会主义新农村建设中具有重要作用

（一）完善的社会化服务体系是发展现代农业的本质要求

经济学家从产业分工的角度对服务业的作用进行了阐述。美国古典经济学家亚当·斯密在《国富论》中指出：劳动生产力上的最大增进，以及运用劳动时所表现的更大的熟练、技巧和判断力，似乎都是分工的结果。在一个政治修明的社会里，造成普及到最下层人们的那种普遍富裕情况的，是各行各业的产量由于分工而大增。美国经济学家谢尔普（R. Shelp）在《服务技术在发展中的作用》一文中指出：农业、采掘业和制造业是经济发展的"砖块"，而服务业则是把它们粘合起来的"灰泥"。我国学者程大中认为，服务业的"黏合剂"功能使之成为经济增长和效率提高的助推器、经济竞争力提升的牵引力、经济变革与经济全球化的催化剂。同时，在论述经济分工演进时，经济学家还强调了制度保障的重要性。杨小凯在《新兴古典经济学和超边际分析》中分析分工演进时强调健全的法律制度、对私人产权的有效保护、政治上的稳定对降低内生交易费用至关重要。

1. 农业社会化服务体系是商品农业发展到一定阶段的产物

随着农业生产力的发展和农业商品化程度的不断提高，传统上由农民直接承担的农业生产环节越来越多地从农业生产过程中分化出来，发展成为新兴的农业关联部门。这些部门同农业生产部门通过商品交换相联系，其中不少通过合同或其他组织形式。在市场机制作用下，同农业生产结成稳定的相互依赖关系，形成一个有机整体。因此，商品农业越发达，农业专业化程度越高，从农业生产过程中分离的环节越多，农业社会化服务范围越广泛，社会化服务体系越完善、越发达。商品农业的发展促进了社会化服务体系建设，农业社会化服务体系又不断推

动农业现代化进程。在西方农业发达国家，由于拥有完善的农业教育、科研和推广体系，因而建立起了科学研究和应用实践之间的桥梁，通过这一体系，新的知识、新的技术源源不断地转化为现实生产力，为农场主所广为采用，推动农业生产率不断提高，使之保持极高的产出水平，最大限度地发挥科技力量在农业现代化的重要作用。

2. 以农业社会化服务体系为依托，加强了农业的细密分工和专业化，创造了高效率

人类社会生产力水平提高的一个重要标志就是社会分工的日益细密化。在农业发达的美国，其农业领域由传统农业发展成为围绕农业生产由各行业、各部门组成的食品——纤维体系，包括了从向农业提供服务的机械、肥料、农药、种子及其他农用品的农用资料工业到所有商品农场和食品加工、销售部门。农业生产活动也越来越多地交给专业的公司（如播种公司、锄草公司、收割公司、雏鸡公司）等去完成。发达而完善的农业社会化服务体系使美国农业部门分工如此细密，以至于农场主几乎就像看管一台机器一样在从事单纯的管理工作。

3. 现代社会化服务体系确立了以市场为导向的农业再生产机制

在市场经济条件下，农业社会化服务体系对农业生产者起到了组织、协调作用。引导农业生产者按照市场的需求进行生产，农业社会化服务体系在农业生产和市场之间建立起了配套的信息传递机制，使农业生产自觉以市场为导向。

（二）社会化服务体系建设是农业产业化经营的重要内容

家庭联产承包责任制对调动农民积极性，促进农业发展起到了巨大作用。与此同时，农业生产由集体统一经营变为统分结合的双层经营、以分户经营为主后，农民在生产过程中遇到了许多困难，需要通过完善双层经营体制来解决。建立和健全社会化服务体系就是完善双层经营的重点。特别是在农村统一经营力量薄弱的地区，强化服务体系，搞好产前、产中、产后服务，就等于为家庭经营插上了腾飞的翅膀。可以说，家庭经营和社会化服务是中国农村经济发展的两个轮子，两者缺一不可。

长期以来，由于我们认识上存在的一些误区，造成农业长期处于一种初级产业的地位，始终是一种传统的、与落后的生产方式和生产条件相联系的产业。农业被限定在十分狭小的范围内，与第二产业和第三产业之间缺乏有机的联系。这些因素导致农业产出水平低下、产业结构不合理，与国民经济中其他相关部门没有形成良好的互动关系，因而制约了农业的现代化发展。因此，要发展现代化农业，实现我国农业由传统农业向商品农业转变，就需要对农业的产业角色和产业特性进行重新认识。要把农业真正作为一种产业来对待，形成一个健全的农业产业体系。农业产业化就是通过建立与社会主义市场经济相适应的农业产业体系，使我国的农业资源得到优化配置，实现产业最佳的经济效益，在产业发展、农民富裕的同时推动国民经济的高速发展。毋庸置疑，我国目前农业产业化的一个重要方面就是要改变农业社会化服务体系建设滞后于农业发展要求的状况。由于历史的原因，我国的农业社会化服务还很不健全、很不发达，不能满足推动农业商品化、现代化的要求。从 20 世纪 70 年代末改革以来，我国农业社会化服务正在

由计划经济模式向市场经济模式转变。然而40多年的实践证明，实现农业服务模式的转变是一项艰巨而复杂的过程。一方面，许多旧的服务组织已经不适用；另一方面，新的服务组织还很不健全。原有县级或乡（公社）级服务组织，如农技、农机、水利、种子、植保、畜牧、兽医等站所转为自负盈亏后，立即面临两难的境地，即收费高了农民承受不起，收费低了又无法维持自身运转。因此，许多地方的相当一部分服务能力不得不闲置起来。由于政府财力有限，我国的农业教育、科研和推广体系面临投入严重不足，新的技术成果无法及时地转化为现实生产力，大大地制约了农业生产的技术更新和劳动生产率的提高。更为严峻的是，我国农业经过一段时期的长足的发展，正面临一个根本性转变，市场需求的决定作用日益明显。自20世纪80年代末期接二连三地出现的"卖粮难"等现象已明白无误地证明了市场对农业生产将起决定性的导向作用，面向市场，以市场为导向组织生产是我国农业的发展趋势。然而，在小生产与大市场这一新的矛盾面前，我国的农业社会化服务还相当落后。因此，加快农业社会化服务体系建设是农业产业化经营的一项重要内容。

（三）发展农业信息服务有利于提高农业信息服务化水平

相对于城市，农村人口比较稀疏，而服务业的发展需要以一定的人口聚集为条件，否则成本收益率就会较高，经济上不合算。但这并不是说在这方面，服务业完全无所作为；相反，在许多方面，服务业可以发挥其特殊作用。

我国广大欠发达地区的农业基本上处于分散经营的状态，农业的生产者众多，农业信息不容易传递到广大农民中间去。同时，农业生产又具有自身的特殊性，即农作物生长周期较长，农作物一旦种植下去，就很难再改种，具有很强的不可逆性。因此，相对于其他产业，农业的抗风险性更低，更需要信息服务来提高农业的信息化水平。

农业信息服务是对农业信息资源进行搜集、处理、存贮、传递和发布等过程提供服务，从而满足广大农户需求的一项活动。提高农业信息服务水平，就是要完善农业生产的产前、产中和产后整个过程的服务质量。在生产前和生产后，除为农户提供品种信息、栽培技术、市场需求情况等服务外，针对农民这一特殊的消费群体，还可开发一些成本低廉但实用性较高的信息产品，力求做到为农民提供信息服务和提高农民的综合素质相结合。例如，将农村中经常遇到的法律问题、病虫害防治、地区内的知名企业及产品、市场主流品种的分析以及介绍国家政策和国外的先进技术和经验、打工服务指南等编订成册，免费提供给农民进行学习，以起到信息服务和提高素质的作用。在生产中，要加强技术指导服务，使农民科学种田，提高农产品的产量和质量。

（四）大力发展服务业有利于提高农业生产率

农村劳动生产率低，存在几方面的原因。一是存在大量剩余劳动力；二是农业科技水平低；三是劳动力的知识水平低，懂得的农业技术少。要解决农业劳动生产率低的问题，必须大力发展服务业。

欠发达地区农村劳务输出是当地的一项重要收入来源，也是转移剩余劳动力的重要手段。发展农村教育、培训业加强对外出务工农民的培训，可以增加其就业机会，增加其收入。通过科技服务和农业技术服务可以改善欠发达地区农业技术水平。

优良的种子是农业获得丰收的重要保证。发展良种服务业，推动种子业市场化和产业化，加强种子企业的整合，推进种苗专业化生产，为农民提供优良的种子，可以大大提高农作物的产量。

（五）大力发展服务业有利于发展农业产业化经营

农业产业化是以市场为导向，以家庭经营为基础，依靠各类龙头企业和组织的带动，将农产品的生产、加工、销售等各环节连成一体，形成有机结合、相互促进的经营机制。农业产业化是农业实现由粗放型经济增长向集约型经济增长转变的重要标志，是当前提升农产品市场竞争力、解决农民增收缓慢、促进农村全面小康社会建设的重要举措。

服务业以自身所特有的优势在农业产业化经营中发挥着重要作用。中介组织和经纪人把科技、调产、提质、促销有机结合起来，运用到某一个产业，以"公司/中介组织/农户"、"中介组织/农户"、"农民经纪人/农户"等形式，促进农业产业化的发展。

社会化服务体系和农民专业协会组织为农业产业化经营提供信息、技术、人才、流通等多层次的渠道和系列化的服务，促进产业化经营顺利实施。金融系统如银行、农村信用社按照"效率优先、因地制宜、规模经营、循序渐进"的原则，在充分进行市场调查和掌握足够的产业政策信息的基础上，选准、选好支持点，积极支持农业产业化企业和农户进行产业化经营。

二、构建社会化服务体系对完善双层经营体制的作用

家庭经营迫切需要社会化服务，社会化服务体系不健全、不完善，是家庭经营的局限性不能克服，优越性不能发挥的重要原因。同时也说明社会化服务还存在一些问题，也同对社会化服务在双层经营中的地位缺乏认识，忽视服务体系的建设是分不开的。

家庭联产制只是在原有集体经济中引入家庭经营这一层次，并不是从根本上否定合作化的成果。这是分散经营与统一经营相结合的客观基础。但是，不少人对统分结合的双层经营体制的理解，缺乏全面认识，即认为统一经营的职能只能由原来集体经营组织（现在的地区性合作社、农业社）来承担，没有认识到在"双层经营"中，就统一经营的层次来说，除了合作经济发挥"统"的职能是统一经营外，各类社会服务组织为农户提供多种服务，也是统一经营，而且比合作经济组织的统更重要。

因此，双层经营既包括农户承包经营和集体经营的结合，又包括家庭经营与社会化服务的结合。通过社会化服务体现双层经营，能解决集体经营无法解决的问题，因为集体的"统"只限于一定地域范围和与土地相联系的生产。而社会化服务的"统"，可以突破地域、所有制和部门之间的限制，把农户分散经营纳入社会化大生产轨道。同时，对那些集体经济不发达，统一经营相当薄弱的地区

来说，社会化服务体现双层经营更有特殊意义，因为集体要发挥统一经营的功能，无论组织农田水利基本建设，良种的繁育和推广，还是统一防治病虫，统一组织和供应农用生产资料，都需要有一定经济实力。而集体经济实力太弱，是统一经营不能发挥作用的根本原因。

在农村经济发展中，强调要完善双层经营，但如何完善？目标并不明确。当然，重视发展和壮大集体经济，增强统一服务的实力是对的，但是集体经济的实力再大，所能提供的服务也是有限的。因此，建立和完善农村服务体系，形成上下相通、左右相连的网络，才是完善双层经营的目标或重点。

为什么说建立社会化服务体系是完善双层经营的重点？一是集体经济的服务不能包揽一切，更不能代替社会化服务；二是"统"的主要内容，绝不是又搞土地集中，集中劳动，统一分配，吃"大锅饭"那一套，而是搞好社会化服务工作，办好农户想办办不了，或自己办效益不好的事情；三是只有健全服务体系，才能从组织上落实"统"的任务、内容，解决小生产与大市场的矛盾，形成规模经营，即服务规模经营；四是社会化服务把千家万户的分散生产纳入市场经济轨道，就可以把家庭经营与集体经营衔接起来，保证农村经济持续、健康发展。

土地向种田能手集中，把大多数的农民从土地经营中解脱出来，是一种规模经营。在四川省人地矛盾异常尖锐的情况下，土地集中难度大，十年、二十年不可能实现。在农户经营规模比较小，难以形成商品生产优势，土地在短期内又不可能集中的条件下，通过社会化服务，使分散生产成为社会化生产，也是达到规模经营和规模效益的有效途径。例如，为减少农作物插花，保证成熟期基本一致，在一个村，甚至更大范围内，调整作物布局和品种，统一技术措施，使之相对集中连片，这既不改变家庭经营，又有利实现统一经营。又如养猪或养家禽，一户几头或几只、十几只，规模很小，服务部门能从事提供良种、饲料、防疫、加工、购销等社会化服务，不仅农民的经营规模可以扩大，而且成千上万户的猪和家禽积少成多，也就是大批量的商品生产，也就是比较大的规模经营。

按社会化服务是完善双层经营的重点，建立和健全社会化服务体系是完善双层经营的目标来思考问题。在双层经营体制的建设上，在农村服务体系的建设上，都必须实现战略思想的转变，即在完善双层经营体制下，要以建立社会化服务体系为重点，在保持家庭经营长期不变的基础上，走服务式规模经营之路，形成"家庭经营+社会化服务"的双层经营体制；在服务体系的建设上，要加强基层服务体系的建设，增强综合服务功能，即在服务体系的组织形式上要由官办为主转变到民办为主，"民办官助"，使之成为服务性合作，充满生机和活力；在服务内容上，由单项服务转变到综合服务（或全程服务），以专业产品、专业协会、专业公司为中心形成产供销结合，农工商一体化的服务体系。

三、新型农业社会化服务体系的特征

以农户家庭经营为主要对象，农业科技推广为主体，在继续完善现有的农业技术推广站、种子站、农机站、植保站、畜牧兽医站等与农业直接相关的服务组织的基础上，健全服务功能，转变服务方式，逐步将这些服务组织的利益与农户生产经营的利益相结合，形成服务组织与市场经济和农业产业化配套的新型生产服务体系。

以粮管站、供销社、食品站、多种经营站、乡镇企业为经营服务"龙头"，实行"公司+农户"、"服务组织+农户"、"经济技术专业协会+农户"等多种形式的产业化发展模式，形成农户家庭经营进入大市场的一体化经营服务体系。

关联行业和产业逐步向农户生产经营靠拢，减少中间环节，增加对农、林、牧、渔业直接服务的功能。同时，关联产业和行业的发展要根据"龙头"企业和支柱产业发展的需要进行布局发展。例如，农机具生产，畜产品及皮毛加工，柑橘、蔬菜、丝绸等加工行业的发展都要尽量靠近主产区或生产基地，形成产业链条延伸的结合点或分支。

四、新型农业社会化服务体系的基本框架结构

（一）新型农业社会化服务体系的基本框架

1. 社会服务行业

社会服务行业主要包括农业教育及职业培训、农业科研、市场信息、资金信贷等部门，以公共式的服务与农业生产过程结合。

2. 产前服务行业

产前服务行业主要包括农业机具生产、良种生产供应、饲料加工与供应、肥料生产与供应、农用薄膜农药等农化制品生产与供应，农用电力供应、农田水利设施建设等部门，以关联产业的服务形式与农业生产过程结合。

3. 产中服务行业

产中服务行业主要包括农业播种、施肥、收获服务，农业技术示范推广服务，病虫害防治的植物保护服务，畜禽卫生防疫服务，水产养殖良种及技术培训服务等部门，以紧密型的服务形式与农业生产过程结合。

4. 产后服务行业

产后服务行业主要包括农产品收购与运输，各种农畜产品加工企业，鲜活农产品批发与零售企业，食品加工及销售企业，农产品超级市场，农产品出口贸易机构等行业和部门，以一体化经营的方式与农业生产过程结合。

（二）新型农业社会化服务体系的特征

1. 专业性

专业化生产和专业化的服务都是现代社会化产业的共同特征，农业产业化生产经营也必须具有专业化的内涵，这是商品经济、市场经济、社会化大生产的客观要求，产业生产经营的专业化程度是产业化程度的重要标志。也就是说，农业社会化服务体系的发展，不是与传统的农业生产做简单的加法，而是通过专业化、社会化服务的发展，带动农业生产区域化布局和专业化生产的发展，从而形成专业化、一体化程度较高的产业链。

2. 网络性

根据社会化服务的要求，农业服务体系必须建立渗透农业生产各个环节多层次的社会化服务网络。这个网络不仅要有生产过程中的技术服务网络，而且要有跨越生产过程的产前、产中、产后服务网络；不仅要有与农业生产关系紧密的服务网络，而且要有间接联系的关联产业服务网络，也就是现代化农业意义上的完整的社会化服务网络。这个网络的基本特征是：以大农业生产为中心，以农业内部产业为链条，各产业生产环节的向外延伸，形成农业社会化服务体系的网状分布和网状式结构。

3. 服务性

为农业生产和农户经营服务是农业服务组织的本质和宗旨，这是市场经济规律和服务行业的性质决定的。当然，服务方式有政府事业性服务和经营盈利性服务之分。在市场经济条件下，我们要充分认识政府扶持保护农业的事业性服务和营利性服务的区别，处理好扶持保护农业和服务组织自身利益的关系，以促进农业服务组织的健康发展。目前，在四川省农业生产力水平低与农业经济薄弱的现实情况下，政府事业部门对农业的服务应该是无偿的扶持保护性服务，服务组织的生存和发展主要依靠财政资金，而农业相关又紧密的供销社、农产品采购站、食品站、农产品加工贸易企业等行业，应该以共同利益为纽带，通过多种形式逐步将生产和经营性服务融为一体。

4. 效益性

服务体系的建设首要任务是要促进"三高"（高产、高质、高经济效益）农业的发展，其中经济效益是中心。但对服务组织对农业的服务而言，主要应该追求农业产业化发展的宏观经济效益，也就是有利于高产、优质、高效的新型农业体系的形成。在取得宏观效益的基础上，也要有利于服务组织自身的发展，讲求服务组织的经济效益。

5. 联动性

现代农业经济发展实践表明：发达完善的产业服务体系是形成产业化优势的桥梁和纽带，美国的农工合作组织、加拿大的农业推广咨询公司、日本的农协都是现代的农业产业化经营的主要载体，这些农业服务组织对农业与市场的连结及农业先进技术的示范推广发挥了不可替代的重要作用。在我国农业产业化过程中，一方面是要充分认识服务组织对引导农户生产经营走向市场经济的重要性；另一方面是要改革目前的农业服务组织体系，结合农村基层组织建设，发展能代表农民利益的多功能、综合性的农业服务组织机构，以充分发挥农业服务组织的综合连带作用，真正实行"农户+公司+市场"的农业产业化经营方式。

五、四川省农村服务体系建设的现状及特点

（一）四川省农村服务体系建设的现状

党的十一届三中全会以前，农业服务虽然在组织机构和体系建设方面有较大的发展，但受传统计划经济体制和统一的行政性服务模式的制约，服务功能不仅

单一，其体系发展也处于被行政行为抑制的状态。20世纪80年代以来，在农村改革的推动下，为适应农业生产经营方式变革的需要，农业服务组织进行了一系列改革，特别是20世纪90年代以来，随着科技兴农战略和市场经济体制的确立，农业社会化服务的组织创新和体系建设进入了一个新的发展时期。服务体系正朝着多层次、多形式、多功能、市场化、社会化、产业化方向发展，服务范围已开始向产前、产中、产后服务延伸，服务方式正向贸工农、产供销相结合的一体化方向深入。到目前为止，四川省已有为农、林、牧、渔业生产服务的产前、产中、产后各环节的企事业单位5.7万多个，国家编制农、林、牧、渔业科技干部5.2万余人，生产第一线的乡村农业技术人员15万之多，各种类型的民办专业技术协会等服务实体上万个，初步形成了以县为中心、乡为纽带、村为基础，国家专业科技人员为骨干，全民、集体、民办相结合的农业科技推广服务体系和农产品加工、流通服务体系，在为农民提供产前、产中、产后服务，促进农业科技成果转化成生产力方面发挥了积极的重要作用。

实行家庭联产承包责任制后，四川省农村服务体系有了很大的发展变化，表现在以下几个方面：

第一，农业（包括畜牧、林业、农机水电）、粮食、食品、供销、信用等部门，比较重视为家庭经营提供服务，建立和健全了相应的服务机构，充实了人员（主要是县一级）。

第二，由"三级所有、队为基础"演变而来的地区性合作经济组织（农业生产合作社），作为统一经营的一个层次，为农户提供力所能及的服务。

第三，随着农村专业户的发展，以专项生产能人为核心组建的农村专业技术协会，把从事同类生产的农民联合起来，开展产前、产中、产后服务。

第四，以乡、村为单位，组建专门为农户服务的服务性合作组织。

以上服务组织相互渗透、联合，从单一服务向多元化发展，从而初步形成各有侧重，各具特色，既互相区别，又互相联系的几大服务体系。

此外，信息服务、资金服务大多数地区基本未形成体系。流通服务（产品购销、储藏、加工、运输等）除少数地区外，仍是薄弱环节。

从农业服务组织的现状看，大致可以分为以下三种类型：

1. 生产服务部门

生产服务部门主要包括农业科技推广中心（站）、农机站、植保站、排灌站、畜牧畜医站、养蜂管理站、水产技术推广站等与农、林、牧、渔业生产直接相关的服务单位。目前这类服务单位是四川省农业服务体系的主体，也是人们通常指的农业生产服务体系。这类部门一般都是国家农业事业性服务单位，组织机构健全，服务方式规范，服务功能较强，给农业生产带来的效益直接、明显。目前四川省有这类服务单位约2.6万个，占农业社会化服务单位总数的55.3%。这类服务部门在四川省全省组装配套推广农业科技成果3万多项（次），组织各类技术培训80多万人（次），防治农作物病虫害面积600多万公顷，农机作业面积64万多公顷。有效排灌面积280多万公顷，为四川省农业丰收和粮食增产做出了重大贡献。

2. 流通服务部门

流通服务部门主要包括供销社、粮管站、食品站、棉花采购站等进行农产品收购和销售的单位。这类部门的特点是国营、集体、民营交叉并存，由于体制分离，对农业生产多为间接服务，其服务有较强的盈利性。目前四川省有这类农业服务单位约 1.04 万个，占农业服务单位总数的 25.4%。

3. 财政金融部门

财政金融部门主要包括农业银行、信用社、保险等。这类部门都为国家金融单位向乡镇的延伸，为农业生产提供资金投入、融资和保险服务。

除以上三种类型的服务单位外，目前各种民办民营、民办公助的养蚕、养鸡、养鱼、柑橘种植、药材种植等专业技术科普协会正在四川省农村蓬勃兴起，并发挥着国家、集体农业服务部门不可替代的积极作用，成为四川省农业服务体系中必不可少的重要组成部分。

（二）四川省农村服务体系建设的特点

农业社会化服务体系建设的主要特点如下：

1. 服务主体多元化

服务主体初步形成两大阵营：一是计划经济体制下建立的国合商业、金融服务组织和国家在基层的农技推广机构，如供销社、食品站、信用社、农科站、兽医站、农机站等。由于多种原因，这些公有的服务组织难以适应农村经济发展，有的功能退化、实力弱化，呈萎缩衰退之势。但也有一部分单位通过自身的不断改革创新，焕发出新的生机，较好地担当了为农服务的重任。二是适应市场经济的要求发展起来的民间服务组织，如农民经纪人、专业大户、专业合作经济组织、农业产业化龙头企业等。这些民间服务组织，通过市场化运作、产业化服务、法人化治理、实体化经营，活力四射，魅力十足，已经逐步发展成为农业社会化服务的主体。这些民间服务组织大部分从产后开展流通服务起步，逐步向产前提供信息和新品种服务延伸，有的还开始涉足农产品加工、储藏保鲜领域，与农民结成利益共同体，显示出较强的实力，成为农民调整农业结构不可缺少的好帮手。

2. 服务形式多样化

主要服务形式有：

（1）奉送型。基层农技推广机构对农民常规技术指导服务，基本采取了这种随叫随到、无偿奉送的方式。

（2）契约型。服务主体与农民在自愿互利的基础上，签订服务合同，实行有偿服务。

（3）买卖型。在服务规范化的基础上，推进服务商品化，按照价值规律，实行服务项目的一次性买断。

（4）一体型。实行产加销一条龙、责权利一体化的服务。泸州市的一些丝绸公司，以蚕农合作社为依托，对入社蚕农不仅提供产前、产中、产后一条龙服务，年终还按蚕农出售的数量进行加工利润的"二次分配"。

（5）合作型。农民通过组建合作经济组织开展自身服务，或实行服务要素的股份合作来获得服务。

（6）示范型。不少乡农技站的科技人员，与农户共同承包兴建农业科技示范园，亲自种植示范大棚，做给农民看，引导农民干，教给农民怎么办。

3. 服务手段现代化

逐步摆脱传统操作工具的束缚，广泛运用现代通信、交通手段和信息技术，大大提高了服务的质量和效率。

4. 服务层面多极化

（1）在提供生产要素服务上，大力改进金融服务，有效解决了农户贷款难的问题，各地采取技术咨询、技术指导、技术培训、技术配售、技术集市、技术承包、技术入股、技术买断、技术代理、技术合作等十多种形式，大力推广先进适应农业科技成果，支持农民调整农业结构，农业科技进步贡献率不断提高。

（2）在开展农业产业服务上，面向农业结构调整的需要，围绕农业支柱产业的培植，实行产销一条龙服务，推进农业产业化经营。

六、当前农村社会服务体系建设中存在的主要问题

农村在完成联产承包责任制之后，出现了一些依靠农户自身力量不能解决的问题，主要有：第一，相当多的地区劳动力出现了剩余，传统的农业生产容纳不下多余的劳动力；第二，"买难卖难"突出，需要的生产资料得不到及时供应，农副产品有时找不到销路；第三，土地承包到户，分散经营，土地经营规模小，农业技术的推广受到限制。为缓解矛盾，各类农村服务组织在为农业生产提供产前、产中、产后服务方面，做了大量工作，取得了一定的经验。

（一）服务体系发育不健全，社会化服务程度低

不少地区目前的农业服务体系是单一的农业生产技术推广体系，只有这一服务体系才从组织、功能和服务方式上与农业有着直接的联系，而诸如流通、信息、金融等其他服务行业与农业既无组织联系又无直接利益关系，对农业的服务在某种程度上是口头或宣传意义上的。因此，从完全意义的社会化服务角度讲，四川省农业服务体系是在跛脚运行，与农业商品化、专业化、产业化的发展很不相适应。一是重生产环节的服务，轻信息、流通、加工服务；二是重大田种植业服务，轻经济作物和养殖业服务；三是重生产的直接服务，轻关联产业服务和发展；四是利益多元化，难以形成合力。致使产前、产后和关联产业对农业的服务严重不足，这不仅是农业发展缓慢的重要制约因素，并且已成为农业跨越式发展的严重束缚。

（二）服务意识淡薄，服务方式简单

农业技术服务组织体系是在传统计划经济体制下形成的。一方面，高度集中统一的组织体制形成了靠行政手段进行技术推广服务的不良服务方式；另一方面，由于整个服务组织的人员多为国家编制干部，在传统的"铁饭碗"影响下缺乏全心全意为农民服务的思想，"头疼医头，脚疼医脚"等被动服务的现象很普遍，服务组织缺乏内在活力和服务人员主动性、积极性差已成为通病。这种传

统的服务意识和服务方式，不仅致使一些先进农业科学技术和科研成果长期滞留在实验室、实验田，得不到大面积的推广应用，而且致使农民在应用技术和向高效农业项目投入资金时难以抉择，使许多高产、优质、高效的农业新技术及项目推广难度加大，从而影响农业现代化的进程。

（三）条块分割严重，综合服务功能差

由于传统的农业服务体系一般都是从省到县再到乡镇"一竿子插到底"，其组织管理、经营服务都是下级对上级负责，同时服务业务和服务对象很难跨越行政区划的范围。因而形成了上级叫干什么就干什么，行政区管辖范围内需要什么就搞什么的封闭式服务。这种现象在农业技术推广部门较为普遍，这样的经营管理体制，不仅抑制了农业服务组织自身的发展和服务水平的提高，同时难以使各专业服务形成合力，致使现有的服务功能得不到充分的发挥。

（四）由政府机构设立的服务机构同市场经济不相适应

市场经济以经济效益作为经济行为的目标，同计划经济下的行政命令是有天壤之别的。由于农村经济的起伏直接影响到社会的安定，因此为确保粮食等大宗农副产品的产量，在其他相关因素不能动的前提下，政府只有利用国家财政支出，通过行政命令的方式，以现有的服务机构为渠道保证宏观经济的平衡。近年来，为保证生产资料供应不受短缺影响，国家合同定购粮的完善等都依赖于县级各服务网络同农户的联系来执行，并非完全发展市场经济。只有在产品有剩余，人民不会因暂时的调整而影响温饱的时候，才有完全改革原有经济组织功能的可能，从而建立起市场经济的新秩序。

1. 政府设置的服务网络中各部门出现利益分配不平衡的现象

政府职能部门的经济组织（服务机构）目前仍是社会化服务的主渠道，人员属国家计划编制；有的经济组织虽未列入事业编制，但同样受行政的制约和影响。在同农业生产交往过程中，由于各环节经济利益不一致，使彼此利益产生冲突，如经营生产资料的部门，一般较从事技术培训、技术引进、品种改良等部门的经济效益高，权、责、利的不平衡，引起各部门都希望经营能直接体现经济效益的产品，形成各自为政的局面。

2. 专营政策影响服务组织发挥综合服务的功能

专营政策是针对生产资料紧缺和一些紧俏产品而设立的。专营政策的实行，保证了生产资料到位和国家利益的实现，促进了生产发展。由于农业生产过程需要综合服务，不能只单方面保证某一部门的利益，因而出现一些矛盾。例如，化肥只能由供销合作社经营，农业经济组织、农业技术组织单纯进行管理和技术服务，直接得到的经济利益差，影响到服务人员积极性的发挥，而供销社也不能保证技术服务所需。

（五）服务内容不适应市场经济发展的需要

商品生产要求提供生产全过程的服务，包括产前、产中、产后三个环节，生产和流通两个领域。由于条块分割，生产和流通脱节的问题依然存在，目前各服务组织能提供的服务，都是单项的或某一环节的服务，而不是综合的或产前的市场信息，产中技术指导、代耕代防，产后的购运、加工、销售等系列化服务，特别是服务组织之间缺乏分工、协作、协调配套，更加重了这种不适应。在服务体系建设上，比较重视产中服务，对产前、产后服务不大重视，一般都没有建立起县、乡、村、户的购销、储藏、运输网络，也缺乏专门收集、筛选、整理信息的机构，无法为农户提供及时、准确、可靠的信息。

1. 服务设施、人员素质不适应提供系列化服务的需要

服务设施差、服务手段落后、服务人员素质不高带有普遍性。除供销、粮食、农业系统的少数服务机构有相应服务设施外，其他服务组织都缺乏基础设施和服务手段，难以开展服务活动。服务人员中，熟悉农业的，为产中服务的较多，懂得农业以外知识，并且能熟练地进行产前、产后服务的较少。

2. 执行政策中发生摇摆，影响农村服务体系的发展

在市场经济中，驱使行为主体发生经济行为的动力是经济利益，发展农村市场经济，各服务体系的服务也必须有利可得。对个人所得有严格的限制，损伤了服务人员的积极性。许多服务单位，"吃大锅饭"的现象仍然存在，个体服务由于政策的打击，许多人停止了经营活动，这对本来就薄弱的农村流通环节造成了危害，使农产品因为购销渠道运转不灵而腐烂、变质，生产者利益受到损失。同时，对服务者从资金、税收方面实行一些优惠政策和经济扶持也不够，影响了服务者的积极性。

七、统筹城乡发展中健全农村社会化服务体系应坚持的原则

（一）必须遵循因地制宜的原则

建立服务体系，应当从当地实际出发，不搞形式主义。各地经济发展水平和生产力状况不同，要根据需要和可能建立相应的服务机构。

（二）坚持国家、集体、个体一起办服务的原则

在农村服务体系中，国家、集体、个体的服务组织均有不可代替的作用。对投资大、规模大、技术密集的项目，如信贷、保险、冷藏、新技术应用等，以国家和集体为主；对那些需要组织、协调配合的项目，以集体和联办为主；对投资少、技术要求不高的服务项目，以联合办和户办为主。这可使农户有选择性，服务机构之间有竞争，有利于提高服务质量。

（三）坚持自愿互利的原则

经济领域的服务是服务者与被服务者互有需要，共同作用的过程，服务关系可以说是一种合同关系，双方应处于平等地位，既不能靠行政命令，也不能强求一方。

（四）灵活服务原则

灵活服务原则是指改变"官商"式作风，不坐在"店门"等服务，而要送服务上门。

八、统筹城乡发展中健全农村社会化服务体系的路径选择

健全完善农业社会化服务体系的基本策略是强化改革，理顺关系，组织创

新，增强功能，产业配套，逐步推进。通过行政措施和经济措施的结合，因地制宜地健全不同地区不同生产部门的服务体系。

（一）建立和完善农业服务组织与生产结合的社会经济协调机制

目前，我国农业产业化经营、社会化服务的协调机制很不健全，不仅服务组织和行业与农业生产环节分离，而且农业生产的相当部分利润流失到农产品加工、流通、服务等行业，直接生产者未得到应该得到的社会平均利润，在一定程度上损害了农业生产者的利益，伤害了生产者的积极性，这是农业生产发展缓慢和农业产业化推进艰难的重要原因之一。因此，建立和完善农业产业化的社会经济协调机制是十分重要的。

农业产业化的社会经济协调机制的主要功能是通过法律手段规范，行政手段协调，以及经济杠杆的作用，一方面对农业原生的弱质生产进行保护，另一方面促进农业关联企业和服务组织与农业生产过程的结合，逐步形成多种合作形式的农业企业群体和产业链条，加速农业产业化的进程。

完善协调机制的基本原则是以扶持和保护农业为基础，农业产业化为中心，利益合理分配为动力，实行互惠互利的合作和联合，既要有利于农业分散的家庭经营向规模经营发展，又要有利于农业服务组织和关联产业的发展。

1. 深化国家和集体的农业服务机构改革

第一，政府和集体所属的事业性农业服务组织不仅要继续保留，而且要按照农业产业化的要求进一步加强和完善。发达完善的政府公共服务组织是农业产业化和农业现代化的基本保护措施，是发达国家农业现代化过程的基本经验。在社会主义市场经济条件下，政府和集体的服务组织应当发挥更重要的主导作用。

第二，按农业产业化生产经营的要求，加快农业科技服务组织的职能转变。这主要是实行政事分开或政企分开，通过改革组织关系和协调权责利关系，调动服务组织及其成员的积极性和创造性，提高工作效率，变被动服务为主动服务。服务方式要改行政手段为行政手段与经济手段相结合的方式，把服务组织的利益与生产者的利益结合在一起，提高服务效益。

第三，政府农业部门的基本服务组织应贯彻国家政策对农业的宏观调控，正确引导农业生产结构的调整和农户的规模经营，同时要把发展农业教育、科研、技术推广、交通、信息和市场建设作为主要任务。

2. 结合基层组织建设进行农业服务组织创新

目前传统的农业家庭经营向现代产业化农业转变的主要矛盾，就是缺乏能真正代表农民利益的农业经济服务组织，如果不尽快在农村基层创立与政府相对独立的综合性的农业经济服务组织，农业产业化的推进将是很艰难的。日本的农协等服务组织形式都可以作为借鉴。从我国实际情况出发，是否可以像20世纪50年代组建"贫协"那样，建立类似的具有经营管理和综合服务职能的法定农业服务组织，以法律形式加以认定和保护。建立农业综合服务组织，在有些地方已有成功的经验，要及时加以总结，并在组织形式上进行完善。

农业社会化服务首先要有载体，从实践看，除继续巩固发展计划经济体制下形成的传统的公有服务体系以外，主要应大力培植以下三种新型的组织载体：

（1）农技推广机构创办的服务经营实体。国家设在基层的一些农技推广机构，积极转换工作职能，拓宽服务领域，立足服务办服务经营实体，既有效地为农服务，又增加了自身收益，在推进农业社会化服务中焕发了新的生机，应当鼓励其找准服务农业结构调整的切入点，发挥综合服务的职能作用。

（2）农民经纪人和专业大户。农民经纪人和专业大户是农村中率先进入市场、开拓市场的一批能人，具有较强的服务实力和辐射带动能力，是农业社会化服务体系中十分活跃的力量。对农民经纪人要引导其在搞好购销服务的同时，利用其熟悉市场的优势，积极开拓提供信息、引进种苗等服务；对专业大户，要引导其从产中服务向产前、产后服务拓展新领域，鼓励他们以服务为纽带与农民结成利益共同体，推进服务一体化。

（3）专业合作经济组织。专业合作经济组织是农民为实现产前、产后的自我服务而组建起来的经济组织，是农业社会化服务的重要载体。目前，专业合作经济组织发展势头强劲，他们在推进农业社会化服务中发挥着越来越重要的作用，要坚持"民办、民管、民收益"的原则，积极引导农村能人、农业推广机构牵头组建各类合作经济组织，开展为农服务，推进农业生产的专业化、规模化。

要着力加快农业服务业发展。以现代农业发展为中心，按照农业产前、产中、产后的需求，鼓励发展农业生产资料协会、农业技术协会、农产品营销组织、农村救助组织等中介服务组织，加快农村信息网的建设，积极建立和完善农村社会保障体系。

3. 合理延伸农业生产链条

通过"公司＋农户"、"服务组织＋农户"、"经济技术专业协会＋农户"等多种形式，把社会化服务与农业生产过程紧密结合，形成科、农、工、贸一体化的完整产业链条和企业集团，促进服务与生产、服务与经营的逐步融合。延伸农业产业链条的具体的组织形式如下：

（1）以加工企业为龙头。企业经济发展与原料基地建设相结合，通过利益的合理分配把农户组织起来，企业以经济实力联合购销部门或技术部门，为农户提供产前、产中、产后全方位的服务，农户按企业要求进行生产，产品由企业收购。这是加工企业向原料生产的延伸，农户类似于企业的"车间"，给企业和农户都带来利益。

（2）以销售公司为龙头。在自愿的基础上把农户联合起来，销售公司以合作的形式稳定农产品收购来源，又以服务的方式解决农户生产过程中自身不能解决的良种选择、技术服务、病虫害防治等问题，确保农户有可靠稳定的收益。农户则是为了有稳定的产品销售渠道，同销售公司合作，减少市场风险，为增产增收提供保障。

（3）以专业技术组织为龙头。主要以技术服务的形式把农户组织起来，围绕某一产业或产品在一定区域内实行科技与农户家庭生产的结合，一方面把科技成果转化为现实生产力，另一方面组织引导农民实行产业化经营。这些专业技术组织，一部分是从政府农业部门中分离出来的，更多的是民办的农民科技组织和专业技术协会。

（4）以基层农业综合服务组织为龙头。基层农业综合服务组织为农民提供全方位的生产经营服务，解决产前、产中、产后的所有问题，一方面带领农户进行农业产业化经营，另一方面以法人资格代表农民利益同政府及其他经济组织交往，通过法律、经济等手段保护农民利益，带领广大农民致富奔小康。

4. 鼓励和引导民办服务合作组织的发展

（1）及时总结发展中的经验和问题，用法定的形式把这些合作组织规范为农村中的经营服务实体，既要维护服务合作组织的利益，又要保护农民生产者的利益。

（2）严格遵循合作制原则。一是自愿原则，即农户可以根据需要加入一个或几个合作组织；二是相对独立原则，即参加合作组织的农民除了在服务的项目方面有共同利益外，其自有资产和经营活动均保持独立；三是有偿服务原则，即合作组织为农户的服务可收取合理的服务费，或把农户某项生产的收益同合作组织的收益结合，进行合理分配。四是民主管理原则，即合作组织的负责人要经过民主推荐，合作组织的经营和财务要公开，合作组织的成员对组织的运营有监督权利和参与管理的权利。

（3）加强对民办服务合作组织的管理。目前农村中的各种民办合作组织多数处于游离的状态，自生自灭，迫切需要加强管理和引导。现阶段对民办服务合作组织的管理，一是乡镇政府要建立专门的规范的管理条例，通过行政、法律手段规范合作组织的经营服务行为；二是政府农业服务部门可对相关的民办合作服务组织实行归口管理，一方面在技术和经营方式上加以指导，另一方面要监督服务质量。通过以上措施，促进民办服务合作组织的健康发展。

（二）加快发展商品农业，增强社会化服务体系建设的动力

农业的商品化是农业社会化服务体系发展的决定因素。虽然我国的农业社会化服务已发展了很长一段时期，但是由于农业商品化程度不高，虽有对社会化服务的需求，但程度低，范围小，因而社会化服务体系建设缓慢。近年来，随着农业经济体制改革的深入，越来越多的农产品被推向市场，与之相关的社会化服务的需求越来越大，对发展农业社会化服务的要求也日趋强烈。可见，逐步提高农业商品化程度是建设完善而发达的社会化服务的前提之一。

发展农业产业化经营，对我国商品农业的快速发展有重要意义。生产专业化是农业产业化经营的特征之一。也是提高农业商品化程度的重要途径。要根据市场需求和市场环境以及各地区资源优势，确立地区主导产业和优势产业实现农业生产的地区产业化。要鼓励"一乡一业、一村一品"等经济发展路子，围绕主导产品形成产、加、销一体的产业群体，带动相关产业发展。实现农业生产的地区专业化，可以既加深各地区之间的经济差异性，又加强了各地区之间的相互依赖性，这种分工发展是一个创造和扩大市场的过程，有利于全国统一大市场的形成。这种市场的扩大对商品农业的发展有更大的提升作用。农业商品率的提高不仅在于投入市场农产品的增多，还在于农业生产过程的商品化程度。要通过一体化经营，使农业产业链延长，在农业产业内部建立起合理分工的产业体系。使生

产者把全部精力集中于田间管理，农产品产得以大幅增长，农产品加工则可以提高农产品的质量，创造高额的附加值，拓展市场领域，而农用生产资料供应则保证能稳定地提供各种农用生产资料。这样可以极大地提高农业生产过程中的商品化程度。在农业生产总值中产中部分所占的比例越低，农业商品化程度越高。

（三）要突出流通领域服务体系的建设

围绕流通而开展服务包括信息服务、信贷服务、加工服务、储存服务、运销服务、科技咨询服务、保险服务等。当然，其中一些服务内容也涉及生产领域。由于生产分布在广阔的农村，为了使产品能顺利实现其价值，在面临国际、国内市场迅速变化的情况下，没有提供及时而准确的信息服务，是难以想象的。当前信息服务缺乏，是造成产品多了卖不掉，少了又紧张的原因之一。除信息服务缺乏外，加工、储存、运输等存在的问题也比较严重。应当在全国、省、市、县和集镇，不断加强农产品经济信息中心和网点的建设，建立比较完整的农业收购单位，而由于"大锅饭"的弊端未克服，使农产品购销不畅，影响了农业生产商品化进程。解决这一问题的方法之一，是允许民办和个体户加入购销行列。农村市场经济的发展，推销大军是有功劳的，只要加强对他们的管理，消除其在购销过程中的违法行为，可以把国家商业部门办不了的事和政府部门管不好的事都办好、管好，实现农产品的价值，增加农户的收入。

（四）深化加快发展农业社会化服务体系的认识

大力推进以科技服务和信息服务为重点的农业社会化服务体系建设，建立健全农业社会化服务体系，是适应农业进入新阶段，支持农业结构战略性调整的客观要求；是增强农业国际竞争力的迫切需要；是提高农民组织化程度，解决千家万户的小生产与千变万化大市场的矛盾的有效途径；是增加农民收入，实现农业现代化的重要措施。各级党委和政府都要充分认识加强农业社会化服务体系建设的重要意义，将农业社会化服务体系建设真正摆上位置，抓出成效。要适应市场经济的新要求，转变思想观念，树立正确的指导思想，促进农业社会化服务健康发展。

1. 要树立服务促发展的观念

农业结构调整离不开信息、科技、资金、购销等服务，只有服务工作搞好了，才能促进农业结构调整。农副产品加工流通服务还可以直接增加农民收入，服务也是在现实生产力。

2. 要树立服务即是商品的观念

在市场经济条件下，农业服务也是特殊的商品，要大力推进农业社会化服务的市场化进程，逐步实行有偿服务。要讲究服务的质量和效益，使服务者和被服务者两头都受益，这样的服务才有生命力，才有活力。

3. 要树立农民是服务主体的观念

在巩固和发展国家、集体农业服务组织的同时，要积极引导支持农民进入农业服务领域，大力兴办各种类型的民间服务组织，逐步形成公民互动，以农民为主体的农业社会公共服务体系。

积极探索农业社会化服务体系建设的新路子。农业社会公共服务体系建设要适应农村经营体制和市场经济的发展要求，适应农业结构调整和农民收入增长的需要，加快经营组织机制的创新，大力推进"三化"进程，积极探索新路子。

第一，项目系列化。农业社会化服务要逐步由兼业化向专业化转移，由单一服务向综合服务拓展，由被动服务向主动服务提升。在农业产业服务上，要围绕专业化生产、规模化经营，开展产前、产中、产后全程链式服务，"引导农民调，指导农民长，帮助农民销"；在生产要素服务上，要坚持适度、有偿的原则，加大信息、资金、技术、土地、法律等要素的套餐式服务，满足农民多样化的服务需求。

第二，经营产业化。农业社会化服务不仅能够提高生产力，而且能够直接创造生产力，服务是有价值的，服务也应该是有偿的。除国家所赋予的公益性农业技术推广服务项目外，所有的农业社会化服务项目都应该实行等价交换。要更多地采用服务承诺收费制、服务承包合同制、服务项目参股制等市场经济的办法，以服务创收，以创收增强实力、促进服务。所有的服务组织无论是国家的、集体的，还是民间的，都要走企业化经营、产业化创收之路。

第三，运作一体化。农业社会化服务不论服务的主体是谁，服务都要走向市场化，服务的内容要贴紧农民的需求，服务的方式要贴紧农民的利益，要真正与农民连体、连心、连利，服务才有活力，服务才有生命力。因此，在服务的运行方式上要逐步建立起利益连接的一体化经营机制，从无偿服务向有偿服务转变，从买断性服务向合作性服务跨越。目前，一些服务部门通过牵头组建专业协会、专业合作社将分散的农户组织起来，建立让利于民的分配制度，既扩大了服务对象，增加了自身效益，又解决了农民发展商品生产的后顾之忧，使为农服务工作显出勃勃生机，应当大力倡导。

加大农业社会化服务的政策扶持和引导力度，主要从以下几个方面着手：

第一，要加强国家在基层的农技推广服务体系建设。国家设在基层的各类农技推广机构是农业社会化服务体系的重要组成部分，是实施科教兴农战略的重要载体，对此要继续采取得力措施，稳定机构队伍，理顺管理体制，提供政策保障，搞活运行机制。建议按照"保一块、放一块，稳一头、活一头"的思路，大力推进乡镇各类农技站的管理体制改革。每个站只保留一小部分技术骨干，受政府委托从事财政拨款。其余农技人员则全部放开，面向市场依靠自己的技术自己创收，开展各种有偿服务。财政和金融部门可以提供启动资金，支持其创办各种科技实体，开展技术开发、技术承包、技术入股和技术中介服务。一些地方的农业技术推广机构和农技人员，通过转包农民土地，创办农业科技示范场，闯出了一条将技术推广和生产经营结合起来的新路子，应当大力推广。

第二，要加大以资金为主的政策扶持。要改善金融服务，切实解决农民和农业社会化服务组织贷款难的问题。按照中央的要求，农村信用社必须坚持为农业、农村、农民服务的方向，努力增加信贷资金，改进贷款方式，提高金融服务水平。要大力推广有些县信用社向农户发放"一证通"、"信用证"和联户担保的经验，方便贷款发放。有条件的地方要从农业发展基金中专门划出一块资金，用于扶持农业社会化服务体系建设，奖励农业社会化服务有功人员。加强对农业社会化服务带头人的宣传、培养和提拔，提高待遇。

第三，要强化对农业社会化服务的监管。各级政府和有关部门要切实担当起农业社会化服务的监督管理职能，制定农业服务的行业标准，规范服务行为，明确服务质量。大力推行服务质量承诺制，服务收费公示制，不断提高农业社会化服务水平。

（五）积极引进外来资金进入社会化服务领域

今后，农村在完善联产承包制中，服务体系将得到发展，政府的行政干预将逐步减弱，转而通过经济杠杆和法律规范对农村经济实行调控。农村市场经济的发展，离不开社会化服务体系的建立和健全，在市场经济条件下，组建新的经济联合体和服务合作，将分散经营的农户自由联合起来，以市场需求为导向组织商品生产是发展趋势。

政府要积极发挥引导、支持和协调农业生产的重要作用，提高各级公益性社会化服务风险的工作效率。在农业教育、科研、推广、交通运输、通信等公益性极强的基础部门，增大投入力度积极促进应用科学技术向实际生产力的转换。我国科技在农业增长中所占的份额不到30%，仅相当于发达国家的一半，约2/3的科研成果未能全面推广，现有耕地中的40%是中低产田。我国农产品大都是老品种、品质差，在国际市场上价格很低，而且缺乏竞争力。这说明农业通过科技获得发展的潜力很大。各级政府要以科技兴农为目标，采用多种形式，形成多元投资主体，推动我国农业科研、教育、推广体系的发展和完善。

从长远看，农业社会化服务领域是中国最具发展潜力的行业之一，农业社会化服务为外来资本提供了广阔的投资场所。目前，在这一领域吸收的外来资本不多，主要是因为农户生产规模狭小且无力负担过高的服务费用，同时较低的生产水平也没有高质量、高品位的社会化服务的需要，导致投入无利可图。然而随着农业产业化经营的不断发展，对社会化服务的需求在广度和深度上都要提高，因而在社会化服务领域投入的经济效益也将逐步提高。因此，应积极营造良好的投资环境，采取各种优惠政策，引导资本进入这一领域，为农业生产提供高质量的服务，推动社会化服务体系向高层次发展。

第八章　完善我国农村金融体系与统筹城乡发展

我国是农业大国，振兴农村经济，事关国民经济发展和保持社会稳定的大局。大力推进农业和农村经济结构战略性调整，切实增加农民收入，离不开农村金融支持与配合。一段时间以来，农村金融在机构和功能上都在不断退化，这已是一个不争的事实。农村金融的退化和农村经济的发展，尤其是与科学发展观要求的城乡经济协调发展不相适应，应当引起高度重视。农村金融市场缺乏竞争主体和竞争机制；农业保险发展滞后，不适应农村经济结构调整的需要；商业金融机构对抵押品的选择过于单一；各地担保机构数量较少，形式单一，资金实力不足；缺乏法律规范，存在监管漏洞；民间金融活跃，且缺乏必要的规范和保护。因此，我国需要全方位加快农村金融体系完善的步伐。

一、解决农业、农村、农民问题需要深化农村金融体制改革

统筹城乡经济发展，构建和谐社会，农村发展是全面建设小康社会的重要问题。当前，农业基础设施脆弱、农村社会事业发展滞后、城乡居民收入差距扩大的矛盾依然突出，只有农村经济充分发展，农民才能更加富裕，农村才能奔小康，农村和谐社会才能最终建成。

农村社会经济发展滞后的局面之所以没有根本改观，其中很重要的一个原因就是农村金融改革滞后、创新不足和支农力度不够。目前，农村金融服务主体少、能力弱，农村金融市场不完善、农村金融改革不彻底，难以满足农村中小企业对信贷的需求，已成为制约农村经济发展的一个"瓶颈"。

金融是现代经济的核心。金融在解决"三农"问题中具有不可替代的作用，在全面建设小康社会中担负着神圣的历史使命。金融发展和经济增长具有明显的相关关系。发挥金融的核心作用，促进金融和经济发展，已成为中国农村经济发展亟待解决的问题。世界经济发展历程表明，任何国家的经济发展都离不开金融的大力支持。改革开放以来，伴随金融体制改革的不断深化，我国农村金融在促进农业发展，繁荣农村经济，促进农民致富等方面发挥了重要作用。在新时期，更应重视金融在经济发展中的核心作用，着力发展金融支持农村各项事业发展，推动农村经济增长。

农村金融是为农业和农村经济发展服务的金融服务体系。完善农村金融服务

体系，深化农村金融体制改革，是巩固农业基础地位、增加农民收入、促进农村经济全面发展的需要，也是新时期金融体制改革的重要环节。

当前，我国农村金融市场客观上存在两种性质不同的融资渠道：一种是受市场机制、价值规律和平均利润率规律调节的以商业性、合作性金融机构为主体的"商业性"融资渠道，其引导和促进"商业性"生产要素向高盈利经济区域流入，其行为主体是农业银行和农信社，其功能作用重在保持农村经济总量平衡和实现农村经济的高速度增长；另一种是受行政规则调节的"政策性"融资渠道，其引导和促进"政策性"生产要素向基础性产业和部门流入，其行为主体是农业发展银行，其功能作用重在促进农村经济的结构性平衡，实现农业的可持续发展。

改革开放以来，我国农村经济发展迅猛，农村生产总值的构成沿着经济结构变化而变化；农民收入也不断增长，收入构成中非农业收入比例逐渐提高，现金（货币）收支比例增大；农村存贷款数量也不断增长。这些都说明农村经济货币化程度在提高，农户的金融剩余在增多。随着农村居民市场经济意识的提高，必然想方设法保值增值，进行投资选择。证券投资和实物投资相比，证券投资对一般人而言更为便利，这就必然要求为农村居民进行证券投资开辟便利的渠道。就农村的资金供给面来看，巨大的存差额度透露出农村资金比较宽裕的信息。要用活这些资金，要使这些资金基本用于农村自身发展，关键是农村内部怎样调剂资金。如果农村内部能挖掘资金融通活力，又能有政策引导，不但能留住农村本身的资金，还可以吸纳农村之外的资金。因此，挖掘直接融资渠道，关键是如何引导资金"进场"。农村居民，特别是在发达地带的农村居民，具有较强的市场意识、风险意识、投资意识；当前银行存款利率较低；通过非正式渠道融通资金，利息较高又无法律保证，这就需要有通过除银行之外的合法渠道较容易地进行投融资活动的场所，由此看来，为农村开辟直接融资渠道是可行的、有条件的，也是必要的。成都市制定下发了一系列深化农村投融资体制改革的规范性文件，积极发展新型农村金融组织，已设立村镇银行5家，小额贷款公司9家，市农村信用社改制为农村商业银行；扩大农村抵押物担保范围，促进农村产权直接向金融机构质押、抵押融资；进一步扩大政策性农业保险覆盖面，新增油菜为政策性农业保险品种，农村保险体系建设步伐加快。

同时，随着农村经济结构的调整，农村整体资金需求量日益增大，特别是以龙头企业等为首的融资主体很需要有除银行为主的间接融资渠道之外的直接融资渠道。统筹城乡发展就要求大力发展第二产业和第三产业，经济发展、公共物品的供给都有强烈的投融资需求，除了传统的财政、信贷等途径之外，开辟直接融资渠道来调动民间资金的参与十分必要。

我国金融体制改革逐渐深入，从形式上和一定程度的实际功能上看，已经初步形成了以农村信用社合作金融为基础，农业银行商业金融和农业发展银行政策金融各司其职，三者间彼此分工合作、相互配合的农村金融体系。这一农村金融服务体系改革的方向是合理而正确的，初步改变了我国农村金融机构长期以来存在的政策性、商业性和合作性功能混淆不清、利益冲突、机构单一的局面。但是，这种农村金融体系框架的形成，目前仍处于初级发展阶段，其功能定位仍不十分清晰，迫切需要深化农村金融体制改革。

二、我国农村金融与农村经济发展存在脱节现象的表现

（一）农村信贷资金需求旺盛与农村资金外流严重

随着我国农业经济发展，资金的需求量增长迅速。一是传统种植业在农业中的份额下降，畜牧业、渔业和林业的份额逐年上升，而后三者的发展需要大量的固定资产投资和流动资金投入；二是伴随着农业经济总体产业结构逐步优化，以农村中小企业为代表的非农产业迅速发展，从而加大了技术改造资金的需要；三是随着农业产业化推进，出现了一大批以农产品为原料，从事深加工的龙头企业或大型的农产品交易市场等以农业为依托的新兴企业，这需要大量的启动资金和后续投入；四是农村城镇化需要大量资金，可是农村大量的闲置资金却流入了城市，农村资金非农化现象比较严重。

（二）农业经济结构调整的多样性和农业产业化与金融服务滞后

农业经济结构调整的多样性和农业产业化与金融服务滞后具体表现为四个方面。第一，农村金融机构的贷款投放仍主要局限于传统小农业领域。第二，贷款品种局限于短期流动资金贷款，在市场导向下，各地出现了不同层次的农业产业化趋向，而农村金融服务却相对滞后。第三，业务种类少，主要集中于信贷服务。信贷又仅仅局限于传统的生产、流通领域，消费信贷、科技信贷和助学信贷基本上是空白。第四，面对农业产业化发展趋势，农村金融机构却不能够提供相配套的技术改造信贷、进出口结算等专业化服务。

（三）对农业的政策支持与对农村金融的政策支持相互脱节

与国家实行粮棉按保护价敞开收购和"费改税"等产业保护政策相比，国家对农村金融缺乏相关政策支持。一是国家没有给予农村信用社以等同于国有商业银行的不良资产剥离或核销政策；二是众多的农户贷款面广、金额小、管理难、手续繁、成本高、收益低、风险大，却无优惠的税收政策及呆、坏账核销办法；三是农业发展银行受资金等方面的制约，只是保证了粮棉油收购资金，无力从事农业开发、农业基础设施建设等。

（四）农业保险体系的缺失与农业在县域经济发展中处于基础地位的矛盾

农业是基础产业，又是弱势产业，农业的发展需要扶植。农业保险是市场经济国家扶持农业发展的通行做法。所谓农业保险，狭义而言，是对各种承保的农作物、畜禽水产、微生物等在培植、养育过程中遭遇保险责任危险所致损害时给予保险保障。广义而言，是对承保的动物、植物、微生物及其农产品等在生长期、冬眠期、贮藏期或运输过程中，因遭受保险责任灾害而造成的经济损失提供经济保障的保险。在一些发达国家和部分发展中国家，形成了比较完善的农业保险制度和经营模式，在防范和化解农业风险中发挥着十分重要的作用。我国是一个农业大国，也是世界上农业自然灾害严重的国家之一，农业和农村经济的发展，迫切需要农业保险的保护。而我国现有农业保险体系却不健全，无法满足农

业发展对农业保险的要求。

三、农村金融发展中存在的主要问题

（一）农村金融体系资金严重倒挂

长期以来，受二元经济结构的影响，农村资金一直是支持整个国民经济发展的重要来源，邮政储蓄网点遍布农村，其吸收的存款都上存人民银行。与此同时，国有商业银行从农村收缩业务后，其上存资金也越来越多，农村地方性商业金融机构又没有相应地发展起来，大量农村资金流向城市，农村资金的"离农"倾向已十分严重。农村商业结算网络不健全，资金调剂余缺的空间缩小，流通速度减慢，使用效率降低，资金需求不能得到及时满足，对外结算等资金融通成本提高，极不利于农村经济发展。

（二）农村金融体系功能缺失

目前，我国农村金融体系的不完善，在很大程度上归结于结构上的功能缺失。信贷投放主要集中于乡镇企业，而农村基础设施的投入和小农户贷款问题是农村金融始终面临的难点。小农户贷款成本比较高，信息处在基层且非常分散，风险相对大一些。因此，农村金融业务开展的难度较大。同时，乡镇企业离农化的趋势加剧了农村信贷资金的不足和结构性的矛盾。

（三）农村金融体系功能定位不明晰

1. 农业银行信贷重心向城市倾斜，在基层金融服务出现断层

农业银行将自身定位为城市金融企业，加大机构调整力度，优化布局，撤并农村经营网点，收缩农村业务。农业银行出于集约化经营和运营成本的考虑，逐步转向大中城市，农村资金大量外流。一是县及县以下的金融服务网点大幅减少，许多农村地区得不到诸如存款、贷款、结算等金融服务。二是实行严格授信制度，除少数已建立信贷关系且经营状况良好的优质客户可以获得授信贷款外，其他客户一律只能获得抵押和担保贷款。那些没有有效抵押和担保的客户，即使有良好信用记录，也很难从农业银行方便地获得所需资金。特别是新建企业，大都没有有效的财产抵押，只能从其他渠道解决资金需求，无法获得农业银行贷款。

2. 农业发展银行业务范围单一

农业发展银行作为政策性银行，其业务重点是保证粮油棉购销企业按保护价和非保护价收购粮油棉的资金需求，承担的政策性金融业务单一。一些本应由政策性银行办理的扶贫、农业基础设施建设、农业综合开发等业务没有划归农业发展银行。由于业务范围狭窄，农业发展银行未能起到代表政府扶持农业和农村经济、传递政府政策意图、弥补市场缺陷的作用。农业发展银行未发挥其政策性银行引导、示范、激励商业银行投资农业和农村以及扶持农村信用合作社规范发展、增加农业基础设施投资方面的功能，已不能满足对农业扶持方式的转变和农业产业化经营的需要。

3. 农村信用社合作金融特征不明显，服务手段落后

在我国农村金融体系中，农村信用社是最重要的，但也是最薄弱的环节。目前，我国农村信用社为社员服务范围有限，合作金融的特征并不明显，"自愿入股，民主管理，主要为社员服务，不以盈利为目标"的合作制原则并未执行，农村信用社的业务重心与国有商业银行趋同，没有结合自身特点找准市场定位，信贷业务的开展与自身合作金融的性质不完全吻合。农村信用社在经营中脱离农村和农民，"商业化"倾向严重，使资金大量流向相对收益较高的城镇和非农部门，而真正需要农村信用社贷款的农民却常常难以得到贷款，也难以享受其他金融服务。同时，大部分农村信用社规模较小，金融产品单一，主要是传统的结算业务和提供小额结算业务，缺乏中间业务，没有独立的联行体系，结算渠道不畅，无力发挥支农主力军的作用。而且，农村信用社本身也不具备完善的风险防范机制，形成了大量不良贷款。

4. 民间金融组织缺乏创新和规范

近年来，一些农村地区形成了发达的民间金融，其中有个人发放短期高利贷，也有地下钱庄，这两者的贷款利息一般较高。在个体经济发达的农村，因政府主导建立的农村金融体系失效或者门槛太高，民间金融有相当广阔的生存空间。然而，尽管民间金融的活跃客观上为农村经济的发展起到了一定的作用，但它毕竟是国家所不允许存在的形式，其本身也需要进行规范。

（四）农村信用社的角色"缺位"

1996年以后，随着农村信用社与农业银行脱钩，农村信用社已将自己的定位明确为"以农为本，为农服务"，并成为农村金融支持的主要机构。但由于产权制度的缺失以及金融功能的缺失，使得农村信用社的角色"缺位"。农村信用社的"产权模糊"是酿成当今种种困境的根源。首先，农村信用社的社员对法人团体股并无实际控制权，产权主体被"架空"；其次，众多农村信用社采取保息分红的利益分配机制，即允许农民入股，又允许退股，这样"入股"实际上与原来的存款差别不大，社员并没有形成独立的产权；最后，"合作制"是当前农村信用社产权制度的制度安排，而实践中，农村信用社的运作却与自愿、互助、民主管理、非营利性等合作原则严重背离。

四、造成农村金融与农村经济发展脱节的原因分析

农村金融和农村经济发展的不适应是由我国农村金融体系不完善，发展缓慢，农村金融安排不合理的现实造成的。具体地讲，我国农村金融与农村经济发展脱节问题产生的原因主要有四个方面。

（一）农村金融安排不合理造成资金大量外流

农村资金在供给不足的同时存在着资金外流的问题。农村资金外流的渠道有两个：一个是国有商业银行经营性战略调整，基层机构信贷权限上收，只存不贷，农村资金向城市和大中型企业集中，导致商业银行在农村吸收的资金绝大部分回流到城市，农村信用社实际上已成为农村资金净流出的重要渠道。农村信用

社净流出资金中有一部分以存款准备金、转存银行款的形式流向中央银行，还有相当部分的农村资金被农村信用社通过购买国债类债券等方式大量转移。另一个是邮政储蓄吸收资金全部上存人民银行，不发放贷款，使资金直接流出了农村，虽然中国人民银行以部分转贷农业发展银行和对农村金融机构再贷款方式将部分资金又返还给了农村，并且在近几年加大了再贷款的额度，但仍然很有限而且效果不明显。2005年，中央政府虽然调低了邮政储蓄转存中央银行的利率，但并没有建立起一种邮政储蓄资金与农村信贷资金之间的畅通关系。

（二）农村金融市场发展滞后，"地下金融交易"悄然兴起

农村金融市场是农村资金融通的场所，其发展水平与状况是农村市场经济和农村金融业发展水平的重要标志。我国农村金融市场发展落后，融资能力小，难以满足农民实际生产生活需要，特别是农业产业化对大量资金的需求和对现代金融服务业的要求，致使民间借贷市场悄然兴起。近几年来，农村一些地区出现了大量类似私人钱庄等形式的"地下金融交易"场所，严重影响了农村金融秩序，加大了农民贷款的成本，也加剧了有些农民的贫困。

中国"地下金融交易"规模在1997年之前相对较小，而在近几年来发展迅速，在广东、福建和浙江这些私营经济比较发达的地区，"地下金融交易"的间接融资规模大约相当于国有商业银行系统融资规模的1/3左右。由此可见，"地下金融交易"规模在农村是较大的，这一方面影响了正规金融机构信贷资金在农村的投放，另一方面也加剧了农村资金的外流。更为重要的是，由此而形成的"二元金融"对金融业的稳定也形成了一定压力。另外，对照宏观调控下官方借贷市场的压缩状态，以民间借贷所代表的体制外循环的壮大不仅削减了国家货币政策的效力，而且也蕴涵着新的风险。

（三）政策性银行存在缺位，农业银行只储不贷

政策性金融机构是世界各国政府为支持农业发展普遍运用的重要手段。农业政策性金融机构与商业性金融机构相比有着显著的区别，主要表现在经营方向的政策性、经营目标的非营利性、贷款对象的界定性、资金来源的稳定性和资金运用的优惠性，农业政策性金融机构要根据政府不同时期农业政策的意图及重点，以保本微利的经营原则，服从宏观经济协调和社会稳定的大局，对农村乃至整个社会经济的发展发挥重要的引导、调节作用。农村政策性金融机构有着特定的业务领域和服务对象，不与商业性金融机构竞争，而是与其相互配合、互为补充。

之所以需要政策性金融机构，是因为商业性金融机构由于本身的特点而无法满足农村对金融服务的需求。商业性金融机构配置资源呈现出逐利和逐富的特点。实际上，逐富就是逐利的一种表现。金融资源"嫌贫爱富"的本性使得金融资源在经济发达之处聚集，而远离贫困地区。基于这样的事实，从全局上看，商业银行应该是远离农村，聚集于城市。农业银行从1995年就被界定为商业银行，并开始自己的商业化改革之路，其发展目标开始定位于城市，原来在农村的经营机构开始不断向城市收缩和撤并。农业银行对农村，特别是农户的贷款已经基本取消，对农村的金融服务已经主要变成了以收储为主要目标的单项业务。这种只有储蓄没有贷款的局面"流出"了大量的农村金融资源。当农业银行大步

撤离农村时，政策性金融机构的真空则需要一个专门的机构来填补。

（四）农业保险组织体系尚不健全

中国每年约有0.3亿公顷农作物受灾，占全国农作物播种面积的1/4，成灾面积占受灾面积的比重在40%以上，其损失主要依靠政府农业灾害救济以及由中国人民保险公司以商业方式推进的农业保险两种方式进行灾害救助。作为高风险行业，补偿性质的农业灾害救济不仅受到国家财力限制，也不适应经济发展和结构调整对农业保险的要求，同时还损害了农户参与保险的积极性。中国人民保险公司于1982年开始承办农业保险业务，农业保险业务极度萎缩，远远不能满足农村经济发展和农业结构调整的需要。

目前，只有中国人民保险公司在全国范围内经营农业保险业务，农业保险在我国基本上是按照商业保险模式经营的，未享受任何政策性的补贴，严重影响了中国人民保险公司经营的积极性，造成我国农业保险的发展水平不高，只有上海和新疆是农业保险发展得比较好的地区。

五、发达国家农村金融体系的特征及启示

美国现行的金融格局是伴随美国农业和农村经济的发展而建立和完善的，以私营机构及个人的信贷为基础、以农场主合作金融的农业信贷系统为主导、以政府农业信贷机构为辅助，多种金融机构分工明确，相互配合，较好地满足了美国农业和农村发展的资金需要。

（一）明确的功能定位

美国的金融体系构成成分相对较复杂，其功能定位却十分清晰。商业银行主要经营生产性短期贷款和期限不长的中期贷款，联邦土地银行专门向农场主提供长期抵押贷款，联邦中间信贷银行则向为农民服务的金融机构提供资金，政府农贷机构主要办理具有社会公益性质农业项目的投资，从而形成了一个多层次、分工明确的农村金融体系。

（二）完备的法律体系

美国农村金融的运作具有专门的法律条例，如《联邦农业贷款法案》《农业信用法案》等。同时，美国更多的是把农业金融的运作融合到其他相关的法律体系中，从而使法律成为农村金融运作的基本依据。

（三）强大的财政支持

农业生产固有的特点是投资数额大、运转周期长、收益不稳定，因而农村金融运作需要财政的强力支持。在美国农村信贷发展初期，政府农业信贷机构资金绝大部分由财政拨付，而且在金融机构营运过程中，政府财政不仅提供大量营运基金，同时还为政府农业信贷机构及合作金融提供债券担保以及拨款弥补其政策性亏损。

（四）合理的组织制度

在美国农村金融体系中，除商业金融机构外，合作金融机构自成体系，但要接受农业信贷管理局的监督和管理，与联邦储备系统和联邦各储备银行之间没有

隶属关系，联邦储备系统只对合作金融机构进行宏观调控。农业信贷系统的全部方针政策由该系统的 3 人委员会负责制定，农业信贷管理局负责具体执行、日常督促和全面协调。政府农业信贷机构直属于美国农业部。合理的组织制度较好地保证了农村资金用于农村、用于农业，并根据不同阶段的农业发展目标，调节农业信贷方向和规模。

美国农村金融的成功运作为我国农村金融体制改革提供了丰富的经验，虽然因自然条件、社会制度、经济水平的差异，我们不能照搬美国模式，但其成功运作的经验却值得我们学习和借鉴。

六、统筹城乡发展中完善农村金融体系的路径选择

政策性、商业性、合作性金融机构共存，共同发展是世界各国农村金融市场发展的共同特征，我国农村金融市场的总体格局也是如此。但是，我国农村金融机构的政策性、商业性、合作性功能混淆不清，运行效率低下，必须对其功能进行重新定位和战略性调整。

（一）明确功能定位，给予配套的政策扶持

我国应尽快制定农村合作金融法、政策性银行法，依法明确农村信用社、农业发展行的地位、发展方向、管理体制、权责范围、优惠政策等，理顺农村金融组织之间、农村金融组织与政府之间的关系，为农村金融组织的发展提供法律保障。

1. 强化农业银行服务农业和农村经济的功能，重点支持龙头企业发展和农副产品生产基地建设

从长远来看，国有商业银行要想完全脱离农村经济是不可能的。事实上，在我国加入世界贸易组织以后，在相当长时期内，面对外资银行的竞争，中资银行在中小城市，乃至小城镇面临的竞争压力要比大中城市小得多，而且现代农村经济也有一些潜力不小的市场，特别是在优质、高效农业和非农产业领域中有很多投资机会。所以，农业银行，特别是掌握最终审批权的农业银行上级行要充分发挥自身的积极性和创造性，改变工作作风，贴近基层，了解基层，抓住市场机会，对不同的地区采取不同的措施。可适当扩大经济比较发达、信用状况比较好的地区的授信额度和基层行的经营自主权限，在能保证资金安全的基础上，适当放宽贷款条件，重点支持龙头企业发展和农副产品生产基地建设。

2. 农业发展银行应重点支持国家确定的重点行业和地区

农业发展银行必须按照国际通行的政策性金融机构的做法进行改革，重点支持国家确定的重点行业和地区，发挥国家干预和调节农村经济的重要工具的作用，弥补市场失灵，运用政策性金融机构引导社会投资方向，带动商业性金融机构对农村的投资。同时，农业发展银行还应探索组织结构创新模式，强化信息功能，要在农村金融体系中真正发挥政策性农村金融机构对农业的调节和保护作用。

3. 全面深化农村信用社的改革，发挥农村信用社支农主力军的作用

农村信用社产权制度是深化农村信用社改革面临的首要问题。鉴于我国农村

经济发展的不平衡性和不同地区农村信用社经营状况、经营环境的差异，应按照股权结构多样化、投资主体多元化原则，根据不同地区情况，进行不同产权形式改革的试点，要把产权明晰与法人治理结构的完善和落实内部管理责任紧密结合起来。

4. 建立存款保险机构，使农村金融组织有安全保障，解决储户的后顾之忧

建立商业化的存款保险机制是防范农村金融机构系统性风险的长久之计，将对及时防范和化解农村金融机构风险、支持中小金融机构发展、维护经济和金融稳定、执行稳健的货币政策创造有利的条件。存款保险机构的设置有两种选择：一种是组建全国性的存款保险公司，各省设分公司；另一种是分省建立存款保险公司，并在此基础上建立全国性的存款再保险机构。

（二）规范农村金融市场秩序，培育新型竞争主体

1. 改造邮政储蓄机构

目前，我国邮政储蓄机构吸存利率与转存央行利率之差较大，使其能够坐收丰厚利差收益。同时，个别邮政储蓄机构采用高息揽存等不正当竞争手段导致农村资金大量流出，扰乱农村金融秩序，制约农村经济发展。应将邮政储蓄机构改造为自主经营、自负盈亏的商业性银行，或将其并入政策性银行。

2. 建立农业贷款收益补偿机制和风险补偿机制

为了减轻种植业和养殖业农户的负担，政府应当降低种植业和养殖业贷款的实际利率水平，对种植业和养殖业贷款实行补贴，或者减免一切税费。为了防范道德风险，政府可以规定金融机构只有在回收贷款后才能享受该笔贷款的补贴或税费减免。同时，组建专门的政策性农村保险机构。农业保险是农村经济稳定发展的有效保证，我国可借鉴国外的先进经验，组建专门的政策性农业保险机构，实行低费率、高补贴的政策，专门办理农业种植业和农业养殖业保险，使农民遇到风险时，仍能安然度日，并使生产得以迅速恢复。自然灾害保险金可由国家、集体、农户三方共同承担。

3. 规范与发展民间金融组织

各种形式的民间金融组织的存在是农业产业化发展的必然需要，国家应承认这些体制外金融组织的合法地位，并为之规范发展创造条件。同时，应放宽市场准入条件，鼓励支持农民建立合作金融组织，组建中小型农村商业银行，解决农村发展资金紧张问题，培育农村金融市场的新型竞争主体。

（三）坚持以地方性农村合作金融为基础，保障农村资金供给

由于农村金融资源会通过国有商业银行和邮政储蓄机构流出农村，因此农村金融机构要在构建全方位、多层次金融体系的条件下，重点发展农村合作金融机构，大力发展农村信用社。由于农业和农村经济活动性质决定的，农业活动具有很大的分散性，特别是对于那些落后的农村，经济活动的分散性更加明显。这种分散性使得农村社区的金融服务需求主体是中小企业、个体农户和农村个体工商业户。这类客户对金融服务的需求具有明显的量小、平均期限短和需求急迫等特征，而由于没有持续、健全的会计信息记录，普遍缺乏担保，违约的可能性大，因而他们从大银行获取资金的能力非常有限。地方性的中小金融机构，尤其是中

小规模的合作金融机构能够以较低的成本解决金融机构与中小借款客户之间的信息不对称问题，而且他们决策迅速、服务便利，有能力也更愿意为这类客户服务。因此，农村社区中借款人的普遍性内在地要求中小金融机构的广泛存在，要求建立一个庞大的中小金融机构服务体系。

另外，中国人民银行可以通过多种手段调节邮政储蓄机构的资金，在减少邮政储蓄机构对农村资金的"漏损"和满足农村金融需求方面有所作为。例如，中国人民银行降低邮政储蓄机构资金上存央行利率时，会直接导致邮政储蓄机构在农村金融市场的份额逐渐下降，农村信用社则成为在农村吸收存款的主体，从而间接上促进了农村信用社的发展。

（四）调整农业发展银行的职能定位，发挥政策性金融机构的支农作用

农村政策性金融机构的职能主要是由中国农业发展银行来承担，但现实情况是其职能离理论上界定的政策性银行相去甚远，尽管如此，农业发展银行依然是农村金融体系中不可缺少的重要组成部分。

加大农业发展银行的支农力度要扭转中国农业银行近年来出现的"离农"倾向，切实加大农业银行对农业和农村经济的支持力度，要将农业银行办成全面支持农业和农村经济的综合性银行，使农业银行为农业和农村经济发展提供综合性金融服务。农业发展银行在农村吸收的存款必须拿出一定的比例用于农村信贷，并要用法规的形式予以明确，切实保证农业发展银行履行为农村服务的义务。

以中国农业发展银行为代表的政策性银行要有所作为，还必须发挥其对"三农"的基础性支撑作用。作为农村政策性金融机构的政策性银行应重新定位，改变目前专注于粮棉流通领域的政策性业务，拓展业务范围，对于回报期限较长、商业性银行较难开展业务的领域如农业开发、扶贫、农业基础设施建设、农业科技成果转化等，农业发展银行要充分发挥其骨干作用。同时，要延伸农业发展银行的营业网点，扩大资金来源，将网点设到贫困县（乡）或中心乡镇，从组织机构上贴近农村经济，在资金来源上，可以突破单纯依靠央行贷款的路径，通过发行债券向资本市场直接融资。

（五）适度放松农村金融市场准入条件，加快市场发展

目前，开放农村金融市场的时机已经基本成热，应当允许各种形式的农村民间金融组织合法化，重点支持农民自主参与组建各种形式的合作金融组织，增加农村金融的服务供给要逐步降低民间金融市场的准入门槛，对于已经出现的各种非法民间信用组织应强制取缔，而要通过发展各种规范的民间金融组织和民间信用组织，充分而方便地满足农业和农村发展的各种资金需求。农村民间金融组织借贷手续简便，又没有僵化的规章制度，与需求主体之间亲和力较强，农村民间金融组织的形式可以多种多样，如民营的小额信贷银行、合作银行、私人银行等。随着民间金融市场的发展，要积极探索改善对民间金融组织进行监管的方式。

总之，要让多种所有制形式、多种类型的金融机构共同发展，让不同性质和不同量级的金融机构从自己的特点出发，从事各自的金融活动，相互之间形成竞

争，才能有效率，只有形成为各种类型企业和农户服务的金融机构服务体系，弱势群体的利益才有保障，县域经济才能发展。同时，由于允许民间金融组织的正常发展，地下金融组织自然就没有了市场，宏观经济对金融调控的效果就会显现，金融系统的风险就会降低。

放开县域金融市场准入，实行金融机构多样化。一是鼓励有条件的县、市，在严格监管、有效防范金融风险的前提下，通过吸引社会资本和外资，鼓励各种经济主体积极兴办直接为"三农"服务或者商业取向的多种所有制的金融组织。例如，培育民营银行，增强农村金融市场竞争活力；又如，可以在农村信用社产权改革过程中搞股权多样化、建立社区性金融机构等。二是允许有组织的民间借贷组织在一定的法律框架内开展金融服务，尽量通过发展多元化的正式或准正式金融机构来挤出部分非正规金融机构，尤其是较大规模的，脱离人缘、地缘和血缘纽带约束的非正规金融活动。

（六）发展农业保险业务，减少农业生产中的不确定因素

由于农业生产对农业保险的需求和我国农业保险体系的不健全，在农村应建立起完善的农业保险体系。目前在我国农村，价格风险可以通过期货市场操作来对冲，而自然风险控制则只能通过农业保险来化解或降低。为此，应该形成一种政策性农业保险支持和商业性农业保险支持相结合的格局，选择部分产品和地区率先试点建立政策性农业保险支持体系，有条件的地方可对参加种植业和养殖业保险的农户给予一定的保费补贴，健全农业保险机制，发挥农业保险对农村经济的补偿作用，同时改善中国人民保险公司独家承担全国农业保险事业的垄断局面，促进多种模式、多种规模、多种业务的农业保险格局的形成。

建立健全农业保险体系，包括建立经营主体多元化的农业保险经营体系，政府主办、政府经营的农业保险公司模式，政府主导下的商业保险公司经营模式和政府支持下的合作社经营模式。每一种模式都有各自的优点，各地区应当根据当地的经济发展水平、财政负担能力和农户的投保意愿等选取不同的发展模式。但是，为了切实促进农业和农村的发展以及切实保障农民的权益，模式的选择应该遵循因地制宜原则、政府补贴原则、保障农民利益原则和强制与自愿相结合的原则。

（七）培育农村金融市场竞争机制

培育农村金融市场竞争机制，一方面是加速国有商业银行改革，按照行业或地区拆分，形成众多具有行业特点或地域特点的股份制商业银行、区域性商业银行和地方性商业银行；另一方面是在农村信用社明晰产权的改革过程中，要注意产权组织形式的多样化。

信用社资本资源的再整合非常重要，既关系到今后其在市场竞争中的生存，又关系到存款人的利益和整个金融体系的稳定。信用社的资本资源再整合分为两个层面，一个层面是再整合内部资源，实行内部股权和治理结构的改革。另一个层面是纳入外部资源，吸引其他信用社或者金融机构甚至外资金融机构的股权参与，或者信用社之间的相互联合与参与。既可以是一级法人，也可以是两级法人；既可以是农村商业银行，也可以是农村合作银行；既可以在县级信用联社基

础上组建农村商业银行或农村合作银行，也可以在地市级信用联社，甚至建立跨县和跨地市的农村商业银行或农村合作银行。而目前正在试点的农村信用社改革，似乎并没有摆脱现有地域框架的限制。

金融机构创新金融产品，向农户和农村企业提供多样化的金融服务。一是建立金融机构对农村社区服务的机制；二是农业银行等商业银行要创新金融产品和服务方式，拓宽信贷资金支农渠道；三是农业发展银行等政策性银行要调整职能，合理分工，扩大对农业、农村的服务范围；四是农村信用社应继续完善小额信贷机制，包括放宽贷款利率限制的基础上，扩大农户小额信用贷款和农户联保贷款。

建立农村资金回流机制。一是可以以法律形式规定商业银行每年新增存款的一定比例投放到农业或涉农领域。二是进一步完善邮政储蓄的有关政策，建立起邮政储蓄资金回流机制。国有商业银行收缩在农村领域的战线以后，农村金融资源已主要向邮政储蓄和农村信用社集中。邮政储蓄不发放贷款，资金全部转存中国人民银行，直接流出了农村，虽然中国人民银行以部分转贷农业发展银行和对农村金融机构再贷款方式将部分资金又返还给了农村领域，但毕竟十分有限。2003 年年底，中央政府虽然调低了邮政储蓄转存中央银行的利率，但并没有建立起一种邮政储蓄资金与农村信贷资金之间的关系。三是加大中央银行对农村信用社的再贷款支持力度。四是扩大农村贷款利率浮动幅度。加大农村信用社改革的力度，缓解农村资金外流。

（八）建立健全农户和农村企业的贷款抵押担保机制，完善对担保机构的监管框架

要针对农户和农村中小企业的实际情况，实施多种担保办法，探索实行动产抵押、仓单质押、权益质押等担保形式。应允许多种所有制形式的担保机构并存。鼓励政府投资的各类信用担保机构积极拓展符合农村特点的担保业务，有条件的地方可设立农业担保机构，鼓励现有商业性担保机构开展农村担保业务。担保机构作为一类金融企业，急需出台监管框架，以防范相关的金融风险。

加快建立政策性农业保险制度。农业生产特别是种植业和养殖业的风险特点决定有许多领域需要依赖政策性农业保险支持，也有许多领域可以推行商业性农业保险。应该建立一种政策性农业保险支持和商业性农业保险相结合的格局，选择部分产品和部分地区率先试点建立政策性农业保险支持体系，有条件的地方可对参加种植业和养殖业保险的农户给予一定的保费补贴。

1. 要严格按市场原则办事

县域金融机构之所以需要重整，就是因为目前县域金融机构不符合市场经济发展的要求。因此，重整的话，首先就必须坚持按市场原则办事。县域金融机构的改革、改造、改组都要遵循市场的客观要求，并且要按市场机制运作，真正做到自主经营、自我约束、自担风险、自负盈亏。

2. 要创建县域金融生态区

如果县域金融市场不安全，重新整合的任何设计都只能是一句空话，因此要在县域政府负总责的前提下，动员全社会的力量，政府、企业、银行各负其责，

共同努力，下大力气建设金融生态区域，实现银企良性互动。第一，大兴县域信用文化建设。一方面是要大力宣传信用观念，教育公众，举债一定要有预期效益作为到期还本付息的保证，以诚立信，以信兴业，打造整体信用形象；另一方面是要大力宣传信用知识，让众多的企业和社会行为主体熟悉和掌握必要的金融知识，学会合法、合规、合理、合算地运用金融手段来谋求发展。第二，加大执法力度，严厉打击各种逃避银行债务的毁约、违约行为，规范社会信用，为金融业的健康发展提供必要的前提条件。第三，县域中小企业和其他经济行为体要谨守信用，运用信用，强化信用观念，树立信用形象，学习信用知识，掌握融资技巧，与金融机构建立长期、稳定、良性互动的合作关系。

3. 要强化和改进对中小金融机构的监管

今后，县域将成为众多中小金融机构开展业务活动的主要区域，众多的中小金融机构出现在县域，一方面能与当地经济发展产生较好的对应互动关系；另一方面中小金融机构本身抗风险能力较弱，业务开展不好也容易产生金融风险，对经济发展产生不利影响。因此，金融监管部门必须强化和改进对中小金融机构的监管，研究制定出一套适合于对中小金融机构进行监管的有机的指标体系，摸索出一套对中小金融机构监管行之有效的方法和手段，成为当务之急。人民银行县一级支行要从金融稳定的大局出发，加强与监管部门的协调，切实有效规范中小金融机构的业务，引导其健康发展。

（九）创新农村金融服务形式

1. 加快服务领域的金融创新，提高服务水平，以适应经营者对结算、票据流通、资金融通及金融中介服务等方面的更高要求

加快电算化建设步伐，建立起适应现代金融发展的畅通、高效的结算体系，特别是帮助农村信用社建立全国性或区域性的资金清算体系，解决"瓶颈"制约问题。同时，设计与开发新型金融工具。农村金融市场缺乏有效的供需媒介，新型融资工具的设计与开发能够拓宽资金的融通渠道。通过资金、期限、利息及融资工具的重新组合等方法，借助互换、期权、可转换债券、混合证券等新型金融工具，在不改变投资收益的情况下提高资金安全性，这样不仅能够确保农村资金来源的稳定，还能促进农业与非农领域的资金交流，提高整个金融市场的融资效率。

2. 创新农村金融担保形式

农村金融市场的高风险原因在于申请贷款的农民没有可以用于抵押的资产，使得银行"惜贷"。虽然中央政策已经允许农产和涉农企业的动产以及规范化仓单、收购的农产品等流动性比较强的资产做抵押、质押，但品种数量过少，难以满足实际要求。因此，农村金融机构应结合当地农村实际，在防范风险、控制风险的前提下，着手扩大金融担保的范围和对象，创新金融担保形式。在担保主体建设上，各地可结合信用村镇建设，由政府牵头，按照联保贷款的形式，组建业主联保贷款协会；也可以由县、乡（镇）两级政府财政出资为主，以龙头企业、经营业主筹资为辅，组成农业担保基金，主要为农户和经营业主服务，切实解决大额贷款融资担保难的"瓶颈"问题。

3. 加强金融监管

农村金融自由化并不等于放弃政府对银行和其他重要金融机构的监督，让金融业完全放任自由，而是要求政府必须严格按照市场经济的规则来加强对金融市场和金融机构的有效管理与监督。然而，现代科技在金融领域的广泛应用更是增加了金融监管的难度，为此中国人民银行和银行业监管部门要切实发挥在控制利率风险上的基础调控作用，认真分析研究利率市场化的国际经验和利率工具操作的经验，以及当前农村利率市场化可能出现的风险，有针对性地建立各种风险防范预案，确保监管到位，有效遏制非理性的利率竞争行为。

在内控机制尚未健全情况下，利率浮动幅度放开可能引发新的金融风险。一方面，由于缺乏统一的度量标准，贷款利率上浮幅度在上级授权范围内由信贷员自行把握，为"人情利率"、"关系利率"留下了可能的操作空间，从而产生道德风险；另一方面，通过利率浮动的溢价补偿作用，部分以往难以得到信贷支持的风险大、资信等级相对较差的项目亦可能成为信贷支持对象，可能加剧县域经济金融风险的集中。可以说，在贷款利率浮动幅度放开的条件下，县域经济金融风险进一步向农村信用社集中，将给农村信用社风险防范工作带来较大压力。因此，必须强化宏观金融调控和金融监管的作用。

4. 强化农村信用社的主力军作用

农村信用社是提供金融服务支持农业和农村经济发展的主力军。"三农"和农村信用社发展的事实证明，农村信用社只有根植于农村这片广袤的土地，才会获得不断发展的源泉与动力，任何脱离服务"三农"、好高骛远的想法都是不现实的。农村信用社要继续坚持为"三农"服务。

一是按照党中央、国务院的总体部署，加快推进农村信用社的自身改革，进一步明晰产权关系，强化约束机制，完善法人治理结构和内部管理制度。二是加大农业信贷投放，尤其是要增加农产小额信用贷款和农户联保贷款，扩大单户贷款额度，扩大贷款覆盖面。三是根据"三农"对金融服务的需求，在金融工具、服务方式及经营范围上有所创新。首先，要创新业务品种，积极争取开办代发工资，代收农村税金、保险费、电费及电话费等各种代理业务。其次，要积极开拓农村消费市场，开办农民助学贷款、住房贷款和生活消费品贷款等。最后，要拓宽服务领域，积极为广大农业产业和集体经济组织提供信息、技术等多元化综合服务。

5. 改革和完善商业性金融机构支农方式

中国农业银行有义务继续支持农业和农村经济发展。但是，应该考虑到，中国农业银行继交通银行、中国银行、中国建设银行和中国工商银行之后引进战略投资者，进行股份制改革，成为真正的股份制商业银行。这势必影响农业银行调整对"三农"的金融支持。因此，农业银行要充分利用自身优势，开发更多的金融产品，扩充服务功能，发挥对农村经济强有力的拉动作用，还要与政策性银行加强配合，对政策性银行扶持的农业项目和企业，积极予以配套支持。

6. 规范并引导民间金融组织

在广大农村地区，由于经济发展的不平衡性和农业生产的分散性，正规农村金融机构很难适应和满足"三农"多元化、分散性的金融需求，农村民间金融组织对农村经济的发展起到了特殊而又不可替代的作用。有组织金融领域被抑制的一个后果，就是在任一利率水平下都会增加对场外市场的资金需求。必须规范发展民间金融组织，增加农村金融组织的服务供给，促进农村金融市场充分竞争。

（1）鉴于农村民间金融组织地位的特殊性及自身的固有特点，应趋利避害，积极引导，通过制定全国性和地方性的政策法规，规范农村民间金融行为。特别是开放农村金融市场后，应允许农民成立自己的合作金融组织，可以是新型的信用合作社或合作基金会，完全实行法律监管和内部监控，杜绝基层政府任何形式的行政干预。

（2）对民间金融机构，要严格市场准入条件。第一，提高准备金率和资本充足率；第二，采取强制和自愿相结合的办法，敦促办理存款保险；第三，严格按照商业银行监管法则对其进行监管；第四，允许其提高存贷款利率，以弥补其高风险的损失。

（3）依法建立农村民间金融管理协会，负责对民间金融实施管理。参照农村国有商业银行、信用社涉农贷款的利率水平和当地资金平均利润率及供求情况，合理确定农村民间金融组织的利率的波动范围，并定期公布。在条件具备时，应允许农村民间金融组织参股、控股农村信用社，使其成为农村合作金融的一部分。

7. 合理利用财税政策，建立农村金融制度变迁的激励机制

金融体制缺乏效率的问题，不可能只通过金融机构和金融政策的改善而得到解决。金融体制改革应与其他非金融政策的改革配套进行。在改革金融制度时，如不同时采取正确的汇率政策、国外贷款政策、国内税收政策和财政政策等，仅仅改革金融制度是没有什么意义的。

建立健全财政补偿农村金融的机制，有利于维护农村资金的完整性，调动投资主体的积极性，保证农业投资的连续性和有效性，降低投资的风险，使有些项目的投资回报率能够基本达到全社会的平均利润率水平，从而吸引商业银行进行直接投资。

（1）实行优惠的税收政策。中央和地方政府应对经营农业贷款的农村金融机构实行适当的税赋减免政策，为农村金融机构获得同等商业银行赢利水平创造条件。优惠的税收政策包括：免征农业发展银行营业税和所得税；对农村信用社发放小额农户信用贷款免征营业税；适当降低农业银行农业贷款营业税税率等；农村信用社存款作为社员存款视同股金，免缴利息税。

（2）收入补偿。第一，建立贷款项目的配套机制，应由中央和地方财政安排专项资金用于农业项目贷款贴息和资金配套，降低单独由政策性贷款和商业性贷款支持的项目风险；第二，对农村信用社历年垫付的保值补贴利息支出给予补偿；第三，对一些明显带有政策性扶贫功能的贷款，要界定合理的政策性亏损空间，其政策性亏损由财政拨付，对老少边穷地区的农村信用社，农民确实需要又达不到规模效益的经营亏损，可由地方财政弥补；第四，财政补贴除了补贴金融

机构外，还要继续运用财政补贴杠杆对农产品市场进行调控和管理，对边远地区、山区等实行特定的补贴政策。

（十）改革相关配套机制

1. 建立农地金融制度，深化农地制度改革

农地金融制度作为农村金融体系不可分割的一个部分，在促进农地资源优化配置，强化农业信贷资金投入，提高农业效率和农业竞争力等方面发挥了十分重要的作用。

当前，农民从金融机构取得的贷款占农业总投资的比例还相当低，其原因除了农业投资周期长，比较利益低下，回收慢之外，关键是农民缺乏一个合理的抵押品。因而，在金融机构商业化背景下，贷款融资十分艰难，农业信贷投入呈低水平运行状态。

农地金融制度是以土地产权的抵押作为获取信用的保证，使土地经营者获得发展所需资金，解决土地经营者的资金短缺，以实现农业投入的增长。一般而言，作为以土地为抵押品的资金融通，农地金融的主要特征有：债权可靠，较为安全；贷款偿还期长，利率低；可以实行土地债券化；有专门机构执行与推进。因此，在农地金融运行方式方面，应以土地债券化发行、土地抵押贷款发放予以偿还等形式为主。

建立农地金融制度的主要措施有：第一，改革土地经营方式，明确农村土地所有权，稳定土地承包权，促进农地使用权合理流转，健全土地产权法规；第二，采用避免风险、损失控制与风险转嫁等措施，防范农地金融风险；第三，建立科学的农地评估体系，提高评估从业人员素质，促进评估机构开展公平竞争，允许国外土地评估机构进入中国评估市场。

2. 积极推进农业保险，为农业融资提供风险分散机制

农业保险对于控制农业生产风险、提高农村防灾防损能力及灾后恢复能力、维护农村社会稳定具有十分重要的作用，同时对于提高农业融资能力也具有重要作用。

我国农业保险陷入困境的制度根源在于长期严重的农村金融抑制削弱了农业保险发展的物质基础。农业保险市场落后折射了农业保险政策性目标与保险公司商业化经营目标相背离，现有的农业保险不能满足客观实际需求。为此，应积极推进农业保险，为农业融资提供风险分散机制。可以考虑引进国外大型的农业专业保险公司参与我国农村保险市场建设；将国家财政用于农产品价格补贴和出口补贴的支出转用于农业保险的保费补贴和费用补贴；逐步减少用于农业灾害补贴和农村救济费的支出，将节省的部分也投入到支持农业保险发展中，减少农民对国家的依赖程度，提高其风险和保险意识。逐渐增加农业保险比例和数量，最终建立起以农业保险为核心的农业保护制度体系。

3. 发展大宗农产品期货市场，规避农产品交易市场风险

期货市场与现货市场相比，具有两个重要经济功能：一个功能是价格发现功能，另一个功能是套期保值功能。随着农业产业化的推进，"公司+农业产业"、"龙头企业+公司+农业产业"等农业产业化的经营模式会逐渐推广，粮食等农作

物生产者的经营风险会通过契约方式转移给生产、加工和贸易企业。而通过发展大宗农产品期货市场，适时推出新的品种，是适应农业生产、加工和贸易企业规避市场风险的良好选择。

期货市场的价格能够集中反映出较为真实的供求关系及未来的变化趋势，显示市场价格的真实性。发展大宗农产品期货市场，一方面，有利于促进农产品质量的提高，科学调整农业种植结构，强化宏观调控效果；另一方面，可以引导生产企业根据市场需求组织生产。

因此，建设一个交易活跃、影响力广泛、具有中国特色的农产品期货市场，可以直接或间接地加快农业产业结构的战略性调整，提高国内农产品的竞争力，规避农业风险。

4. 优化社会信用环境

良好的社会信用环境是经济发展的基础，是保障银行和企业健康发展的平台。

（1）政府要在优化社会信用环境中发挥核心作用。首先，要建立一套信用管理体系，通过加强信用制度建设，把信用意识变为一种法制力量。其次，建立政府经济管理职能的经济立法制度，规范和约束政府行为，促进政策的公正、透明，保持政策稳定，减少不确定性。最后，转换政府职能，减少政府对金融业务的行政干预。

（2）加强征信体系建设。征信体系是社会信用体系的支柱，征信体系完善与否是金融体系是否具有坚实基础和市场经济是否走向成熟的重要标志。必须加强企业和个人征信体系建设，建立全国统一的数据库，解决企业和个人跨地区、跨行业、跨银行活动带来的信用信息共享问题。

（3）积极培育和规范征信市场，积极探索对征信市场的监督管理模式。首先，逐步引入和培育专业资信评级机构，在条件较成熟时进行资信评级试点，进而形成市场竞争的资信评级市场格局；其次，引入信用管理机构，推广现代信用管理技术，探索为企业提供信用服务的路子，逐步完善信用服务市场；最后，探索建立融资担保机构评级制度，引导商业银行依据担保机构的资信等级开展银行与担保机构的合作，同时促使担保机构规范经营。

（十一）深化农村信用社配套改革

1. 构建支农资金的良性循环机制

首先，要建立资金回流机制，主要是引导储蓄资金回流。在邮政储蓄银行组建初期，总行在资金运用过程中，应优先考虑资金向"三农"投入；国家可利用财政贴息、税收优惠等手段鼓励邮政储蓄银行将县及县以下的邮政储蓄份额超过20%的部分通过适当方式用于农村；建议县级人民银行将邮政储蓄上存的转存款全额转化成农村贷款；鼓励邮政储蓄资金参股农村信用社，办农村小额信贷机构等。

其次，探索国家财政支农资金投入的新方式。可以借鉴国际经验，政府在合作金融机构建立初期，通过一定方式提供合作金融机构初始发展资金；在合作金融机构壮大以后，转让政府股金，实现合作金融机构的自主经营、自主管理。

最后，要建立正规金融机构和非正规金融机构之间资金的联结。通过正规金融机构将低价的信贷资金提供给非正规金融机构，可以改善农户和农村中小企业的贷款情况。

2. 建立全方位、多层次的农村金融体制

（1）继续深化农村信用社改革。农村信用社的改革要在明晰产权的基础上，完善法人治理结构，切实转换经营机制，强化内部管理和自我约束。

（2）充分发展商业性金融。地方政府要为农业银行创造一个宽松的市场环境，剥离农业银行的政策性业务，减少干预。政府应给予财政补助等配套政策引导农业银行向农村投放资金。

（3）发挥政策性金融机构的积极作用。农业发展银行要借鉴国际经验拓宽政策性业务范围，要在农村基础设施建设、农村生态环境建设、扶持重点地区和行业等方面发挥巨大作用。同时，要建立农村扶贫小额贷款担保基金和农业保险体系。

3. 农村信用社未来经营中需注意的问题

商业性经营应是大多数农村信用社未来的发展方向，必须把准市场定位。农村信用社应大力推广农户小额信用贷款和联保贷款，努力搞好、搞活小企业融资，创新服务手段和业务品种，加强与政策性银行的合作，不断拓展业务空间。

政府在政策方面应给予农村信用社更大的支持。农村信用社在税收上应得到比城市商业银行更优惠的待遇；利率的确定方面应有相对城市商业银行更大的浮动空间；应积极寻求支持与建立现代化支付结算系统等。银监会应加强对农村信用社的监管力度，促进、引导农村信用社更新理念、规范行为、提升服务水平。

第九章 深化县乡政府行政管理体制改革与统筹城乡发展

统筹城乡发展，首先要从城乡分割、城乡差别发展转向城乡互通、城乡协调发展，把工业化、城镇化与农业和农村的现代化紧密结合起来，走生产发展、生活富裕、生态良好的全面、协调、可持续的发展道路。过去，在长期形成的城乡二元结构的背景下，城乡二元结构对很多人的思维方式产生了很重要的影响，使很多人形成了一种思维定势，自觉或不自觉地认为，中国这么大的地域，要想到处都建设得比较漂亮、所有人都过上富裕的生活，在很短的时间内是做不到的，因此考虑到首先要满足城市，然后满足农村。这样的城乡分割发展，对农村的建设来说是特别不利的。这就要求各级政府，在考虑城市和乡村的发展方面，工业和农业的发展方面，市民和农民的利益方面，能够做到城乡统筹。政府要转变观念、转变行为，在物质文明建设、精神文明建设和政治文明建设三个方面都要实现城乡统筹。同时，这就要求统筹行政管理体制，加大乡镇撤并和中心镇建设的力度，加快建立乡镇社区自治制度，转变职能，精简机构，统筹城乡行政管理体制，形成中心城、中心镇、中心村"三元一体"的行政管理体制。

一、我国县乡政府体制的演变历程

县级行政管理组织起源于秦代郡县制，但是县成为中央政府的基层政权组织，则从宋代开始，其后历经演变，各朝各代都各有其特点。20世纪初的中国将日本作为追赶现代化的目标，县制改革的目标是提升县的地位，推行县级新政，实现县自治，从而确立新县制。新中国成立后，在政治架构上彻底废除了国民党时期的政治制度，在行政体制的设计上，还是延续了历史上中央、省、县三级的管理体制，并根据经济社会发展和权力下放的要求，进行了不断的调整。

（一）基本形成时期（1949—1954年）

这一时期主要是在地方政府体制层级结构调整的基础上，逐步建立新的地方行政体制的层级结构。这一时期地方政府行政体制层级结构主要有四种形式：大行政区—省—县—乡四级制；大行政区—省—行政区—县—乡五级制；大行政区—省—县—区—乡五级制；大行政区—直辖市两级制。其中，以四级制为主。

（二）规范调整时期（1954—1966年）

1954年《中华人民共和国宪法》和《中华人民共和国地方各级人民代表大

会和地方各级人民委员会组织法》公布实施，中央和地方政府的基本关系得到规范。这一时期地方政府行政体制层级结构主要有三种形式：省—地市—县—乡（1958年以后为公社）；直辖市—县—乡；省—县—乡。其中，以第三种形式为主。尽管期间进行过一些调整，但是县以下的层级建制没有大的变化。在高度集中的计划经济时期，县成为国家调控分配社会经济资源的重要组织力量。

（三）"文化大革命"时期（1966—1976年）

这一时期地方行政体制的层级没有发生大的变化。各级"革命委员会"成为了一级法定的政权组织，地区成为省与县之间的正式层次。

（四）新发展和转变时期（1976年至今）

随着"文化大革命"结束和1982年《中华人民共和国宪法》的施行，我国地方行政层级结构开始了恢复和变化。1982年，依据《中共中央和国务院关于地市州党政机关机构改革的若干问题的通知》的要求，有条件的地区开始实施市管县的领导体制。地方行政体制层级结构由省—县—乡三级逐步向省—市地—县—乡四级转变。同时，我国于1982年和1992年先后两次对省会城市和部分特大城市的体制进行调整，在一些沿海发达的省份对所属的经济大县（市）赋予了副地市级的管理权限，在财政、计划和行政审判制度上享受地级城市的管辖权，形成了中国特色的以四级为主、多级多层的体制。

二、我国县乡政府职能的演变历程

市场经济目标的确立事实上逐步瓦解了传统的"全能型政府"的基础和工具，作为上层建筑的政府必然要相应地转变。县乡政府的功能，尤其是经济职能，由于处在生产力发展的不同阶段而表现各异。

（一）改革初期

县乡政府用高度集中的计划体制管理经济，主要集中在农业和粮食生产方面的管理上。政府具有相对较大的社区经济社会管理调控权，管人、管事的权力高度统一。区域范围内各部门以条块管理为主，在协调各方、统揽全局上具有权威性和号召力。

（二）改革中期

县乡政府特别是乡镇政府更大程度上表现出一种"公司型政府"的特征。政府直接负责确定项目、筹措资金、寻找市场，为了上项目、上规模、扩大经济总量，政府利用政府的影响、地位与行政动员能力进行了大规模的市场干预。出于利益诱因，政府的自我扩张处于一种失控的状态。

（三）改革深入期

县级政府的经济管理职能开始从过去的直接经营向社会调控和区域产业发展指导转变。乡镇政府经济管理职能开始向所谓"五政"方面转变，即行政、法政、民政、廉政与宪政。

三、县乡政府职能转变的进程分析

围绕县乡政府体制改革，目前已经实行的改革主要有县改市、乡改镇。改革预期是通过城镇化途径，集中和整合区域资源，提高县乡资源的配置效率，降低县乡发展的比较成本。但是从成效上看，并未达到预期的效果。还有一种改革尝试则是进行乡镇体制改革。乡镇体制改革有以下两种思路：

（1）推进乡镇合并和行政村合并，减少乡镇的个数和村的个数，扩大乡镇和村的行政辖区，降低政府运作成本和农村社会负担。

（2）撤销乡镇和行政村。

这两种思路都对原有体制有所突破，但是由于整个政府的职能定位问题没有解决，即使合并乡镇、变乡镇体制为街道社区体制，依然是按照原有思路和传统模式进行的改革，造成农村社会负担的体制性原因没有得到彻底解决。

县乡政府职能的变化与宏观行政体制有一种若即若离的关系。县乡行政体制总体上与国家行政体制具有一致性，但是国家宏观管理一般都是政策性管理，它的实现往往基于微观层面的具体把握和创新。首先，县乡政府是国家行政体制的神经末梢，处于具体微观层面，具有自主、自治、自立的特点，独立运作、自主创新的空间相对较大，对体制的依附性远远弱于城市政府和更高层级的政府。其次，县政府政府职能变化也和当地经济发展，尤其是与所有制结构调整有关，在经济发展水平相对较高、民营经济发展较快的县乡，政府更具现代政府的基本特征。再次，县乡政府受历史、人文、社会等因素的影响。缺乏民本意识的县乡区域，政府职能的转变更加困难。最后，从阶段上看，在改革开放的初期以及中期，县乡政府的经济职能主要集中在管理协调和直接经营方面，政府在行政推动和资源管理的结合上，显示了强大的组织动员能力。其中，有压力型行政体制作用的原因，也蕴含了县乡政府内在的利益动机。随着改革进入深入改革阶段，面对利益的调整，县乡政府也出现了种种担心，由于这种转变并非自愿，甚至直接影响了现有利益，改革遭遇了重重阻力。

四、统筹城乡发展中县乡两级政府的职能定位

实现政府合理定位的基本原则可以概括为：有限政府、法治政府、透明政府、高效政府、服务政府。具体到县乡政府各自的定位，则又有所差异。就县级政府而言，其主要的行为范围应该确定在如下几个方面：

首先，完善市场秩序，规范市场行为，为各类市场主体创造公平竞争的市场环境。

其次，解决公共产品与服务问题，主要就是与生活相关的社会服务与设施。

最后，促进地方经济可持续发展。县级政府在公共管理体系中的地位决定了地方政府是地方经济可持续发展最有力的促进者，这一点在市场发育相对滞后、市场力量相对薄弱的县域表现得尤为突出。

乡镇政府的社会渊源、宗亲关系和文化背景同省、市、县政府不尽相同。虽然现有体制将乡镇政府作为中国四级政府中最基层的政权组织，但是乡镇政府处于体制的边缘，是"不被关注"的行政单位。从历史和现实的角度分析，乡镇政府更应该成为一个社区自我管理、自我运作、自我服务的地方区域自治组织。从体制功能上而言，乡镇政府更具自主权，社区自治管理应成为乡镇政府最基本的职责。乡镇政府职能定位应确定为弥补"乡村社会不能"。乡镇政府的行为范围的确定必须取决于农村社会自治的范围起作用的程度，应始终坚持社会自治范围最大化。乡镇政府不应该对经济增长目标负责，也不应该对自身财政（生存）负责，更不应该具备自我扩张能力和资源掠夺能力。

五、统筹城乡发展中深化县级政府体制改革的路径

（一）深化县级政府体制改革

县级政府体制改革的主要对象可以简单地概括为两点：一点是机构改革，涉及对象主要是"人"；另一点是体制改革，涉及对象主要是"物"。在此基础上，进一步强化县级政府提供公共产品与服务职能，同时优化县级政府经济引导与调控职能。

第一，县级政府机构改革与人员分流。理清行政、事业、企业部门之间的性质；积极创造条件鼓励公职人员停薪留职，走出机关创办第三产业的怪圈；政府出面统一组织、协调，帮助分流人员参加社会保险等。

第二，选择条件相对成熟的县，进行干部选拔任用机制的改革试点，在候选人的确定问题上试行"公推公选"，确定、任命则由以往党委常委会投票表决方式改为全委会投票表决方式。

第三，县级财政体制改革涉及各级政府的财权、事权划分，关系较为复杂。总体而言，要大力扶持与发展县域经济，稳固县级财政基础；按照市场机制和市场规律的要求，改进财政管理体制；重新界定县财政供给范围，强化财政支出管理；拓宽理财领域，统筹预算内外资金等。县级财政体制进行改革必须与政府职能转型相互配合，以建设公共财政促进县级政府职能转变。

第四，在上述改革基础上，对县级政府的职能行为进行调整。强化县级政府的治安、民政、文教、卫生等公共职能、优化政府的经济引导与调控能力等。

（二）加大县级政府管理体制改革力度

加大县级政府管理体制改革力度，加快机构改革和精简人员的步伐，明确县级政府在地方经济社会发展中的功能定位，建立地方公共财政制度，以县民主自治带动区域民主自治。加大县级政府管理体制改革力度的核心是以县为单位推进县域范围的民主自治，改善地方政府治理结构。该思路具有历史基础和思想基础，有相对的前瞻性。但是，实行以县为重点的体制改革是一项系统工程，既涉及整个国家的政治体制改革，又涉及县乡两级政府以及内部各种利益关系的调整，改革目标与政府体制、社会环境、公民认知都还有差距，可控程度较低，风险系数较高。精简机构、强化财政制度建设等都是必然的改革途径，可以逐步

推进。

六、统筹城乡发展中深化乡镇政府体制改革的路径选择

在当前阶段，县乡行政体制改革的重点应当放在乡镇政府，关键是收缩乡镇政府体制，建设政府层次，调整乡镇行政管理范围。当乡镇改革取得成效之后，再以乡镇地方自治为前提，以建立扁平开放式的地方政府为目标，加快县级政府机构改革，职能调整，以推进县乡地方政府行政体制改革。

（一）处理好县乡两级政府改革的关系

县乡两级政府改革本质上是一个统一的整体，两者相互影响、互为条件，同时由于县乡两级政府在国家行政体制中具有不同的功能与定位，改革的思路与重点也有所差异。就县级政府改革而言，改革的重点应该是明确职能、合理定位、精简机构、减少人员；而乡镇改革的重点应该是围绕经济开放化、社会平行化、产权民营化和人的社会化要求，建立一种扁平开放的、功能自治的、提供公共产品的社会服务组织。从改革程序上看，应先改乡，再改县；先改具备条件的经济相对发达地区，再改经济欠发达地区；根据不同地区的不同情况，因地制宜、分类指导、从易到难、循序推进。推进乡镇改革有如下三种基本形式。

第一，撤销乡镇政府体制，将县一级定位为国家最基层的政府组织。具体实现形式是撤乡建所，同时建立以乡镇为行政幅员范围的乡公所，作为县政府派出机构，根据上级授权从事乡镇范围内的国家行政管理要求的公共事务管理，并与社会组织、社群力量协同合作，建立和形成体现国家意志与社区成员意愿、直接对民众的区域社会治理结构。

第二，建立体现乡镇自治的社会管理委员会，形成具有民主管理、民主决策、民主选举、民主监督的乡镇自治。实现社区管理委员会领导成员的直接选举，建立以满足社区公共服务所必需的自治财政收支制度，重新配置乡镇的权力，完善乡镇公共组织管理与乡镇社区民主治理、多元互动的合作机制，建立和健全乡村居民民主参与乡镇政治的通道，使国家与乡村民间组织，在乡镇社区治理中达成全面、积极和有效的合作。

第三，在城市辐射密集（如成都市周边）或农村工业化程度较高的地区，通过乡改居（街道）的办法，实现社区自治。通过制度内增量改革，增强社区的自主性，彻底改变原来依附于县区政府的状况，使之成为乡镇社区有效治理的主体单位。

（二）乡镇政府体制改革的总体思路是实现乡镇自治，核心的是建立实现经济发展的体制和制度框架，以体制创新和制度创新形成激发经济发展的内在活力

第一，逐步推进基层民主，变乡镇政府为自治组织。建立和改进民主选举、民主决策、民主监督等民主管理机制；乡镇范围内分别实行社区管理委员会的直接民主选举和乡镇（村）合作经济组织股东代表会议的民主选举；成立乡镇和村成员代表大会的常设机构；强化责任体系建设；建立上级党委委派的乡镇和村的党的工作委员会制度，实行双线管理协调制度。

第二，推进乡镇产权改革。根据资产的来源，合理确定乡镇政府、社区合作经济组织不同的资产归属，按照产权股份化、利益人格化和经营市场化要求，使集体资产从乡镇政府所有转变为农民人格化的具体所有。

第三，重新确立上下关系。国家应当履行其职责为乡村公益事业建设提供资金支持和立法保障以推动乡村公益事业建设；规范县对乡镇的领导方式和管理行为，变原有的直接行政领导关系为区域管理的指导协调关系，逐步取消乡镇机关人员官僚化的行政事业编制和等级；为乡镇组织制定一整套完整、科学、程序严密的自治法律，把乡村自治与依法治国紧密结合起来。

第四，加快乡镇合并的步伐，扩大乡镇行政管辖范围，同时推进行政村的合并与调整，节省社会管理的运作成本，以减轻社区成员的负担。

第五，改革财政分配体制。在原有国家和地方财税分开的基础上，更加严格、科学地划分政府财税收入和社区财税收入的税收范围和征收标准，建立以自治财政为目标的社区公共财政体制。

第六，把社会自治组织的机制创新和组织再造作为构建农村社会管理微观制度的重要形式，发展各类经济自治组织、中介服务组织与社会自愿组织等。

七、深化户籍制度改革与统筹城乡发展

我国城市户口与农村户口所承载的权益是不一致的，拥有城市户口的居民可以享有一系列福利保障待遇，而没有城市户口的农村居民则不能享有与城市居民同等的福利保障待遇。这种城乡不统一的户籍制度，不符合市场经济公平竞争的原则，是我国农民不能享受国民待遇的根本症结之所在。因此，必须改革现行户籍制度，加快实现城乡户籍管理一体化，消除建立在户籍管理制度基础上的各种不公平规定。按照国际惯例，建立城乡统一的以身份证管理为核心的人口流动制度，即任何一个人，只要其在一地有稳定的收入来源，就有资格办理当地户口，并依法享受当地居民的权利，实现以居住地划分城镇人口和农村人口，以职业划分农业人口和非农业人口，使户籍登记能够准确地反映公民的居住状况和职业状况。只有这样，建立城乡统一的户籍制度，才能逐步改革城乡分割的户籍管理制度，取消对农民进城就业的限制性规定，逐步统一城乡劳动力市场，逐步建立城乡一体化的国民教育、劳动就业、社会保障体系，使进城务工农民在子女教育、就业、社会保障等方面与城镇居民享有同等待遇，形成有利于农民进城就业和创业的良好环境。

我国的户籍制度始于1958年，其标志是1958年全国人民代表大会其常委员会通过的《中华人民共和国户口登记条例》，该条例对农村人口流入城市进行了严格限制，直到20世纪80年代中期户籍制度的管理仍然很严格。这种城乡分割的户籍制度，使得城乡居民在收入、就业、教育、社会保障等方面存在较大差距，标志着我国城乡二元结构形成。此外，这种城乡分割的户籍制度限制了人口的正常迁移、资本的合理流动，从而造成了我国农民收入低下，城市化进程缓慢的局面。这种情况下，国务院于1984年发布了《关于农民进入集镇落户问题的

通知》，规定农民可以在自理口粮的前提下，在县以下的小集镇落户，这标志着我国户籍制度开始松动。2001年，公安部提请国务院批准《关于推进小城户籍制度改革的意见》的文件，其中明确建议，全国县级市、区、县人民政府驻地镇及其他建制镇，所有在当地有固定住所、稳定职业或生活来源的人员及其共同居住生活的直系亲属，均可根据本人意愿办理城镇常驻户口，但这仍然指的是县以下的小城镇。2002年，广东省率先在广州市开放户籍制度，随后其他有些城市也进入试点。目前，我国的户籍制度改革已经取得了一定进展，进城务工农民的平等就业权利和享受公共服务的权利有所增强，附着于城镇非农户口与农业户口两者之上的权利的差距逐步缩小，但目前我国户籍制度改革进程缓慢，总体框架尚未得到根本改变，需进一步改革。只有彻底清除这种不合理的户籍制度，才能真正把农民从土地上解放出来，促进城乡协调发展。

小城镇户籍制度改革已在全国展开，若干大中城市已经开始放松农民变市民的控制条件，城镇户籍制度的改革已成迅速加快的态势。但是，在改革城镇户籍制度的同时，应该看到现行户籍制度对于城镇化和农民市民化的影响，主要是通过与此相关的福利保障制度而发挥作用的，如城镇教育、就业和社会保障制度等。这些城镇福利保障制度加大了农民进城的成本与风险，加剧了进城农民的边缘化地位。因此，取消农业户口和非农业户口，代之以实行国际上通行的按常住地和稳定的收入来源来登记户口，固然是户籍制度改革的重要任务，却远远不是城镇户籍制度改革的全部内容。取消农民进城务工的限制性规定、不合理收费和歧视性就业、社会保障和社会管理政策，使进城农民能够自由平等地进入城市社会福利保障体系时，户籍制度的改革才算大功告成，户籍制度对于城市化和农民市民化的负面影响才能根本消除。

随着城市化的推进和城乡经济相互作用的迅速增强，农民工已成为产业工人的重要组成部分、城市运行不可或缺的支柱；农民就业、收入和发展状况的改善，越来越成为城市发展不可或缺的内容。因此，改革与户籍制度相关的城市福利保障制度，已经逐渐不是一个城市政府和市民如何尽"地主之谊"善待农民的问题，而是逐渐成为政府如何对待市民的问题。应该努力促成包容进城农民的社会管理制度和文化氛围，借此巩固户籍制度及城市福利保障制度改革的成果。城镇福利保障制度的改革应按照加快推进与循序渐进、重点突破有机结合的原则，在失地农民的社会保障、农民工工伤和大病保险、农民工子女就学条件等方面，取得突破性进展，逐步实现与城市福利保障制度的接轨，为平等对待进城农民或农民工、对他们实行"人性化管理、亲情化服务和市民化待遇"提供有效的制度保障。应该将进城农民的就业和发展问题，纳入城市经济社会发展规划通盘考虑；将农民工子女教育及其卫生保健问题，纳入政府统一管理范畴。

目前，国家政策规定已经允许有固定住所、稳定职业或生活来源的农民在小城镇落户，这一政策的适用范围已从小城镇扩大到中等城市。但发达地区绝大多数地方的城镇，只对本地农村人口放开进镇的户口限制，而对符合上述条件的外来农民工到城镇落户并未开放。此外，对进城就业农民迁移小城镇条件中的固定住所限定为购买住房，合法租赁住房不能迁入，抬高了农民工进城的门槛。

　　针对上述问题，建议取消严格划分农民和城市居民的户口登记制度，放宽农民进城的设定条件，只要有合法的住所（包括购买住房和合法租赁住房）以及稳定的职业和收入，就应允许其将户口迁入城市。同时，对已经转移到城市的农民工，应让其逐步享有和城市居民一致的权利。目前，我国在全国范围内进行了试点改革，试点区的改革工作应进一步加大力度，不仅应使农民感受不到户口的约束，而且还要使政策部门、企业等感觉不到户口的限制。只有这样，人们观念上的城乡户籍制度差异才会彻底清除，才谈得上城乡统筹发展。

　　因此，应坚持"降低门槛、放宽政策、简化手续"的原则，继续深化户籍管理制度改革，建立城乡统一的新型户籍管理制度。逐步对户籍人口取消农业和非农业的户口性质划分，按实际居住地登记为"居民户口"，实行一元化户口登记制度。对户籍已登记为"居民户口"的人员，在农村有承包地的，其土地承包经营权可保留，同时依法享有和承担农村集体经济组织成员应有的权利与义务。对从外地迁入人员实行准入条件的管理办法。加速城镇人口和人才、资金等生产要素的集聚。

第十章 四川省统筹城乡经济发展的实证分析

统筹城乡发展是一个针对城乡状况、统筹全局发展的系统工程，涉及多个方面的因素，实际上是统筹城乡经济社会发展的整体发展战略。改革开放以来，特别是党的十四届三中全会提出建立社会主义市场经济体制的宏伟目标以来，我国一直致力于解决城乡二元结构的问题。但是，应该看到，时至今日，我国农业发展严重滞后，农民收入增长缓慢，城乡二元结构问题不但没有彻底解决，反而日益明显，已经成为制约我国经济增长的重要问题，甚至成为改革和发展中的瓶颈问题。全面建成小康社会，关键在农民。要从根本上解决"三农"问题，已经不是单纯的支农、建农问题，而是城乡统筹发展的问题，如何推进新型城镇化进程，实现城乡一体化的问题。因此，统筹城乡发展，推进城乡一体化战略是新阶段继续深化经济体制改革的重要举措。没有城乡一体化的战略推进，三农问题不可能真正解决。

一、四川省实施"两化"互动、统筹城乡发展战略，推进产城相融和产村相融

新中国成立以来，我国为快速推进工业化，实施了优先发展重工业战略，实行城乡差别政策和城乡分割体制，形成了城乡二元结构，这一战略选择在特殊的历史背景下，使我国以较快的速度、在较短的时间内创造了一个足以捍卫国家主权、民族独立的物质技术条件，初步达到了既定的现代化战略目际，具有其合理性。但是，这一战略选择在客观上也导致了城乡差距的拉大，并积累了不少难以回避的社会矛盾和现实问题。改革开放以来，尽管我国在缩小城乡差别、工农差别方面做过不少探索，也取得了一定成效，但城乡二元结构尚未根本改变。正在转向技术与资本密集型、规模扩张的工业与小规模分散经营、劳动生产率低下的农业形成鲜明反差，高楼拔地而起、面貌日新月异的城镇与生态环境质量下降、面貌变化较慢的农村形成鲜明反差，收入持续增长的城镇居民与收入低水平徘徊的农民形成鲜明反差。

（一）四川省着力推进体制机制创新，统筹城乡综合配套改革取得了新的进展和成效

2007年以来，在四川省省委、省政府的领导下，四川省深入贯彻党的十七

届三中全会、十七届四中全会、十七届五中全会、十八大精神和党的十八届三中全会精神，坚持科学发展，加快发展，紧密结合灾后恢复重建和扩大内需促增长，着力推进体制机制创新，统筹城乡综合配套改革试点取得了新的进展和成效。成都市认真贯彻落实国务院关于成都市统筹城乡综合配套改革试验总体方案的批复要求的精神，加大改革创新力度，在农村产权制度改革、统筹城乡户籍制度、完善城乡就业和社会保障制度、农村新型治理机制建设、村级公共服务和社会管理改革等方面取得了新突破。自贡市着力激活农村生产要素，加快转变农业生产方式和农民生活方式，推进规划一体化、公共服务均等化和社会经济权利平等化，初步形成了"一活二变三化"的丘陵地区模式。德阳市加大重点镇的改革发展力度，打造了以重点镇带动农村区域发展的先行示范区。广元市在统筹城乡产业发展、统筹城乡就业和养老保险、集体林权制度改革、土地流转方式创新等方面取得积极进展。四川省开展市级试点的县（区），把改革试点与新农村建设结合起来，组织实施了一批改革项目，推动了统筹城乡发展与新农村建设互动发展。

1. 推进城乡产业一体化，必须建立在不断做大做强产业支撑的基础之上

通过明确工业集中发展区和重点镇工业点的空间规模和产业定位，初步实现了工业向园区集中聚集、集群发展，提高了土地集约化利用程度，产生了明显的规模经济；通过在中心城市、区（市）县政府所在地、区域中心镇以及集中居住点大力发展有利于农民就业的生产型服务业和生活型服务业，加强基础设施建设，促进了农民向城镇集中，大大改善了农民的生活环境；通过建立和完善土地流转机制，推动了土地向种养大户集中，初步实现了土地的适度规模经营，加快现代农业发展。

推进新型工业化、新型城镇化和农业现代化发展的过程，就是一、二、三次产业互动的过程，就是城乡一体化的过程。因此，促进"三化"联动、发展和壮大支柱产业是推进城乡一体化的重要经验。

自贡市、德阳市、广元市三个省直试点市学习成都市经验，结合当地实际推进"三个集中"，取得初步成效。自贡市以农业集约经营和农民集中区建设为重点，大力发展农业集约规模经营，打造了覆盖60个村的城郊现代农业即新农村建设示范区，探索出小城镇扩展型、项目推动型、产业支撑型、基础设施带动型、征地安置型五种农民集中居住区建设模式。广元市抓住灾后恢复重建的机遇，加速建设工业园区和工业集中发展区，推进工业集中发展，以产业的加快恢复发展来引导人口向交通沿线和重点乡（镇）集聚，促进产业集中集聚发展，人口逐步向重点乡（镇）集中。市级试点的20个县（区）加快小城镇发展和新农村建设，促进农民向小城镇和集中居住区集中。

2. 以规划编制为引领，建立城乡一体的规划体系，以科学规划为龙头，奠定统筹城乡发展的前提和基础

统筹城乡综合配套改革着眼于城乡经济、社会、自然和人的协调发展，结合土地利用总体规划和城市总体规划修编，明确分区功能定位和产业发展重点，凸现区域经济比较优势和特色，基本形成环绕中心城市，中等城市、小城市、区域

中心镇相互呼应的城镇体系；精心编制城乡产业发展、土地利用、城乡基础设施、社会事业发展、生态环境保护等专项规划，注重各类规划的有机衔接，形成相互补充、互为支持的完整体系；建立统筹城乡的规划管理体制和监督体制，增强规划执行和监督力度，确保规划的权威性和严肃性。通过推进城乡规划一体化，有效促进了资源在城乡优化配置、产业在城乡优势互补、人口在城乡有序流动。

3. 深入推进农村产权制度改革，以市场配置为手段，促进城乡生产要素合理流动

从根本上看，一个区域要保持经济发展活力，必须发挥市场机制资源配置的决定性作用，以市场手段引导生产要素的合理流动，但政府的调控、引导、政策措施也能发挥巨大的作用。四川省运用政府和市场两只手，以打破长期形成的城乡分割生产要素体制为突破口，激活生产要素合理流动。首先，以产业集中区为载体，促进劳动力要素工业和城镇流动。其次，通过创新投融资方式，搭建政府性的投融资平台，发挥政府投入对社会投资的杠杆作用。最后，通过推进以农村土地为重点的生产要素市场化改革，积极引导龙头企业参与农业的多功能开发和现代农业产业基地建设，促进城乡要素流动。

农村产权制度改革深入推进。成都市、自贡市、广元市等试点地区通过开展农村集体土地产权确权登记颁证、搭建产权流转平台、推进土地整理、创新耕地保护机制等，积极探索建立归属清晰、责权明确、保护严格、流转顺畅的现代农村产权制度，促进城乡要素合理流动和优化配置。自贡市建立了"1+10"的农村产权制度改革政策框架体系，出台了农村产权交易市场建设等规范性文件，确权登记全面推进，产权流转规模逐步扩大，林权和集体建设用地使用权确权登记颁证基本完成，农村宅基地使用权颁证基本完成，以土地股份合作制为主要形式的承包经营权土地流转面积达到37万亩。广元市积极推进集体土地使用管理制度改革，深化林权制度改革，完善林业开发"厅市合作"机制，加快林业向集约化、规模化、产业化发展。全市农村土地承包经营权确权颁证基本完成，已确权登记颁发集体土地所有权证、使用权证；组建林业开发专业合作组织6000余家，林业综合开发组织化、市场化程度提高。苍溪县依托土地开发和整理项目，进行农村土地托管、转包、租包、转让、互换、入股等探索，参与土地流转的农户已达6.3万户。

4. 以政府服务为主导，构建城乡一体的多元化公共产品供给体系

公共产品具有外部性，运用市场的手段提供公共产品必然产生供给不足和市场失灵的问题。在统筹城乡综合改革中，对于城乡居民需要的公共产品与公共服务，政府则最大限度地发挥作用，建立以政府为主导、引入市场机制的公共产品服务机制，并在财政投入上、资源配置上重点倾斜。公共产品与公共服务如何分配直接涉及不同人群所享受的公共产品待遇。四川省以实现城乡基本公共服务均等化为目标，大力推动城市公共优势资源向农村覆盖，采取政策资源组合配套、系列推出的方式，重点加快农村基础设施和公用设施建设，改善农村环境和农民生产生活条件，在教育、文化、卫生、社会保障等方面，努力实现城乡均衡化发

展。通过卓有成效地用"看得见的手"来整合政府和市场资源，促进了城乡居民共享改革发展成果。

城乡公共服务均衡发展逐步形成。成都市、自贡市、德阳市、广元市等试点地区加大对"三农"的投入力度，加快构建城乡一体的公共服务体系。健全完善基本公共服务体制机制，城乡统一的就业服务、养老保险和医疗保险体系基本建立，城乡医疗保险关系实现市域内有序转移、合理对接。统筹推进城乡教育、医药卫生、文化服务体制改革，农村中小学、乡（镇）卫生院及村卫生站、乡（镇）文化站及社区文化活动室标准化建设全面完成，城镇教育、卫生资源向农村延伸的机制基本形成，文化共享基层服务网点实现城乡全覆盖。推动城乡教师、医务人员互动交流，促进优质教育、卫生资源向农村延伸。创新农村社会保障模式，探索建立耕地保护基金缴纳农民养老保险新机制。自贡市合理配置公共服务资源，农村中小学、乡（镇）卫生院、村卫生站和文化站标准化建设加快，实施了15家二级以上公立医疗机构对口帮扶110所基层医疗卫生机构的"牵手工程"，实现了社区首诊和双向转诊。完善城乡道路网、客运网，实现了城市公交向农村延伸。发展农村信息网络，率先在全省建立了"农业科技信息110公共服务平台"。德阳市完善城乡统筹就业政策，帮助返乡农民工、被征地农民就业取得实效。广元市加大农村公共服务投入力度，加大中小学、职高教育经费总投入力度；城乡卫生一体化管理基本形成，建制乡（镇）都有1所政府举办的卫生院，村卫生站建立率达100%。新型农村合作医疗实现全覆盖，参合率93%。标准化乡（镇）文化站建设全面启动，72%的行政村建设了多功能文化活动室。

5. 农村投融资体制改革稳步推进

自贡市做大做强政府控股的担保机构，市农业产业化信用担保有限公司累计实现担保额1.05亿元；开展林权抵押质押信贷试点；扩大农业政策性保险范围。广元市制定出台独立发展多种形式的新型农村金融机构等意见，已设立村镇银行、小额贷款公司、农村资金互助社、农村贫困社区滚动发展资金等新型农村金融组织6家，旺苍县结合世界银行技术援助农村滚动发展项目（TCC5项目）试点建立农村贫困社区滚动发展资金，项目实施村已达46个。

6. 扩权强镇试点逐步推开

德阳市结合自身实际，在12个区域重点镇率先进行"扩权强镇"改革试点，县（市、区）依法对重点镇下放行政管理权能，整合小城镇区域资源要素，构建推进新型城镇化、推动新农村建设发展的载体和平台，加快重点镇由"乡村型"向"城市型"转变，增强对农村的辐射和带动功能，探索加快推进城乡统筹发展的路径。自贡市在11个重点乡（镇）实施"扩权强镇"试点，区（县）把工商管理、社会治安等20多项权能下放给试点乡（镇），激活发展要素，增强了乡（镇）自我发展能力，乡（镇）经济实力明显增强。

7. 以民主建设为关键，创新基层治理机制

基层民主政治建设是维护农民民主权利，激发农村社会活力的政治保障。四川省在统筹城乡综合配套改革中，坚持以党内民主推动人民民主，加强和改善农村"两委"建设，构建在党的领导下以政府管理为基础、村民自治为核心、社

会组织广泛参与的多元乡村治理机制，使农民参与经济发展和民主管理的主体作用得到了充分发挥。同时，全面推行乡镇和村（社区）党组织书记公推直选，并逐步纳入制度化轨道，从而建立健全了干部对上负责与对下负责相结合的长效机制；在基层党委政府年度考核和干部考察中，通过纳入民主测评、民意调查、述职评议、线型分析等手段，从而实现了组织评价与民意评价、社会评价的有机统一。四川省对基层民主政治建设所进行的积极探索，为下一步深化基层民主政治改革积累了宝贵的经验。

8. 进一步深化行政社会管理体制改革，以建设服务型政府为目标，完善政府行政管理体制

建立高效的行政管理体制是统筹城乡发展、推进科学发展的制度保障。长期以来，政府行政管理的突出弊端就是行政命令型、管理型，并且管理的不规范程度较高、随意性大。四川省着眼于提高行政效能、转变政府职能，以建立规范型和服务型政府为目标，通过实施大部门制、大力简化和规范行政审批、全面推行并联审批、积极采取"一个窗口对外、一条龙服务"的模式等，有效解决了政府管理缺位、越位和不到位的问题，提升了公共服务的质量和水平。与此同时，积极优化政府职能配置，注重从体制机制上解决城乡分割的管理体制，实施乡镇、行政村区划调整和管理体制改革，初步形成了城乡一体、高效运转的管理体制。

行政社会管理体制改革进一步深化。成都市、德阳市、自贡市、广元市等打破城乡分治的行政管理格局，积极探索完善大部门管理体制，推进公共管理向农村延伸，城乡统一的行政社会管理体制逐步形成。加快推动公共财政管理体制改革，通过建立完善财政一般转移支付制度、深化财政收入和支出管理制度改革，扩大公共财政覆盖农村社会管理的范围，财政对"三农"投入进一步加大。全面实施城乡一元化户籍制度，放宽户籍登记、迁徙条件，实现市域范围内自由迁徙，促进了城乡居民有序流动和农民向城镇集中。

探索创新农村基层社会管理体制。成都市全面推开村级公共服务和社会管理改革，完善新型农村基层治理结构，村级行政社会管理分类供给、经费保障、民主管理、设施统筹建设、人才队伍建设"五大机制"基本建立；实施乡（镇）、行政村区划调整和管理体制改革，探索完善农村新型社区管理模式；推进基层民主政治建设，全面推行乡（镇）和村（社区）党组织书记公推直选，建立健全党务、政务和村务公开制度。自贡市全面开展"村改社区"改革，深化15个重点村的农村社区建设试点，以产业发展为抓手，以组织建设、阵地建设和社区服务建设为重点，推进农村社区化管理建设，探索农村新型社区建设新模式；强力推进政务服务"两集中、两到位"，实施标准化建设，市、区（县）政务服务中心和乡（镇）便民服务中心三级服务体系不断完善，服务能力逐步增强。

（二）四川省统筹城乡发展中存在的主要问题表明制度性缺陷是城乡二元结构存在的主要原因

目前，虽然四川省在探索城乡相互融合、促进城乡共同发展方面取得了一定成效，为实现全省国民经济健康协调发展拓展了巨大空间，已有的一系列重大政

策突破对促进农业增效、农民增收和农村经济繁荣产生了十分重要的作用。但是，随着体制转换和结构变动的不断加快，城市和农村之间固有的一些体制矛盾并没有得到彻底解决，甚至城乡之间某些方面的差距呈现拉大的趋势。统筹城乡发展是一项长期而艰巨的任务，面临着长期形成的制度和非制度因素的复杂制约，必须充分认识到它的困难性和复杂性。

制度性缺陷是我国城乡二元结构存在的主要原因。新中国成立以来，我国与许多发展中国家一样，选择了赶超型工业化发展战略，这种通过追赶来加快实行工业化的发展战略，必然要让农业做出牺牲。改革开放 30 多年以来，在城市经济发展的同时，城乡差距在一步步拉大。到如今，城乡差距已经到了较为严峻的程度，再不改变这种现象，就会影响到我国实现全面建成小康社会的目标，就会拖经济发展的后腿，或者说经济发展将缺乏后劲。

这种制度性的缺陷表现在以下一些方面：20 世纪 90 年代以来，农村经济长期徘徊，增长滞后，与我国农村的一家一户的农业生产体制，缺乏流动性的土地承包制及现行土地征用制度有关；与农业金融体制改革的滞后有关；与乡镇行政体制及财政体制有关；与农民的负担过重有关；与农村新的合作社体制发展不足有关；与阻碍农民向城市流动的户籍制度、城市歧视农民的管理制度、适应农民就业的教育制度有关。这些问题都是改革中的深层次矛盾，如果不认真重视和解决，将影响我国改革开放的进程，对建设和实现全面小康社会的宏伟目标，产生不利的影响。例如，农村金融体制的改革滞后，与我国的四大国有商业银行改革的滞后有关。长期以来，国有商业银行驱动城市高速发展，特别是驱动国有企业的发展。但是，国有商业银行不能有力促进民营企业、中小企业，特别是不能促进农村经济的增长。这种银行运行模式在改革初期是有用的，但在当前则是进一步扩大城乡差距，我国的金融体制、财政体制以及其他经济体制是倾向城市经济的，不能有效促进脆弱的农村经济的进一步发展，不能促进城乡经济一体化，这些方面的滞后也会加剧城乡二元结构的形成与强化。在今后的经济发展中，如果不以城乡经济一体化，城乡共同发展为目标进行深入的改革，这些矛盾将会愈加突出，日益加剧。

（三）统筹城乡发展的基本思路和应坚持的基本原则

1. 统筹城乡发展的基本思路

以邓小平理论、"三个代表"重要思想和科学发展观为指导，按照党的十八大报告，中央关于完善社会主义市场经济体制、全面建设小康社会的总体要求，坚持以人为本和全面、协调、可持续发展的科学发展观，逐步缩小城乡差距，统筹城乡经济社会协调发展。实施"两化"互动、统筹城乡发展战略，推进产城相融和产村相融，全面落实党在农村的基本政策，坚持"多予、少取、放活"的方针，从城乡分割、差别发展转向城乡互通、协调发展，把工业化、城市化与农业、农村现代化紧密结合起来，充分发挥城市对农村的带动作用和农村对城市的促进作用，以增加城乡居民收入、提高生活质量和健康水平、改善生态环境为目标，以城乡共同发展为基础，以发挥城市对农村的带动作用为重点，以培育和发展农村自我发展能力为核心，以农村工业化为动力，以农村城镇化为支撑，以农村社会保障体系建设为重点，以体制改革和制度创新为突破，推进城乡产业结构优化升级，发展农村经济，增加城乡居民收入，建立健全城乡社会保障体系，促进城市与乡村、经济与社会协调发展，实现城乡经济社会一体化发展。紧紧围绕"两个加快"，坚持统筹城乡改革发展与加快推进城镇化和新农村建设紧密结合，按照城乡规划发展一体化、城乡基本公共服务均等化、城乡资源配置市场化的总体要求，联动推进新型工业化、新型城镇化和农业现代化，深入推进各项改革和制度创新，努力破除城乡二元结构体制障碍，加快建立统筹城乡发展新体制与新机制，促进城乡经济社会发展一体化新格局的形成。

2. 统筹城乡发展应坚持的基本原则

发展是硬道理，发展也是科学发展观的第一要义。科学发展观的实质是要实现经济社会又好又快的发展，加快发展也是四川省各地区解决城乡差距问题的关键。没有较快的发展，统筹城乡就是无源之水、无本之木。在今后相当长的时期内，促进物质财富的充分积累和不断增长，将始终是我们促进发展最核心、最基本的内容。只有加快创造和积累财富的步伐，才能为统筹城乡发展提供坚实的物质基础。在发展中要始终坚持以经济建设为中心。只有坚持以经济建设为中心，不断解放和发展生产力，才能为社会全面进步和人的全面发展创造必要条件。

（1）以人为本的原则。以人为本是科学发展观的本质和核心，也是统筹城乡经济社会发展必须坚持的重要原则。发展的最终目的是实现社会的全面进步和人的全面发展，统筹城乡经济社会发展也是为了最大限度地满足城乡广大人民群众不断增长的物质文化需求，促进人的全面发展。因此，统筹城乡发展必须从人民利益出发，树立以人为本、以民生为本的全面、协调、可持续的科学发展观和政绩观，创造人人平等发展，充分发挥聪明才智的社会环境。统筹兼顾各方面的利益也是科学发展观的重要内容。必须正视现阶段社会各阶层、各群体的差异性，更多地关注和致力于解决农民的利益问题，给农民更多的关怀；大力加强农村公共事业、社会保障等方面的建设，发展农村教育、卫生和文化事业，促进农村社会发展；牢固树立发展决不能以牺牲农民利益为代价的思想，优先解决农民的基本生活保障问题；认真落实关于农民的各项政策，逐步使城乡劳动者在就业、居住、教育、社会参与、社会保障、医疗服务和公共设施与福利等方面享有平等权利。

（2）实事求是的原则。统筹城乡发展，必须始终坚持实事求是的原则，不能脱离实际、急躁冒进。这是因为：第一，推进城镇化、实现城乡一体化是全面建设小康社会、加快推进社会主义现代化的内在要求，有其固有的发展规律，这就要求我们必须按照客观规律办事，做到一切从实际出发；第二，统筹城乡发展是一个长期的过程，不可能一蹴而就，而且发展的不同阶段情况也各不相同，这就要求我们必须因地、因时制宜，循序渐进，既要增强紧迫感，又不能急于求成；第三，由于地理、人文和发展阶段的差异，在不同的区域，城乡统筹面对的基础和问题不同，这就要求我们实事求是地认识和分析客观实际，把握好本区域城乡统筹的主要矛盾，确立正确的方向，科学地安排城乡统筹的政策、措施和方法。

（3）改革创新的原则。统筹城乡发展是一个广泛而深刻的社会利益关系调整过程，必然要面对一系列复杂的社会矛盾和问题。要解决好这些矛盾和问题，就必须在观念、思路、体制、方法上不断创新、不断变革。既要改变传统发展观，实现观念更新；又要改革现有的体制、制度和管理手段。消除制约城乡协调发展的体制和制度障碍。

（4）政府主导与市场调控相结合的原则。统筹城乡发展是一个牵动全局的系统工程，不仅涉及思想观念的更新和政策措施的创新，也涉及经济发展机制和增长方式的转变；不仅涉及生产布局和产业结构的调整，也涉及社会利益关系的调整。在当前，体制改革是进行城乡统筹的重点环节，这就必须发挥政府的主导作用和调控职能。各级政府应按照立党为公、执政为民的要求，全面、正确地履行经济调节、市场监管、社会管理和公共服务的职能，切实解决在统筹城乡发展中"不到位"或者"缺位"的问题，把握全局，统筹兼顾，正确处理涉及全局的重大关系，正确处理当前利益和长远利益、局部利益和全局利益的关系。同时，坚持政府主导并不是排斥市场的作用，不是什么都要政府，"统"起来、"包"起来，不是要干预企业的生产经营活动，而是进一步建立和完善社会主义市场经济体制，充分发挥市场在资源配置中的决定性作用，综合运用"看不见的手"和"看得见的手"，扎实有效地推进城乡经济社会的协调发展。

（5）统筹与统一相结合、重点突破与分类指导相结合的原则。统筹城乡发展是一个复杂的系统工程，必须综合运用行政、经济、法律、市场的手段，多管齐下、多方并举，配套组织、整体推进。其中，发展机制、管理体制的变革与创新，又是多维度和多层次的。一部分需要统筹，即构建统筹城乡发展的机制；一部分需要统一，即统一城乡管理的体制；一部分需要按照非平衡发展理念有所倾斜，重点突破；还有一部分则需要根据省情，对不同的区域给予分类指导，实现四川省农业工业化和城镇化的良性互动格局。

（四）转变经济发展方式，加快四川省统筹城乡发展的路径选择

深化经济体制改革，推进城乡一体化进程，统筹城乡经济发展针对城乡间在经济、政治、文化、社会方面的不和谐，必须打破城乡二元结构，统筹城乡协调发展，必须综合运用行政、经济、法律和市场手段，消除制约城乡协调发展的体制性障碍，加快农村生产方式的变革，大力推进产业结构调整，增强工业反哺农业的能力，逐步拓宽农业人口向非农产业转移的渠道，提高特色农业的商品化、规模化和集约化水平，推进城乡互动，促进工农互补，实现城乡经济和社会协调发展。

1.构建城市统一管理的新体制，从根本上打破城乡二元结构，促进城乡平等

要破除重城市轻农村、先城市后农村的思维定势和工作惯例，建立城乡统一的产权制度、价格制度、市场体系、户籍制度、就业制度、社会保障制度、教育制度、医疗体系、财税金融制度，以制度改革和创新为重点，逐步改变城乡"两制"的局面。深化县域行政管理体制改革，建立和完善以县域为基本管理单元、与城乡统筹发展相适应的政府管理体制，加快改变一些职能部门只管城镇不管农

村的城乡分割的组织管理体制，改革城乡分割管理、规划分权、基础设施建设分工的模式，按照统筹城乡发展的要求，重新设置农村综合部门的机构，建立完善城乡一体化组织体系。

首先，构建保护"三农"的政策体系，多予少取，促进农业增效、农村发展、农民增收。建立公共财政对农村发展的扶持机制，政府的基础设施投资要向农村倾斜。探索农村土地产权多元化，尊重和完善农户的市场主体地位，落实减负政策。将农村低保人群纳入全社会保障网络，为贫困农民融入现代工业化社会提供保障。

其次，构建符合不同区域特点的城乡统筹政策，加强分类指导，促进全省城乡统筹发展的整体协同推进。要按照因地制宜、实事求是的原则，根据各地的实际情况，具体问题具体分析，避免搞"一刀切"和"一哄而上"。发展各级政府尤其是基层组织的积极性和创造性，及时总结经验、逐步推广。

最后，构建城乡统筹发展的决策机制、执行机制和监督机制。强化城乡统筹发展的决策机制。建立健全专门决策机构，全面负责指导和组织城乡统筹发展工作。编制全省城乡统筹规划，有计划、有步骤地全面推进全省城乡统筹发展。各市、县要根据省级规划编制大纲，编制相应的规划。

整合部门职能，优化统筹城乡发展的执行机制。城乡统筹发展的涉及面十分广泛，相关行政管理部门众多，需要进一步明确各部门在城乡统筹发展中的职责，既要避免职能交叉或空白，又要形成相互衔接、密切配合的工作机制。

建立统筹城乡发展的监督机制。省、市、县各级人民代表大会要对同级党委、政府在城乡统筹发展方面的决策和实施进行有效监督，提高城乡统筹重大决策的科学性、前瞻性，减少决策失误，加快城乡统筹发展步伐，提高城乡统筹发展水平。

推进城乡一体化要从制度改革入手，在统一思想的基础上，当前推进城乡一体化，统筹城乡经济发展，具体应该从体制改革入手。

（1）进行农村产权制度改革，让土地真正成为农民的财富。应进一步深化农村的产权制度改革，可以考虑从法律上赋予农户物权性质的农用土地承包权，给农民50年以上的、稳定的、有保障的土地使用权，允许其自由转让、出租、抵押、入股、继承。可以给农民私有和集体所有的房产颁发房地产证，允许上市交易和抵押。在有条件的地方，可以推进社区股份合作制，把村集体经济组织的资产量化为其成员的股份，明晰集体资产的产权，促进集体资产保值和增值，特别是地处城市郊区的村集体经济组织应普遍推行这一制度。

稳步推进农村产权制度改革。在稳定农村基本经济关系的前提下，全面开展农村集体土地所有权、土地承包经营权、宅基地使用权、集体建设用地使用权的确权登记颁证，明晰农村土地等财产的产权关系，为农村资源要素流动奠定基础和创造条件。继续深化林权制度改革，完善配套政策。探索实行股份合作、土地合作社、"大园区+大业主"等多种模式，依法、自愿、有偿推进土地承包经营权和林地使用权规范有序流转。探索建立农村产权交易市场，建立健全土地承包经营权流转管理服务机制，搭建土地经营权流转平台，用市场机制促进土地流转和规模经营。探索建立城乡统一的建设用地市场，盘活闲置的农村建设用地资源，在城乡之间合理分配城镇化发展带来的土地增值收益，让农民更直接分享城镇化快速发展的利益。

（2）有序推进农村土地管理制度改革。按照严格审批、局部试点、封闭运行、风险可控的原则，规范农村土地管理制度改革试点。有序开展农村土地整理，积极规范推进城乡建设用地增减挂钩试点工作。土地整理试点要确保城乡建设用地总规模不突破，确保复垦耕地质量，确保维护农民利益。

探索创新耕地保护机制。坚持最严格的耕地保护制度，建立保护补偿机制，落实政府耕地保护目标责任制。开展建立耕地保护基金的试点，用市场机制和经济手段鼓励和引导农民保护耕地，增强农民保护耕地的内在动力。有条件的地区参照成都市建立耕地保护基金的做法，给承担耕地保护责任的农户合理补贴，并与社保挂钩。成都市要进一步健全耕地保护基金补贴农户缴纳养老保险的制度，完善耕地保护基金筹措机制，强化基金使用管理，提高基金使用效益。

进行土地征用制度改革，变征用为购买。从长远来看，这项改革的目标是要把现行强制性的行政征用行为转变为交易性的市场购买行为。具体的操作思路是：一是提高土地征用补偿标准，使"失地农民"能够获得在第二产业和第三产业就业及在城镇居住的必要的生存资本；二是政府通过土地使用权的出让或拍卖获得的土地净收益，应按一定的比例，返还给村集体经济组织，用于发展村级集体经济和解决"失地农民"的福利；三是在土地征用过程中，政府应给予村集体组织一定比例的非农建设用地，允许其自用或入市交易，这样，既可增加集体经济收入，又可安置"失地农民"；四是政府应尽快把失地农民纳入整个社会保障体系，并由国家、集体、个人三者共同来承担费用。

（3）深化农业经营体制改革，建立贸工农一体化的经营体制，构建新型农业经营体系。必须突破单纯生产领域和社区地域的局限性，从农业的区域化布局、专业化生产和产业化经营的要求出发，整体推进农业经营体制的创新，把农业产业化经营与农业双层经营有机整合起来，以专业合作来替代社区合作，形成"行业协会+龙头企业+专业合作社+专业农户"的贸工农一体化的农业经营新体制。

（4）统筹城乡规划建设。改变目前城乡规划分割、建设分治的状况，把城乡经济社会发展统一纳入政府宏观规划；统一编制城乡规划，促进城镇有序发展，加快农民向非农产业转移，让更多农民享受城市文明，分享经济发展和社会进步的成果；编制城乡产业发展规划，规定产业发展布局；构建环境、交通、电力、信息、教育、文化和卫生等基础设施网络体系，满足城乡居民生产生活需要；编制城乡用地规划，合理布局建设用地、住宅用地、农业用地与生态用地。

2. 解放思想，扫除障碍，树立城乡共荣的指导思想

（1）树立城乡地位平等的思想。应该通过各种规章制度的修改，取消城乡间的种种不平等待遇，使城乡居民和城乡各类经济主体都能享受公平的国民待遇，拥有平等的权利、义务和发展机会。也就是说，城乡居民应平等地拥有财产、教育、就业、社会保障、社会福利和个人发展等方面的权利，平等地承担国

家法律、法规规定的公民应尽的各方面义务；城乡各类经济主体应平等地拥有产业准入、信贷服务等发展机会，平等地承担国家法律、法规规定的税收、劳工保险等社会义务。

（2）树立城乡开放的思想。要打破城乡界限、开放城市，使城乡居民和城乡各种生产要素都能自由迁徙和自由流动，提高城市化水平和生产要素配置的效率与效益。也就是说，城乡居民可以自由地选择居住地，特别是农民，不仅可以临时在城市就业，也可以长期在城市居住与就业，与原城市居民享有平等的权利和义务。城乡的各类生产要素可以完全按照市场机制，实现在城乡间的自由流动，既要允许农村的非农生产要素向城市流动，以城市为载体，实现要素的优化组合，又要提倡城市先进的生产要素向农村流动，改造传统农业，提升农业发展水平。

（3）树立城乡优势互补的思想。要改变城乡分割、各自发展的模式，发挥城市先进生产力和先进文化的扩散与辐射作用，走以城带乡、城乡互促的社会经济发展的路子。也就是说，在经济发展上，要以城市为龙头，形成城乡优势互补、分工合作和第一产业、第二产业、第三产业联动的发展格局；在社会文化发展上，要以城市的文明带动农村的文明，形成城乡社区特色鲜明、相得益彰的发展格局。

（4）树立城乡共同繁荣的思想。要在坚持城乡地位平等的基础上，通过城乡开放互通、互补互促机制的作用，加快缩小工农差距、城乡差距、农民与市民差距，实现城乡的共同繁荣与进步。这是城乡一体化的最终目标。

3. 构建城乡统筹发展的新机制，从根本上改变城乡割裂发展的局面，促进城乡一体化进程

（1）统筹城乡经济发展。一方面是统筹城乡生产要素流动与配置。积极促进农村人口向城乡集中，农村工业向城镇工业园区集中，土地向规模农户集中。要坚决扫清劳动力、土地、资本、技术等生产要素在城乡之间合理流动、优化配置的障碍。另一方面是统筹城乡生产力布局。在充分有效地利用城乡资源、提高劳动生产效率和经济效益的前提下，正确处理工业与农业、城市工业与农村工业的关系，实施城乡生产力布局的合理化。

（2）统筹城乡产业发展。统筹城乡经济发展要求在合理分工的基础上形成城乡工业一体化的发展格局。统筹城乡产业发展和结构调整，形成产业分工合理、比较优势突出的城乡产业结构，城乡产业结构调整取得突破性进展。四川省是一个农业经济大省，各地乡镇工业初具规模。目前，四川省乡镇工业已全面介入国民经济各个部门，在城乡工业之外构筑起了"第二工业体系"。但是，在这种双重的工业体系格局下，农村工业与城乡工业各自在两个相对封闭的系统内进行，城乡工业在行业和产品结构上表现出高度的同构现象。这一方面使生产要素得不到合理配置，造成产品生产上的简单重复；另一方面也加剧了低水平的市场竞争，使消费品市场出现结构过剩。由于低水平过剩，城乡双重工业体系的局限性和对四川省经济发展的消极影响更加突出地显现出来，迫切要求实现城乡工业和农村工业的一体化。

　　统筹城乡产业发展，必须调整四川省农村产业结构，在农业工业化的同时加快农业产业化进程。改革开放以来，四川省农业发展速度较快，在农业产业化方面取得了一定的成就，给当地农民带来了可观的经济效益。农村经济规模经营、集团经济有了较快发展，但大部分县（市）距产业化的要求仍有一定的差距，还没有形成自己的主导产业和特色产品。针对这种情况，各级政府应因地制宜，突出特色，以非本地农产品为原料、加工业为主导产业的地区，应积极扩大企业规模，调整产品结构，实现规模经营的优势，推进农业的产业化；而以农业生产为主的县（市），可根据本地的资源条件和区位优势大力发展专业乡、专业村，以发挥集中生产、规模经营的优势，推进农业的产业化。

　　统筹城乡产业互动机制创新应当同步实施以下几个方面的举措，更加快速有效地推进城乡产业互动，加快实现城乡产业发展的提档升级。

　　第一，加强产业规划的衔接与互动。按照产业互动的理念，加强农业、工业、物流业和服务业等产业规划的衔接，在产业定位、产业布局、产业体系等方面着重突出产业互动的特征。尽快编制第一产业和第三产业、第二产业和第三产业融合产生的新型业态的发展规划，加强创意农业、工业旅游等新型业态规划的编制工作，使其成为城乡产业互动的主要载体。

　　第二，实施产业互动三大战略举措，着力抓好产业集群、信息建设和品牌打造三大战略举措。一是以产业集群的思路推进三次产业互动，建设全方位、多层次、宽领域的网络式产业互动机制，使产业链上相互关联的众多经济主体在同一地域内聚集发展。二是以宏观经济态势分析、产业发展市场预测、各类市场营销数据、电子商务等信息资源作为重点，让产业互动主体更好地利用信息，实现产业互动的最大效益。三是支持产业互动主体创立特色品牌、依法注册品牌、实施品牌知识产权维护及品牌市场化运作，使产业互动主体依托其特色品牌获得更高的经济收益。

　　第三，建立跨区产业互动协调机制。一方面，加快推进功能区规划和建设，以产业功能区为载体进行产业统一布局和管理，实行一个市级领导、一个指挥部、一个平台公司、一个重大项目统筹推进机制的做法，完善跨区产业互动协调发展的体制机制。另一方面，建立跨区域产业互动机制，对跨区项目立项、园区建设、环境保护及配套设施建设等重要问题进行规定，促进区域间的产业互动和协调。

　　第四，探索和推进新型城乡形态建设。一是强化产业功能和城市功能配套，加快城区总部经济、金融、商务、信息、物流和文化创意等现代高端服务业的发展速度。二是大力促进城乡产业融合，积极发展创意农业、工业旅游等新型产业形态。三是对已有土地利用规划、城镇规划和产业规划进行较大调整，充分发挥绿色、生态的农田的环境配套功能，形成城乡交相辉映的发展格局。

　　第五，继续加大对民族地区和贫困地区转移支付力度。按照资源互补、优势互补的要求，支持各地区之间开展互利双赢的横向转移支付，促进区域协调发展。

　　（3）统筹城乡市场发展。建立城乡统一的价格制度，理顺工农产品价格体系。长期以来尤其是改革开放前，我国城乡的价格不统一，不能真实地反映市场供求关系，如存在工农业产品价格"剪刀差"，城市部分产品存在垄断定价，农村部分农产品存在保护定价，城乡不统一、不自由的价格制度，扭曲了市场信息，不利于城市资源的优化配置。即使是表面上看起来对农民有利的农产品保护定价，事实上既不符合市场经济的要求，也不能真正保护农民的利益，延缓了农民向更有利的产业和区域转移的进程。因此，必须按照现代市场经济的要求，实行城乡统一、自由的价格制度，彻底消除工农业产品价格"剪刀差"，打破垄断行业的垄断定价，减少对部分农产品的保护定价，使工农产品价格合理化。

实现城乡市场统一，尤其是要素市场的统一。市场是配置资源的基础性手段，生产要素市场是城乡统筹配置生产要素的重要媒介。资本、土地、劳动力、技术等生产要素市场具有高度的关联性。统筹城乡要素配置，要按照自由选择原则，允许城乡劳动力和人口自由流动，形成合理的劳动力配置和人口分布，按照平等交易原则，实现资金、土地、技术等要素在城乡之间的优化配置。

（4）统筹城乡社会进步。第一，统筹城乡社会事业发展。统筹城乡社会事业发展重在加快发展农村社会事业，特别是农村教育和卫生事业。省财政今后新增的教育、卫生、文化等事业的经费投入，应主要用于农村。第二，调整农村基础教育投入。农村基础教育是最为典型的公共产品，而我国农村教育发展长期滞后于城市基础教育。因此，加大中央和省级政府对农村基础教育的投入势在必行，应真正使政府承担起农村义务教育的主要责任，将政府对农民义务教育承担的责任从以乡镇为主转移到以县为主，进一步调整和完善农村义务教育的管理体制和投入机制。通过建立农村基础教育专项转移支付制度，保证落后地区农村基础教育的投入。

4.统筹城乡经济社会发展，必须打破制约城乡资源流动的制度壁垒

城乡资源要素禀赋和利用程度不同，一方面，城乡之间在信息、资本、人才等资源存在巨大差别；另一方面，农村资源开发利用程度低于城市，因而有更多的投资机会，所以有必要优化农村投资。统筹城乡经济社会发展，如果城乡间的资源不能流动，资源就没有合理配置的条件。因此，首先必须打破制约城乡生产要素自由流动的制度壁垒，充分发挥市场配置资源的决定性作用，形成人才、资本、技术、管理等生产要素在城乡之间自由流动的机制，政府在转变其职能基础上建立统筹城乡发展的管理机构，实行自上而下的城乡一体的大部门制，形成高效的统筹城乡发展的管理机构，这需要从以下方面进行制度创新：

（1）深化就业与户籍制度改革，建立城乡一体化的劳动就业体系。进行户籍制度改革，让城市成为农民创业的新领地。深化户籍制度改革，就是恢复户籍登记的本来面目，把依附在户籍制度上的各种不合理的制度规定全部剥离出去，在城市里有基本生存条件的人口，都可以登记为城镇常住居民，让农民享有自由进城和自由迁徙的权利。进一步放宽中小城市、小城镇特别是中心镇落户条件的政策；建立以居住地登记户口的管理制度，以合法固定住所或稳定生活来源为进城落户的基本条件；进一步打破城乡户籍制度壁垒，促进符合条件的农业转移人口在城镇落户，并享有与当地城镇居民同等的权益；放宽人口流动限制，促进人

才合理有序流动，优化人力资源配置，加快城乡统筹步伐，推进新型城镇化进程。

（2）建立城乡统一的福利保障和教育卫生制度。统筹城乡发展，就必须尽快建立城乡统一的福利保障和教育卫生制度，凡是城市居民享有的各种福利保障和教育卫生待遇，作为中华人民共和国公民的农民也应同样享有。考虑到农民进城面临很多风险和不确定性，应规定农村居民在城镇就业并落户后，可继续保留原籍土地和山林承包权，并可享受原集体资产的收益分配，继续保留农村的宅基地使用权等。要通过建立城乡统一的教育和医疗卫生制度，消除在城乡分割制度下农村劳动力在获得教育、技能培训、健康与营养等人力资本投资方面与城市劳动力方面存在的巨大差别。

（3）深化劳动就业与社会保障制度改革，让农民也能到城里来工作，享受与城里人一样的就业保障。沿海地区城市的快速发展已经表明，进城农民越多，城市发展越快，新增就业岗位越多，城市居民收入增长得也越快。因此，要改变"农民进城会抢城里人的饭碗"的片面认识，打破农村劳动力与城市劳动力在政策上、制度上的界限，以劳动力素质作为就业的主要标准，建立城乡统一就业制度，健全统一、开放、竞争、有序的城乡一体化的劳动力市场。当前，要改革原来主要涉及国有单位的福利保障制度，扩大社会保障面，逐步建立农民与市民、各种所有制企业职工平等一致的、覆盖全社会的包括养老保险、失业保险和医疗保险等在内的社会保障体系，为市场经济的顺利发展编织一张社会安全网。

建立完善的农村社会保障制度。长期以来，我国的社会保障制度实行"城市偏向"，其保障对象主要是城市居民，而将占人口70%的农村居民排斥在社会保障制度之外。统筹城乡社会发展，就必须建立完善农村社会保障制度，改变农村传统的"土地+家庭"的保障模式，建立城乡衔接、公平统一的社会福利保障制度。公平的社会保障制度能够充分调动城乡经济主体的积极性和创造性，形成城乡和谐发展的局面，消除城乡由于制度上的巨大差距引起的城乡对立。城乡社会保障一体化改革一直是四川省统筹城乡发展的重点，为了进一步巩固和提高城乡社会保障的统筹水平，应该重点实施以下领域的改革：

第一，建立全域覆盖的社会保障体系。按照基本公共服务均等化的要求，充分整合各类社会资源，健全完善社会保障体系、运行机制和保障措施，逐步建立满足城乡居民基本生活需要的全域覆盖的新型社会保障体系。

第二，建立城乡并轨的社会保障体系。其一，实现城乡社会保障全面对接。建立并优化城乡社会保障对接转移机制，加快农村新旧养老保险并轨，推进城乡社会保险制度全面接轨。其二，建立新型城乡医疗保障制度。按照"门诊看病统筹、住院报销提高、大病互助补充、困难分类救助"思路，建立新型城乡医疗保障制度，健全多层次医疗保障机制，逐步提高统筹基金最高支付金额，降低起付标准。其三，全面实现城乡居民一体化医疗保险制度。按照"筹资标准城乡一致、参保补助城乡统一、待遇水平城乡均等"的原则，全面落实城乡居民一体化医疗保险制度，统筹协调城乡医疗保险筹资待遇水平，不断提高城乡居民医疗保障水平。

第三，全面推进城乡社会保障信息化建设。在充分整合全省城乡居民社会保障信息资源基础上，做好相关配套政策改革，全面整合公安、民政、卫生、工青妇等部门和单位的相关信息资源，逐步实现动态共享。率先进行具有金融功能的社保智能卡工程建设试点，使其集身份识别、学历证明、教育培训、职业技能、就业状况、社会保障参保信息、个人账户信息及医疗费用结算信息等功能于一体。在充分试点的基础上，逐步实现城乡居民社会保障"一卡通"。

第四，强化社会保障基金的保值增值能力。建立和完善社会保险基金的市级统筹部分的管理经营机制，实现社会保障基金的保值增值。一要加强对社会保障基金的监管力度，保障社会保障基金的完整安全。二要因地因时制宜，正确处理提高缴费基数与扩大参保范围的辩证关系，探索社会保障基金的自养运作，在保障社会保障基金安全的基础上，逐步探索除存款、购买国债途径外的保值增值渠道。逐步尝试购买地方债券，或将可供比例内的社会保障基金投入资本市场（投资股票、基金等）。提高社会保障基金调剂能力和抗风险能力，逐步提高城乡居民的社会保障水平。

统筹城乡劳动力就业，合理引导农业剩余劳动力的转移。一方面，必须打破计划经济体制下形成的利用行政手段将劳动力分割为城镇劳动力和农村劳动力、本地劳动力和外来劳动力的就业管理体制，统一城乡就业制度，承认和实现劳动力的自由和选择工业地点的自由，实行城乡统一的就业失业登记制度。在城乡统一就业制度的指导下，消除劳动力在城市和农村的边际生产率和工资率不均衡的现象，实现城乡劳动力就业的统筹安排。另一方面，积极培育农村劳动力市场，向农民提供就业信息，引导和组织农村剩余劳动力的转移，举办职业培训，提高农村劳动力的素质，拓宽他们的就业门路，并大力组织国际劳务输出。

统筹城乡就业政策，加快农村劳动力的流动和转移。现代市场经济要求就业制度的城乡统一，在城乡统一就业制度的引导下，劳动力在城市和农村的边际生产率和工资率才能趋于均衡。但我国就业制度呈现明显的城乡分割状态，国家只负责城市居民的就业安排，（包括下岗再就业安置）和就业登记，而基本不负责农村居民的就业安排和就业登记，农村居民基本上处于自发就业状态。进城民工一般不纳入城市劳动就业管理体系，不能享受与城市职工相同的劳动保障等待遇。这种城乡不统一的就业制度，扭曲了劳动力的价格和供求信息，破坏了统一的劳动力市场，不利于劳动力在城乡之间优化配置。因此，统筹城乡发展，需要改革城乡分割的就业制度，打破计划经济体制下形成的利用行政手段将劳动力分割为城镇劳动力和农村劳动力，以及本地劳动力和外来劳动力的就业管理体制，统一城乡就业制度，取消对农民进城就业的限制性规定，逐步形成城乡劳动者自主择业、自由选择工作地点、平等就业的制度；实行城乡统一的就业、失业登记制度；规定农村居民在城镇就业并落户后，在住房、参军、子女入学等方面享受与当地城镇居民同等的待遇，履行相应的义务；取消限制农民工进城就业的不合理规定；取消针对农民工的不合法和不合理收费；整治恶意拖欠、克扣农民工工资的行为等。

统筹城乡就业是缩小城乡差距的重要途径，关系到国计民生和社会稳定，

"十二五"时期要进一步加强城乡劳动就业制度改革。

有机整合劳动就业教育培训资源。采取市场化方式，通过招投标将职业教育和培训项目委托给专门的职业培训机构，政府主要负责培训资金的管理和成效监督。根据市场需求情况，为待业劳动力提供有针对性、层次差异的职业技能和创业能力培训，强化培训的实效性。各类承担劳动就业培训的职业教育机构，应严格执行物价部门确定的收费标准，不得加收培训费用。

推进劳动就业市场化改革。首先，把失业保障、职业培训和再就业有机结合起来。在建立失业社会保障制度的同时，对摩擦性失业者、结构性失业者，采取职业培训措施，使其提高就业能力，适应科技进步和就业竞争的要求，并大力发展再就业工程。其次，大力发展劳动力市场中介组织。依法加强对职业介绍或人才服务许可证的管理，严格准入条件，规范中介行为，使中介组织真正发挥促成劳动交换，沟通就业渠道的重要作用。最后，构建劳动力价格市场决定机制，促成劳动者在不同工作岗位或不同区域内自由流动，实现劳动力资源的有效配置。

规范和扶持企业提供就业岗位。一方面，出台专门的规章制度根据企业的行业和规模，要求提供相对应的就业岗位，并设定吸纳就业困难群体和素质较差的劳动者的最低比例，以保证企业开工所必须提供的就业人数；另一方面，制定落实扶持政策，对于在规定范围内多提供的就业岗位数量和吸纳就业困难群体的企业提供税费减免、贷款贴息等奖励政策或者政府给就业困难职工承担部分岗位补贴、社保补贴等方式鼓励企业多吸纳就业人员，特别是技术低下、患有残疾等就业困难人员。

加强劳动就业规范管理。在各类企业全面推行劳动合同制度。要求企业与城乡劳动者签订劳动合同。进一步健全最低工资制度，逐步健全工时、休息、休假等各项标准，科学合理地确定劳动定额。同时，努力消除对农村劳动力的就业歧视，降低农民工进城就业的门槛，进一步兑现在保障农民工利益方面的承诺，包括保障工资发放、签订劳动合同、改善居住等。积极引导和支持建立各种类型的劳务专业协会，探索保护农民工合法权益的有效载体和组织形式。建立健全法律援助制度，为劳动就业者提供公益性法律援助。集中力量解决劳动条件恶劣、劳动安全无保障、恶意拖欠和克扣农民工工资、利用职业介绍所和网站欺诈哄骗农民工等问题，切实保护劳动就业者的合法权益。

5. 统筹城乡经济社会发展，必须培育制约城乡发展的资源短缺要素

根据城乡发展的构成要素，需对城乡自身、外部环境进行 SWOT 分析，对照城乡发展的战略规划和定位，找出自身的差距，利用生物培育品系的方法培育制约城乡发展的资源短缺要素。

生物培育品系有两种方法：一种方法是传统品系培育方法，即在组建的基础群中，只在群体内个体间杂交，只在自身群体不断选择优秀个体，逐步剔除性状表现差的个体。城乡发展的短缺要素培育也可采取这种方法，可以先在数量上增加支撑城乡发展的要素，然后不断培育其能支撑城乡发展的短缺要素，逐步淘汰阻碍城乡发展的要素，培育的方法主要靠城乡内部。例如，目前农村土地资源要素制约城乡发展，这需要从农村内部通过建立土地使用权流转市场，像成都实行

的土地集中，促进了土地的规模化经营。另一种方法是开放式品系培育法，即在品系培育中可以引进外部优良的个体，与群体内个体杂交，逐步选育出优良性状的个体，这种方法对于品系性状能力的提高速度较快，但性状在品系内稳定性较差。例如，农村资金短缺，可引导工商业资本投向农村。城乡发展的短缺要素培育也可采取这种方式，对于影响城乡发展的要素，可以从外部环境中去获取，比如对城乡关键人才可从外部"空降"快速获得，但要注意这些要素的稳定性问题。

统筹城乡经济社会发展，必须充分利用城乡各自资源优势，使城乡得到最优发展。运用生物杂交方法利用其杂种优势培育优良品种称为杂交育种。杂交可以使生物的优良遗传性状从一个群体转移到另一群体，杂交是提高生物性状的一个重要方法。不同遗传个体间的杂交可使其性状发生重组，杂交后代表现出双亲优良性状组合，甚至出现超亲代的优良性状。杂交育种过程就是要在杂交后代众多类型中选留符合育种目标的个体进一步培育，直至获得优良性状稳定的新品种。杂交可以使杂种后代增加变异性和异质性，综合双亲的优良性状，产生某些双亲所没有的优良新性状，使后代获得较大的遗传改良，出现可利用的杂种优势。杂种优势是指两个遗传组成不同的亲本杂交产生的杂种第一代，在生长势、生活力、繁殖力、抗逆性、产量和品质上比其双亲优越的现象。杂种优势是许多性状综合的突出表现，杂种优势的大小，往往取决于双亲性状间的相对差异和相互补充。一般而言，生态类型和生理特性上差异越大的，双亲间相对性状的优缺点能彼此互补的，其杂种优势越强，双亲的纯合程度越高，越能获得整齐一致的杂种优势。城乡资源互补性很强，利用各自资源合理配置，会得到较好的"杂种优势"，有利于城乡整体竞争力都得到提高。运用生物杂交育种原理统筹城乡发展应做好以下方面的工作：

（1）应用SWOT分析方法识别城乡外部环境、自身状况，找出城乡各自优势和弱势。

城乡发展是城乡资源来匹配环境机会和需求的一种能力体系，也就是说，城乡发展不能离开其发挥作用的资源，这些资源主要来源于三个方面。

一是城乡的人力资源。在知识经济时代地区之间的竞争主要表现在人力资源的竞争上，城乡发展成功与否关键是如何发挥其人力资源的潜能。

二是核心技术。核心技术包括专利技术、技术秘密。现代社会随着人们生活质量的提高，人们的需求变化频繁，产品更新换代快，城乡要根据市场需求开发具有适应市场变化的产品技术开发能力，时刻保持产品的价值性、独特性、适应性。因此，在产品同质化和产品寿命周期越来越短的今天，如何长期获得开发核心技术并制造出核心产品的能力的重要性就不言而喻了。

三是资源整合能力。城乡不是只要具有技术、人才、市场、资金就一定能得到发展，而是要通过对城乡各种资源进行协调和整合，从而形成独特能力。城市和农村在技术、人才、资金等方面差异较大，各自拥有的资源禀赋不同，要对城市和农村的资源进行优劣势分析，从整个价值链的每个环节上将该地区城乡与其他地区城乡间进行比较，每一资源要素要按照特好、较好、一般、较差、差划分等级，特别是要对该地区城乡发展具备的关键的成功要素进行重点详细的分析，对于影响地区城乡发展的关键资源和能力，要注意从地区城乡内部培育或从外部引进获得，使其能够持续不断的比其他地区更好更快的发展。现代竞争，不在于大鱼吃小鱼，而在于快鱼吃慢鱼，这要求具备良好的城乡资源整合能力，这是城乡发展的核心内容，包括获得信息能力、整理能力和快速决策的能力，资源整合能力的提高有利于城乡更有效率地利用其资源，提高城乡整体竞争力，取得较快的经济发展。

（2）测定城乡要素间的配合力，使其达到有效配置，产生杂交优势，城乡得到更好更快发展。

生物学中的配合力就是物种通过杂交能够获得杂种优势程度，即杂交效果的好坏和大小。由于各物种间的配合力是很不一样的，生物学上的配合力是指不同生物种群通过杂交所获得杂种优势的程度，配合力分为一般配合力和特殊配合力两种，一般配合力是一个生物种群与其他生物种群杂交所获得的平均效果，特殊配合力是两个特定生物种群之间杂交所能获得超过一般配合力的杂种优势。获得通过杂交试验进行配合力测定是选择杂交组合的必要方法。我们在统筹城乡发展时，要注意培育城乡间的合作意识，提高城乡间的协作能力，使城乡间的一般配合力提高。同时，在城乡各资源要素间，我们可以分别着重从不同方面培育其特殊能力，它们间的特殊配合力得到提高，有利于使其产生跨越式经济发展。

根据生物杂交育种理论统筹城乡发展可按以下步骤完成：识别城乡资源（资源的优势与劣势的甄别，特别是影响城乡发展的关键资源）和能力（比如对城乡可持续发展的能力）→城乡资源、能力的培育或获取→城乡资源、能力（特别对城乡发展有重要影响的关键资源、能力）间配合力的测定并有效配置进入下一循环。

由此，统筹城乡发展首先是城乡间的资源要充足。要对当地城乡资源进行盘点，找出差距，从内部或外部获取补充，并且这些资源要能够流动，这需要制度改革或创新。其次要注意城乡资源的质量。可利用生物杂交育种的品系培育方法，提高城乡资源的质量，这需要去劣选优。最后，资源要合理配置。应用"木桶理论"，城乡资源得到充分利用，既不浪费也不缺乏，达到最优配置。并引入生物学的城乡资源配置配合力测定概念，使其一般配合力和特殊配合力都较高，同时，统筹城乡发展要界定好政府、农民等主体的职能。只有这样，城乡才能得到共同发展。

6. 统筹城乡金融体制改革。

进行农村金融体制改革，让农民和农村企业也能顺利贷到款。加快农村金融体制改革，已成了当前推进"三农"发展的一个重要方面。农村金融体制改革主要涉及农村信用社的改革、农业发展银行的改革。另外，国家应建立政策性的农业保险公司，要切实改变农业保险无人问津的局面，对风险较大的农业项目进行保险，以保护投资者和生产者的利益。统筹城乡发展的重要意义在于推进城市要素向农村有效流动，应采取有力的措施突破城乡二元金融体制，增强农村金融供给能力，解除农村金融抑制现象。

（1）加快打造西部金融机构集聚中心。首先，在成都市高新区打造金融后台服务中心，吸引境内外金融机构将客户服务中心、电子银行中心、票据处理中心、灾难备份中心和研发中心等后台服务总部落户，承接数据单据处理、电话银行服务、综合档案管理等后台业务。其次，将成都市锦江区东大街打造成为西部"金融一条街"，大量引进优质金融资源，构建多层次、多元化的资本市场体系，聚集银行、证券、基金等国内外各类金融机构以及业务总部、营运总部、资金中心、研究中心等，并积极引进和培育各类风险投资基金等新型金融机构组织。最后，加大对进入成都市集聚中心的金融机构扶持力度，通过房屋补贴、高级管理人才个人所得税优惠等扶持政策，吸引和培育一批国内外著名金融机构。

（2）加大对农村新型金融机构的扶持力度。其一，贯彻落实人民银行对村镇银行发放支农再贷款的政策，同时研究发挥存款准备金、利率等政策的作用，解决村镇银行可贷资金不足的问题，出台税收减免和费用补贴政策，降低村镇银行运营成本。其二，鼓励村镇银行大力发展中间业务，签订代办理财产品和医保取款业务协议，开展保险代理业务，积极参与农村养老保险金的发放。其三，切实解决小额贷款公司资金来源问题，促进银行向小额贷款公司进行贷款批发，允许小额贷款公司开展委托贷款业务和票据业务。其四，积极扶持农村资金互助社，出台相关的扶持政策，积极探索符合自身运营管理模式，如"农村资金互助社+农民专业合作组织"等运营新模式。

（3）创新贷款抵押和担保方式。一方面，拓展农业贷款抵押品范围。在符合政策规定和防范风险的前提下，建立存栏牲畜、地上作物、土地承包经营权、大型农用生产设备、运输工具抵押贷款制度，积极探索农民房屋、农产品及农业订单等其他动产和不动产的抵押和质押办法。允许农村中小企业以企业不动产、动产、应收账款、股权、仓单等作为合格有效的贷款抵（质）押物。另一方面，健全农业贷款担保体系。建立健全农户之间的互保、联保制度，建立政策担保公司和商业担保公司并重的担保体系。允许、鼓励各类商业性中介担保公司以及由财政、社会（企业）、农户等各方筹资设立的农业贷款担保公司为农业经营主体提供有效担保，逐步解决农业贷款担保难的问题。

（4）完善农村保险服务体系。继续稳步推进政策性农业保险试点。扩大保险品种，建议将茶叶、猕猴桃、食用菌和规模家禽养殖场等纳入今后时期的承保范围，并争取中央和省财政比照相应的补贴政策给予补贴。根据实际开展效果，加大中央、省财政对生猪的补贴力度。加快设立农业保险专项资金，并制定其管理办法，用于建立巨灾风险准备金、弥补商业保险机构的亏损和补贴农户。按照中央关于鼓励在农村发展互助合作保险和商业保险的要求，引入竞争机制，发挥政策性保险的引领作用，发挥商业保险的主导作用，逐步形成全方位、多元化、功能完备、服务优良的农业保险体系。

（5）做强地方金融发展实力。集中处置、化解地方金融机构的历史包袱，规范担保公司的发展，鼓励发展民营担保公司，构建多层次的担保体系。以建立"三权分立、监督有效、协调运转"的现代企业制度为根本宗旨，支持地方金融机构的资产重组与改制。研究并尽快出台措施规范和促进地方投融资平台的发展，包括其企业性质、业绩考核、激励机制和风险控制等重要方面。大力培育中介服务机构，支持会计师事务所、律师事务所、投资咨询、资产评估、保险代理和信用评级等中介服务机构的发展，为金融市场提供优质、高效的服务。

（6）健全政策性投资公司的绩效考核和风险评估机制。一是加强政策性投资公司内部治理制度的设计和执行力度，进一步建立和完善相应的标准和制度流程，用规范、标准的程序来规范公司的运作，加强管理的程度和风险防范的水平。二是项目投资主体选择、民间资金引进、项目评估、审计、监理等，都必须坚持市场化原则，坚持注意程序公开，交易公平，防止暗箱操作，并建立健全责任制和责任追究制，对严重违反规定的投资者，坚决予以处置。三是完善政策性投资项目的绩效评价体系，实施激励与约束并重的考核机制，将考评结果作为相关责任人业绩考核和晋升的主要依据。四是由第三方机构定期对政策性投资公司和项目进行风险评估分析，及时纠正风险过高的投资项目。

（7）进一步完善财政投融资机制。加大财政对农业和农村基础设施建设的投入，增加农村公共产品供给，提高公共财政投向"三农"的比例。首先，要加大偿债资金在财政支出中的比重，加强政策性投资公司与金融机构、证券发行机构的全方位金融合作，用足、用活财政政策和货币政策，有效解决统筹城乡发展进程中的资金问题，进一步扩大投资公司的间接融资规模。其次，积极创新政府项目的投资管理和融资方式，探索以建设—经营—转让（BOT）、建设—转让（BT）、建设—拥有—经营（BOO）和资产证券等项目融资方式，积极引进外来资本投资建设城乡基础设施项目。再次，推广股份制运作模式，通过财政资金与社会资本共同组建项目公司的方式，引导各类社会资本共同参与城乡基础设施项目的建设。最后，通过无偿补助、以奖代补、配套投入、贷款贴息等办法，鼓励和引导社会力量、民间资金投向农业和农村建设，逐步建立多元化的农村基础设施投入体系。

7. 统筹城乡基础设施建设

加大农村基础设施投资力度，加强农村基础设施建设，为农民增收创造条件。近年来，四川省农村基础设施建设取得了一定成效。各地要认真贯彻全国农田水利基本建设会议的精神，积极探索新形势下农田水利基本建设的新机制和新办法。运用新的思路和理念，创新管理机制、组织形式和投入方式，充分发挥财政资金的导向作用，以发动农民自我创业为主，鼓励和引导社会力量、民间资金参与，走出农业基础设施建设的新路子。要充分利用好国家各项政策措施，积极争取国家农村基础设施建设的国债转移支付项目。各级政府要加大财政投入力度，在基础设施建设项目和资金安排上，向农村倾斜。同时要放开基础设施建设市场，用贷款贴息的办法吸引银行资金，用公开招商的办法吸引企业资金，用直补的办法吸引农民资金，用合资经营的办法吸引社会资金。要突出工作重点，着力抓好基本农田建设、病险水库治理、县城出口公路建设、农村电网改造、广播电视通信网络建设、农民新村建设和生态建设，同时大力发展户办工程，尽快提高农村硬件设施水平，为农民增收创造条件。

8. 大力推进农村行政体制改革

目前，从全国来看，农村行政体制已不适应农村经济社会发展的要求，需要加快改革，四川省亦不例外。农村行政体制改革不能局限于农村的某一个层面或方面，需要进行整体设计。

四川省农村经济具有较明显的区域非均衡性，这种区域非均衡性决定了推进农村行政体制改革首先需要遵循差异性原则，分类设计，最大限度地符合各地经济的实际情况，做到既不超前于当地经济水平，也不能落后于当地经济水平。因此，四川省农村行政体制改革的实施需要根据不同地区的情况分类进行。在四川省经济较为发达的农村地区，因为乡镇一级工商业比较发达，财政资源比较充足，所以可以建立起以专业化分工为基础的现代行政体制。这样，当基层行政体制面对着大量复杂的专业化问题时，有现代的以专业化分工为基础的行政体制来及时处理。而在那些经济发展比较缓慢、农民收入增长缓慢的农村地区，就很难与发达地区农村共享一套行政体制。由于落后地区工商业不发达，农民收入有限，农村事务相对简单，在这些仍然以传统农业为主的地区，没有必要也不可能建立以专业分工为基础的现代行政体制，乡镇一级行政体制及事业单位的改革，应与当地的经济基础相适应，将有限的资金应用于村庄建设，尽量降低农村行政成本，而不应耗费在建立所谓现代行政体制上。

撤乡并镇，理顺村级组织。乡镇的撤并是乡镇体制的一项重要改革。通过撤乡并镇可以克服乡镇规模小、乡镇干部多、财政收入少、财政负担重、机构运转困难、办事效率低等问题。乡镇撤并工作是一项政策性强、涉及面广、业务性强、工作繁重的重要工作，在进行过程中必须注意解决以下问题：

（1）乡镇规模数的确定应以面积、人口、财力、资源等因素规划乡镇建制，同时还要考虑到撤并后乡镇要能够满足今后较长时期经济和社会发展的可能。

（2）乡镇撤并时间应与乡镇机构改革一并进行，尽量一步到位，这样有利于基层政权的相对稳定，避免多次改革和调整引起的不稳定。

（3）分流乡镇人员时应妥善安排被精简人员。可以采取提前退休、辞退、分流培训、上调下派等多种形式。

（4）乡镇撤并一是要从地缘关系就近合并，自然条件、风俗习惯相近合并，历史上延续曾划为同一行政区的合并，资源富有与贫乏的合并；二是要尊重群众意愿，方便群众办事，方便经济和社会管理；三是要有利于社会稳定，有利于经济发展。

促进农村文化产业发展。统筹城乡经济社会进步，不仅仅是统筹城乡经济的发展，还必须大力扶持农村文化产业的发展。扶持农村文化产业发展的总体思路如下：

（1）积极筹集建设资金，加快推进乡镇文化基础设施建设。在农村小城镇建设中，要把文化基础设施建设列入建设规划；暂时无力建设的要留有预留地。达到四川省半数以上的乡（镇）影剧院、文化中心或图书室、电视差转台、体育场等文化设施齐备配套。

（2）引进竞争机制，在农村基层文化部门建立新的用人制度，建设一支适应工作新要求的高素质的农村基层文化队伍。要鼓励、倡导、选派城镇的农业、科技、文艺工作者在规定期限内到农村基层文化机构中任职。对现有从事农村基层文化工作的各类人员，各有关部门要有计划地分类分批组织培训。

（3）加强农村文化市场的培育和管理。坚持一手抓繁荣、一手抓管理，进一步理顺和健全农村文化市场管理体制。农村文化市场的管理要实现经常化、制度化。同时要不断改进管理的手段和方法，加大文化执法力度，坚决禁止制造和传播不良文化的行为，扫除"黄、赌、毒"等社会丑恶现象。通过对农村文化市场的引导和对健康文化产品的扶持，大力倡导健康有益的文化娱乐活动，净化农村文化氛围。保证广大农民的身心健康，为农村小康社会的精神文明建设保驾护航。

9. 统筹城乡公共服务与社会管理体制改革

统筹城乡公共服务体系，加强农村社会管理，切实改善农村民生，实现城乡基本公共服务均等化是统筹城乡发展的重点领域，具体应从以下几个方面进行改革：

（1）针对居民异质化特征创新人口管理和服务模式。"十二五"期间，社区居民异质化特征将进一步突显，应通过加快创新人口管理和服务模式来应对这一变化。一是建立最低公共服务和社会管理标准，全面覆盖区域内所有群体，使各类居民无差别享受公共服务。二是建立多元化公共服务供给主体，采取多项措施鼓励、支持私营部门进入公共服务和社会管理领域，细分服务对象，针对性地为不同类型居民提供差异化公共服务。三是改革运营模式，细化公共服务类型，针对每一类型的公共服务，提供政府供给、私人供给、政府采购等运营模式。

（2）加快公共服务运营机制的市场化改革。"十二五"期间，城乡公共服务运营的市场化进程将不可避免，应从市场经营模式和私营部门利益保障机制两方面重点建设。一方面，应进一步加速体制改革，转变政府职能，使政府更多地承担起制定规则、科学规划、监督管理等职能，降低私营部门的政策风险，激励其投资积极性。另一方面，鼓励私营部门在更宽领域内进入公共服务与社会管理领域，由私营部门确定公共服务和社会管理水平的数量和质量标准，提高资金使用效率，降低交易成本。

（3）加强信息化应用系统和平台建设。在《城乡统筹试验区信息化总体方案》的框架下，抓紧制定与信息化相关的技术标准和规范，逐步形成较为完善的信息化政策法规体系，以保证信息化建设的顺利推进。第一，以公共服务均等化为落脚点，有效发挥现有信息化应用系统和平台的效用，扩大政务、教育、文化、医疗卫生、社会保障等公益事业在全市的覆盖面，使每个个体都有知情、沟通、享受服务的平等的机会。第二，探索虚拟制造在公共服务和社会管理体系中的重要作用，在虚拟空间中进行公众服务需求、市场供给能力等方面评估，甚至在某些领域完成服务模型的虚拟试点工作，提升供给设计的成熟度，降低交易成本，提高公共服务与社会管理效率。第三，重点应加强"金字塔形"信息人力资源库建设，在农村开发信息采集、精准作业和管理信息、农村远程数字化和可视化等技术，通过绑定技术体系、应用体系和公共服务体系，不断丰富城乡公共服务和社会管理的功能和内容。

（4）积极培育城乡社会组织。应紧紧抓住社会转型期公民意识初步觉醒的有利时机，引导和鼓励社会组织有序运营，特别是鼓励跨区域的、专业的社会组织自我服务、自我管理能力提升。一是加大政策支持力度，在社会组织（特别是农民合作组织）注册登记、发展等方面给予及时、有力的指导，开通绿色通道。二是在资金上给予社会组织扶持。三是对社会组织的关键人员进行有针对性的培训。

二、眉山市坚持城市支持农村、工业反哺农业，推进统筹城乡发展

统筹城乡发展是加快转变经济发展方式的要求。眉山市在发展模式上坚持高点起步、高端切入，以较小的资源消耗、环境代价，支撑和推动发展。只有这样，才能发挥后发优势，做到经济发展与人口、资源、环境相协调，走出一条资源节约、环境友好的绿色发展、可持续发展之路。眉山市经济始终保持强劲的发展势头，连续 6 年实现 14% 以上增速，进入了新型工业化、新型城镇化"双加速"的黄金发展期。当前，新一轮西部大开发深入实施，天府新区建设强势推进，国内外产业加快向西部转移，为眉山市跨越发展创造了有利条件。

（一）眉山市坚持城市支持农村、工业反哺农业的方针，把产业发展放在优先位置，推进统筹城乡发展

眉山市古称眉州，辖一区五县，辖区面积 7186 平方千米，总人口 349 万人，1997 年建立地区，2000 年设市，建区之初是典型的农业地区，经过 10 多年的发展，初步实现了从小县城到中等城市的转型。

眉山市坚持把科学发展观作为统筹城乡发展的指导思想，树立"全域眉山"的理念，坚持"以人为本、统筹兼顾、大胆创新、分类实施"的原则，打破城乡分割的格局，促进资源向农村配置。通过统筹城乡发展，眉山市的经济基础更加扎实，农村公共产品投入和公共服务力度加强，城乡建设步伐明显加快。当前，眉山市面临推进城乡统筹发展的历史机遇，眉山市在推进城乡统筹建设中具有得天独厚的优势，主要表现在四川省在建设天府新区和成都经济圈中，眉山市在规划范围之内。眉山市按照"高端产业、产业高端"的要求，坚持"一园一主业，园区有特色"，打造现代产业园区。眉山市现代工业新城以成眉工业集中发展区、彭山经济开发区、成眉石化园区为北组团，以四川眉山经济开发区新区、金象化工产业园区、铝硅产业园区、机械产业园区等为南组团，强力推进现代工业新城建设。同时，大力推进天府新区眉山区域建设，为眉山市融入成都、同城发展，实现与成都"有特色、无落差"做好示范与带动。仁寿视高经济开发区、仁寿文林工业园区、洪雅机械化工园区、丹棱机械产业园区、青神工业开发区的打造，为各区县的"两化"互动、统筹城乡打造了样板。东坡区是东坡泡菜的主产区，也是泡菜企业的集聚地。抓好泡菜产业园区，围绕泡菜产业带动一个区域的发展，打造大产业、大基地、大示范。眉山市遵循"区域化布局、规模化发展、专业化生产、集约化经营"的基本思路，实施"工业带动农业，农业反哺工业"的城乡拉动战略。同时，眉山市还就近、就地解决了当地大量农民就业问题。这为眉山市加快统筹城乡发展，实现经济社会和谐繁荣提供了良好的条件。

1. 以规划为先导，确保新农村建设有序推进

统筹城乡发展关键在于协调发展，必须着眼于城市支持农村、工业反哺农业，把产业发展放在优先位置，充分体现发展是硬道理的思想，为全面协调可持续发展奠定物质基础。

眉山市制定了《工业园区规划》，按照"一园一主业，园区有特色"的要求，新规划 19 个特色园区。眉山市制定了《农业产业园区规划》，到 2015 年，眉山市重点建设农业产业基地 119 个、农业产业园区 9 个、农业旅游观光园区 19 个、一村一品专业村 480 个。眉山市制定了《旅游产业园区规划》，以东坡文化、长寿文化和生态文化为内涵，以三苏祠、彭祖山、黑龙滩、瓦屋山、中岩寺等重要景区景点为依托，规划建设 10 个旅游产业园区，打造中国川西南旅游目的地。眉山市制定了《物流园区规划》，积极融入成都西部物流中心建设，规划建设眉山中心、青龙、仁寿 3 个市级物流园区和洪雅、丹棱、青神、视高等一批专业物流中心及配送中心，将眉山建成四川省区域物流中心。

产业发展是统筹城乡发展最重要的问题，没有产业发展作为支撑，就不可能实现城乡统筹。眉山市坚持工业反哺农业、城市带动乡村，努力形成城乡发展一体化的新格局，为三大产业在城乡之间的科学协调发展制定了蓝图。

统筹城乡发展规划必须建搭建好城镇化平台。统筹城乡发展要求工业化、城镇化、农业现代化"三化"联动，同步发展，其中城镇化是重要的平台。城镇化要注重以人为本、节地节能、生态环保、安全实用、突出特色、保护文化和自然遗产，把握好城乡之间平等的要素交换关系，并促进土地增值收益和农村存款主要用于农业和农村。

眉山市在统筹城乡发展中，推进城镇化发展，规划建设以眉山市主城区为中心，县城为骨干，特色小城镇为基础的现代化城镇网络体系，大力调整乡镇区划，强化乡镇管理职能，6 县区完成 100 个新村或集中居住点建设，为统筹城乡发展和推进新型城镇化打好规划基础。到 2020 年，眉山城区人口达到 65 万人，建设用地规模 62 平方千米，形成"东进、西移、北拓、南优、中提升、拥江发展"的城市格局。彭山县抓紧小城镇和工业集中区建设，突出抓好青龙镇、谢家镇、江口镇、观音镇等重点小城镇和省级彭山经济开发区建设，努力构建功能完善、特色突出、布局合理的小城镇发展格局。

近年来，眉山市围绕"生产发展、生活宽裕、乡风文明、村容整洁、管理民主"的新农村建设二十字方针，坚持"规划先行，产业为重，群众为主，片区带动，整体推进"的工作思路，强力推进社会主义新农村建设，眉山市已启动 6 个省、市级示范片建设，建成各类试点（重点）村 325 个，建设村支柱产业基本形成，环境面貌显著改善，社会事业快速发展，农民稳定增收的机制基本建立。

眉山市在新农村建设中立足高标准、高起点先行规划。市、县财政先后投入资金近 1300 万元，通过公开招标聘请了大专院校、科研院所的专家围绕产业、村庄、基础、社会事业编制完成了 6 个示范片、39 个市级示范村、100 个试点村和 4 条重点交通沿线 106 个重点村的新农村建设规划，所有规划成果均按照《中华人民共和国城乡规划法》规定的程序评审通过后予以实施，确保了规划的科学

性、前瞻性和严肃性。眉山市仁寿县将文化作为综合规划的重要内容，充分挖掘枇杷文化和梨文化的内涵，建成集休闲观光、农家旅游为一体的"中国仁寿万亩枇杷生态园"、"中国仁寿万亩梨生态园"。

2. 以农民为主体，确保新农村建设有力推进

农民既是新农村建设的受益主体，也是新农村的建设主体。眉山市坚持"政府主导、群众主体、奖补为辅"的原则，在新农村建设中引入竞争机制，按群众自主申报—村民代表讨论决定—村向镇申请—镇向县新村办申请—新村办实地核实报县新农村建设领导小组审定的程序确定示范村（片），项目完工后由新村办组织验收，合格后兑现奖补。这些推进方式和奖补政策充分调动了群众自主投入的积极性。洪雅县财政奖补 300 万元，撬动农民投入 1.8 亿元开展新农村建设。

3. 以示范片为带动，确保新农村建设有效推进

新农村示范片建设是四川省委、省政府推进农村工作、加快新农村建设步伐的重大举措。仁寿县枇杷园新农村建设示范片、洪雅县青衣江新农村建设示范片、青神县两水一竹新农村建设示范片成为省级新农村建设示范片。核心区建设始终坚持与重大项目建设结合，与现代特色效益农业基地建设结合，与工业园区、旅游观光园区建设结合，与重点乡镇建设结合，与城乡环境综合治理结合，与土地整理项目结合，整合力量，统筹推进。加快配套基础设施建设，加快"两池六改"。各级各部门通力合作，积极申报项目。在推进示范片建设的同时，继续抓好 51 个省级示范村和 39 个市级示范村建设。丹棱县双桥镇梅湾村的田园风光与现代农业发展有机结合，基本实现了农业发展产业化、乡村建设集约化、农村生活现代化的目标，成了人口聚集适度、产业支撑有力、功能设施齐全、环境优美和谐、管理科学民主、体现城乡一体化格局的新农村综合体和新农村聚居点。

4. 以一村一品建设为抓手，夯实新农村产业基础。

产业是新农村建设的重要支撑，眉山市为夯实新农村产业基础，采取了五大举措。一是着力建设一村一品。二是着力培育优势农产品。按照眉山市委《农业拳头产品推进方案》《发展一村一品推进产业富民方案》的规定，眉山市奶牛、生猪、蔬菜、林竹和水产五大拳头产品稳步发展，新建加工蔬菜基地 7.5 万亩、木竹基地 16.9 万亩，水产品产量达 9.7 万吨。三是着力培育带动主体。眉山市大力发展农产品加工龙头企业，大力培育农民专业合作组织。四是着力推进农业招商和对外合作。为进一步深化与成都市的农业合作，眉山市共建成农产品配送基地 68 个，面积 55.6 万亩。五是发展乡村旅游。眉山市认真指导各区县围绕特色产业、地方风俗、人文景观，多渠道、多形式发展具有眉山特色的乡村旅游。眉山市编制完成全市乡村旅游发展规划，并结合新农村建设示范片规划，将乡村旅游产业作为 6 个省市级新农村建设示范片的主导产业予以重点推进。积极开展全国农业旅游示范点创建，将 35 个乡村旅游资源较好的村列为市级新农村建设重点村。眉山市指导各区县开展乡村旅游示范区县、乡镇、村以及农家乐旅游服务质量星级评定工作，东坡区已通过省乡村旅游示范县（区）的评定。

5. 以农村环境治理为重点，打造新农村良好风貌

农村环境"脏、乱、差"是影响新农村建设的重要因素。眉山市按照村容整洁的要求，以改善农村人居环境为切入点，抓住灾后农房重建的契机，加强基础设施建设，大力开展农房风貌改造和农村环境治理。一是扎实开展农村环境综合治理，细化治理标准和评比办法。利用各类培训班，将村社环境卫生治理知识培训纳入了培训课程。二是围绕"山、水、田、林、路、气、电、园、房"综合治理，大力开展基础设施建设。新建农村户用沼气池，建设仁寿县大中型养殖场沼气池示范工程，农村面源污染得到有效治理。整治病险水库，完成渠道防渗260千米，新增有效灌溉面积2.81万亩，治理水土流失83.57平方千米，解决22.8083万农村人口安全饮水问题。新建高标准农田8万亩，完成"金土地工程"土地整理项目15个，累计整理土地面积15.22万亩。新建农村公路1066千米，基本实现100%的行政村通公路，通畅率达65%。完成成片造林20.3万亩，其中"双百万"工业原料林基地16.9万亩。三是在突出地域特色的基础上，推进农房风貌改造，全市通过政府以奖代补，完成地震后农房重建46 507户，"安居工程"建设1068户。

6. 以"三村"建设为载体，塑造新农村文明风尚

以全面建设小康村、生态村、文明和谐村为载体，推进农村经济社会持续发展。一是农村社会事业体系逐步形成，2009年，新型农村合作医疗实现100%覆盖，参合率达96.5%，农村义务教育全面实行"两免一补"，农村广播电视覆盖率达到93%。二是生态环保建设向纵深推进。眉山市已建成国家级生态县1个（洪雅县），全国生态家园试点县1个（丹棱县）。三是深入开展以创建遵纪守法户、五好家庭户、双文明户为主要内容的新农村精神文明建设，农村"三户"评选村达88%，广泛推行遵纪守法户创建活动。关爱留守学生、留守妇女、留守老人工作扎实推进，经验在全国推广。

7. 强化投入保障

一是加大财政投入，统筹推进。眉山市财政支农资金每年以成倍的增幅不断增加。建立了政府主导、部门配合的新农村建设资金整合协调工作机制，实施新农村建设资金"一个袋子装，一个口子下，一个标准补"。同时，积极构建农村金融体系，鼓励国有政策性银行和商业银行投入新农村建设。二是开展全民创业，全民推进。开展全民创业，各级机关干部为农村种养殖大户每户担保1万~2万元的小额无息贷款，形成全民合力推进新农村建设的工作格局。三是充分发动社会力量，合力推进。开展"百企联百村"等活动。同时，调动当地致富带头人、在外成功人士"回报家乡、造福桑梓"的积极性，筹集资金用于新农村建设。

8. 强化人才保障

全面实施农村人才培育计划。一是开办农村技能人才和经纪人培训班42场次，培训9296人次。同时，建立了村支部书记、大学生村官定期培训制度，每年组织示范村支部书记集中培训一周以上。二是以实施乡村人才开发示范活动为载体，大力培养了一大批能够推动现代农业发展的生产经营能手和致富带头人。

眉山市确定了 20 个市级人才开发示范村，树立了 100 个优秀农村人才示范岗。三是深入开展科技特派员活动。全市共下派 492 名科技特派员重点帮扶 615 个示范村，让科技特派员真正深入到村、扎根到村、服务到村。四是下派 100 名优秀年轻机关干部到新农村示范、试点村指导开展建设工作。五是与中国农业大学、四川农业大学等高校建立校地合作，利用高校科研和人才优势加快新农村建设。

（二）眉山市在统筹城乡发展中避免缺乏产业支撑的"空心城镇"和缺乏城市配套的"工业孤岛"

1. 要强化产业支撑，不断壮大园区主导产业，构建现代产业体系

建设园区和新区，融合发展是方向。要探索具有眉山特色的统筹城乡发展的模式，即围绕城市、工业园区、农业园区、旅游第三产业园区，实施以城为主统筹城乡、以工为主统筹城乡、以农为主统筹城乡和以游为主统筹城乡这四种模式，打造互动发展的示范区，进而带动眉山市范围的统筹发展。要深入推进统筹城乡的配套改革，促进公共资源在城乡之间均衡配置，生产要素在城乡之间自由流动，构建起现代城市和现代农村和谐相融、协调发展的新型城乡形态，形成城乡经济社会发展一体化新格局。

要强化产业支撑，不断壮大园区主导产业，构建现代产业体系。要围绕现有的城市、产业和园区，坚持新型城镇化道路，构建全市的现代城镇体系，避免缺乏产业支撑的"空心城镇"和缺乏城市配套的"工业孤岛"。通过产业和城市有机结合、互融共促，走出一条以人为本、城乡一体、协调发展的科学发展之路。

2. 加快实施规划会战，引领互动统筹

坚持以规划为龙头，在全市范围内开展规划会战，以高水平、高标准、高质量的规划引领"两化"互动、统筹城乡发展。坚持国际标准，确保规划品质，依托眉山市良好的自然生态禀赋，以"生态打底"，特别注重生态性、景观性、文化性，做足"绿"字、做活"水"字、做美"景"字、做特"文"字，坚持山水、湿地、园林、景观、文化有机结合，建设用地和农业用地有机结合，生产、生活、生态用水有机结合，退耕还林政策与城市、园区、乡镇、景区绿化有机结合，做到一张蓝图绘到底、一张蓝图干到底。坚持全域规划，突出规划重点。突出五个方面的重点：一是搞好中心城区、五个县城、城市新区和产业园区发展规划，制订好产城单元控制性详细规划、城市设计和城市策划；二是按照城市标准，搞好重点城镇规划，构建和完善现代城镇体系；三是推进城乡统筹、城乡一体，编制全市重点新村规划，新建一批新农村综合体和新村聚居点；四是强化产业支撑，锁定主导产业，完善工业园区、农业园区、旅游第三产业园区发展规划，打造特色园区；五是坚持基础先行，完善铁路、高速公路、干线公路、航运等综合交通规划，构建内通外畅、通江达海的现代综合交通网络。要注重多规衔接，完善规划体系。

以农业产业化、乡村建设集约化、农村发展现代化为规划目标，按照县域新村总体规划和新村建设整体安排，加快建设一批以农民为主体的人口聚集适度、产业支撑有力、功能设施齐全、环境优美和谐、管理科学民主、体现城乡一体化格局的新村聚居点和新农村综合体。要深度挖掘东坡文化、彭祖文化、忠孝文

化、竹编文化等地域文化特色，打造眉山市整体的新村建筑风格和建筑符号，彰显"眉山新村"独特的文化气质。在天府新区眉山区域、城市规划区、城市近郊区要以城乡一体规划理念和新型社区生活元素来规划建设新村聚居点、新农村综合体，加快统筹城乡步伐。在三个都市近郊型现代农业示范园区、省级新农村示范片、骨干交通沿线要突出自然生态、田园风光，以旅游接待中心标准打造新村（聚居点）和新农村综合体，规划农户接待经营场所、星级农家乐及有新农村特色的星级高档酒店，连片推进新村建设。在各区县贫困区域、偏远地区，要统一规划，合理布局，分步实施新村建设。

3. 以三大农业示范园区为抓手，加快农业转型升级

眉山市提出加快发展都市近郊型现代农业的重大决策后，又决定设立眉山岷江现代农业示范园区、天府仁寿观光农业示范园区、四川省现代粮食产业仁寿示范园区三大园区，呈现出以大型农业园区建设为抓手，推进都市近郊农业发展的格局。三大现代农业示范园区未来将是"宜居宜业宜游"、独具眉山特色、西部一流、国内知名的现代农业产业基地示范区、产业融合发展示范区、城乡统筹发展示范区、创新农村社会管理示范区。

以农业发展产业化、乡村建设集约化、农村生活现代化为目标，遵循发展性、相融性、多样性、共享性"四性合一"的规划原则和形态、业态、文态、生态"四态合一"的规划理念，做好园区规划。

要依托标准化、规模化、田园化、景观化的产业基地，大力拓展农业多功能，按照"集中连片、形象大气"的要求，"用景点标准打造产业基地"，"用景区标准兴建基础设施"，实现农区向景区转变、劳动向体验转变、产品向商品转变。

三大园区可以围绕3条重点交通干线和6个重点乡镇，打造"三长廊、六特色"。

眉山岷江现代农业示范园区以葡萄、莲藕等为主，建设"都市近郊型现代农业景观长廊"，以彭山观音镇为中心结合彭祖文化打造"彭祖养生葡萄产业园"，以东坡区悦兴镇为中心结合东坡文化打造"八百进士文化新村"。

天府仁寿观光农业示范园区以花卉园林、高端水果为主，打造"西部花海和多色谱林业景观长廊"，以黑龙滩镇为中心建设"天府水乡风情园"，以清水镇为中心建设农产品加工及物流中心，融入仁义文化打造休闲观光农业。

四川省现代粮食产业仁寿示范园区依托优质粮油核心区，打造"西部粮仓观光长廊"，以文宫镇为中心融入打造"印象大本堂"，以青岗乡为中心打造"天府回民风情村寨"，融入民族文化、农耕文化打造高科技粮油观光农业。

打造园区主导产业核心区。将主导特色产业核心区作为园区建设的重要突破口，围绕优势特色产业，在园区建设上率先实现现代化。要实现基础设施现代化。交通建设要"外联内创"，即对外，无缝对接成乐高速、成赤高速、成黑快速和国道213、省道106等交通干道，及彭祖山、东坡公园、黑龙滩风景区、瓦屋山风景区等景观景点；对内，以"三长廊、六特色"为重点，突出打造交通大循环。在园区实现"田成方、路成网、沟相通、渠相连、林成行"。要实现设

备设施现代化。积极采用大棚、光温室、喷灌、滴灌、计算机控制系统等各种现代农业技术设备，提升产业产出效益。要实现生产技术现代化。大力推行标准化生产，注重新品种、新技术、新工艺的使用和推广。积极开展园区与院校、科研院所的合作，引进高科技企业入驻园区。要实现管理方式现代化。园区管理要运用现代市场经济经营理念和营销手段，按照"政府搭台、企业主体、市场运作、社会参与"的思路，构筑市场化的运行机制，推动园区高效率、低成本运行。

打造园区促农增收核心体。在园区引进加工龙头企业，建设冷链物流系统，培育扶持农民专业合作社和种植大户，打造园区促农增收核心体。积极倡导"园区+企业+合作社+基地+农户"或"园区+批发市场+合作社+农户"的产业化经营模式，强化农产品加工、储运、销售等环节，延伸产业链条，引导核心组织与园区农户形成紧密利益联结，带动园区农民持续稳定增收，使园区农民成为"准中产阶级"，在全市率先实现全面小康。

打造园区风貌独特核心村。围绕重点村镇，按照"基础设施完善、服务功能齐全、人居环境优美、风貌新颖独特"的要求，用游客接待中心标准打造新村聚居点或新农村综合体。

4. 以四大优势产业为重点，加快产业集约发展，促进"三化"联动

加快产业园区建设，承载互动统筹。加快推进"两化"互动、统筹城乡发展，产业园区和城市新区是突破口。要在做大做强产业上求突破。要在建好眉山现代工业新城、岷东新区、天府新区眉山区域、3个现代农业示范园区、9个旅游景区、新农村综合体和新村聚居点等重点区域上求突破。要在创新统筹模式上求突破，以城为主、统筹城乡，以工为主、统筹城乡，以农为主、统筹城乡，以游为主、统筹城乡，积极探索具有眉山特色的统筹城乡发展新模式。要在充分授权赋能上求突破，尽可能地放权、放手、放胆、让利，赋予园区、新区县级政府的审批和管理职能，支持园区、新区迅速发展壮大。

产业集约发展是统筹城乡发展的基础。一要大力推进产业集群化发展，加快产业园区建设，完善园区工业区、商业区、文化区、生活区功能，积极探索建立以市场为纽带的"产、学、研"互动机制，努力实现要素驱动、投资驱动向创新驱动转型，从"园区制造"向"园区创造"提升；二要大力推进特色农业集聚式发展。立足"中国泡菜之乡"、"中国脐橙之乡"等品牌优势，紧紧围绕蔬菜、水果、竹木等特色产业，抓好农业优势产业带和主产区建设，用产业化的思维、市场经济的理念、项目建设的办法推进现代农业集约发展；三要推进铝硅、农副产品加工、造纸包装、机械、化工建材等支柱产业集群化发展；四要大力推进三产集中发展，集中建设各类大中型专业市场和物流中心。

以四大优势产业为重点，促进"三化"联动。按照"三化"联动的要求，充分利用资源优势条件，围绕特色优势主导产业，大力推进农产品加工园区建设，逐步形成加工龙头企业集群，努力实现农产品精深加工集中、集约、集群发展，增强对区域产业发展的带动能力。同时，要结合新农村建设发展乡村旅游业，促进三次产业联动发展，开辟更多的农民增收渠道。

强力推进"中国泡菜城"建设。大力发展泡菜产业，进一步加快"中国泡菜

城"建设，积极开发新产品，不断提升自主创新能力，扩大东坡泡菜在全国、全球的市场占有率。

强力推进"中国南方奶都"建设。以深化现代畜牧业试点为突破口，在稳定发展生猪、肉鸡、肉兔、山羊的基础上，大力发展牛奶产业。以现代牧业、新希望生态牧业为基础，打造中国南方优质奶牛繁育基地。以推进规模化奶牛场（小区）建设和散养奶牛进小区为重点，开展标准化示范场创建活动，争创国家级现代奶业示范区。以蒙牛、新希望、菊乐乳业为依托，打造中国南方重要乳品加工基地。大力提高畜牧科技推广应用水平，确保主要畜禽适度规模养殖比重提高到63%、良种化水平上升到95%。

强力推进"中国竹艺城"建设。牢牢把握四川省政府批复《青神竹编产业发展规划》的机遇，加快眉山"三竹"（竹海、竹艺、竹城）打造，培育以青神县为核心、辐射洪雅县和东坡区的竹编产业集群；加快建设集世界名竹观赏、竹工艺产品加工、竹文化展示演艺、竹主题酒店等多功能于一体的竹编产业园区。

强力推进"乡村休闲旅游示范区"建设。"以文化润色产业，用景观改造农村"，把旅游产业要素与第一产业融合，使第一产业和第三产业、农村和城市找到最佳结合点。依托农村生态环境和农业产业优势，打造具有眉山特色的精品休闲农业与乡村旅游景点。积极举办各类农事节会，大力发展参与体验型、休闲度假型、健康养生型等多种新型业态的乡村旅游。

5. 用市场经济手段开发建设和管理园区，增强园区对各种生产要素的聚合力

要加快体制机制创新，保障互动统筹。要坚持从创新体制机制入手，最大限度地整合资源力量、激发活力动力，提升行政效能，优化行政审批机制；深化配套改革，完善要素配置机制；强化工作责任，健全责任落实机制；鲜明用人导向，健全干部选拔任用机制；强化激励考核，完善考核督查机制，进一步营造一流环境，确保工作实效。要学习和借鉴北京、上海、成都等地发展都市农业的先进理念和机制，大胆创新园区投资体制、园区管理体制和园区用地模式等，明确并落实项目整合和财政支持、土地管理、招商引资激励等配套政策，按照"程序不减，时间缩短"的思路积极支持园区加快规划建设进度，推进园区发展。

聚合人才。采取科技人员以技术入股、技术服务、技术转让等形式参与园区建设，让园区内的农业科技工作者与国内外专家，有关大专院校、科研机构科技人员有机结合，从而让园区成为人才聚合的洼地，为园区的长期良性发展提供强有力的科技支撑。

聚合资金。灵活运用资本联合、资本与劳动力结合、资本与技术联合等办法，大力倡导和鼓励工商资本、外来资本、民间资本投入园区建设，实现社会资金向园区聚合。

聚合土地。建立健全土地流转中心、土地银行等多种形式的服务机构，逐步创新和完善土地流转机制，推进土地向园区企业和大户集中，提高产业规模经营水平。同时，还要聚合能源、信息等资源，强化要素保障。

6. 要加快招商引资和项目建设，支撑互动统筹

推进"两化"互动、统筹城乡发展，最终要落实到项目投资上来。要牢牢抓住项目投资这个关键，滚动策划储备一批项目、全力招商引资一批项目、加快开工建设一批项目、促进竣工投产一批项目，建立健全长效机制，在全市上下形成招商引资、大抓项目、抓大项目的热潮，尽快形成实物量和形象进度。始终坚持投资拉动、项目带动的重要举措。要坚持"招大引强抓项目，加快建设抓投入"，继续坚持"一月一推进、两月一开工、季度一盘点"的项目推进机制，按照"四个一批"的项目建设要求，努力策划储备一批、新开工一批、加快建设一批、投产一批。强化项目管理，做好项目工作的攻坚克难。要坚定实施工业主导、产业支撑战略，突出工业支柱，突出转型升级，突出科技创新，以工业为主导，做大优势产业，做强产业支撑。要创新突破要素保障的瓶颈制约，多管齐下、齐头并进，积极破解建设资金、建设用地等发展要素保障问题。

7. 在抓公共服务中统筹城乡发展，在抓基础配套中统筹城乡发展

要注重城市功能向农村扩散衔接，继续深入推进公共基础设施向农村延伸。围绕适度集中居住的新农村聚居点和新农村综合体，配套建设交通路网、集中供水、能源、光纤电视等，不断改善农村生产生活条件，提高农业综合生产能力。推进和深化城乡环境综合治理，进一步加快改厨、改圈、改厕、改水和民居绿化、美化，完善垃圾和污水处理设施等，逐步实现城乡公共设施一体化。

要切实加强新农村公共服务设施和服务体系建设，促进公益性服务和社会管理服务网络延伸到村、延伸到农村新型社区。要进一步完善和提升"1+6"村级公共服务活动中心的服务功能，为农村群众提供教育设施、文化体育、卫生、医疗、商业服务、金融邮电、就业服务等多种公共服务，促进公共服务由单一功能向综合服务转变，全面提升农村公共服务水平。加强农村文化建设，大力实施以农村为重点的"文化惠民工程"，积极开展面向农村群众的公益性文化活动。与此同时，强力推进资金投入机制、产权收益实现机制、农村管理体制等体制机制创新，加强农村基层组织建设，不断丰富农村群众的精神文化生活，充分激发农村发展活力，加快统筹城乡步伐。

三、广安市在统筹城乡发展中实施"三转三同促三化"战略，促进城乡良性互动、共同繁荣

广安市利用广安处于"成渝经济圈"重要节点的有利条件，抢抓难得的发展机遇。广安市于2007年8月启动统筹城乡综合配套改革试验，积极学习借鉴先进经验，结合自身实际进行大胆实践探索，着力体制机制创新，加速城乡一体化进程。

（一）广安市统筹城乡综合配套改革坚持突出重点，兼顾全面，统筹推进原则

广安市坚持试点先行、典型带动的方针，突出重点、兼顾全面、梯次实施、统筹推进，综合考虑地理位置、发展基础、人员分布、环境条件等具有代表性、可推广性因素，选择在相对集中的护安、观塘、虎城、代市、新桥、小井、观阁

等乡镇（辖216个村、居委，83 466户289 542人，辖区面积308.13平方千米），设立广安统筹城乡综合配套改革试验区，积极探索城乡统筹发展路子。

广安市按照立足"一线"、依托"两区"、发展"两镇"的思路，即发挥广（安）前（锋）一级公路优势，在新桥镇、前锋区建立工业集中发展区，推动工业集群发展；在护安、观塘、虎城、代市4个乡镇建立现代农业园区，整体发展园区农业、设施农业；着力建设代市等省级试点小城镇，加快城镇化进程。目前，试验区通过前一阶段的建设，工业集中区快速发展，现代农业园区雏形初现，城镇化进程不断加快，基础设施得到较大改善，社会事业协调推进，不断推动工业向园区集中、土地向规模经营集中、农民向城镇和社区院落集中，广安市正朝着城乡一体化发展的方向稳步迈进。

广安市属亚热带温润季风气候，气温与阳光资源充沛，嘉陵江、渠江广安市境内段236千米，水利工程有效灌溉面积136万亩，适宜水稻、玉米、红苕、小麦、花生、西瓜、油菜、蔬菜、水果以及林木等作物生长，广安市内有植物资源种类1400余种，是国家级商品粮基地、瘦肉型生猪生产基地、杂交水稻制种基地、优质柑橘基地。广安市农产品产地环境符合"无公害"质量卫生要求。

广安市统筹城乡综合配套改革以来，坚持工业化、城镇化、农业现代化"三化联动"的思路，着力在创新机制、谋求发展、改善民生、优化环境上下功夫，取得了较好的成效。

1. 工业化进程加快

广安市坚持突出工业的主导地位，大力推进前锋工业集中区建设，增强以工带农、以工哺农的能力。2006年以来，前锋工业集中区园区基础设施建设进一步加快，积极规划前锋至广兴、桂兴至天池、桂兴至前锋、前锋三墩坎至工业园区110变电站、前锋小学至工业园区协力制药五条能源物流通道建设，全面实施硬化、绿化、亮化工程，园区"一环三横三纵"路网正逐步形成；供水、排污、天然气系统进一步完善。快速推进工业重点项目建设进度，东阳制动、华庆塑业、贝腾环保、恒立化工、鑫华燃气设备已建成投产。

广安市农产品加工业发展迅速。广安市以国家科技部、四川省政府、广安市政府共建的国家级农业科技中心为代表的现代农业科技平台，集农业科研、成果转化、示范推广、人才培训和科技普及为一体，为广安市农业结构调整、农民增收、区域经济发展提供了强有力的科技示范和技术保障。广安市现有农业产业化企业97个，其中年产值（或收入）2000万元至1亿元的企业48户，1亿元以上企业12户；省级重点龙头企业5户，市级重点龙头企业38户，县级重点龙头企业54户。"醉仙"麻辣牛肉、"吉友"龙安柚、"华蓥毛峰"、"广安松针"等一批名优特产品，形成初具规模的特色经济。广安市专业合作经济组织达955个，涉及水果、蔬菜、中药材、畜禽饲养、农产品加工及销售等10多个产业，带农覆盖面达到40%，架起了农民与市场、农民与龙头企业之间的桥梁。

2. 新农村建设高效推进

广安市以省级新农村建设示范片项目和扶贫连片开发试点项目为依托，连片推进新农村建设，努力建成全市、全省的示范样板。坚持"早谋划、早准备、早安排、早部署、早启动"，于 2009 年 10 月便启动了护安、观塘、代市、虎城等乡镇 42 个新农村重点村建设工作。目前，示范片内 1.2 万亩（其中核心示范区 2000 亩）的龙安柚标准化基地已启动建设，已集中连片发展无公害蔬菜基地 1.9 万亩（其中大棚蔬菜 0.5 万亩），示范片内沟、渠、路、土地整理等基础设施已基本完成，新型民居村落加紧建设，农房"五改三建"，农村风貌整治已基本结束，示范片三年建设任务两年全面完成。

3. 现代农业快速发展

以观塘为核心的广安现代农业园区基础设施更加完善，灌溉管网、防虫灯等配套设施已配备到位，气调库、蔬菜加工车间、交易平台等配套设施正在加紧建设。产业结构更加优化，园区 5200 亩核心区辐射带动周边代市、虎城等乡镇发展优质特色产业 1 万亩，已建成优质高端蔬菜产业基地、优质水果产业基地、水产基地、花卉苗木基地四大产业基地。

4. 小城镇建设如火如荼开展*

广安市依托前锋工业园区、新桥能源化工园区，加快推进代市等中心城镇及新型社区建设，实现工业化、城镇化"两轮驱动"。不断完善城镇规划，代市镇以组团发展 20 万人口小城市为目标，进行新一轮规划修编，目前大力推进城镇开发，代市镇启动建设"河东明珠"电梯公寓，新增商品房 30 万平方米；前锋区建设的"前锋大厦"电梯楼群标志性建筑工程面积 5.9 万平方米。加快建设新型社区，规划的 8 个农村集中居住点、10 个新村聚居点、10 个农村社区全面建成。

5. 千方百计改善人居环境

广安市在财政十分困难的情况下，挤出资金完成广前公路沿线村庄风貌打造，全面实施山、水、田、林、路综合治理农户达 2882 户，农村环境得到不断改善，农民生活水平得到进一步提高。广安市积极向上争取支持，力争被纳入全省城乡环境综合治理"五十百千"示范工程区县规划。同时，广安市全面启动"创森工程"，在试验区内高标准打造沿广前公路 20 千米的绿化长廊和沿渠江 40 千米的水系绿化长廊，进一步改善试验区人居环境，实现可持续发展。

（二）广安市统筹城乡综合配套改革试验区建设的基本思路和奋斗目标

1. 广安市统筹城乡综合配套改革试验区建设的基本思路

以邓小平理论和"三个代表"重要思想为指导，深入贯彻落实科学发展观，以增加农民收入为核心，把建设社会主义新农村作为战略任务，把走中国特色农业现代化道路作为基本方向，把推进"广渝同城化"作为发展途径，把加快形成城乡经济社会发展一体化新格局作为根本要求，以"三转三同促三化"（推动土地向规模经营流转、社会资本向农村流转、农村劳动力向城镇流转，加速基础设施、公共服务、社会保障同覆盖，促进农村社区化、农民市民化、农业现代化）为总抓手，统筹城乡规划、产业布局、基础建设、社会事业和社会保障体系，加快发展特色增收产业，配套完善基础设施，积极改善人居环境，着力提高农村公共服务，联动推进农业现代化、新型工业化和新型城镇化，健全以工促农、以城带乡、城乡发展一体化的政策体系和体制机制，实现城乡良性互动、一体发展、共同繁荣。

2. 广安市统筹城乡综合配套改革试验区的奋斗目标

打破城乡分割体制，破除农民进城务工和转为城镇居民的制度性约束，缩小城乡在经济发展水平、基础设施建设、生产生活条件、公共服务、社会保障、居民收入和消费水平等方面的差距，城乡经济社会发展一体化体制机制逐步建立，实现城乡共同富裕、和谐发展。

具体实施以下"三步腾飞"战略：

第一步：2014年力争在重点区域、产业发展、土地流转、公共服务、专业合作组织、社区建设、农村金融、环境整治、制度创新九个方面取得突破。城乡居民收入比控制在2.3∶1以内，农村劳动力转移50%以上，城镇化率达到40%以上；现代农业建设取得初步进展，产业结构进一步优化，第一产业、第二产业、第三产业比例调整为18∶46∶36；初步形成工业集群化、农民市民化的发展格局。

第二步：到2015年，力争农民人均纯收入超过10 000元。城乡基本公共服务均等化加快推进，农村文化进一步繁荣，农民基本文化权益得到落实，农村人人享有接受良好教育的机会，农村基本生活保障、基本医疗卫生制度更加健全，农村社会管理体系进一步完善；城乡人居和生态环境明显改善，可持续发展能力不断增强。

第三步：到2020年，力争试验区实现更高水平小康社会目标，各项经济社会指标达到当年全省先进水平、全国平均水平，城乡经济社会发展一体化体制机制基本建立；城乡公共服务基本均等化、居民生活条件基本同质化，资源节约型、环境友好型的生产体系基本形成，人居和生态环境明显改善，居民整体素质和社会和谐度明显提高。

（三）统筹城乡发展中必须坚持的原则

1. 必须坚持以科学发展观为统揽，推动城乡统筹

科学发展观的第一要义是发展，根本方法是统筹兼顾，唯有把经济社会各领域、各环节统筹好、协调好，把各地方、各区域的发展步伐统筹好、协调好，既统揽全局、兼顾各方、整体推进、协调发展，又突出重点、抓住关键，重点突破、跨越发展，才能做到区域统筹发展、城乡统筹发展、经济社会统筹发展。

未来广安市将坚持"发挥优势、突出特色、形成规模、农工链接"的农业发展思路，大力调整产业结构，稳定发展粮油产业，积极壮大茧丝绸、畜牧、特色水果、无公害蔬菜、优质竹木、农村劳务等优势特色产业，培育壮大龙头企业，发展茧丝绸、优质畜产品、优质粮油、优质果品、优质蔬菜、优质林木、优质饮料等特色农产品加工业，延伸农业产业链，把广安市建成成渝两地重要的农副产品加工供应基地。

2. 必须坚持以体制创新为突破，消除发展障碍

城乡经济社会出现二元分割的局面，最根本的原因在于存在体制机制障碍。在统筹城乡发展的进程中，必须坚持深化改革，着力消除体制机制障碍，以体制机制创新的大突破推动统筹城乡发展的大突破。要创新搭建土地流转平台，推动

土地向规模经营集中，发展村镇银行、村级资金互助社等农村新型金融，聚集农村发展要素。建立和完善"三化"联动机制，坚持以工业化带动农业产业化并推动城镇化，以城镇化承载工业化，实现三次产业协调发展、城乡互动促进。

3. 必须坚持以整合资源为抓手，集中力量建设

统筹城乡发展是一项系统工程，涉及经济社会发展的方方面面，必须整合各种要素资源，集中力量办大事，才能有效推动城乡统筹发展。在统筹城乡发展试验区建设中，要积极开展"三个整合"，即整合土地、项目、政策资源，将一切有利于统筹城乡发展的资源都引向园区、倾斜园区、服务园区，实行集中规划、集中投放、集中实施，彻底改变过去单一投放、独立实施、插花点缀的状况，实现土地规模经营、项目打捆使用、政策集中倾斜，充分发挥土地、项目、政策资源的叠加集合效应和示范带动效应，提高建设效益。

4. 必须坚持以产业发展为重点，确保助农增收

统筹城乡发展，重在缩小城乡居民收入差距，关键是促进农民持续增收。要坚持把产业发展特别是农业产业发展作为促农增收的重中之重，着力抓好"五个结合"，即产业与市场相结合、业主与农民相结合、养殖与种植相结合、生产与生态相结合、园区建设与新农村建设相结合，大力发展规模农业、高效农业、精品农业，提高农业科技化和产业化水平，不断壮大产业、提升产业，加快传统农业向现代农业转变，实现经济、社会、生态三效合一，带动农民增收致富，逐步缩小城乡收入差距。

5. 必须坚持以改善民生为根本，惠及广大群众

改善民生是统筹城乡发展的出发点和落脚点，决定着城乡统筹发展的成败。要坚持不懈改善民生，为老百姓办实事、解难事、谋好事，让广大群众成为统筹城乡发展的真正受益者。着力改善群众的生产生活条件，增强农村、农民的自我发展能力，协调发展农村教育、科技、文化、卫生等社会事业，努力完善农村社会保障体系，逐步实现城乡公共服务均等化，确保广大群众共享改革发展成果。

（四）广安市坚持创新体制机制，统筹城乡发展

广安市坚持用抓工业的办法抓农业，用建城市的理念建农村，成立统筹城乡综合配套改革试验领导小组和现代农业园区党工委、管委会，遴选优秀专业人才到园区工作，集中力量推进试验区建设。

1. 推动"三转"，促进城乡生产要素自由流动

（1）推动土地向规模经营流转。

一是农村耕地适度规模经营流转。完善土地承包经营权流转市场，建立政府规划与农民意愿相结合的土地流转机制，以村、组为单位成立农村土地流转经营合作社，打破田块限制，通过出租、转让、转包、互换以及股份合作等形式，采取农民自发流转、托管组织流转、委托流转、集中连片流转、再流转等方式，促进土地由农民分散经营向规模经营集中，提高土地产出效益。通过"田坎革命"，打破村组界限，实行"小田并大田、小土并大土、薄土改厚土"，有效提高了农业机械化作业水平，为土地适度规模集中经营创造了条件。目前，广安市已在观塘镇建立了3个土地流转交易中心，规模流转土地达6000余亩。

二是农村建设用地试行开放流转。实行"城镇建设用地增加与农村建设用地减少挂钩"模式，积极探索通过农民集中建房和对废弃矿山、坡地等进行整理，增加耕地面积，在保持耕地动态平衡的前提下，将节约的耕地调剂为建设用地，增加城镇建设用地指标，节约城镇建设用地成本，解决农村建设资金不足的问题。广安市现已在前锋区 8 个村启动前期工作，实施后可周转用地指标 1527 亩，使用挂钩周转指标 1400 亩，增加耕地 127 亩。

（2）推动社会资本向农村流转。

一是建立健全担保体系。大力推广信用担保，推行林权、设施等抵（质）押方式，提高农民的贷款能力，引导更多信贷资金和社会资金投向农村。鼓励龙头企业和个人成立信用担保公司，重点支持农业产业化和农业种养企业、农民专业合作经济组织发展，为现代农业发展提供金融服务平台。

二是降低农村金融市场的准入门槛。支持非政府小额信贷机构发展，以村、社为单位建立村组银行、资金互助社，按照"入股分红，用款有息"的原则，采取"富裕户入股、一般户配股、贫困户赠股"的方式，借款无须担保，可"整借零还"，将村民手中闲散资金聚集起来，成立产业发展基金，帮助缺乏生产启动资金又不符合信贷条件的农户发展。广安市现已完成代市镇 10 个村组银行和观塘镇 3 个资金互助社组建的前期工作。

（3）推动农村劳动力向城镇流转。

一是加快园区建设，吸纳产业新工人。按照"基础适度超前、多争项目落地"的思路，强力招商引资，主动承接沿海发达地区、成渝地区产业转移，促进大项目、大企业落户，大力拓展前锋工业园区。市区共建新桥能源化工工业园区，已建成 1.5 平方千米，入住的企业 3 户，投资总额达 55 亿元，试验区工业经济总量不断壮大，反哺农业能力不断增强。并通过定向培训、补助培训资金等政策鼓励园区企业吸收了 2000 余名试验区农民成为产业工人，促进了农民就地就业。

二是繁荣第三产业，扩大农村就业面。围绕提高城镇化水平，大力发展餐饮、娱乐、商贸、旅游等第三产业，在前锋镇和代市镇建立了自主创业示范街，给予试验区自主创业农民小额担保贷款，在工商、税收等方面享受与下岗失业人员同等待遇的优惠政策，免费进行就业、创业培训，鼓励农民从事服务或经营等第三产业，消除农民进城务工"门槛"。同时，大力完善农村市场体系。

三是加快劳务开发，消化富余劳动力。充分发挥行业部门、职业中介机构的联结带动作用，及时发布国内外、省内外用工信息，有针对性地加强劳务培训，通过劳务输出公司和龙头企业，有序组织剩余劳动力外出务工，增加农民务工收入。通过整合现有农村劳动力转移培训、就业及再就业培训、阳光工程培训、扶贫培训等培训项目，开展技能培训，提高农民的就业技能。同时，成立失地农民服务中心，加强服务培训，确保失地农民每户有产业、能就业，促进农民再就业与农民市民化。

2. 加速"三同"，促进城乡区域均衡协调发展

（1）加速基础设施同覆盖。

一是加快交通网络建设。加快试验区公路、农村联网路建设，依托广前一级公路，形成城乡一体化营运网络。彻底解决农民出行及农副产品运销难题，促进城区与农村互融。

二是加快农田水利建设。着力改善群众的生产生活条件，加大基础设施建设力度，大规模实施土地整理，加快中低产田土改造，整合资金、整村推进、连片开发，进一步提高农业综合生产能力。

三是加快生态环境建设。按照"生态优先、农业增效"的原则，组织实施退耕还林、以天然林保护为重点的造林绿化工程，重点抓好了华蓥山矿区植被的恢复和地质灾害整治。加大水土保持力度，大力推广优质、高效、低毒的现代农业投入品，实现了农业生产源头的洁净化。加快发展农村清洁能源，积极推广"猪—沼—果（蔬）"循环经济模式，新建沼气池 1378 个。开展村容村貌整治，积极建设"生态文明村"，实施民居美化、村院净化、村庄绿化，改善农村生态环境和人居环境。

（2）加速公共服务同覆盖。

一是加大农村教育投入力度。促进义务教育均衡发展，加大农村教育投入，健全义务教育经费保障制度，推进城市和农村教育资源共享，合理调整城乡学校布局，大力改善办学条件，完成了对虎城乡苏台初中的改建，制定了前锋中学、代市初中、虎城初中、护安初中、小井初中、观阁镇毛家村小学等学校的改扩建方案，新增教室 47 间，新建学生宿舍和食堂 7800 余平方米，新容纳近 3000 名学生在校就读，同时满足 2500 名农村留守儿童在校食宿，为外出务工农民解除后顾之忧。

二是建立农村医疗卫生体系。整合城乡卫生资源，建立统筹城乡卫生事业发展体系，全面提高农村卫生事业发展水平，缩小城乡差距、地区差距。加强农村卫生人才队伍建设，培训各类医疗技术人员，加快农村医护人员的学历培养和人才引进，确保试验区每个乡镇卫生院有执业医师、护士，规范执业。启动中心卫生院配备医疗设备。同时，试行新型农村合作医疗大病特殊补偿实施办法，对参合农民患有肾功能衰竭、再生障碍性贫血、白血病、各种恶性肿瘤等疾病，按大病特殊补偿办法给予补偿，努力缓解群众看病难、看病贵的问题。

三是加强农村文化阵地建设。扎实开展社会主义核心价值体系建设，用先进的文化成果武装农村党员、教育农民群众，提高思想道德素质。深入实施广播电视"村村通"工程，力争实现自然村广播电视覆盖率达到 95%。推动乡镇综合文化站和村文化室建设，新建农村书社、村（社区）文化活动室，丰富农村文化生活。

（3）加速社会保障同覆盖。

一是推行农村社会养老保险制度。积极探索推行农村社会养老保险制度，将观塘现代农业园区、前锋工业集中区、新桥能源化工工业园区的规划区逐步纳入新型农村养老保险制度的试点区，对年满 18 周岁不满 55 周岁的女性农民、年满

18周岁不满60周岁的男性农民，按全市农民人均纯收入的100%~500%作为缴费基数，个人以缴费基数的20%按年度缴纳（至少缴满15年），政府补贴最低缴费额的10%，使农民老有所依、老有所养。目前，已有1436人参加了新型农村养老保险。

二是完善农村最低生活保障制度。健全农村最低生活保障体系，解决因农民失地、农民贫困而带来的生活保障问题。凡符合城市低保条件的试验区农民，全部纳入城镇居民最低生活保障体系；对鳏寡孤独的五保户，由区民政部门会同乡镇、街道就近统一安排到敬老院或福利院居住；对其他特困人员给予临时性救助。

3. 促进"三化"，推动"三农"问题有效解决

（1）促进农村社区化，提高城镇化水平。

一是加快集中院落改造。按照分散改造和集中建设相结合的工作思路，打造具有川东民居特色的乡村院落。对20户以上农户居住的集中院落进行改造，按院落的现有房屋情况进行规划设计，对年代久远的破旧房屋进行拆除，并结合院落实际，实行统一规划重新修建，对其余房屋实施"五改三建"。政府完善基础设施和配套公共服务设施，改善人居环境。

二是加快小城镇建设。按照"功能配套、提升形象、城乡互动、突出重点、整体推进"的思路，着力加快代市等城镇建设进程，增强小城镇对农民的吸纳能力，重点吸纳新桥能源化工工业集中区和前锋工业集中区周边拆迁户和影响户。

三是加快新村聚居点建设。按照高起点规划、高标准建设、高水平管理要求，积极推进新村聚居点建设。因地制宜选择地点，合理规划新村聚居点，通过政府和项目资金投入，配套完善交通、通信、电力、燃气、供排水、垃圾污水处理等基础设施和教育、医疗卫生、文化娱乐等公用设施，吸引更多农户到新村聚居点建房。同时严格控制试验区规划聚居点以外的房屋修建，引导新修房屋向新型聚居点集中。

（2）促进农民市民化，改善农民生产生活方式和居住环境。

一是引导农民集中居住。按照"有利于资源共享，有利于居民自治，有利于管理服务"的原则，出台激励政策，对在集中居住区按规划建房的农户给予补助，以引导和吸纳农户到城镇、新村居或集中院落居住，实行生产区域和生活区域相对分离，进一步转变农民生产生活方式，使进驻集中居住区的农民逐步实现市民化，达到集中居住、共享城市文明、公共服务和城乡文明建设互动的目的。

二是实施城乡洁净工程。树立绿色环保理念，努力建设绿色环保型农民集中居住区，把各农民集中居住区纳入"城乡清洁工程"，深入推行"六联"模式，大力实施城乡环境综合治理，在每个农民集中居住区内设置果皮箱、垃圾桶，聘请专职保洁员，使农民与城市居民一样享受"全天候"的保洁服务，改善农民的居住环境。

三是推进基层民主政治建设。发展农村基层民主，坚持以人为本、服务农民、村民自治和民主管理的原则，以便民、助民、利民、安民和富民为出发点，加强基层政权建设，扩大村民自治范围，建立健全集中居住区基层管理运行机

制，保障农民享有更多、更切实的民主权利。健全村民自治机制，以村民会议、村民代表会议、村民议事等形式，让农民在参与经济发展和民主管理中增强自主意识，发挥主体作用，逐步改"代民做主"为"农民自主"，推进村民自治制度化、规范化、程序化。创新农村党的基层组织设置形式，探索在农村社区、农民专业合作社、专业协会建立基层党组织。

（3）促进农业产业化，建立现代农业产业体系。

一是培育优势产业。大力培育和发展以优质粮油、蔬菜、龙安柚、生猪等为主的优势骨干产业，加大标准化生产力度，着力发展放心食品，打造现代农业园区。引进隆平高新技术，建立优质粮油基地、优质蔬菜基地。在现代农业园区核心区建立以生产自动化程度高、暖温式钢架大棚为主的现代设施农业园区，努力打造广安放心蔬菜品牌，创建优质蔬菜出口创汇示范基地。

二是做大龙头企业。依托粮油、生猪、蔬菜、龙安柚等优势农产品资源，引进2~3户市场前景好、产业带动力强的农产品加工龙头企业到试验区落户。同时，采取"以奖代补"和贷款贴息等多种方式，全力支持新引进企业和巨泰油脂、正大公司等原有农产品加工企业做大做强，形成"公司+农户或公司+专合组织+农户"的产业链条，发展订单农业，推动试验区农业产业化水平进一步提高，促进农业增效、农民增收。

三是坚持引培结合。坚持实施业主开发与培育本地种养大户并举，吸引业主到试验区适度规模经营土地，引进其先进的生产技术和管理经验，通过业主带大户、联农户，发展优势产业，示范带动周边农户增收致富。

四、自贡市大安区创新城乡协调发展的体制机制，全面推进丘陵地区统筹城乡发展

统筹城乡发展是新时期从根本上解决"三农"问题、建设全面小康社会的必由之路。统筹城乡发展，破除固化城乡二元的体制障碍，建立健全以工促农、以城带乡的政策体系和体制机制，加快城乡一体化发展进程，实现城乡良性互动、协调发展。

（一）构建产业互动发展机制，全面推进丘陵地区统筹城乡发展

自贡市大安区是红岩英烈江姐的故乡，辖区面积400平方千米，总人口46万人，辖12个乡镇和4条街道，是全省首批中小企业发展示范基地区（县），是自贡市统筹城乡综合配套改革试点重点突破区。近年来，自贡市大安区牢牢把握统筹城乡发展的历史机遇，按照"一活二变三化"（激活生产要素，转变农村生产方式和农民生活方式，推进城乡规划一体化、公共服务均等化、经济社会权利平等化）的总体要求，立足丘陵地区实际，以规划为引领，以产业为支撑，以改革为动力，以市场为导向，以组织为载体，以"双增"为目标，大力实施城乡一体化战略，勇于实践，积极探索，走出了一条具有四川丘陵地区特色的城乡发展之路。

自贡市大安区在统筹城乡发展中，加强重点领域改革探索，实施"五大创

新"，推进土地利用制度改革、体制机制创新、提高农民组织化程度"三大突破"，是大安区统筹城乡综合配套改革的攻坚内容。近年以来，大安区着力在土地股权化改革、农村产权制度改革、农村要素市场创建、扩权强镇试点、农民组织化程度提升五方面大胆创新，使统筹城乡各项工作跃上新的发展平台，创建了全省首家农民工创业孵化园、全省中小企业发展基地县（区）、全省"三级联创"综合示范区，并建设 2 个现代农业示范区。

1. 构建产业互动发展机制，统筹城乡产业发展

统筹城乡发展，必须以产业为根基。大安区以加快转变农业发展方式为重点，区别不同区域发展实际，因地而用，建立了宜工兴工、宜农兴农、宜商兴商的三产互动发展机制，推进产业发展。大安区着力调结构、促转变，围绕农业办工业，办好工业促农业，突出抓园区、育龙头、创品牌和建环境，加快新型工业化进程。目前，大安区拥有省、市级农业产业化龙头企业 10 户，农业品牌商标 6 个。大安区坚持用工业理念发展现代农业，拓展农业功能，注重发展区域特色农业、新型农业业态与解决农民就业、增加农民收入相结合，全力打造"中国观赏鱼繁育基地"、"川南肉牛之乡"、"川南肉兔之乡"，大力发展以朴优生活基地、开心农场和川南民俗文化展览馆为代表的环保农业、体验农业与文化农业，大安区特色农业总产值占农业总产值的比重达 35.1%。大安区在服务业上构筑大商旅框架，加快发展现代服务业。按照"激活现代物流、培育专业市场、发展特色旅游"的思路，重点培育壮大全国 50 强的东方物流和川南建材、汽贸汽配等一批现代物流业和专业大市场，推动第三产业加快发展。探索建立服务业发展联动协调机制，鼓励工业服务业集聚发展，生活服务业向农村发展。树立"大物流、大流通、大市场"理念，以东方物流为龙头，以专业市场为依托，以现代信息技术为手段，大力发展现代商贸物流，加快马吃水区域退二进三步伐，建成川南有影响力的商贸物流基地；以"万村千乡"工程为载体，合理布局并切实加强城乡商贸网点建设，构建城乡一体的商贸流通体系。探索建立中介缓冲制度，推动中介机构健康发展。着力打造旅游精品，探索建立恐龙盐史文化旅游、都市休闲旅游和红色旅游联动互促体系，建成川南"黄金旅游走廊"、自贡"休闲旅游中心"。积极开发与城市互动的庭院经济、乡村旅游等休闲观光农业，促进产业融合发展。

2. 遵循"宜居人居、和谐生态、城乡联动、基础设施全面接轨"的理念，统筹城乡基础设施建设

统筹城乡发展，基础设施建设是前提。大安区坚持以规划为领先，遵循"宜居人居、和谐生态、城乡联动、基础设施全面接轨"的理念，统筹兼顾区域、生产、生活、生态功能，实现城乡规划体系的横向全面覆盖和纵向精细拓展，形成了以中心城区为龙头、小城镇为依托、中心村和农民集中居住点为基础的四级城镇体系。按照"城乡一体，全面对接"的要求，坚持以基础设施建设为突破口，以增强辐射带动功能为关键，全面加快、统筹推进农村水、电、气、路、信等各类基础设施建设，加大城乡环境综合治理、生态环境建设力度。

3. 拓宽就业渠道，统筹城乡劳动就业

统筹城乡发展，劳动就业是根本。大安区围绕创业富民、就业安民、保障济民"三线联动"的思路，以新型城镇化为依托，建立了普及式、订单式与开放式相结合的技能培训机制，内外互通、上下一体的区、镇（街道）、村（社区）三级就业服务网络机制，企业用工对接、劳务输出对接和就地就近转移机制，合同签订、工资支付的监督机制以及劳动力就业参保缴费的保障机制五大机制，全面加强技能培训、信息服务、组织协调、权益维护和社会保障工作。深入开展全民创业行动，创建了全省首家返乡农民工创业（孵化）园，已从珠江三角洲等地引回资金2.8亿元、项目152个，带动就业1670人。

4. 统筹城乡公共服务，努力实现城乡资源均衡配置

保障农民自身发展权益，重在推进城乡基本公共服务均等化。大安区按照"完善体系、对接制度、提高水平"的思路，以基本均衡为前提，推进公共服务向农村覆盖，财政投入向农村倾斜，努力实现城乡资源均衡配置。通过资源整合，推进了城乡教育共同体发展、中小学校园标准化建设，完善了义务教育课程资源共享机制。着力构建城乡一体的医疗卫生服务体系，推进村卫生站标准化建设，村社区医疗服务网点覆盖率达到96%，新农合参保率连续三年达到95.8%以上。通过实施全民素质提升工程，大力开展红色文化、民俗文化、历史文化三大文化品牌创建，新建成一批乡镇特色文化中心、农家书屋、农民健身工程，大安区所有乡镇和86%的行政村建立了文化活动室，农村社区文化活动网络基本形成。按照城乡保障项目和保障标准逐步趋同的原则，建立健全了农村社会保障体系，实现了制度性全覆盖和动态管理下的应保尽保，加大城乡困难群众救济救助力度，让城乡群众共享城乡一体化发展成果。

5. 突出民主自治，统筹城乡社会管理

统筹城乡发展，必须抓住村级管理这个重要环节。大安区始终坚持维护农民权益，积极推进"五议一公开"（党组织提议、两委会商议、"五老"协会即老干部、老党员、老教师、老工人、老村民参议、党员大会复议、村民代表会议或村民会议决议及决议和结果公开）为主的村级民主管理试点，规范村民代表会议制度和村级重大事务决策机制，保障了群众的知情权、参与权、选举权、监督权。紧紧抓住大安区被列为全国农村社区建设试点区的有利时机，对城乡社区进行统一规划，以城市社区的建设标准和管理理念推进农村社区建设，目前大安区60%的村设立了社区工作委员会，并在团结镇土柱村等试点村建立由党员活动、村民议事、教育培训、便民服务、文体休闲等构成的社区服务中心，提供一站式服务，初步构建了农村社区的治理模式。深入开展省级平安区（县）创建工作，加大社会治安综合治理和矛盾纠纷排查调处力度。目前，大安区社会和谐稳定，群众安居乐业。

6. 激发活力，统筹城乡基层党建

统筹城乡发展，基层党建是保障。深入开展"五结对"（村企结对、村社结对、村村结对、社企结对、干群结对）活动和1+3模式（1名老干部+1名大学生村官、1名市区下派干部、1名企业管理人员），促进城乡资源优势互补，助推

统筹城乡发展。着力抓基层、打基础，狠抓组织、工作、队伍、阵地"四大形象"建设，全力构建城乡共建的基层党组织体系、城乡互动的基层干部人才工作体系、城乡一体化的党员教育管理体系、覆盖城乡的党员联系服务群众工作体系、城乡合作的基层党组织互帮互助体系"五大体系"。通过开发自然资源、盘活闲置集体资产、提供公益服务等方式，大力发展村社区集体经济。

7. 大安区团结镇土柱村是一个独具特色、环境优美、健康和谐的社会主义新型农村

大安区团结镇土柱村位于自贡城区东北部，毗邻恐龙博物馆，总面积2.2平方千米，耕地面积1460亩，辖10个村民小组，共624户、2021人。土柱村是自贡市城郊重要的无公害蔬菜种植基地和优质水产养殖示范基地，先后被列为"全国农村新农村建设试点村"、"省级新农村试点示范村"、"省以工代赈项目示范村"、"市统筹城乡综合配套改革重点突破村"。近年来，土柱村按照"项目带动、政府推动、农民参与、市场运作"的发展模式，坚持"以产业发展为重点、以基础设施建设为核心、以促农增收为目标"的发展思路，着力土地利用制度改革、体制机制创新、提高农民组织化程度"三个突破"，取得初步成效，示范带动作用初步呈现。

（1）注重规划引领。在新农村建设工作中，土柱村坚持按照统筹城乡一体化发展要求进行总体规划，全村规划为龙乡怡水旅游休闲度假区、特色种养殖产业区（玉龙湖、胡家菜地）、农民集中居住区（玉龙仙居）、商贸物流区4个功能区。确定了以实施产业发展规模化、土地经营集约化、农民居住社区化、新型农民组织化、人居环境生态化为标准的"五化"战略途径。做到规划更科学，布局更合理，功能更完善，服务更配套，群众更满意，运作更顺利。

（2）注重产业发展。在新农村建设中，土柱村着力土地利用制度改革，体制机制创新，提高农民组织化程度三个突破。建立了自贡市第一个农民创业示范（孵化）园，组建了农民土地股份合作社、团胜农业开发有限责任公司、"自贡市大安区团胜蔬菜专业合作社"和蔬菜、水产养殖、农家乐、观赏鱼养殖协会四大协会。目前，土柱村土地股份合作社发展股东117个，1000余亩土地承包经营权；成功引进总投资2100万元，占地120亩的中国观赏鱼繁育基地项目落户土柱；引进自贡市龙雨渔业有限公司投资900万元打造300亩名、特、优水产养殖及垂钓休闲基地，全村水产养殖达到500亩；新建农业科技示范园标准化大棚50亩，引导发展特色蔬菜种植面积500亩，全村达到1000亩，成功注册了"团胜"牌无公害蔬菜商标。新发展农家乐24户，休闲产业得到进一步发展，有力带动了农民增收致富。大力发展商贸物流，引进资金5亿元，倾力打造"自贡·川南服装皮革城"，工程建设顺利推进。建设彩灯工艺城、农资市场，项目建成后，镇域商贸旅游得到大幅提升。

（3）注重基础设施建设。新农村建设工作中，土柱村紧紧将统筹城乡发展与新农村建设、农村社区建设、重点项目建设有机结合，通过政府推动、业主运作、群众参与等方式，加强道路、便民道、山平塘、蓄水池等基础设施建设，优化全村环境，村容村貌明显改观。截至目前，土柱村实现了组组通水泥路、户

户通便民道。新改建石拱桥 2 座；新改建山平塘 19 个、蓄水池 32 个，新改建提灌站 2 处，民居整治 100 户，安装天然气 252 户。新建了 530 平方米村级活动阵地和 2000 平方米的文化广场，为村民提供了较高质量的学习培训、文化活动、娱乐休闲和便民服务场所。结合城乡环境综合治理工作，投资 40 余万元修建垃圾库 1 个，垃圾池 22 个，实施农村改厕 300 户，行道绿化 6.5 千米，大力营造自然、生态和谐环境，使村域环境焕然一新。注重整合资源，实施农民集中居住区规划定点选址，启动村级活动阵地建设等项目，实现项目资金的效益最大化，使村内基础设施更加完善，群众受益更加广泛。

（二）深化改革，全力破解丘陵地区统筹城乡制约瓶颈

1. 深化土地股权化改革，激活土地适度规模经营

大安区按照"政府推动、市场主导、群众自愿、多方共赢"的思路，在转包、互换、转让、托管等土地流转形式基础上，大胆创新土地流转机制，积极开展"结合自主、入股自由、退股自愿"土地股权化试点，推进土地规模经营，要素集成应用，生产集约管理，变土地资源为土地资本。大安区通过抓政策激励、营造氛围，抓典型示范、创新模式，抓组织服务、做优环境，涌现出了土柱村、江姐村、永胜村等全市土地股权化试点典型。实践证明，"土地变股权，农民变股东，零星变集中，工资加分红"的农业生产经营新格局正在催生。

2. 加快农村产权制度改革，保障农民财产权益

按照"先行试点、总结经验、稳步推进"的总体要求，采取"组试点、村实践、镇总结、区推开"的工作步骤，经过组建机构、制订方案、宣传动员、培训骨干、调查摸底、确权公示、登记办证等重要环节，大安区在自贡市率先并有序开展了农村产权制度改革试点。实践中，大安区确立了产权制度改革必须遵循的"五大原则"，即农村集体土地所有权主体原则、承包地确权不打乱重分原则、农村房屋权利人登记原则、农村集体经济组织成员确认原则和土地适度化零为整原则，创新制定了"六项制度"，即农村土地流转评估制度、集体建设用地出让制度、议事会监事会制度、农村集体资产管理办法、农村集体经济组织管理办法、公示异议处理办法，保证了试点工作规范有序推进。目前，大山铺镇江姐村、牛佛镇农科村等试点村现已完成农村集体土地所有权、集体建设用地使用权及 700 余户的土地承包经营权的确权登记工作，全区集体林权颁证达 100%。

3. 探索"扩权强镇（乡）试点"，释放乡镇发展活力

大安区本着放权让利、责权明晰的原则，在凤凰乡、牛佛镇两个试点区域，率先于 2008 年在自贡市开展了"扩权强镇（乡）"试点。将原来属于乡镇的被区级部门收上来的权力还给乡镇，将区级部门可以下放的管理权力放给乡镇行使，将暂时不能下放的权力由区级部门授权委托乡镇执行，下放了发展决策权、项目优先权、收益分配权、审批管理权、收益分配权、快审快批权、综合执法管理权、干部人事调配选择权、允许试错权、激励约束权、检查特许权"十大权限"，共 28 条，试点乡镇发展活力得到有效释放。凤凰乡已进入"全省乡镇综合实力二十强"行列，牛佛镇成为全省十佳历史文化名镇。

4. 完善农村要素市场，促进城乡资源共融

大安区为改变农村内生动力不足，农村资产要素市场化程度低下，自身造血功能不高的现状，在实践中用市场化机制破解要素流通不畅的难题，创建了全国首家农村要素网络交易平台——燊海农村要素（包括农村劳动力、土地、农产品及大型的生产工具和生活用具等）网络交易市场，成立了自贡市首家村镇房屋产权交易所和首家互助式会员担保公司——自贡市燊海汇源担保有限公司，建立了区、乡镇（街道）、村（社区）、组（居民小组）四级管理网络体系，形成了城乡沟通、统一、有序的要素市场。要素市场始终坚持把城市的资源转给农村，农村的资产要素与城市生产要素紧密结合，促进城乡要素双向流动，从而实现农村要素真正市场化。要素市场提供政策法规、交易规则、供需信息等多项服务，交易手段为电话和网络平台，交易形式为平台交易和就地交易。

5. 完善农民组织化形式，提升农民组织化水平

大安区以促进农民增收和村级实力增强、维护民主权力和财产权益、丰富精神生活和提高幸福指数为目标，突出因业制宜，着力典型培育，加强农村经济、政治、社会"三大组织"建设。以市场需求为导向，以特色产业为依托，发展各类新型经济组织 67 个，其中庙坝肉牛专业合作社入选"全国 50 佳专业合作社"，蜀兴兔业专业合作社、茂盛草编专业合作社等 5 个合作社被评为"省级示范专业合作社"。着力完善村民民主自治体系，推进基层政治组织创新，推行"五议一公开"制度，建立村民民主议事、决策机构 30 个，规范村民代表会议制度和村级重大事务决策机制。以解决农民最关心、最直接、最现实的公共服务需求为切入点，整合社会资源，因地制宜，利用村级公共服务平台培育发展农村社会组织，发挥其在丰富精神文化生活、扶贫帮困、推进农村民主、构建和谐新村等方面的重要作用，三年来发展文化、救助、平安等多类农村社会服务组织 80 个。

统筹城乡发展改革试点虽取得了一些成绩，但统筹城乡发展是一个难题迭出的探索过程，仍然面临土地、保障、管理、户籍、金融、组织化程度等方面的困难和挑战，为此我们将做进一步的深入探索。

（三）创新城乡协调发展的体制机制，促进丘陵地区统筹城乡发展的路径选择

1. 加快推进大安城市中心区和城镇体系建设，构建统筹城乡发展新格局

以"一城、五区、四基地"建设为抓手，优化空间布局，集中打造统筹城乡综合配套改革试点的战略平台，加快推进城市化、工业化和农业现代化，努力实现以工促农、以城带乡、城乡共荣。

加快推进大安城市中心区和城镇体系建设。紧紧围绕自贡市聚集百万人口、建成面积近百平方千米特大城市和城市经济圈的建设，以建设和打造"海龙大街"（以恐大路为基础）为纽带，推进大安区旧城改造、东部新城和凤凰新城开发建设，努力构建聚集 30 万人口、建成面积达 30 平方千米以上的大安城市中心区域。

一是强力推进大安区的旧城改造。实施旧城区"退二进三"战略，加快久

大盐业公司大安分公司、自贡水泥有限公司的搬迁步伐；创新招商和开发模式，加快改造以燊海井片区为核心的5平方千米旧城区。

二是加快编制东部新城规划并相机启动建设。坚持高标准规划、高起点建设，加快启动大山铺城市组团建设，相机启动以大安行政中心为依托的自贡东部新城建设。

三是整体打造凤凰新城。依托凤凰乡现有的商贸物流基础，加快马吃水区域退二进三步伐，建成川南有影响力的商贸物流中心区。加速凤凰坝区域商住开发建设，整体打造凤凰新城，以此加快推进自贡第一乡建设步伐，率先消除城乡二元结构，率先实现城乡经济社会统筹发展，率先实现城乡一体化。

四是努力构建城区、中心镇、中心村、集中居住点四级城镇体系。充分依托试点小城镇的政策优势和区位优势，加快何市、牛佛中心镇开发和建设步伐，增强其吸纳、承载、辐射、带动能力，使大山铺镇以东7个乡镇相互促进、共同发展。

2. 加快推进工业集中区建设

牢固树立"工业兴，大安兴"的理念，按照"产业聚集，科学发展"的要求，坚定不移地走新型工业化道路，着力建设5个工业集中发展区，形成五区联动的工业发展新格局，不断增强工业反哺农业的带动能力。

一是围绕全市"一带"工业空间布局，重点打造与板仓工业集中区西北部相衔接、以昊华西南化工公司为依托的大安城区东南工业组团，构建与板仓工业集中区的合作机制，在空间上、产业上实现与板仓工业集中区的互动，与"一带"工业空间布局成为统一整体，承接相关产业转移，形成以发展精细化工为主，泵阀、润滑设备、化工贸易市场为辅的综合性工业片区。

二是大力发展适合城乡结合部和重点城镇产业特点的、以城乡居民创业就业为重点的4个工业集中发展区。依托大安区在工业上的区位优势和工业基础，充分考虑城乡居民的劳动技能和就业特点，利用辖区内优势骨干企业发展配套工业。加快大塘山农民创业就业示范区、新民董家农民创业就业示范区、何市生物制药工业集中区、牛佛工业集中区建设，着力引进、发展一批有利于壮大产业、扩大就业的工业项目，强力推进工业企业向集中发展区落户。

3. 加快推进现代农业示范基地建设

坚持用抓工业的理念抓农业，用现代经营形式发展农业，着力调整和优化农业产业结构，努力推进农业集约化、规模化、专业化、标准化和品牌化生产。

一是着力打造现代农业综合示范园。在牛佛镇农科村建立占地1000亩的现代农业示范园，成立科研组、技术服务队和农机专业服务队，完善园区道路水利设施和学校、村卫生站、科普中心等配套设施，创新机制建立村级专业合作社带动园区发展。

二是着力建设四大产业基地。按照"调结构、抓龙头、建基地、做品牌"的思路，以服务城市和服务企业为重点，建立蔬菜、肉牛、水产、小家禽四大基地。建成以"朝天寺"为品牌的5万亩中近郊蔬菜种植基地，以庙坝镇、回龙镇为核心的年出栏5万头的肉牛养殖和贸易基地，以团结镇、三多寨镇为核心的2

万亩特色水产养殖基地，以年出栏 100 万只蛋鸡为重点的中远郊小家禽养殖基地。

三是积极推进农业产业化经营。鼓励农村土地规模经营，培育扶持农村专业合作组织，加快推进农村经纪人、农村专业人才和新型农民"三支队伍"建设。

4. 大力发展现代服务业和旅游业

加大专业市场、商贸物流企业培育力度，加强城乡商贸网络体系建设，努力提高产业层次和城市竞争力，增强要素聚集能力和对农村转移人口的吸纳能力。构筑大商旅框架，加快发展现代服务业。按照"激活现代物流、培育专业市场、发展特色旅游"的思路，推动第三产业加快发展。探索建立服务业发展联动协调机制，鼓励工业服务业集聚发展，生活服务业向农村发展。树立"大物流、大流通、大市场"理念，以东方物流为龙头，以专业市场为依托，以现代信息技术为手段，大力发展现代商贸物流，加快马吃水区域"退二进三"步伐，建成川南有影响力的商贸物流基地；以"万村千乡"工程为载体，合理布局并切实加强城乡商贸网点建设，构建城乡一体的商贸流通体系。探索建立中介缓冲制度，推动中介机构健康发展。围绕自贡打造中国旅游目的地的机遇，通过发展恐龙盐史时光隧道游、北环路都市休闲观光体验游、江姐故居红色之旅、青龙湖养心会所生态游、三多古寨亲情一日游、牛佛古镇文化游，着力打造旅游精品，探索建立恐龙盐史文化旅游、都市休闲旅游和红色旅游联动互促体系，把大安区建成川南"黄金旅游走廊"、自贡"休闲旅游中心"。

5. 统筹城乡空间布局与规划建设

坚持把区域作为一个整体统一规划，遵循城市化发展规律，打破行政区划限制，注重城乡建设总体规划、土地利用总体规划和产业空间布局规划相统一，优化城乡空间布局，推动城乡资源要素合理流动，努力构筑城乡联动发展的空间格局。

一是完善区域生产力布局。编制和实施好统筹城乡发展总体规划和城乡路网建设、工业集中发展区等专项规划，统一规划安排重大产业发展项目、重大公共事业项目、重大社会发展项目，合理布局产业发展空间、农田保护空间、生态保护空间和公共基础设施配置，优化三次产业内部结构和行业内部结构，着力提高经济发展质量和效益。

二是完善四级城镇体系。围绕构建"一城五区四基地"的空间布局，以改善人居环境为出发点，积极推进棚户区改造，加快推进马吃水片区和大山铺城市组团建设步伐，全面加强和平、新民、团结等城郊乡镇建设；编制实施村庄布局规划，全面推进中心村和农村居民聚居点建设，形成"城区、中心镇、中心村、集中居住点"四级城镇体系。

6. 统筹城乡基础设施规划与建设

坚持以水、电、气、路、信、网络为切入点，统筹谋划重大基础设施布局和建设，着力改变农村基础设施建设滞后的状况。

一是以交通建设作为统筹城乡基础设施建设的突破口，努力构建联乡、通村、到组、达户的农村道路网络。加快推进农村公路建设，配合实施大牛路、恐大路、西山路、鸿板大道、汇东路东延线等重大项目建设，完善城乡主干道路网和公共交通设施，大力发展公共交通事业；切实加强大山铺火车站和自贡火车站的开发利用，结合沱江河道整治适时兴建牛佛渡口，构架贯通南北、连接东西、水陆并举、覆盖城乡的交通体系。

二是把水利建设放在统筹城乡基础设施的突出位置，着力建立完整、可靠、安全的城乡一体供水体系。综合考虑城乡生活、生产、生态用水需求，切实加大病险水库、提灌设施和旱山村组整治力度，继续实施"金土地"建设、以工代赈、红层找水打井、农村人畜饮水等工程建设，不断改善农村水利基础设施条件。

三是加快供电、供气、通信、排污等配套设施建设，逐步构建布局合理、功能完善的城乡基础设施体系。结合旧城改造，进一步完善城市配套设施及城市管理机制；以"金土地"工程为载体，整合农业农村项目资源，积极推进与农村居民日常生活密切相关的基础设施和公用服务设施建设，逐步实现公共设施的城乡对接和共享。基本形成以城市为核心，以中心镇、中心村和农民集中居住点为基本连接点，覆盖城乡的公共服务设施网络，全区城市、场镇和农民集中居住点集中供水率达到100%，农村饮用水合格率达80%以上。

四是加强城乡环境保护与生态建设。创新有利于城乡环境保护和利用的产业规划、财税政策和保障制度。坚持环境保护与污染治理相结合，积极开展污染物总量减排工作，逐步改善区域环境质量；以长江上游生态环境项目县建设为契机，开展生态流域环境综合治理；加强农村水源的保护，探索农村垃圾收集处理机制，提高城镇生活废水的处理率。坚持把生态环境建设与农业结构调整、产业化经营相结合，探索农村面源污染治理机制，推进经济发展与资源开发、环境保护相协调，实现全区饮用水源达到相应功能区标准，环境空气质量达到国家二级标准。

五、自贡市贡井区推进"五大统筹"，为统筹城乡发展提供有力支撑

贡井区是自贡市的城市组成区，位于自贡市西城区。贡井区历史悠久、文化底蕴丰富，是盐都发源地之一，工业基础牢固，盐化工、机械、塑胶发展好，有"中国玻璃绝缘子基地"、"西南分离机械基地"、"川南塑胶基地"；农业以都市型特色农业为住，有花卉、水产、水果、蔬菜四个万亩基地；第三产业发展迅速，古盐古街、城郊花卉农家乐、远郊生态游颇具特色；城市建设发展迅速，正在着力打造上风上水宜居西城。2007年，自贡市被列为全省统筹城乡综合配套改革试点市，贡井区是重点试点区。

（一）贡井区以"三镇一村"为载体，寻求改革发展新突破

贡井区坚定不移地贯彻和体现"错位发展、融入互动、点状开发、梯级推进"的理念，重点加快"三镇一村"建设，着力打破城乡二元结构，为统筹城乡产业发展、基础设施建设和农村人口转移等提供综合性载体，形成各具特色的

统筹发展格局，推动城乡互动协调发展。

将成佳镇建成以工业化带动产业化、城镇化的示范点；将五宝镇建成以特色农副产品贸易带动产业化、城镇化的示范点；将龙潭镇建成以菜畜产品生产配送带动产业化、城镇化的示范点；将长土镇元坝村建成以花卉产业为主的农村新型社区。"三镇一村"重点在户籍制度、土地流转、社会保障、公共服务、村民集中居住、小城镇建设与管理等方面寻求新突破。

1. 加快城区转型，打造综合功能与特色产业兼具的新型城区

贡井区以打造自贡都市构成区——自贡西城区为主要方向，主动融入自贡川南中心城市发展，自觉服从和参与大城市功能分工，借助大城市发展拉动贡井区发展，促进城区功能由全功能、低档次向优势功能、高档次转变。着力发展城区，侧重发展中心城镇，积极发展其他建制镇，形成以中心城市区域及长土、艾叶、建设等镇构成的城区圈为主体，以成佳、龙潭、五宝三个中心城镇为重点和纽带，以一般建制镇和乡为基础的区域城镇发展格局，走相对集中、规模适度的小城镇发展路子。在加强城市建设的过程中，适度疏解城市区域的工业职能，努力提高农村工业化和乡村城市化的水平，促进区域城市经济、社会和环境的全面协调发展。

2. 推进产业升级，形成城乡三次产业互动相融的现代产业体系

贡井区产业结构升级以自贡市的产业布局调整为基本指向，有效接纳自贡中心城区的产业分流，充分发挥贡井区的比较优势，与其他重要产业布局区域错位发展，强化城乡三次产业之间的内在联系，以现代工业理念提升农业产业化水平，以特色农业的发展促进第二产业和第三产业的升级，以现代服务业的发展推动三次产业的融合，形成三次产业相互促进、联动发展的格局。

3. 促进经济融合，突出与自贡市中心城区配套和互补的经济功能

贡井区经济发展以与自贡市全面对接和融合为基本出发点，重点承接由中心城区延伸和转移的文化旅游、高品质居住、特色商贸、现代物流、专业市场和配套协作工业等为主的经济功能，迅速发展成为自贡市及川南经济圈的有机组成部分。

4. 强化基础设施，促进城市基础设施向农村延伸

贡井区在改善城区基础设施条件的同时，加强农村交通建设，实现乡乡通油路、村村通公路；加强水利建设，基本解决农村的饮水安全和农业生产用水问题；加强电网、沼气、天然气建设，逐步推广太阳能利用，解决农村能源问题；加强信息化建设，解决农村信息畅通问题。

5. 繁荣社会事业，推进城乡公共服务体系相衔接

贡井区推动公共资源更多地向农民倾斜，将城乡公共品供给纳入统一的公共服务体系。大力发展教育、文化、卫生事业，促进义务教育均衡发展，提高农村医疗卫生服务能力，丰富农村精神文化生活。完善城乡社会保障体系，建立覆盖城乡的最低生活保障制度、基本养老保险制度、医疗保险制度和社会救济救助制度。加强城乡就业工作，建立健全城乡就业服务网络。

（二）贡井区五宝镇推进城乡统筹建设社会主义新农村的实践

五宝镇位于自贡市贡井区西南，是贡井区最边远的大镇，距自贡市区 42 千

米，全镇辖区面积 74.1 平方千米，辖 23 个村、1 个社区，共 3.2 万人，全镇现有耕地面积 30 082 亩，林地面积 24 430 亩。五宝镇建于宋代，有"五个宝"传说，是辛亥革命先烈龙鸣剑的故乡，也是荣县第一个中国共产党支部的创建地。五宝镇是农业大镇，是省级试点小城镇，也是区域性的中心镇。五宝镇物产丰富，有花生、水产、土豆、拉面等特产。五宝镇区位独特，与宜宾县古罗镇、荣县古文镇等 6 个乡镇相邻，集镇建成面积 0.8 平方千米，常住人口 6000 余人。自贡市贡井区五宝镇推进城乡统筹建设社会主义新农村的实践中科学规划、遵循民意、集中民智、创新实干。

1. 明确目标、找准定位、科学规划

（1）明确目标和首要任务。五宝镇始终把建成"生产发展、生活富裕、村容整洁、乡风文明、管理民主"的社会主义新农村作为乡镇统筹城乡发展的方向和最终目标，明确乡镇抓统筹城乡就是要以"加快农村科学发展"为首要任务，确保一切工作都归口到了"加快发展，建设社会主义新农村"这一中心任务和根本目标上来。

（2）确定发展定位。五宝镇把建成"农业特色产业大镇和中心商贸重镇"为五宝镇推进城乡统筹的发展定位和突破口。五宝镇以贡井区区委、区政府"错位发展、融入互动、优势优先"理念为指导，认真分析了五宝镇的历史文化、乡土人情、区位特点、产业特色；深入分析了五宝镇发展的比较优势、发展潜力、制约因素。找准了五宝镇统筹城乡发展的定位，这一定位既是五宝镇的优势、潜力，又是五宝镇推进城乡统筹建设新农村的着力点，更是五宝镇的发展方向和突破口。

（3）科学制定城乡发展规划，引领城乡加快发展。五宝镇以科学发展观为指导，编制了《五宝镇统筹城乡发展建设中心商贸镇发展规划》，修编《五宝镇小城镇发展规划》，并完善了一系列子规划。五宝镇首先明确了五年工作目标，在 2012 年初步建成五宝镇"农业特色产业大镇、中心商贸重镇、工业新镇、文化旅游靓镇"的基础上，实现城镇、乡村一体化。五宝镇城乡发展规划的主要指标为：35% 的土地向大户集中；1.2 万名农民向城镇集中；建成花生工业园；城镇化率达到 35%，中心小城镇建成辐射周边乡镇的商贸中心、生活中心、文化中心。今后五年地方生产总值每年增长 15%，农民人均纯收入每年增长 400 元。细化了农业特色产业大镇规划，即以建成自贡市重要的农副产品基地为目标。建成1 万亩特种水产大镇，水产年产达 3000 吨。建成花生名镇，实现年贸易加工销售花生产品 2 万吨。夯实了中心商贸重镇规划，即小城镇分老街区、商贸住宅区、花生工业园区规划建设。

2. 全面发动、集中民智、创新探索

（1）全面宣传发动、形成发展共识与热潮。召开一系列报告会、研讨会、座谈会、招商会，形成抢抓机遇、借助"三力"、敢于争先、加快发展的热潮和共识、激发和调动了民间投资。

（2）加强政策研究，创新体制机制和工作方式。全面研究统筹城乡发展的政策机遇、创新空间、突破重点。突出镇情和规划建设需要，特别组建成立了五宝镇土地流转服务中心、五宝镇小城镇开建设管理办公室。制定了《五宝镇促进土地流转加快产业发展鼓励办法》和《五宝镇关于加快中心小城镇开发建设的意见》。

3. 突出重点、狠抓项目、筑牢基础

五宝镇紧紧围绕建成"农业特色产业大镇和中心商贸重镇"的规划，制定了三步走的工作规划。即第一步是用一年时间修路，打通发展瓶颈，建成交通枢纽镇；第二步是用一年时间改造建设城镇，夯实发展平台；第三步是大兴产业，培育经济发展、富裕农民的支撑。为此，五宝镇把 2007 年定为"交通建设年"，把 2008 年定为"小城镇建设年"，把 2009 年以后的工作重心定位为加快产业发展。

（1）修通公路，初步建成"交通枢纽镇"。面对群众要求整修公路的强烈呼声和全市实施"通达工程"的历史机遇，五宝镇决定修通所有的村道。全镇采取"六统一"办法将 17 条共 43 千米的村道全部修好；同时配合上级修通威宜路、荣牛路、关五路，打通了连接 6 个乡镇及宜宾、自贡、荣县的干道。使五宝镇实现了道路网化、环状、放射状，内通外畅，彻底改变了出行难的状况，打通了阻碍发展的瓶颈。

（2）改造小城镇，初步搭建好了发展平台。2008 年，在贡井区区委、区政府的大力支持下，五宝镇迎来了 10 年来第一次大规模的城镇建设和开发。总投资达 3000 余万元（其中政府投入不到 300 万元）。彻底改造最破烂、最重要三条旧街（明灯街、教师街、五蔡街），改造面积达 1.5 万平方米；新建成并投入使用一条街——犀牛街（240 米长、20 米宽）；新开工一条街——云峰新村（一期160 米长、20 米宽）；新建成 3000 平方米客运站和 3500 平方米农贸市场；房地产的开工面积到 5 万平方米，建成 3 万平方米，新增加商铺 200 余间、住户220 余户 600 余人，其中近 100 户是外地人。五宝镇这次建设和开发是过去 10 年建设量、发展量的总和。此外，还改造了自来水厂，新建排污渠、垃圾库、公共厕所，新安装路灯。五宝镇城镇建设发生了翻天覆地的变化，迎来了快速发展的黄金时期。

（3）产业加快发展、特色鲜明。五宝镇围绕建成"农业特色产业大镇"的目标加快发展农业。目前，花生种植、水产养殖、土豆种植面积分别达 7000 亩、8000 亩、6000 亩，产量分别达 2000 吨、3500 吨、1.2 万吨。五宝镇全镇规模化种养殖户达 300 余户。五宝镇建立了水产、花生、蔬菜、笋材、养鸡、养猪专业合作社 6 个，市级龙头企业 1 户。五宝镇全镇现有无公害农产品基地 2 万亩和 3个无公害农产品品牌。农业粮经比达 45：55。五宝镇坚持中心商贸重镇发展定位，大力推进商贸旅游业发展。五宝镇充分挖掘文化底蕴和乡村旅游资源，招商实施了中华村风景旅游区的开发。五宝镇坚持围绕资源办工业，工业发展取得较大起步。近年来，五宝镇实现了工业招商和限额企业"两个零的突破"。

（4）夯实、优化社会事业和行政服务，切实惠民、利民。五宝镇推行行政机构职能延伸和效能建设，将政府行政服务机构和职能下移王家村，设立王家村社区政务服务中心，方便了周边 1 万多村民办事。重视建设好医疗、教育等服务性机构。投资 200 余万元，将中小学校、幼儿教育、卫生院基本建成辐射周边 6 个乡镇的教育、医疗中心，目前学校生源较充足，医院业务量增大，小学正建寄宿楼，医院正新建门诊大楼。五宝镇不断强化社会保障，敬老院两年先后达到省二级、省一级敬老院标准。镇派出所、畜牧站、供电所、国土所、工商所、路政道班等积极实施中心站所建设和改造。社会事业机构既是保障群众基本生活的需要，更成为了促进小城镇发展的持续动力。

4. 采取"六统一"的建设方法，实施公路大会战

五宝镇在提出一年修通所有村道的同时，也提出了"保质保量、不集资、不新增债务"的目标。为破解村道建设筹资难、造价高、质量难以保证等难题，采取了"六统一"的建设方法，即所有 17 条村道一律不搞发包、承包修建，全部由镇村组织指挥、全面发动、全面参与、群众自建，实行统一爆破取片石、统一公开招标采购材料、统一机械搅拌和碾压、统一技术要求和施工监管、统一质量验收和评比、统一收方发货和决算。这一办法极大地调动了群众的热情。群众全过程参与、全面监督、全力投入，所有预期目标全部达到，并形成了"五宝经验"。

5. 加快土地流转和合理利用，促进产业发展壮大

围绕土地向大户集中和土地的合理有效利用，五宝镇成立了土地流转服务中心，不断引导规范土地流转，两年新流转土地 3000 余亩，全镇流转土地达 9800 余亩，达全镇耕地面积的 30%，其中规模化流转达 5600 亩。土地流转的模式和用途主要有三种：一是代耕，主要是农户间自由松散零星的流转；二是转包，主要是专业大户按规划集中成片租赁农户的土地，用于发展规模生产，如发展渔业、种植花生等，是土地流转的主要模式，目前全镇此类土地流转达 5000 亩以上。三是反租，即村组在农民同意的前提下，把农户的承包地反租回来，集中利用开发，如云峰村流转集中农村建设用地用于农民联合建房、城镇基础和配套设施等建设开发；中华村流转集中林地，用于开发旅游区。土地的流转集中和合理开发切实做到"促地生金"，发挥了土地的最大价值、富裕了农民。

6. 政府主导，市场化经营，加速城镇建设开发

一是坚持城镇定位和规划对吸引投资、加快发展的决定性作用和功能。五宝镇定位为"中心商贸重镇"，极大地带动了人气、商气，促进了投资。在制订小城镇规划中，五宝镇又分别以客运站、农贸市场、花生工业园、学校、卫生院、计生文化活动中心等各带动一条街的发展、开发，使城镇布局更合理、科学、协调，使每一条街都有商气，都有大量社会资金积极投入。

二是发挥财政资金的引导和激活市场的作用。两年来政府性资金带动社会投入比平均达到了 1∶10。老街改造带动了大量民间投资改造住房、店面，特别是犀牛街实现了 20 万元带动 2000 万元的乘数效应。

7. "四统一、一分散"联合建房富裕农民

围绕促进农民向城镇集中，帮助农民进城购房置业的要求。五宝镇积极发挥群众的创造精神，破解房价贵、进城难的问题，实施了"四统一、一分散"农民联合建房新模式，即在遵循群众意愿的基础上，以村委会为业主，按照城镇规

划，实行农民联合建房"统一规划、统一设计、统一建设、统一管理，分户办证"。这一群众首创模式得到积极响应、被广泛推广。

8. "三集中三联动"，促三化

在推进"土地向大户集中、农民向城镇集中、工业向园区集中"的工作中，五宝镇注重"三集中"的同时，充分认识到其紧密的内在联系和互动性，不断通过发展商贸、工业来转移农民，通过转移农民加速土地流转，通过农业产业发展促进商贸业和工业发展。良性互动、协同推进、科学发展，推进和加快"农业产业化、农村城镇化、工业园区化"进程。

（三）贡井区推进"五大统筹"，为统筹城乡发展提供有力支撑

贡井区围绕统筹城乡发展，加快体制改革步伐，立足实际，抢抓发展机遇，牢固树立"融入互动"和"错位发展"理念，以体制机制创新为着力点，以产业发展为支撑，以城区和中心城镇为依托，通过加快"五大建设"，推进"五大统筹"，深化"六项改革"，推进农业现代化、农村城镇化、农民知识化，构建起"以工促农、以城带乡、城乡互动相融"的统筹城乡发展新格局，形成具有贡井区区域特色的统筹城乡发展新模式。

1. 统筹城乡发展规划

立足实际，突出特色，统一编制贡井区统筹城乡发展总体规划和各项专业规划，做到经济社会发展规划、土地利用总体规划和城市建设总体规划"三规合一"。依托自贡主城区，打破空间制约，突破发展瓶颈，通过差别化发展，建设独具特色的自贡西城区，营造充满魅力的自贡后花园。构建核心城区、中心城镇以及乡（镇）、村等建制单位的合理规模结构体系和空间结构体系。优化资源和要素配置，加强城区与中心城镇的融合，发挥城镇的辐射作用，释放发展能量，以城带乡，实现城乡统筹发展。结合土地利用总体规划和城市建设总体规划修编，合理布局居住建设空间、产业发展空间、农田保护空间、生态保护空间和公共基础设施配置。根据贡井区城乡区域现状、交通条件、资源优势、地位作用和发展前景，结合区域综合经济发展，规划形成由一级城区、二级中心城镇、三级乡镇、四级中心村组成的城乡结构体系。一级城区1个，即贡井城区，含筱溪街、贡井街、长土镇、艾叶镇和建设镇；二级中心城镇3个，即成佳镇、龙潭镇、五宝镇；三级乡镇5个，即桥头镇、白庙镇、莲花镇、章佳乡、牛尾乡；四级中心村30个，即由全区各个乡镇中具有一定规模的中心村组成。

2. 统筹城乡产业发展

坚持"三次产业互动、城乡经济相融"的原则，形成城乡三次产业有机融合、协调发展的现代产业体系。坚持走"三化"（工业化、城市化、产业化）、"三带"（以工带农、以商带农、以城带乡）、"三集中"（工业向园区集中、农民向城镇集中、土地向新业主集中）之路，以现代工业理念提升农业产业化水平，以特色农业的发展促进产业升级，以现代服务业的发展推动三次产业的融合，形成三次产业相互促进、联运发展的格局。

走新型工业化道路。一是着力打造三大基地，加大扶持优势行业力度，全力培育中国绝缘子生产基地、西南分离机械制造基地、川南塑胶管材生产基地。二

是全力培育三级企业。大力实施品牌战略和技术创新，引导企业走内涵式发展道路，积极培育支柱企业和潜力企业。三是积极引导企业向工业园区集中，乡镇工业、劳动密集型企业向乡镇集中发展区集中。

发展城郊型特色农业。一是发展城郊特色产业。坚持"服务城市、富裕农村"的原则，全力打造自荣路沿线的优质水果产业带、旭水河沿岸的无公害菜畜产业带、南北环路沿线的园林花卉产业带，不断提升农业产业化水平。二是构建现代农业综合体系，加强农业基础设施和装备建设，积极实施农产品品牌战略，不断提高优势农产品科技含量和市场占有率，打造一批名优农产品品牌。三是培育农业龙头企业。坚持以工业理念抓农业，积极培育龙头企业和农村专业合作组织，不断提升农产品进入市场的组织化程度。四是创新农业、农村发展思路，拓展"三农"投入渠道，引导社会资金投入农业发展和农村建设。创新农业发展保障机制，增强农民产业化经营以及参与市场竞争能力。五是加强农村生态环境保护，探索循环农业发展新路，提升农业发展水平。

加快旅游商贸发展。坚持以文化旅游产业为龙头，加快商贸经济发展，推进贡井区域经济战略转型，形成商贸和文化旅游与工业鼎足而立的格局。一是加快资源开发。立足贡井区旅游资源实际，全力打造"三个旅游区域"，即在河街、老街子片区，以平桥瀑布景观打造为突破口，全力打造大贡井古盐文化旅游景区，推动贡井文化旅游产业快速发展；在旭水河贡井城区段和南北环路沿线，以城郊特色农业为依托，加快乡村旅游产业开发，推进产业互动和城乡联运发展；在牛尾、莲花、五宝镇地区，以特色生态环境为支撑，打造生态观光旅游区。二是大力发展商贸经济。发挥贡井区区位优势，按照"错位发展"的思路，以项目引进为依托，大力发展商贸经济。以自贡市交警办证中心和检测中心落户南环路为依托，以川南汽贸城项目为支撑，大力发展物流、汽贸交易、维修等行业；以贡井城区环境改善为依托，以城区商贸地产项目为支撑，大力发展特色商贸产业，不断增强城区商贸经济发展活力；以贡井特色餐饮项目培育为依托，推进贡兴路特色餐饮一条街的打造，不断提升全区餐饮服务行业水平。

3. 统筹城乡基础设施

加快城乡交通基础设施建设，构建以城区为枢纽的城市公路网络体系，打通连接贡井区和自贡主城区的快速通道。完成自贡西客站建设，改造 S207（资贡路）虎头桥至马吃水段、盐都大道西延线（南环路贡舒路口至马吃水段），实现与自贡主城区的快速对接，解决对外交通畅通问题；改造 S305（隆雅路）、自犍路、高黎路，新建西环线，形成区域公路主干线，修建贡芝路、双龙路、五牛路、关五路，形成区域公路次干线，修建自犍路（贡井—长土）、天池路、建设路、沿河路、贡草路与贡兴路延伸段，建成长征大桥，加快"通达工程"和"通畅工程"建设，形成区域放射状路网格局，解决内通问题。以提高公路等级和通畅为重点，尽快实现城乡公路联网。完善全区客运站点网络布局，新建和改建 90 个农村"招呼站"，大力发展农村客运事业，方便广大农村群众的生产生活。逐步实现公路建、管、养、运一体化。

重点围绕农业"三带"建设，配套农业基础设施建设，为现代农业发展打好基础。大力实施病险水库、山坪塘和渠系整治、机电提灌设施改造、防汛设施建设和旱山村治理。

加快城乡一体化的公共服务设施建设，重点加强农村供水、供电、供气、通信等网络建设，促进城市公共服务设施向农村延伸，实现公共设施的城乡对接和共享。在全区 11 个乡镇建设自来水厂，解决农村饮水难、水源少、水质差的问题。

4. 统筹城乡就业和社会保障

建立健全覆盖城乡的就业服务体系，建立城乡一体的人力资源市场，实现城乡就业政策、劳动力市场、就业服务和劳动用工方面的统一管理，把就业管理服务工作延伸到村、组和社区。整合城乡劳动力职业培训资源，突出抓好城乡劳动者预备培训、技能提升培训和劳务输出培训，做好培训、就业、维护三位一体的就业服务，增强农民转移就业和创业的能力。加快推进农村社会保障与城市社会保障接轨，不断提高社会保障的覆盖和保险标准，建立城乡统筹的社会保障体系。

加快建立多层次的城乡社会养老保险体系，完善失业保险制度，扩大失地农民、进城务工农民、农村个体工商户和企业从业人员参加养老、失业保险的覆盖面。深化医疗保险制度改革，加大政府对农村新型合作医疗的投入力度，提高参合率。完善城乡社会救助和扶贫帮困机制，逐步提高贫困救助和农村优抚对象、五保户供养标准。改善集中供养五保户生活条件，提高五保户集中供养率。

5. 统筹城乡社会事业

统筹城乡社会事业重点是加快发展农村的教育、科技、文化、卫生等社会事业。一是加快教育资源整合，合理调整中学和小学布局，适当减少乡村中学和小学的数量，通过合并重组扩大学校规模。迁建育才小学，旭川中学争创"国家级示范性普通高中"，电信职校争创"国重"并打造"万人学校"。二是加大科普宣传力度，提高全民科技意识。加大科技投入，抓好试点示范，增强科技成果推广和转化能力。完善科技服务体系和技术培训体系。实施科技人才战略，为贡井发展提供智力支持。三是加强乡镇卫生院建设，充实医疗人员和医疗设备。完善农村卫生医疗体系，继续扩大新农民合作医疗覆盖面，对农村贫困人口实行医疗救助，使广大农民病有所医、弱有所助。在长土镇、艾叶镇抓好"城中村"社区医疗服务试点工作，逐步在全区推广。四是加快乡村文化中心等文体活动阵地建设，实施广播电视"村村通"工程，积极开展文化下乡活动，用先进文化占领农村阵地。五是加强人口与计划生育工作，稳定低生育水平，提高人口素质，建立和完善保障体系。六是加强环境保护，着力抓好城乡环保基础设施和污染防控管理体系建设，强化宣传，提高环境监管、监察、监测的能力，重点解决好工业"三废"、农业面源污染、城乡生活垃圾和固体废弃物的综合治理，保护好饮用水源。七是大力实施惠民行动，落实各项惠民富民政策和措施，关心和帮助弱势群众，切实为其办实事、办好事。

六、绵竹市灾后重建加快发展，坚持工业主导、产城相融

近年来，绵竹市通过灾后重建加快发展，大力推进"两化"互动、统筹城乡发展。绵竹市以做强产业、构建新型工业体系为动力，引领"两化"互动；以做优布局、完善新型城镇体系为依托，承载"两化"互动；以做实基础、提升农业现代化水平为突破，助推"两化"互动。绵竹市通过统筹城乡发展一系列措施的实施，经济发展步入更加健康、有序的良性互动阶段。

（一）绵竹市坚持将新型工业化、新型城镇化与农业现代化有机结合，推进社会主义新农村建设，走出一条相互促进、整体提升、全面推进的路径

1. 积极推进城乡统筹，绵竹市形成了"一区带六园"的格局

绵竹经济开发区下辖绵竹江苏工业园、新市工业园、拱星工业园、中国西部钣金机电产业园、汉旺无锡工业园和康宁工业园，依托剑南春集团，中国酒城·绵竹名酒产业园正在兴建当中。食品酒类、精细化工、机电制造加工、硅酸盐、新兴产业、农产品加工6大产业链正在延伸壮大，新能源、新材料、医药生物、节能环保等新兴产业正在培育和发展起来。绵竹市坚持"工业强市"战略，依靠技术升级和自主创新，依托成绵高速复线带来的交通区位优势，抢抓成渝经济区建设和成德绵同城化进程不断加快带来的重大机遇，创造新的辉煌。

绵竹市依托德阳市"重装之都"的城市定位，东方汽轮机有限公司、中国第二重型机械集团公司配套一直以来都是绵竹市的发展优势。为了将这种优势发挥得更充分，绵竹市快速谋篇布局，对机械制造加工产业进行产业结构调整和提档升级：电动螺旋压力机项目是一个缩影，以稳步提高重型装备配套加工能力、建设现代装备制造特色产业体系为目标的"机械（电）及钣金配套制造产业走廊"在绵竹开始成型，并已逐步融入成渝经济区，形成强劲的竞争力。机械制造加工产业、食品饮料产业和新型化工建材产业三大支柱产业共同冲刺着"百亿"目标。到2015年，打造产值分别过200亿元的食品饮料产业和新型化工建材产业，以及产值过100亿元的机械装备制造产业。抓住中国"白酒金三角"带来的机遇，大唐国酒生态园项目稳步推进着绵竹的白酒品牌扩张战略。推进绵竹市传统化工产业向清洁化、精细化和高附加值方向发展，向循环利用、生态环保方向升级。希望教育产业园、川大科技园合作项目则为绵竹市保持"加速度"提供了人才"驱动力"。

2. 绵竹市现代农业发展步入"黄金发展期"，农业现代化发展动力强劲

2012年，绵竹市农业粮油作物良种覆盖率实现98%以上，农机化综合水平达到60%以上，龙头企业和农民专业合作组织带动农户比例达90%，形成了生猪养殖、绿色蔬菜、优质粮油、经济林木、食用鲜菌五大特色优势产业基地。四川省政府批复的全省首个县级市全域性农业发展规划在绵竹市实施，开启了产村相融、成片推进新农村建设的长远发展大幕，农业现代化发展动力强劲。绵竹市统筹城乡发展进入高位推进期。绵竹市坚持统筹的理念，以整县推进新农村建设为契机，高标准、高起点完善了城乡基础设施和公共服务设施，同时通过加强和创

新社会管理，在城乡一体化建设中全域推进了城乡管理服务均等化，着力建立城乡生产要素自由流动、生产方式和生活方式同步变革的新机制。在国家 4A 级景区绵竹年画村，一幅幅色彩绚丽的年画被描绘在雪白的墙壁上。一个包括接待中心、展示馆、年画湖和年画作坊等在内的绵竹年画产业基地在悄然发展壮大；向日葵基地、猕猴桃基地、水上乐园项目纷纷落户。这里有蜿蜒整洁的村道、一应俱全的基础设施和逐年递增的收入，连接成绵高速复线，融合了年画产业、乡村旅游和观光农业的共融发展式新农村已然成型。以科学规划引领城乡建设，以特色的产业支撑、鲜明的发展方向、充足的服务能力为重点，像年画村这样的"新村"、"新镇"遍布绵竹版图，并连接成网，逐步形成各具特色、资源共享、集约发展的发展格局。绵竹市探索出具有中国特色、西部农村地区特点和时代精神的创新路子，宜居、宜业、宜商在绵竹的城镇、乡村和谐统一。

3. 推进城乡一体化，共融式发展构建"全域城镇体系"

绵竹市城镇化迈入加速发展期。近年来，随着社会生产力的发展、科学技术的进步以及产业结构的调整，特别是灾后大建设大发展，农村人口不断向城镇转移，第二产业和第三产业不断向城镇聚集，城镇面貌日新月异，统筹城乡发展的经济实力和人口集聚度日益增强。绵竹市城镇化已迈入加速发展时期，发展需求强烈。

积极推进"两化"互动、统筹城乡发展，绵竹的城镇发展结合了整个城市的产业、交通等发展要素，"全域城镇体系"跃然纸上。中心城区包括剑南镇、西南镇、东北镇、板桥镇，强化经济、商贸中心和交通、通信枢纽地位，着力推进绵竹新城——城东新区建设。

三条轴线上，新型工业化与新型城镇化形成互动，与农业现代化共同构成"三化"协调发展的局面。绵茂路工业发展轴，孝德镇、剑南镇、汉旺镇背靠江苏工业园、汉旺无锡工业园、拱星工业园；成绵高速（复线）综合发展轴，新市镇、剑南镇、孝德镇、齐天镇、什地镇发展工业、商贸业、物流业、旅游业、现代高效农业；沿山生态旅游发展轴，按照《绵竹市现代农业发展规划》，汉旺镇、九龙镇、遵道镇、土门镇、广济镇通过旅游业带动观光农业、商贸、林业等相关产业发展。依托重点集镇，汉旺片区、孝德片区、土门片区、新市片区、富新片区组团发展。

新村与产业相融、新镇与园区共生，多渠道、多元化的城镇建设投融资体制和社会管理创新体制推动着生产要素向城镇聚集，全方位提高绵竹的城镇化水平。广播电视、宽带和邮政网点实现了"村村通"，城乡水、电、气等民生和生产保障性基础设施不断完善，三级医疗卫生服务体系覆盖全域，以绵竹首届农村基层文艺调演为代表的文化惠民活动遍地开花，城镇的生产功能、消费功能、就业功能和服务功能稳步提升，增强了城镇的整体实力和带动力。绵竹市在发展小城镇中坚持经济效益与社会效益相结合。发展小城镇，应注重社会效益、经济效益和环境效益的有机统一。近两年来，绵竹市剑南镇、汉旺镇、西南镇、东北镇等 11 个乡镇先后推倒了 24 座磷肥厂、硫酸厂，68% 的下岗职工得到了妥善安置，一批低能耗、低污染的新型化工企业逐步落户绵竹。

（二）绵竹市强化顶层设计、全域规划，工业主导、产业兴市

绵竹市通过灾后重建加快发展，工业化城镇化水平得到了较大提升，工业化步入中期发展阶段，统筹城乡取得了重大进展，农业现代化加速推进。绵竹市深入实施"两化"互动、统筹城乡总体战略，强化顶层设计、全域规划，工业主导、产业兴市，坚持"两化"互动、产城融合，系统改革、制度创新，抢抓历史机遇，把统筹城乡发展作为绵竹市跨越发展的主路径。

1. 强化统筹理念，奋力加快发展

绵竹市"两化"互动、城乡统筹的发展方向是按照顶层设计、全域规划，工业主导、产业兴市，"两化"互动、产城融合，系统改革、制度创新，以人为本、群众主体五大理念，把绵竹建设成为以白酒、精细化工为载体的新型工业基地，以现代农业、观光农业为载体的、产村相融的新农村示范市；以生态宜居为特色、产城一体的酒乡画城，最终实现"酒乡画城、山水绵竹"的目标。按照这个发展方向，必须在产业培育、"两化"互动、产村相融和配套服务改革四个方面进行探索。

一是加强规划统筹，"两化"互动向全方位推进。要进一步突出规划引领，强化多规衔接，按照要求，加快完善空间规划、交通规划、产业规划、城镇规划。特别是要把在四川省全省试点的县域空间规划作为"两化"互动、统筹城乡发展和产村相融、成片推进新农村建设的规划龙头，引领、统领和衔接其他规划。

二是加强产城统筹，产业支撑向全领域发力。要进一步壮大产业规模，优化产业布局，筑牢产业基础。着力改善老城区人居环境，逐步完善城东新区重点产业和设施配套。已建成的江苏工业园是绵竹市已有的一大产业聚集载体，规划中的中国酒城绵竹名酒产业园和大学城也都是未来绵竹市产业发展的重要载体，要把产业发展和城市规划建设特别是现代城市建设有机结合，依靠产业支撑，实现产城互动，带动现代城市发展。

三是加强城乡统筹，基础设施向农村延伸。要进一步完善覆盖城乡的基础设施保障体系，以整县推进新农村建设的现实需求为支撑，统筹推进基础设施建设向农村延伸。加大农田水利设施等基础设施建设和管理，提高灾后重建设施设备使用效率；加快推进村、组交通路网建设，建立层次分明、全面覆盖的交通格局；加强河道和地质灾害综合治理，全面提升城乡防灾减灾能力；强化要素保障，将水、电、气、煤、油、运和重要原材料等生产要素向农村产业发展区域倾斜。在当前的形势下，要加快推进统筹城乡发展，全省的着力点就在于产村相融、成片推进新农村建设。新村建到哪里，产业就发展到哪里，产业规划到哪里，就把新村建到哪里。要认真研究怎样落实、如何推进的问题，做到"项目向上争取一点，本地政府配套一点，金融部门支持一点，民间资本进入一点，当地百姓参与一点"，找到符合绵竹实际的统筹城乡发展路径。

四是加强管理统筹，公共服务向社区拓展。继续深入推进民生保障、公共服务、特殊群体帮扶、矛盾纠纷化解、公共安全、思想道德"六大体系"建设，加强和创新社会管理，让更多公共服务资源向社区延伸覆盖，重点完善城乡一体

的文化、教育、医疗卫生和社会保障等公共服务体系。在基本公共服务标准化建设基础上，更加注重提升社区管理服务水平，进一步完善便民网络，着力解决人民群众关注的办事路途远、程序多、周期长和既花钱又耗时耗力等问题，既让群众充分享受到更方便、更快捷、更有效、更多样的公共服务，又通过基层民主自治，着力增强社区居民的归属感、幸福感。

2. 抓好中心小城镇的发展，走"扩权强镇"的发展道路

发展中心小城镇是带动农村经济增长的"火车头"，是转移农村剩余劳动力的"蓄水池"，是加快结构调整的"推进器"，是城镇辐射农村的"连接点"。绵竹市把发展中心小城镇作为带动经济社会发展的一项重大战略任务，摆在突出位置。

（1）坚持繁荣农村与发展城镇相结合。建设好"一中心、五片区"（即城区剑南镇为中心，并向孝德镇、新市镇、土门镇、汉旺镇、富新镇五片区辐射），在山区、沿山区、坝区、城郊区形成合理的产业布局，加大对镇乡财力的投入力度，对重点镇乡实行财政保底、超收留镇使用的政策，增强了集镇吸纳、承载和带动能力；根据布局规划引导发展优势产业，从而实现农村与城市的共同发展与繁荣；事权对镇乡下放，将一些县级的审批权下放到集镇，改善镇容镇貌，提高集镇管理水平。

（2）坚持整体推进与重点突破相结合。推进城乡统筹，不能一哄而上，盲目发展，而是要在有效利用现有城镇的基础上，重点扶持已经形成一定人口和经济规模的城镇优先发展。对于绵竹市来说，就是特别要加强汉旺镇、新市镇、孝德镇、富新镇、土门镇等中心镇的建设。要整合镇乡资源，解决镇乡资源相对短缺的问题，推动镇乡公益设施建设。

（3）坚持凝聚内力与借助外力相结合。既要从实际出发，充分考虑各镇乡的发展水平、区位条件和资源优势、挖掘自身潜力，走特色发展之路，又要按照市场经济规律的要求，打破各种不利于城镇发展的体制束缚，广泛开辟投融资渠道，增强城镇自我发展、自我积累的能力。对小城镇发展中涉及的户口问题、镇乡旧城改造问题以及各镇乡的学校问题、教育问题、医疗问题、社会保障问题等，要努力探索适合本地实际的路子，加快建设，推动发展。要让更多的农民成为城市居民。

3. 发展现代农业、转变农业发展方式，推进社会主义新农村建设

以邓小平理论和"三个代表"重要思想为指导，全面贯彻落实科学发展观，按照中央、省、市发展现代农业的总体要求和四川省的部署，坚持"两化互动"和"四化协同发展"，以发展现代农业、转变农业发展方式为主线，以发展农村经济、促进农民持续增收为主要目标，以提高农业综合生产能力、市场竞争能力为主攻方向，着力强化政策、科技、人才、设施和体制支撑，着力完善现代农业产业体系，提高农业现代化水平、农民生活水平和新农村建设水平，大力发展优质、高效、外向、生态、安全农业，促进农业生产经营专业化、标准化、规模化、集约化，实现绵竹现代农业跨越式发展。

（1）发展现代农业、转变农业发展方式，加快社会主义新农村建设应坚持

的基本原则。

第一，统筹发展原则。统筹城乡发展，协调推进工业化、城镇化和农业现代化建设，形成"三化联动"、以城带乡的长效机制，着力构建新型工农关系、城乡关系，全面推进城乡在经济、社会、生态环境和政策体制的一体化进程，实现城乡均衡发展；确保耕地保有量基本农田数量不减少，质量有提高。

第二，科技支撑原则。强化农业科技创新的同时，突出抓好新品种、新技术、新机具、新模式在农业生产中的转化与推广应用；提高农业物质技术装备水平，推进产业链与技术链紧密融合，依靠科技支撑，加快转变农业生产方式，整体提升现代农业产业技术水平。

第三，农民主体原则。尊重农民的土地承包经营权和生产经营主体地位，发挥农民参与现代农业发展的积极性，强化政府支持作用，引导和鼓励社会资本投入农业，合力推进现代农业发展，促进农民持续增收。

第四，机制创新原则。通过大胆探索，创新土地流转制度、利益分配制度、资金使用和管理制度、项目审批与管理制度、科技支撑与服务制度等，增强绵竹现代农业发展活力。

（2）加快社会主义新农村建设要着重抓好以下几个方面的工作：

一是认真搞好绵竹市农村综合改革试点，进一步完善农村土地承包制度，积极探索建立农村最低生活保障、新型农村合作医疗、农村养老保险、社会救助、国家救助等社会保障制度，切实做好农民工、失地农民和农村纯农户的社会保险工作，严格防范农民负担反弹。

二是突出特色产业规模发展，延伸农产品深加工产业链，全力推进农业产业化经营，大力扶持农业产业化龙头企业和农村专业合作经济组织的发展壮大。以农业产业化经营带动农业发展。首先是抓龙头企业的培育。培育壮大龙头企业，深化农产品加工是农业和农村经济工作中一项带有全局性、战略性的大事，一方面可以实现当地农产品的就地加工增值，解决农产品的销路问题；另一方面是其背后有一个庞大的农产品基地，带动的农户是千家万户，这样就可以把农村许多的劳动力资源进行转化，使其产生经济效益。

三是加强农业综合开发，在重点抓好小康新村和扶贫新村建设的同时，积极推进农村沼气池建设，有计划地继续加强中低产农田改造和渠系改造工作，继续加强农村公路建设和农村生态环境建设。

四是继续加强农村劳动力培训，着力提高劳务输出质量，大力提升劳务经济发展水平。

五是坚持财政支出建设经费向农村教育、卫生、文化等社会事业倾斜的方针，促进农村公共服务保障水平的不断提高。

六是加强农村地区重点中心镇、中心村规划建设，集中力量启动和建设一批中心镇和中心村的基础设施，促进农村城镇化和工业化发展进程。

（3）抓好农产品基地建设。要按照区域化、专业化、集约化和标准化的要求，加快农业产业结构调整，依托龙头企业建设一批优质专用农产品生产基地。首先是必须依托龙头企业的带动，企业需要什么，就依照订单发展什么；其次是有一定的规模，实行标准化的生产，满足企业的需要；最后是认真研究本地的优势，进一步优化农业区域布局。绵竹市的中药材、水果、优质粮油、优质瘦肉型猪、仔猪、鲜切花等都很有特色，要继续巩固和加快发展，从而为绵竹市龙头企业生产提供更多优质的原材料，把广大农村建设成为农村工业化的"第一车间"，让广大农民都成为农业产业工人。

（4）推进产村相融、成片建设农民新村，加快绵竹市现代农业发展步伐。突出产村相融，以新村带产业、产业促新村，引导农村生活生产方式同步变革。绵竹市突出新村产业特色，高起点、高标准建成了共同推崇、各方认可的孝德镇年画村、遵道镇棚花村、九龙镇清泉村等一大批产业带动力强的农民新村。要进一步增强新村建设对产业发展的带动力，必须按照"成片连线、扩面连片、整体推进、全面覆盖"的思路，坚持"两化互动"、"三化联动"、城乡统筹、产村相融的理念，综合考虑地域特征、资源条件、发展基础、产业培育等因素，实现新村建设与产业发展在规划上高度统一、深度融合，在实施上力度同等、进度同步。要更加突出土地节约与集约利用，围绕新村建设和产业发展开展土地综合整治，推动农业产业化经营和三次产业融合发展，真正做到新村建起来、产业强起来、农民富起来。

（5）强化综合配套，以整县推进新农村建设带动农业农村现代化。综合配套要求各方面都要配套，包括资源配套、基础配套、改革配套等。绵竹市在2015年基本建成空间布局合理、主导产业突出、资源节约利用、经济效益显著、生态环境友好、农民增收致富的现代农业产业体系，努力建成成都平原高效农业的示范典型，争创国家级现代农业示范。

4. 搭建发展平台，促进企业成长壮大

绵竹市坚持以科学发展观为指导，打造好以新市工业集中发展区、机械加工集中发展区、建材工业集中发展区等核心工业经济区和优势产业群，加快支柱产业和优势企业的发展，加快产业集群的发展。积极发展产业配套小区，引导和吸引关联产业向各工业集中发展区聚集；为民营经济大开"绿灯"；坚持民营经济的主体地位，大张旗鼓鼓励和支持民营经济的发展。放宽民营企业的市场准入和投资领域。尤其是要鼓励民营企业参与城镇基础设施建设，鼓励民营资本进入城市公用事业。

5. 加强管理，着力营造公平诚信环境

加快建立和完善社会主义市场经济体制，充分发挥市场在资源配置中的基础性作用，依法规范市场准入和竞争行为，着力打造"诚信绵竹"。

（1）规范市场经济秩序。以维护群众身体健康、生命安全为重点，加强市场整顿、质量监督、卫生检验，加大对食品、药品和农业资源等重要商品的专项整治力度，建立健全监管长效机制。规范文化市场，保护知识产权，完善价格监管。全面推进市场化配置资源，巩固矿业秩序整顿成果。继续完善政府采购制度，规范招投标行为。建设和维护良好的金融生态环境，促进经济金融协调发展。为税务部门依法治税营造良好环境，发挥税收调控经济、服务经济的职能。

（2）构建诚信体系。加大宣传力度，深入开展形式多样的诚信主题活动，增强全民信用意识，促进企业诚信经营。加强对行业协会和社会中介机构的指导和监管，严厉打击制假售假、欺诈等行为，重点抓好以剑南春为主的白酒市场打假工作。全面开展食品安全信用体系建设试点工作。净化消费市场，维护消费者权益。

七、广元市昭化区加快产业园区建设，统筹城乡产业发展

近年来，广元市昭化区深入利用城乡统筹的理念统揽经济社会发展全局，更加科学利用城乡统筹的方法抓各项工作，实施广元市"生态立市、工业强市、文旅兴市、统筹发展"的发展战略，按照工业强区、产业富民、城乡统筹、加快发展的总要求，统筹推进工业园区、农业园区和旅游园区发展，取得了明显的成效。

（一）加快产业园区发展是昭化区统筹城乡发展的必然选择

随着广巴高速、广陕高速、广南高速、兰渝铁路等交通干线和广元港、大型客货站的相继建成，广元市连通西南、西北交通枢纽地位加速形成，昭化区的区位优势更加突出，为统筹城乡发展提供了前所未有的有利条件。昭化区各类生态资源、农业资源优势明显，以"大山、大水、大文化"组成的昭化古城景区旅游资源优势突出、开发前景十分广阔，嘉陵江水系水电资源开发潜力较大，亭子口库区形成后水产养殖极具潜力，砂金、煤炭等矿产资源及土地资源较为丰富，昭化区城市基础设施日益完善，一批工业项目开工建设及福润肉食品、三元茧丝绸等一批龙头企业不断发展壮大，为统筹城乡发展奠定了较好基础。近年来国家对地震灾区灾后重建和扩大内需工作的展开，前所未有的资金投入规模，一系列优惠政策的出台，为统筹城乡发展带来了难得的历史机遇。昭化区经济结构不合理，第二产业量小力弱，特别是工业落后，旅游产业刚刚起步。抢抓机遇，推进城乡统筹发展具有十分重要的意义。

加快产业园区建设是统筹城乡发展的载体和平台，统筹城乡的迫切需要又促成了产业园区的加快建设，两者相辅相成，共促共荣。

1. 产业园区是产业聚集的重要平台

产业园区是充分利用土地资源发展地方工业经济的重要载体，目前，产业园区在城市功能分区中定位也已明确，昭化工业园区、昭化古城旅游园区和平乐、天雄、紫云、王家等现代农业生态园区初具规模，这必定能够不断促进昭化区全区产业的集聚，带动周边地区的发展，为周边农村剩余劳动力转移提供广阔的就业空间。同时，随着广元快速通道、广巴高速公路、兰渝铁路的开工建设，将进一步改善城市环境，缩短通达时间，降低运输成本，吸引周边各种发展要素向园区流动，拉动区域经济快速发展，形成产业聚集。

2. 统筹城乡发展是破解园区发展瓶颈的关键

制约昭化区工业发展最重要的因素是土地问题。由于征地拆迁不及时，城乡统筹发展不到位，用地手续待完善，为园区可以提供的现成用地极少。加快城乡一体化发展，不仅能够改善城乡居民生活水平，群众共享发展成果，还能在一定

程度上破解阻碍工业发展和城市建设的土地要素瓶颈制约，因此统筹城乡发展成为促进经济腾飞、普惠农民群众的双赢选择。

（二）昭化区依托城镇建立工业园区，促进城镇化发展

产业园区建设是发展现代工业的重要抓手和基础，是统筹城乡协调发展、从根本上解决"三农"问题的关键和重要载体。昭化区在发展理念、统筹发展资源、调整发展结构、改善发展环境等方面下功夫，求实效、全面提升工业园区，推进工业园区向更广、更高、更优的方向发展，为促进城乡统筹发展发挥更加积极有为的作用。

1. 依托城镇建立工业园区，促进城镇化发展

昭化区以城市规划修编为契机，以融入广元主城区、打造城市新组团为方向，以建设宜商宜居活力元坝为目标，统筹城区工业发展、第三产业发展、民生工程基础设施建设，有效提高了城镇化的发展水平。昭化区按照集约用地、产业关联、优势互补的原则，科学规划布局工业发展集中区，整合各类项目资金投入工业发展集中区建设，完成河堤建设，全面完成管网铺设、污水处理厂建设、10千伏变电站建设等基础设施建设，努力建成全市一流、全省知名的"国字号"食品产业园区。昭化区提出了依托广元主城区，"水陆"并进，形成以昭化为中心，昭化为品牌，沿五线（嘉陵江沿线、212线、环线、卫文线、王磨线）分布，城市、中心集镇、小集镇互为支撑的小区大城镇体系的发展思路，以此引导和推进城乡统筹协调发展。以打造广元城市东部组团、建设宜商宜居活力昭化元坝为目标，按照"提升西出口、改造东入口、拓展南北向"的总体思路，适度超前完善城市规划修编，合理划分功能分区，突破城市狭长地带局限，结合灾后重建一大批项目实施，着力在扩大城市规模、完善配套设施、改善居住条件、提升城市品位、强化城市管理上下功夫，昭化中心城区示范带动能力进一步增强。

2. 注重集群式发展，合理规划布局，大力推进工业园区建设

按照"科学合理、适度超前、注重可操作性"的原则，结合城市规划修编，切实搞好园区功能分区，昭化工业发展集中区形成了"一园三区"的发展格局。近期发展昭化工业园区，形成以新型建材产业为主，机械电器制造产业、农副产品精深加工业为辅的产业集群布局；中期推进发展昭化工业园区，形成以天然气化工产业为主，新型能源产业、特色旅游产品开发加工产业为辅的产业集群布局；长远规划发展红岩港口物流加工园区，依托亭子口水利工程形成的水路优势，形成客运、船舶运输、物流配送、加工整理等涉港产业集群。通过园区的企业集聚发展、关联发展、成链发展、集约发展、合作发展，把昭化工业发展集中区打造成主导产业明确、协作配套合理、特色鲜明的产业集聚区。

3. 大力推进工业园区管理体制的改革与创新

在利益机制上，实行引进和新办的企业都集中到全区规划的工业园区，哪个乡镇引进和新办的企业，产值、利税就算到谁的头上，较好地解决了一些利益矛盾。在管理体制上，从现阶段我国市场化程度尤其是西部地区市场化发育程度较低的情况来看，管委会型的管理体制对园区的培育和成长具有重要推动作用。为此，昭化区建立了工业园区管委会，由区政府分管领导任主任，设立副主任负责

日常工作。各涉工部门主要领导为组成人员，管委会定期或不定期召开会议，研究决定涉及园区开发、建设的重大事项。管委会的职责明确，管理规范，运行有效，负责区内的土地征用、拆迁等政策处理工作，对一些不便直接由园区行使但又是园区开发所必需的职权，通过区级部门解决。对园区企业引进实行一站式服务、并联式审批，进一步了优化办事环境，提高办事效率。制定完善各种优惠政策。建立了优惠的土地政策，工业用地价格灵活优惠，严格按照产业规模、投资强度，特别是对鼓励发展的产业实行低地价供地。凡入驻工业园区的投资者均享受全省和市、区制定的各项优惠政策，有的还享有类似特区的优惠政策。加快基础设施建设步伐，力求以完备的基础设施、配套的公共服务、优美的投资环境吸引各方客商。制定并完善了招商引资奖励政策，除对引进项目的有功人员由政府给予奖励外，企业投产见效后，政府也给予一定形式的奖励。优化工业园区加快发展的良好外部环境。各有关部门都对工业园区实行多支持、多服务、不干扰，减少了产业园区的事务性活动，使园区能集中精力抓发展。同时，实行任何部门、单位不得以任何理由到工业园区检查、评比、收费等制度，确保了工业园区管委会能有更多的精力来搞好服务。

（三）昭化区统筹城乡发展中加快农业园区建设

建设现代农业园区是贯彻党的十八届三中全会精神的必然要求，是推进统筹城乡综合配套改革的重要载体，是改变传统农业现状的有效途径，是增加农业收入的主要手段和坚实基础。在全区积极打造工业强区、旅游大区的同时，昭化区应以现代农业园区为载体，加快城乡统筹发展步伐，为城乡统筹发展做出积极贡献。

1. 统一思想，认识到位

围绕建设宜商宜居活力元坝的总体目标，深入学习实践科学发展观，牢牢把握灾后重建、扩大内需、广元次级交通枢纽建设等重大机遇，按照一乡一园区、一园一主业、多业富百姓的思路，把现代农业示范园区建设作为抓产业重建、促进现代农业发展的突破口，创新机制，突破难点，细化目标，狠抓了以猕猴桃、生猪、蚕桑、蔬菜为重点的优势产业发展，初步形成集现代农业产业基地、新农村建设、乡村旅游发展于一体的示范窗口，基本实现了产业优势明显、基础设施完善、生态环境优美、科技应用领先、生产体系健全、产品优质安全，取得了阶段性工作成果。截至目前，昭化区全区建成昭化、平乐市级农业示范园区2个，石井铺、沈家阁区级农业示范园区2个，启动省级新农村示范片、省以工代赈元柳新农村示范片和紫云现代农业园区建设，累计建成以猕猴桃、蚕桑、生猪、蔬菜等特色产业为主导的乡级产业小区98个，园（小）区核心示范面积达5万多亩，辐射带动面积12万亩。

2. 精心运筹，科学规划

把规划作为科学建设的前提和基础，坚持抓规划促规范，抓规范上规模，聘请四川农业大学、西南民族大学等多家科研院所和知名专家参与，坚持围绕一个核心（现代农业大发展、农民收入大提高），推进三大理念（用城市理念建设新农村、用工业理念建设新产业、用市场理念培育新农民）、实施六项工程（产业培育、基础配套、民生福利、生态环境、基层党建、机制创新)、打造四大亮点(生态观光农业与佛教文化相衔接的乡村旅游点、种养结合综合利用的循环经济示范点、园区农业与庭院农业共生互促结合点、同质化的梯次统筹城乡改革试验点)的现代农业园区建设路径和模式,充分借鉴外地经验,广泛听取民意,做到短期与中长期相结合、高端理念与本地实际相结合、干部意识与群众意见相结合、科学性与前瞻性相结合,高起点、大手笔地制定了平乐现代农业示范园区总体规划,严格按照现代农业"六个用"和规划方案不走样的要求,分别制定了园区产业发展、乡村旅游、生态环境、民居改造、基础设施建设等专项规划和实施方案,通过了各级评审。

3. 落实责任,全力推进

成立了区现代农业园区建设领导小组,下设由区委书记、区政府区长任指挥长,区四大班子分管联系领导任副指挥长的现代农业示范园区建设现场指挥部,组建了产业发展、水利工程、道路工程、户办工程、土地整理、景观绿化、督查督办等14个工作组,制定了平乐园区考核管理办法,实行县级领导联片区责任制、区级部门包项目责任制、倒排工期制、每周督办制、每天通报制、效能问责制6项制度,采取"四结合"(灾后重建、新农村建设、城乡统筹、乡村旅游相结合)、"五统一"(领导、规划、标准、补助、奖惩相统一)、"六到位"(目标、规划、责任、投入、帮扶、监督到位)的工作措施,确保快速推进了园区建设。

4. 创新机制,重点打造

着力创新农业园区建设机制,为农业园区建设提供坚强保障,增强农业园区发展活力。创新园区运行机制,积极探索,大胆尝试,创造性地走出了一条"三方合作兴产业、五方联动建园区"的新路子。协调农业产业化龙头企业、农民专业合作组织、金融机构三方签订合作协议,以政府为主导、以农民为主体,有效解决了千家万户小生产与现代农业大发展要求不相适应的资金、土地、销售等矛盾,实现企业、专业合作组织、金融机构、农民、政府五方互惠共赢。创新资源整合机制,按照"依法、自愿、有偿"的原则,引导农民通过转包、出租、置换、入股等形式流转土地承包经营权2500余亩,引导农民成为产业化工人,通过"三金"(租金、薪金、股金)增加收入。信用社、农业发展银行等金融机构出台农业园区产业发展扶持政策意见,着力破解园区发展融资瓶颈。强力整合项目资金,实行招投标制、项目公示制,强化资金管理。以园区为平台,推进农科教、产学研结合,整合科技推广力量,构建现代农业产业技术体系。创新市场经营机制,深化"三企共建"模式,推广反租倒包、入股分红、订单收购等方式,建立和完善农民增收利益连接机制。积极推行风险防范机制,着手建立产业风险调节基金,在抓好水稻、玉米、油菜、生猪政策性保险的同时,积极参与推动保险公司将猕猴桃、蔬菜纳入保险范围

5. 招商引资,"业主"农业

加大投入力度,打捆区本级财政支农资金,充分整合灾后重建、灾毁土地复垦整理、农业综合开发、通村公路、畜牧小区、扶贫开发等各类涉农项目52个,

重点用于园区内良种繁育推广、标准化生产示范，改善农业物质装备条件，推进现代农业进程的基础设施建设。切实发挥政府资金"一资带三资"的作用，鼓励和引导社会各类资金主动投入现代农业园区建设，政府资金真正达到了"四两拨千斤"和"筑巢引凤"的效果。

（四）昭化区统筹城乡发展中大力发展旅游产业

旅游业是世界公认的朝阳产业，极具广阔的市场空间和发展潜力。旅游促进经济繁荣，促进文化建设，促进社会进步，促进城乡统筹协调发展。发展旅游具有重要意义，发挥独有的资源优势，把发展旅游作为优化产业结构、提高农民生活水平、改变农村面貌的大事来抓。统筹规划指导，改善发展环境，站在新高度，增强紧迫感，开阔大视野，明确新思路，制定新措施，真正把旅游产业从一般产业提高到支柱产业的重要位置上来，作为壮大昭化区经济的重要措施，抓好、抓出成效。旅游产业的加快发展，加速了经济结构大转型，推动了昭化区城乡一体化进程。

1. 根据资源状况，统筹规划发展旅游产业经济园区

昭化区重点打造五大文化旅游产业园区。昭化三国文化旅游产业园区依托蜀道三国文化，逐步建成全市龙头景区、全省重点景区、全国知名景区，与剑门关捆绑申报世界人文与自然双遗产、国家5A级旅游景区。广元后花园休闲文化旅游产业园区依托自然和人文、宗教文化资源，逐步建成广元市郊假日经济乐园和过境休闲目的地。太公红军山红色文化旅游产业园区依托太公红军山遗址群，建成川陕红色旅游经典景区、省级爱国主义教育基地。蜀道南路民俗生态文化旅游产业园区依托射箭将军岭、柏林古镇等民俗文化，建成民俗民间文化展示体验、休闲度假、探幽访古旅游胜地。嘉陵江流域生态文化旅游产业园区重点挖掘嘉陵江文化、巴人文化、民俗文化、生态文化，结合亭子口水利枢纽工程移民，建成嘉陵江水域元坝段休闲度假长廊。通过建设，昭化区要争取实现创建1个国家5A级旅游景区，创建2个国家3A级旅游景区的目标。

2. 着力推进以昭化古城为核心的三国文化旅游产业园区，增强以城带乡示范效应

昭化区始终把昭化古镇视为带动全区旅游业发展最可宝贵的资源、最有潜力的"金字招牌"，坚持"政府引导、市场主体、项目配套、政策扶持"的原则，完善规划，理顺体制，丰富业态，拓展外延，全面完成了昭化古镇到大朝连接剑门关的旅游公路建设和大朝驿风貌改造，牛头山段改造工程正在抓紧实施，昭大旅游公路沿线深度开发正在有序展开，联手七曲大庙、剑门关成立川北旅游联盟，与成都巴蜀汉陶博物馆、市国投公司合资合作建设昭化汉城博物馆相关事宜已达成意向性协议。目前，昭化已成为广元市A级成熟旅游景区和最大亮点，促进了当地餐饮、娱乐业的蓬勃发展。

3. 乡村旅游发展呈现出良好发展势头

昭化区把乡村旅游的发展作为统筹城乡发展的重要内容，采取切实措施，加快发展步伐，使之成为区域经济发展的骨干产业。昭化区结合灾后重建、农业园区建设、集镇环境改造加快了平乐寺景区、太公红军山景区保护开发步伐。红色

旅游文化建设上巩固太公红军山市级青少年爱国主义教育基地，申报省革命传统教育基地，创建国家 3A 级景区。严格控制保护好马克思街遗址，努力引进业主投资开发。抓紧城郊旅游景点打造，规划打造了一批档次较高、特色鲜明、有一定旅游接待能力的农家乐，不断提升近郊游品位。加大紫云湖库区、射箭将军岭等一批生态旅游景点的基础设施建设力度，栖凤峡成功申报为省级森林公园，柏林沟省级湿地公园正在加紧申报争取。

（五）统筹城乡发展带活产业互动，体现生态发展主题，产业园区建设同步统筹推进

1. 推进统筹城乡发展，必须提升产业园区规格，转变经济发展方式，坚持发展壮大区域经济

统筹城乡发展是一项长期的战略任务，也是一项复杂的系统工程。只有发展壮大区域经济，才能增强统筹城乡的能力，才能实现以城带乡、以工促农，为推进城乡统筹发展提供坚实的物质基础，否则推进城乡统筹发展就会成为无源之水、无本之木。这就要求充分发挥农业优势，以农业培养工业，以工业提升实力，以第三产业活跃经济。农业上培育紫云猕猴桃这一品牌，工业上培植了升达、福润等一批企业集团，服务业上培育了昭化古城景区这一龙头，从而实现了工农互助、城乡互动、工农互荣，城市与农村协调发展，走出了一条三次产业相互融合、经济社会共同进步的区域经济发展之路。通过提升产业园区规格、改善园区环境、优化基础设施等手段，正确处理经济发展与城市环境和谐发展的关系，切实转变经济发展方式，力争产业园区建设与城市建设最大限度的实现关联和互补。注重集群式发展，合理规划布局，大力推进园区产业化。按照"科学合理、适度超前、注重可操作性"的原则，结合城市规划修编，切实搞好了园区功能分区。通过园区的企业集聚发展、关联发展、成链发展、集约发展、合作发展，把产业发展集中区打造成主导产业明确、协作配套合理、特色鲜明的产业集聚区。

2. 统筹城乡带活产业互动，激发经济发展潜力

农业园区以"公司+基地+农户"为经营模式，大力发展订单农业，全面实现"农户生产有销路，企业生产有资源"的良性互动，将农业园区产品输入工业园区进行深加工转化后投入市场，全面提升农产品附加值，工业园区规模日益提升，产品种类由单一转向多元，由此带动城市商贸旅游业的快速发展。用好旅游城市名片，引导工业园区企业积极发展工业旅游项目及开发旅游纪念商品；用巧区位优势特点，推进产业园区产品进军省外、市外市场，带动川陕甘农产品批发市场等专业市场建设，支撑全市"大物流"发展。

3. 推进统筹城乡发展，必须坚持以改革创新为动力

统筹城乡发展是一项全新的事业，各地的发展条件和基础也不相同，不可能照抄照搬外地经验，必须要以改革创新的精神破解难题。统筹城乡发展中，必须注重在思想观念、体制机制、方式方法上不断创新、不断改革，在产业园区建设中，要把产业园区打造和昭化城镇建设有机结合起来，完善配套设施，优化服务功能，有效提高城镇化水平。把产业园区打造和新农村建设有机结合，有效提高

农村农业生产条件。

4. 产业园区多渠道吸收城乡剩余劳动力就业，有效缓解城市就业压力

推进城乡统筹发展，必须坚持正确的工作导向。统筹城乡发展是一项复杂的系统工程，不可能一蹴而就，推进中必须本着有利于又好又快发展、有利于人民群众的根本利益、有利于社会和谐稳定的原则，科学规划、分步实施、试点先行、稳妥推进。统筹城乡发展中，必须坚持一切从实际出发，因地制宜、区别对待，不搞强迫命令，不搞形式主义，不搞"政绩工程"。立足实际、尊重民意，赢得了基层群众的广泛支持和参与，才能促进城乡统筹发展顺利推进。

产业园区多渠道吸收城乡剩余劳动力就业，将就业方向由市城区转移到产业园区，有效缓解城市就业压力。深挖企业就业渠道，就近消化城乡新成长劳动力。着力提升园区企业规模，推进产业链延伸和附加产业的发展，寻求更多就业岗位。通过为园区企业开展定单式职业教育，抓好城乡新成长劳动力技能培训，为企业培训大批熟练工人，同时完善园区劳动力市场，发展用工中介组织，引导城乡劳动者就近入园就业，切实改变辖区劳动力素质不高、分布不均的情况。

5. 提升产业园区规格扩大产能，保障市城区建设需求

引进一批重大项目，带动相关产业链延伸及附属产业发展，提高集约化程度，从而实现企业产品在上游生产过程中产生的废物，成为下游生产过程的原料，实现资源综合利用，变废为宝，达到资源最优化配置，全面化解自然资源过度消耗、城市环境压力增大，满足城市建设发展的需求。并通过政策扶持、技术改革、企业整合等方式，扶持森华木业、科林木业、宏安建材等建材龙头企业做大做强，改变原有工业企业规模小、分布散的状况。通过企业集中开展工艺改良、技术创新，实现最少资源、最低环境成本的最大限度综合利用，满足城区建设对环保、节能建材的需求，同时大幅度降低企业生产能耗和污染物排放。

6. 体现生态发展主题，产业园区建设同步统筹推进

在产业园区公共基础设施建设上，充分发挥政府服务经济职能，高标准、高规格，统一规划园区布局，将道路、供水、供电、通信、有线电视等配套设施与失地居民生态安置小区建设及风貌塑造、园区建设同步统筹推进。企业行政办公、商业服务、居民生活、园区绿化、排污等功能小区一应俱全，并设置园区绿化、环卫等公益性岗位，赋予产业园区生态环保气息，使园区成为创业就业的乐园、生态环保的公园、舒适宜居的花园。消除园区通行障碍，畅通城市交通大动脉。为实现园区产品能运输、快运输、安全运输三大目标，抢抓灾后重建，全面畅通辖区道路网络。

第十一章　成都市统筹城乡发展的
实践与路径选择

2003 年以来，成都市以"三个集中"为核心，以市场化为动力，以规范化服务型政府建设和基层民主政治建设为保障，在统筹城乡经济社会发展、推进城乡一体化方面进行了积极的探索，在很多方面取得了成效。成都市于 2007 年 6 月被国家批准为统筹城乡综合配套改革试验区，坚持深入实施城乡一体化、统筹城乡发展、构建和谐成都、全面建成小康社会等重大战略，推进经济社会发展取得了显著成绩。成都市坚定不移地走新型工业化、新型城市化和农业现代化发展道路，大力推进"三个集中"，初步形成以工促农、以城带乡和可持续发展的机制；深入推进规范化服务型政府建设，加快政府职能转变，形成了规范高效的政务服务体系；稳步推进行政管理体制改革，积极实施乡镇综合配套改革和村组管理体制改革，大力推进城乡公共服务改革，初步形成了统筹城乡发展的体制机制和政策体系。实践证明，成都市委大力实施统筹城乡经济发展战略部署，顺应了经济社会发展规律，体现了科学发展的基本要求。"坚持科学发展、构建和谐成都"，成都市走上了一条符合成都实际的科学发展之路，开创了成都发展史上经济社会发展快、城乡面貌变化大、人民得到实惠多、具有重要意义的历史时期。

一、成都市实施"五大兴市战略"，走出一条具有成都特色的
"两化"互动、统筹城乡发展的科学发展之路

党的十一届三中全会以来，成都市从加强农业、发展农村、放活农民入手，推进经济体制改革和扩大对外开放，逐步调整工农关系、城乡关系，农村经济发展取得了举世瞩目的成就。成都市的改革首先从农村起步，体制首先从农村突破，改革的成果农民最先得益。农村经营体制发生的深刻变革，农村生产力的进一步解放，农业生产的快速发展，有效地保障了市场的供给，有力地推动了城市的改革，为成都市经济的平稳较快发展提供了重要支撑，对社会稳定发挥了至关重要的作用。

在统筹城乡发展中，成都市实施"五大兴市战略"，走出一条具有成都特色的"两化"互动、统筹城乡的科学发展之路。实施"交通先行"战略，就是要为"两化"互动打牢基础设施、为城乡统筹消除地理阻隔；实施"产业升级"战略，就是要走新型工业化道路，通过抓先进制造业先导发展，促进三次产业联

动发展，为推进新型城镇化和统筹城乡发展奠定坚实的产业支撑；实施"立城优城"战略，就是要走新型城镇化道路，着力增强城镇对农村人口的转移承载能力和对农村经济的辐射带动能力，为推进新型工业化提供人口聚集和承接载体；实施"三圈一体"战略，就是要着力解决圈层之间产业结构不协调、城镇布局不合理、城乡发展不均衡的问题，推进市域经济一体化发展，为"两化"互动、统筹城乡提供功能互补、联动发展的市域空间格局；实施"全域开放"战略，就是要从全球范围为推进新型工业化、新型城镇化承接优势产业、引进高端人才、拓展外部市场，塑造参与国际分工合作的比较优势。统筹城乡发展是科学发展观"五个统筹"的首要任务。作为全国统筹城乡综合配套改革试验区，成都市已经形成了"三项核心制度改革"、"三个集中"、"四大基础工程"、"六个一体化"等一系列重要经验。成都市实施"五大兴市战略"，就是要按照"以工促农、以城带乡"方针，坚定不移地深化统筹城乡综合配套改革，抓好城乡制度统筹、城乡产业统筹、城乡建设统筹、城乡主体统筹，进一步巩固和强化城乡同发展、共繁荣的生动局面。突出统筹城乡综合配套改革，坚定不移地走城乡一体化发展道路。

（一）统筹城乡经济发展有利于推进成都市经济发展新跨越

统筹城乡经济发展是党中央站在国民经济和社会发展全局的高度提出来的，是根据我国经济和社会发展的阶段性特点提出来的。纵观世界经济发展的普遍规律，工业化发展通常经过三个阶段，即依靠农业积累建立工业化基础的初级阶段、工农业协调发展的中期阶段、工业支持农业发展的实现阶段。工业化进入中后期阶段后，国民经济的主导产业由农业转为非农产业，经济增长的动力机制主要来自于非农业，不再需要从农业吸纳资本等要素。农业应获得与工业平等发展的机会和权利，并成为接受"补助"的部门，这个阶段就是二元经济结构向一元经济结构转换过渡，工农关系、城乡关系开始改善的阶段。

1. 统筹城乡经济发展有利于促进成都市城乡差距逐渐缩小

党的十六届四中全会上提出了"两个趋向"的重要论断，即在工业化初始阶段，农业支持工业、为工业提供积累是带有普遍性的倾向；但在工业化达到相当程度以后，工业反哺农业、城市支持农村，实现工业与农业、城市与农村协调发展也是带有普遍性的倾向。我国总体上已进入以工促农、以城带乡发展阶段，要求顺应经济发展规律，更加自觉地调整国民收入分配格局，更加积极地支持"三农"发展。

统筹城乡经济发展是保证成都市率先实现现代化的正确战略选择。成都市的统筹城乡经济发展准确反映了工业和农业、城市和农村的内在联系，把"三农"问题摆在全面建设小康社会和现代化的全局上来统筹和解决，体现了对现代化规律的深刻把握，其价值取向与建设社会主义新农村完全吻合。统筹城乡经济发展战略的提出，对成都市解决发展中的问题具有极为重要的意义。

自2004年2月以来，成都市陆续出台涉及规划、户籍、产业布局、行政区划调整、乡镇机构改革、公共财政、就业社保、教育培训、医疗救助等诸多方面统筹城乡经济发展的配套意见。一系列政策的实施打破了城乡分割的人口流动制度和公共服务管理制度，增加了对农村建设与发展的财政资金倾斜，促进了农村经济蓬勃发展。

统筹城乡经济发展有利于发展农业产业化经营。成都市通过统筹城乡经济发展，实施以农业产业化经营为核心的"三大工程"，正在将传统农民单家独户的小农经济，转向依托农村经济合作组织的新型农村集体经济；将传统农村单一的种植业，转向种养业、农产品加工业以及绿色观光休闲农业的多种经营；将传统只管生产的封闭式农业，转向与市场接轨、按市场化配置资源的开放式农业。通过农业综合生产能力的提高，带动农民实现持续增收。

统筹城乡经济发展使成都市规避了新的"城市二元结构"。统筹城乡经济发展，使成都市有效地规避了城市化过程中可能产生的"城市二元结构"。"城市二元结构"是指：一方面，进城农民工与城市居民泾渭分明，很难互相融合，不少农民工在城里聚乡而居，形成"城市中的农村"；另一方面，传统意义上的工人队伍中涌进大批农民工，这些人在政治、经济、社会福利等方面享受不到真正意义上的工人待遇，成为"工人中的农民"。

统筹城乡经济发展为成都市农村劳动力融入城市奠定基础。2004 年，《成都市人民政府关于被征地农民再就业问题的通知》（成府发〔2004〕16 号）规定，成都 1991 年以来的被征地农民全部享受与城镇下岗失业人员相同的再就业扶持政策。成都市出台了《成都市征地农转非人员社会保险办法》和《成都市已征地农转非人员社会保险办法》，将从 1991 年以来产生的被征地农民全部纳入社会保障体系。

通过统筹城乡经济发展，失地农民和农村劳动力转移，使第二产业和第三产业就业年均增加 10.53 万人。较好地解决了农村劳动力向第二产业和第三产业转移的培训、社会保障等问题，为这部分人融入城市奠定了基础。

2. 统筹城乡经济发展有利于实现成都市城乡经济协调发展和坚持扩大内需的方针

乡村和城市是人类社会经济活动的两种基本地域类型，但这两种类型并不是孤立存在的。乡村的发展是城市得以形成、发展、繁荣的基础。历史上，城市的起源是以农业的兴起为前提的，如果农业不能为城市提高必要的农业剩余，城市是不可能出现的。城市的发展离不开乡村，乡村的发展也离不开城市。由于城乡社会生产分工和比较优势的差别，乡村在技术、信息、市场、资金、人才、组织、管理等方面，均离不开城市的辐射、支持和领导，无论是农业产业化还是乡村工业化、乡村城市化，均需要依靠城市现代科学技术和工商业文化。改革开放前，成都市城乡经济之间一直未能建立起均衡增长和良性循环的关系，导致城乡二元经济结构凝固化。

改革开放以来，随着市场机制的引入，成都市城乡联系显著增强。但是，城乡分割的二元经济结构体制尚未从根本上改变，城乡经济仍未步入良性循环的轨道。农村经济和城市经济是相互联系、相互依赖、相互补充、相互促进的。农村的发展离不开城市的辐射和带动，城市的发展也离不开农村的促进和支持。因此，只有统筹城乡经济发展，才能使城乡之间的资金、人才、土地等生产要素充分流动，城乡产业发展合理布局。同时，依托城市的带动和辐射，进一步加快乡镇企业产业升级，促进农村工业化和城市化水平的提高，这样一方面促进了农产品加工业和物流业发展，延长了农业产业链，提高了农业产业化经营水平，增加了农业效益；另一方面由于农村工业和第三产业的发展，一部分农民转移到第二产业和第三产业就业，成为城镇居民，减少了农村人口，农村土地资源就可以相对集中，改变目前土地经营分散的状况，提高农业生产率，为农业的产业化、集约化经营和现代化发展创造条件，从根本上解决农村经济发展的问题。

农民转为城镇居民，变低收入、低消费群体为从事其他行业获得较高收入的消费群体，通过买房、投资、置业，会不断形成新的社会需求。农民进城要创业、要发展，会不断形成新的财富源泉。此外，城镇建设、农村环境改善，还能创造新的投资需求，从而推动成都市经济进入一个良性循环的状态。

3. 统筹城乡发展是成都市解决城镇化问题的重要路径

成都市农村改革从家庭承包责任制起步，到推动农业市场化、产业化，加快农村工业化、城镇化等，一系列改革使成都市人民告别了贫穷、解决了温饱，进入全面建设小康社会、加快推进社会主义现代化的新时期。工业化在加速，城市化在推进。然而计划经济年代城乡失衡的旧体制仍在阻碍成都市现代化建设。向城市倾斜的二元经济政策，引起了城乡经济结构失衡，导致了严重的"三农"问题。成都市的工农差距、城乡差距日趋扩大，城乡之间形成鲜明的反差。不断扩展规模、正在走向信息化和技术资本密集型的工业与小规模分散经营、劳动生产率低下的农业形成鲜明的反差；高楼拔地而起、面貌日新月异的城镇与生态环境恶化、面貌变化不快的农村形成鲜明的反差；收入持续增长的城镇居民与收入低水平徘徊的农民形成鲜明的反差。反过来，这些问题又限制了城市化的发展，成为国民经济发展的制约因素，已阻碍了国民经济的持续快速健康发展。同时，也因为城镇人口过少，造成农产品的过剩。可见，农业、农村、农民问题，也是城市不可回避的问题。解决这些问题，必须统筹城乡经济发展，建立互补互助、协调统一的新型关系。这不仅是解决"三农"问题的战略选择，也是解决城镇化问题的重要措施。

4. 统筹城乡经济发展是解决"三农"问题的重大创新，为成都市从根本上解决"三农"问题指明了方向

农业、农村、农民自古以来就是中国经济与社会的命脉之所系。农业是国民经济的基础产业，农村经济是国民经济重要组成部分，占成都市总人数的60%多的农民居住在农村。农业丰，则基础强；农民富，则成都盛；农村稳，则成都安。

成都市委、市政府历来非常重视农业、农村、农民的工作。特别是改革开放以来，农业迅速发展，农村经济繁荣，农民生活极大改善，"三农"工作有了长足的进步和发展。随着市场经济的建立和完善，市场取向改革的深入，农业大发展，主要农产品供给实现了由长期短缺到总量基本平衡、丰年有余的历史转变，适应社会主义市场经济发展要求的农村经济体制正逐步形成。但由于种种原因，"三农"问题的解决仍是最突出的问题，表现为"两低"、"两重"、"两难"。

"两低"，即农业效益低和农民收入低；"两重"，即农民负担重和乡村债务重；"两难"，即农民增收难和农村富余劳动力转移难。现阶段是农业发展最困难的时期，"三农"问题的解决面临着深层次性的体制性矛盾和结构性矛盾。从体制性矛盾看，由于长期受城乡分割的二元经济结构体制的影响，在处理城市与农村关系问题上，仍然自觉和不自觉地存在"重城轻乡"的观念。用于"三农"的投入严重不足，农村基层组织运转、农村教育文化、计划生育、社会治安、中小型基础设施建设等费用大多数需要农民负担，向农民索取过多，农民负担有增无减。

在新的发展阶段，从根本上解决"三农"问题不能就农业论农业，就农村论农村，必须重点解决制约农业和农村经济发展的体制性矛盾和结构性矛盾。核心问题是大幅度提高农民收入和农村购买力，开拓农产品和工业品在农村的市场。而增加农民收入的根本出路在于加快城镇化和农业现代化步伐，从而大幅度提高农业劳动生产率。要统筹工业和农业、城市和乡村的经济发展，兼顾城乡居民收入的增加，努力争取使两者协调发展，同步增长。并要用更大的力量来支持农业发展和农民增收，支持农村剩余劳动力向城镇转移，支持传统农业向现代农业转变。

5. 成都市统筹城乡经济发展有利于激活消费市场，促进产业结构和就业结构的优化

统筹城乡经济发展使成都市开始建立起农民收入与社会经济增长同步的机制，激活了农村消费市场。统筹城乡经济发展，使成都市农村消费逐渐被激活并促进了第三产业的增长。扩大内需是中国经济发展的长期战略方针和基本立足点，要把增加居民消费特别是农民消费作为扩大消费需求的重点。农民收入增加、农民向城镇转移以及现代农业的发展使农村消费呈现出扩大的趋势。统筹城乡经济发展使农村居民向城镇和非农产业转移必然产生消费需求，带来城市消费市场的扩张，促进了产业结构和就业结构的优化。

（二）成都市推进统筹城乡发展的实践经验

1. 成都统筹城乡发展中实施"六个一体化"、"三个集中"、"四大基础工程"战略

成都市从 2003 年开始推进城乡一体化，到 2007 年 6 月获批国家统筹城乡综合配套改革试验区。成都市准确把握中央战略部署，以破解二元结构和"三农"问题为突破点，全力推进城乡一体化战略，构建了城乡统筹发展新格局。

（1）推进"六个一体化"。一是推进城乡规划一体化。按照城乡一盘棋的理念，对城乡进行统一规划。成都市提出了"全域成都"理念，把成都市全市作为一个整体，通盘考虑城镇体系、产业布局、基础设施建设，形成了城乡一体、配套衔接的规划体系和执行监督体系，实现了规划编制、实施和监管的城乡全覆盖。二是推进城乡产业发展一体化。围绕"三次产业互动、城乡经济融合"，联动推进新型工业化、新型城镇化和农业现代化。按照"一区一主业"，对各县区（市）产业进行规划定位和重新布局，在全市范围内统筹安排项目、资金、资源，推动产业集中集约集群发展。三是推进城乡市场体制一体化。改革创新投融

资体制，减少市场准入限制，建立规范的城市经营机制，组建投资公司，形成了多元化的市场投入机制，促进土地、劳动力、资本、技术等要素在城乡之间自由流动、优化配置。四是推进城乡基础设施一体化。统筹推进道路、电力、广电、通信等市政公用设施向乡村覆盖，城乡水、电、气供应以及污水、生活垃圾处理一体化。五是推进城乡公共服务一体化。建立城乡一体的就业、户籍、社会保障制度和覆盖城乡的文化、教育、医疗等公共服务体系。六是推进城乡管理体制一体化。成都市打破城乡分治的行政管理格局，对规划、市政公用、交通、农业等30多个部门进行归并调整，撤并了30%的乡镇和47%的行政村。实施规范化服务型政府建设，便民和社会服务中心延伸到每个乡镇、村（社区）。

（2）推进"三个集中"。一是推进土地向规模经营集中。坚持以稳定农村家庭承包经营为基础，按照依法、自愿、有偿原则，推进土地向龙头企业、农村集体经济组织、农民专业合作组织和种植大户集中。二是推进工业向集中发展区集中。成都市将全市116个开发区整合优化为21个工业集中发展区，建立项目必须进集中发展区的激励约束机制，全力打造产业集群。三是引导农民向城镇和新型社区集中。加强城市、重点镇和农村新型社区建设，妥善解决征地农民和进城务工农民就业、居住、户籍、子女教育等问题，推动农民变市民。成都市规划了由1个特大中心城市、14个中等城市、30个小城市、156个小城镇和数千个农村新型社区构成的城乡体系。

（3）推进农村"四大基础工程"。一是开展农村土地综合整治。在广大农村整体规划推进田、水、路、林、村综合整治，一方面由村集体把整理增加的耕地以股份、租赁等形式流转给经济组织发展规模经营；另一方面通过城乡建设用地增减挂钩，把整理节约的农村建设土地指标平移流转到需要土地而无土地指标可用的城镇建设和工业发展上。二是积极推进农村产权制度改革。以"还权赋能"为核心，对农民土地、房屋等进行实测确权颁证，建立市县两级农村产权交易机构，推动农村产权规范有序流转。设立耕地保护基金，制定了农村产权抵押融资办法，引入农业担保和保险机制。三是开展村级公共服务和社会管理改革。成都市建立了村级59项基本公共服务和社会管理标准体系，并把村级公共服务和社会管理经费纳入财政预算。四是推进农村新型基层治理机制建设。全面推行以基层党组织书记公推直选、开放"三会"、社会评价干部为主要内容的基层民主政治建设。在农村探索推广村民议事会、监事会制度，构建了基层党组织领导、村民会议或议事会决策、村委会执行、其他组织广泛参与的村级治理机制。

成都市通过实施"三个集中"、农村工作"四大基础工程"和推进城乡"六个一体化"，为贯彻落实科学发展观、解决"三农"问题、加快形成城乡经济社会发展一体化新格局、加快城乡全面现代化进程，闯出了一条符合中央精神、符合成都市实际的科学发展之路。成都市改革实践的目的就是要破除造成城乡二元结构的体制机制，实现公共资源的城乡均衡配置，赋予农民真正意义上的财产权利，实现包括劳动力在内的城乡各类生产要素自由流动，让城乡群众共享科学发展成果。近年来，成都市以改革促进发展，以发展支撑改革，注重改革的全面性和系统性，形成了统筹城乡发展的基本方略、政策措施和制度体系，经过几年的埋头实践和锐意改革,确立了经济市场化、管理民主化和社会公平化的城乡经济社会一体化发展新格局,城乡同发展共繁荣的良好局面初步呈现,现代城市与现代农村和谐相融、历史文化与现代文明交相辉映的新型城乡形态初具雏形。成都市不仅在很多方面为全国统筹城乡发展提供了可以借鉴的经验,更为重要的是让城乡群众实实在在地共享了改革发展的成果。

2. 抓住发展中的主要矛盾,以规划为龙头,积极实施"全域成都"科学规划,促进了城乡经济社会新发展

成都市在实践探索中总结形成了一套推动城乡一体化发展的规划理念、措施和体制机制,实现了从"城市规划"再到"城乡规划"到"全域规划"的跃升。以城乡规划一体化为先导,确立"全域成都"的发展格局。将城乡纳入全市统一规划,启动实施"一区两带"和主体功能区规划,初步建立了城乡一体、配套衔接的"全域成都"规划体系和监督执行体系。

成都市统筹城乡发展始终坚持以科学规划为先导统揽全局,有效破解我国规划工作中长期以来由于重技术规划轻公共政策、重城市轻农村、条块分割所产生的城市与乡村之间、经济与社会之间、人与自然之间的矛盾与冲突,初步形成了新型城乡形态,并有效承载和统领成都经济社会各项事业蓬勃发展。成都统筹城乡科学规划的核心内容是始终确立城乡规划的统领地位,坚持将统筹城乡发展规划作为依法行政、科学发展的基础;坚持突出规划公共政策属性;持续提升统筹城乡规划理念,创新"强化两头、简化中间"的城乡规划管理体制;坚持以"三个集中"为纲的城乡一体化工作方法,探索形成有效促进健康城镇化和构建新型城乡关系的规划模式。通过积极实施"全域成都"科学规划,保障了广大城乡居民的公共利益,促进了经济社会发展。

3. 坚持新型工业化道路,以科技为坚实支撑,大力发展高新技术产业和战略性新兴产业及现代服务业,建设国家创新城市取得新成效

成都市深化实施高科技成都行动计划和成都市知识产权战略,着力区域技术创新体系建设,大力推进科技创新创业,大力推进开放合作和西部科技中心建设,为成都市经济社会发展提供了支撑。一是实施科技强市战略,大力开发人才资源,初步建成了规模较大、门类齐全、整体实力较强的人才队伍。二是以高新科技改造传统产业。例如,成都市生产的女鞋,已销往120多个国家和地区;又如发展迅猛的汽车产业、冶金建材产业、家具产业和家纺服装产业等都是成都市以高新技术改造传统产业的成功实例。三是以科技支撑新型工业化。例如,2009年国内第一个集科学计算、工程计算及商业计算于一体的成都计算中心开通运行,是成都市近年来新型工业化谋略的杰作之一。四是实施工业布局规划和产业结构调整,推行工业集中发展,突出一区一主业。五是大力发展现代服务业,全力打造"成都服务"品牌。加快了西部金融中心建设、西部商贸中心建设、区域物流中心建设、西部信息中心建设、电子商务建设、服务外包建设、总部经济建设和会展业建设。六是推进科技管理体制机制创新,强化科技政策保障。七是加强自主创新能力建设,加快产业技术高端发展。八是优化科技创新服务体系,促进技术转移和成果转化。九是强化科技创新基础保障体系,提升科技创新能

力。十是大力实施科技兴农，推进现代农业发展。通过近年来努力，全市专利申请量保持中西部城市第一位、副省级城市第二位。2010年，成都市获批建设国家首批创新型试点城市、节能与新能源汽车示范推广试点城市、国家中小企业知识产权战略实施工程试点城市、首批中国创新驿站基层站点建设试点城市和国家新能源装备高新技术产业化、高性能纤维高新技术产业化、现代服务业产业化基地。

4. 成都市不断扩大对外开放，以建立良好创业环境为重点，营造了成都市跨越式发展新环境

成都市高度重视对外开放，不断提高对外开放和招商引资水平，为成都经济社会发展奠定了物质基础。一是瞄准产业龙头，着力引进重大项目。成都市按照市级战略功能区产业发展规划，围绕四大新城、金融总部商务区、"198"现代服务业综合功能区建设，引进总部经济、金融、物流、文化创意、电子商务、软件和服务外包等现代服务业重大项目；围绕天府新城高新技术产业区、新能源、新材料产业功能区建设，大力引进电子信息、生物医药、新能源、新材料等高新技术产业重大项目；围绕汽车、石化等功能区建设，大力引进整车研发生产及关键零部件制造、石化基地配套项目等先进制造业重大项目。二是要突出专业园区招商。通过组建国际化专业园区招商队伍，按照国际化专业园区产业定位和规划，积极引进境内外具有园区开发经验的知名机构和企业。三是强化专业化招商。按照"引进龙头项目、完善产业链条、形成产业集群、建设产业基地"的思路，大力推进了对物联网、云计算等重点新兴产业的招商，大力引进龙头项目，推动产业快速发展。四是大力推进资源招商。以市属平台公司掌握的资源项目为切入点，大力推进基础设施、城乡建设、园区开发等资源项目招商。五是围绕重点产业，组建专业招商团队。突出了市级专业团队招商。重点围绕全市主导产业和战略性新兴产业，瞄准世界500强、国内100强及行业龙头企业，梳理锁定重点目标企业，组建总部经济、金融、文化创意、电子信息等重点产业招商团队，积极捕获一批高端重大产业项目投资信息。通过不断努力，近年来，引进了一大批具有国际竞争力的企业到成都市投资发展。

5. 深化改革不动摇，以建设规范化服务型政府为突破口，积极推进行政体制改革，提升了政府管理新水平

成都市委、市政府结合成都市实际，提出了以规范化服务型政府建设为抓手，全面深化行政管理体制改革的思路。以制度创新为抓手，构建城乡一体的管理体制。破除城乡分割的户籍制度，建立城乡一体的居民身份证制度，实行城乡户口一元化管理；探索建立大部门体制，破除城乡分治的行政管理模式，整合部门职能，提高了行政效能；推动建立公共财政体制改革，建立起了对市本级财政与各区（市）县的财政一般转移支付制度，促进了区域间协调发展。

成都市制定了全面深化规范化服务型政府建设十年规划纲要，着力推动体制创新、机制创新、管理创新和效能创新，促进依法行政、阳光行政、高效行政，努力建设行政服务最优、行政效能最高、行政成本最低的规范化服务型政府。不断深化市、区（市）县、乡镇三级政府行政管理体制改革，完善了职能有机统

一的大部门体制，强化了乡镇政府（街道办事处）公共服务和社会管理职能，弱化招商引资、协税护税等经济职能，实现乡镇政府（街道办事处）职能转变。深化了村级综合改革，加强和改进村（社区）党组织领导。大刀阔斧改革投融资体制、行政管理体制和行政审批制度，全力建设规范化服务型政府（机关）。2009年，成都市全面正式启动创建全国法治城市，加强法治政府建设。同时，成都市从2010年起将法治城市建设纳入党校、行政学院专题培训班内容。在全国率先建立了统筹城乡的大部门管理体制，先后对农业、水务、交通等30多个部门的行政管理体制进行了改革调整。全面推进依法行政，切实加强廉政建设。深化各级政府政务服务中心建设，积极推行电子政务和电子监察，进一步规范乡镇（街道）便民服务中心"一窗式"服务，推进规范服务进社区、进乡村。加大行政决策公开力度，完善公众参与重大行政决策规则和程序，落实政务公开社会评议制度，加强政务公开社会监督，拓宽畅通民意收集和反馈渠道。

6. 坚持以人为本，以改善民生为目的，着力构建城乡公共服务体系，探索了幸福成都新途径

公共服务是政府为满足公民生活、生存和发展的需求，能使公民受益而提供公共产品和服务。成都市加快农村公共服务体系建设，促进城乡公共服务均衡发展。加大财政投入，逐步建立了城乡一体的教育资源分配制度、医疗卫生管理体系以及社会保障体系，城乡公共服务不均衡的状况得到明显改善，公共服务均等化格局正在逐步形成。

成都市在近年来的经济发展中，始终坚持以人为本，以城乡公共服务公平化为目标，努力探索实现城乡居民享受平等的公民权利、均等的公共服务和同质的生活条件的新途径。通过大幅度增加农村公共服务的投入、加强农村基础设施建设和均衡配置城乡公共资源，以提高城乡公共服务和社会管理水平，努力实现城乡居民共享发展成果，基本实现了"老有所养、学有所教、病有所医、住有所居"的公共服务目标。

成都市在改善民生、加强和创新社会管理中主要推行了六条措施：一是不断完善城乡公共服务体系。一方面，通过多站式服务，构建公共服务平台，在农村社区建立了劳动保障站、教育工作站、文化体育站、卫生计生服务站、救助工作站、法律咨询援助站和社区警务室为内容的"六一室"，构建起了较为完备的社区公共服务平台，把政府部门职能直接延伸到社区；另一方面，财政给力农村公共服务，城乡的差距不断缩小，均衡的社会事业发展机制正在形成，培育农村公共服务多元供给主体，实施社区公共服务外包。二是努力推进基础教育城乡均衡化。成都市按照城乡一体化的总体战略部署，整体规划，统筹推进，以"优质化"、"均衡化"、"现代化"和"人文化"的发展理念，强化基础教育公共产品的地位，加大政府投资力度，并对农村义务教育进行重点倾斜，同时努力提升教师队伍的素质，提升农村教育管理水平。三是推进基础设施向农村延伸。例如，将公交车开进农村，加快优先发展重点镇建设和旧场镇改造，大力综合整治农村环境，让农民"乐于"集中居住等。四是推进公共卫生体系覆盖农村建设，让广大农民享受公共卫生服务。五是全面实施城乡养老保险制度。六是实施扶贫济

困制度，构建城乡一体化的社会救助体系。健全了城乡低保机制、帮困助学机制、医疗救助机制、住房救助机制、农村五保供养机制、就业再就业援助机制、生产帮困机制等 11 种救助机制，同时建立了实施社会救助的管理运行机制、分类救助机制等，形成了城乡一体、全面覆盖的社会救助体系，有效保障了城乡困难群众的基本生活。

7. 遵循协调发展基本方针，以建立安全稳定的社会环境为基础，大力推进和谐社会建设，加强和创新社会管理取得新成果

促进经济社会发展的前提和基础就是要有一个和谐稳定的社会环境。近年来，成都市紧紧围绕全面建设小康社会的总目标，牢牢把握最大限度激发社会活力、最大限度增加和谐因素、最大限度减少不和谐因素的总要求，以解决影响社会和谐稳定突出问题为突破口，提高社会管理科学化水平，坚持党委领导、政府负责、社会协同、公众参与的社会管理格局，加强社会管理法律、体制、能力建设，维护人民群众权益，促进社会公平正义。成都市始终坚持以人为本、执政为民，切实贯彻党的全心全意为人民服务的根本宗旨，不断实现好、维护好、发展好最广大人民群众的根本利益。始终坚持贯彻党的群众路线，坚持人民主体地位，发挥人民首创精神，紧紧依靠人民群众开创新形势下社会管理新局面。始终坚持思想上尊重群众、感情上贴近群众、工作上依靠群众，把群众满意与不满意作为加强和创新社会管理的出发点和落脚点。在成都市委、市政府决策中总是以人民群众利益为重、以人民群众期盼为念，着力解决好人民群众最关心、最直接、最现实的利益问题，始终保持党同人民群众的血肉联系。在统筹城乡发展中不断加强和完善党和政府主导的维护群众权益机制，初步形成了科学有效的利益协调机制、诉求表达机制、矛盾调处机制、权益保障机制，认真统筹协调各方面利益关系，加强社会矛盾源头治理，妥善处理人民内部矛盾，坚决纠正损害群众利益的不正之风，切实维护群众合法权益。深入开展治安整治专项斗争，依法打击各类违法犯罪活动，确保社会秩序和谐稳定。

8. 积极开发人才资源，以加强干部队伍建设为关键，大力提升领导干部的科学发展能力，经济社会发展有了新保障

坚持以人为本，切实贯彻"尊重劳动，尊重知识，尊重人才，尊重创造"的方针；坚持"党管干部和人才"基本原则，做到扩大人才总量与调整人才结构、提高人才素质相结合，人才资源的市场配置的基础性作用和政府宏观调控相结合；坚持以人才开发为动力，以高层次人才队伍建设为重点，以市场配置人才资源为基础，以加大人才投入为支撑，以党政人才、企业经营管理人才、专业技术人才为主体，努力培养经济社会发展急需的高技能人才和农村实用人才；坚持创新体制机制，优化人才结构，改善人才环境，大力促进人才资源向人才资本转变，将人才发展纳入全市国民经济和社会发展规划，努力提升人才队伍科学发展能力；坚持以执政能力建设为重点，不断优化党政人才队伍建设；坚持以提升企业竞争力为核心，强化企业经营管理人才队伍建设；坚持以培养科技创新能力为主题，加强了高层次专业技术人才队伍建设；坚持以提高运用操作能力为基础，强化了技能人才队伍建设；坚持以提高致富能力为目的，推动了新农村人才建

设；坚持以重点产业项目为载体，推进了主导产业人才建设。

9. 坚持党的领导，以深化基层民主政治建设为动力，切实加强党的建设，党的执政地位得到新巩固

成都市加强基层民主政治建设，探索基层治理机制创新。改革基层工作机制，构建统筹城乡发展的基层政治基础，城乡基层民主政治建设和城乡基层治理结构完善指数的实现程度逐步提高，乡镇党委书记公推直选群众参与率、乡镇党委书记民主评议普及率以及"三会"开放率等评价指标目标实现度已经达到 100%。

成都市全面贯彻落实科学发展观，深入实施城乡统筹，坚持经济建设、政治建设、社会建设、文化建设、生态文明建设和党的建设全面协调发展，加快转变经济发展方式，奋力推进三次产业追赶型跨越式发展，牢牢把握工作大局。特别是在农村以深化基层民主政治建设为动力，切实加强党的建设，探索并推行的"村民议事"会，被誉为中国基层民主的伟大创造，是新型村级治理的科学机制。成都市新型村级治理机制，以还权赋能、村民自治为基本原则，以巩固和加强党在农村的执政基础为出发点和落脚点，以村民议事会为突破口，探索建立了一套党的领导和村民自治高度统一，经济建设、社会建设和党的建设、制度建设良性互动，现代政治文明与传统治理文化和谐相生的农村基层运行机制。新型村级治理机制，通过理顺两委关系，促进了村党组织领导方式的根本转变，村党组织的公信度、凝聚力量显著增强，党组织的领导核心地位得以突出、作用发挥更加明显。

（三）成都市统筹城乡发展的路径选择

在分析农业农村发生巨大变化和农民为全局做出重大贡献的同时，也必须看到成都市城乡经济发展中存在的主要问题。随着成都市工业化、城镇化、市场化、国际化步伐明显加快，农村土地、资金、人才等资源和要素的流失也在加速。制约农业农村发展的深层次矛盾尚未根本消除，长期形成的工农关系失调、城乡关系失衡的机制尚未根本改变，农业基础脆弱、农村发展滞后、农民增收缓慢的问题依然突出，城乡经济发展的差距依然很大，有些方面还呈扩大之势。成都市统筹城乡经济发展是一场广泛而深刻的革命，涉及整个社会管理构架的重组和社会利益格局的调整。其核心是按照社会主义市场经济体制的要求，改变二元结构，对工农关系、城乡经济关系进行全局性、战略性的调整，建立城乡一体的管理体制和管理机制，建立平等和谐的城乡关系。因此，成都市统筹城乡经济发展，应从制度层面、政策层面、制度和政策结合的层面，采取切实可行的对策措施，推动成都市城乡经济协调发展。

1. 统筹城乡经济建设，构建平等和谐、良性互动的新型工农城乡关系，实现城乡经济协调发展、共同繁荣

加快建立以工促农，以城带乡的投入机制。成都市统筹城乡经济发展是促进城乡协调发展的必由之路，是新形势下解决"三农"问题的根本之策，也是社会主义新农村建设的基本前提和重要保障。各级党委和政府应在指导思想、发展战略、政策取向、资源配置和规划布局等各个方面，统筹城乡经济建设，构建平

等和谐、良性互动的新型工农城乡关系，实现城乡经济协调发展、共同繁荣。要下决心调整国民收入分配格局，扩大公共财政覆盖农村的范围。在做大经济财政蛋糕的基础上，成都市财政支出和预算内固定资产投资安排要按照存量适度调整，增量重点倾斜的原则，不断增加对农业和农村的投入，建立健全财政支农资金稳定增长机制，把基础设施建设投入的重点由城市转向农村。要切实改变农业、农村在资源配置中的不利地位，加快建立有利于农业农村经济发展的财政和投融资体制，形成统筹城乡经济发展资金的稳定增长机制，建立以工促农，以城带乡的投入机制。同时大力支持农村金融等农村体制改革，并采取财政贴息、税收优惠、民办公助、以物代资、以奖代补等激励方式，积极发挥财政资金"四两拨千斤"的示范和带动作用，引导社会资金增加对"三农"的投入，逐步建立起以政府（财政）投入为引导的多元化支农资金稳定增长机制。

加快完善提高农业综合生产能力的财税机制。统筹城乡国民收入分配，大力实施"多予、少取、放活"和"工业反哺农业、城市支持农村"的基本方针，进一步加大财政支农的力度。农业是国民经济的基础，也是社会稳定的基础。全面建设和谐成都，重点在农村。因此，在工农差距、城乡经济差距不断扩大的背景下，成都市应大力实施"多予、少取、放活"和"工业反哺农业、城市支持农村"的基本方针，必须下大决心调整国民收入分配格局，较大幅度的增加对统筹城乡经济发展的投入。把增加对农业和农村的投入，实现财政支持向农业和农村倾斜，向支持农业产业化倾斜，向支持农业科技、农民培训及农民进入市场的组织化程度倾斜，作为调整国民收入分配结构的重要方向，逐步建立财政支农资金稳定增长的机制。让公共财政的雨露更多地滋润农业，让公共财政的阳光更多地照耀农村，让公共财政的支出更多地惠及农民。通过调整国民收入分配格局，逐步带动城乡协调发展机制的形成。近几年，国家陆续出台的"三补一减"政策，即粮食直补、良种直补、农机具补贴和农业税减免政策，对于协调粮食安全与增加农民收入的关系，发挥了重要作用。成都市应该逐步增加补贴总量、扩大补贴范围、改进补贴方式，并实现补贴向粮食主产区、种粮大户等重点对象的适度倾斜。

整合资源，突出重点，调整财政支出结构和方式，提高财政支农资金的使用效果。当前在财政支农过程中，多部门分散管理和分散投入、重复投入、"撒胡椒面"等问题比较严重，严重影响着财政支农资金的使用效果。财政支农要结合投资结构的调整，进一步整合资源、突出重点，加大向重点领域、重点产品、重点项目的倾斜力度，加强部门整合、资源整合和项目整合工作，形成财政支持农业和农村经济发展的合力。切实把基础设施建设和社会事业发展的重点转向农村，财政支农投入的增量要继续提高，固定资产投资用于农村的增量要继续提高，土地出让收入用于农村建设的增量要继续提高。可以以县为单位，对不同类型的农村中小型基础设施项目制订统一规划，对不同来源渠道的相关项目进行整合集成，发挥项目间的互补功能。应根据财政支农项目大类不同，成立由某个部门牵头，相关部门参加的财政支农部际联席会议制度，建立对重大项目的相互通报和信息共享体系。在暂时无法实现跨部门、跨类别资金统筹使用的情况下，鼓励同一部门内部不同单位相关支农资金统筹使用。成都市政府的财政支农项目要注意瞄准农村经济社会发展的薄弱环节、关键领域，增强不同类型的财政支持项目的辐射带动作用，灵活筛选财政支农的重点和优先次序，以提高财政支农资金的使用效果。

一是要继续稳定、完善和强化"三补贴"等强农财税政策措施。继续安排良种补贴资金，并完善补贴政策；继续安排农机具购置补贴资金，扩大补贴范围，重点补贴大中型拖拉机等7类机具。积极研究探索建立对农民种粮收益综合补贴制度，提高补贴效益。同时，继续执行对产粮区的奖励政策。二是要扎实推进农业综合开发、大型商品粮基地建设和优质粮产业工程。通过农业综合开发，改造中低产田，使耕地实现旱涝保收、高产稳产。三是要重点支撑农业科技进步。启动对农业等行业科研院所稳定支持的试点工作，并逐步提高农业科研院所的人均事业费水平。同时，继续安排农业科技成果转化资金和国外先进农业技术引进资金，支持用先进的科学技术改造农业，推动农业由传统农业向现代农业转变，由粗放型向集约型转变。支持深入实施农业科技入户工程，扩大重大农业技术推广项目专项补贴规模。四是要支持农产品加工业发展和农业产业化。要专门安排并逐步加大扶持农业产业化和农产品加工的补助资金，重点通过财政贴息、投资参股等方式，支持农产品加工业做大做强，支持培育一批竞争力、带动力强的龙头企业和企业集群示范基地，推广龙头企业、合作组织与农户有机结合的组织形式。积极稳妥地开展农产品精深加工增值税改革试点，探索建立有利于农民专业合作经济组织发展的财税制度。鼓励动植物优良品种的引进，利用进出口税收政策积极扶持具有出口优势的农产品生产和出口，发展创汇农业。五是要推动建立环保型农业、生态型农业和节约型农业。市财政要逐步加大资金投入，用于扩大测土配方施肥试点，引导农民科学施肥，减少农业面源污染，降低农民生产成本。结合农村小康环保行动计划的实施，研究制定相应的财税政策，鼓励开发节约资源和保护环境的农业技术，推广秸秆气化等技术，鼓励生产和使用节电、节油农业机械和农产品加工设备，加大规模化养殖业污染治理力度。六是要支持建立农村现代流通体系。支持农村流通领域中基础设施等公益性改造项目，促进农产品进城，家电、轻纺等工业品下乡，以及农业生产资料和农村消费品下乡，逐步解决农村买难问题与卖难问题。

加快建立改变城乡二元经济结构的发展机制。当前，农民最为迫切的要求之一就是逐步建立城乡统一的劳动力市场和公平竞争的就业制度，依法保障进城务工人员的合法权益。农村人多地少，加快农村劳动力向非农产业和城镇的转移就业是增加农民收入的必由之路。因此，在成都市统筹城乡经济发展过程中，要进一步消除制约城乡经济协调发展的体制性障碍，促进城乡资源要素的合理流动和优化配置，努力改变城乡经济发展差距过大的状况；改革经济管理体制和管理机制；改革劳动和就业管理体制，建立城乡统一的劳动力市场和公平竞争的就业制度；改革户籍管理制度，放宽农民进城就业和定居的条件。加快建立城乡基础设施共同发展的机制，促进基础设施向农村延伸；努力建立城乡公共服务均等供给的制度，促进公共服务向农村拓展；逐步建立城乡衔接的社会保障体系，促进社会保障向农村覆盖。

要建立引导农民在国家政策扶持下发扬自力更生、艰苦奋斗，依靠自己辛勤劳动建设自己幸福家园的激励机制。统筹城乡经济发展，必须全面深化农村改革，激发农村自身活力。要充分发挥政策的引导作用，引导和支持农民积极建设好自己的幸福家园。在成都市统筹城乡经济发展中，必须始终尊重农民群众的主体地位。通过发展基层民主，完善"一事一议"和村务公开等制度，保障农民依法行使民主权利，健全村党组织领导的充满活力的村民自治机制，为统筹城乡经济发展提供可靠的组织保障。通过发展农村教育事业，加强农村精神文明建设等措施，提高农民参与统筹城乡经济发展的觉悟水平和积极性。目前，基层干部和农民对统筹城乡经济发展表现出了极大的热情和积极性，这是推进统筹城乡经济发展的根本保障。充分发挥好、维护好农民的积极性，是统筹城乡经济发展的关键问题。因此，各级党委和政府要充分发挥农民的积极性、主动性和创造性，干不干、干什么、干多少和怎么干都由农民根据需要自己决定。

2. 统筹城乡产业发展，打破城乡产业分割，加快城乡产业融合，增强城乡产业关联度，促进城乡产业优势互补的一体化发展

产业是经济发展的基础和载体。目前，成都市城乡之间发生失衡的主要根源在于城乡产业结构不合理和产业发展的不协调，城乡二元经济结构明显。城市以社会化大生产为基本特征的现代工业为主，农村则以小生产为基本特征的传统农业为主。且城乡产业自成一体，关联性不强。因此，成都市统筹城乡经济发展首先必须统筹城乡产业发展，注重发展城乡关联产业。城乡关联产业就是在城乡有关部门之间存在着投入产出的相互依赖关系以及相应的各种经济联系，一头连着农村，一头连着城市，具有较高关联度的产业。把这些产业规划好、发展好，既加快其增长速度，又提高其经济效益，对于实现城乡经济协调发展具有特别重要意义。针对当前成都市城乡产业分割的现状，各级政府在制定产业发展规划和产业政策时，必须统筹兼顾，通盘考虑，建立一个促进农业产业化和现代城市产业融合的机制，延长产业链，促进城乡相关产业良性互动、协调发展。

加速城乡第二产业对接。成都市乡镇工业与城市工业在两个不同的范畴里构筑起两个工业体系，各自相对封闭运行，重复建设、产品同构、资源浪费、低水平市场竞争愈演愈烈。当前的重要任务是推动城乡工业一体化。优先鼓励城乡产业之间按产品加工阶段进行的纵向加工，鼓励以城市为高端向农村延伸产业主体或产业链。与此同时，通过加快城乡生产型服务业的发展及功能整合，积极发挥其对于乡镇企业战略性结构调整的示范、辐射和带动作用。

农村应按社会分工要求，加速推进农业结构的战略性调整，大力推行农业产业化经营，即以市场为导向，以经济效益为中心，以主导产业、产品为重点，优化组合各种生产要素，实行区域化布局、专业化生产、规模化建设、系列化加工、社会化服务、企业化管理，形成种养加、产供销、贸工农、农工商、农科教一体化经营体系，使农业走上自我发展、自我积累、自我约束、自我调节的良性发展轨道的现代化经营方式。用工业的理念抓农业，在一个广阔的社会空间和经济领域里，全方位地把种养加、产供销、贸工农、农科教部门连接起来。其中，

关键是做大做强农业产业化龙头企业，加速推进农村工业化进程；要实施优惠政策，鼓励和引导乡镇企业积极调整发展战略，与城市工业搞好分工协作，把发展农产品加工业，城乡关联产业作为自己的主攻方向。农产品加工业是连接工业和农业、城市和农村的天然纽带，也是扩大农民就业、发展农村支柱产业的重要领域。要着力发展农产品精深加工，延长农业产业链，提高农业比较效益，提升农产品档次。

城市应把大部分劳动密集型工业、农产品加工业等涉农工业向城乡结合部的县城、小城镇、开发区转移集中；把中小城镇的工业市场锁定到农村，开发适销对路的产品，更多的以国内农产品替代国外进口农产品作为消费品和工业原料；特别要积极引导工商资本、民间资本、外商资本进军农村，加深农业与城市工业的关联度和融合度，直接引领农村工业化。

推动城市第三产业下乡。成都市农村第三产业严重滞后，农民亟须的科技、信息、中介、教育、医疗卫生、农业生产经营服务等明显不足。同时，这些资源管理部门、科研人员、技术人才及成果、信息等都集中在城市，与农村联系松散，供给不力，第三产业资源大量闲置。因此，各级政府应下大力气推动城市第三产业下乡，统筹城乡第三产业发展，协调配置第三产业资源，大力鼓励和引导城市第三产业下乡，开拓农村市场。进一步转变政府职能，努力建设服务型、法制型政府。要按照有所为、有所不为的原则，适当调整乡镇在管理上的职能。切实把工作重点从直接抓招商引资、生产经营、催种催收等具体事务转到对农户和各类经济主体进行示范引导、提供政策服务以及营造发展环境上来。充分发挥成都市丰富的旅游资源优势大力发展旅游业和农家旅游，积极发展现代服务业。成都市温江区积极培育花木主导产业，延伸花木产业链，带动经济发展。农村有51%以上的劳动力从事非农产业，农民人均纯收入67%来自非农产业。要努力在成都市形成"三次产业互动，城乡经济相融"新的发展格局。营造秀美的田园风光，清新的空气，丰富的人文景观，促进观光农业、休闲农业、都市农业等新型农业产业的迅速发展，使农村成为集观光、宜居、消费于一体的新天地。

新建产业要以城乡关联度高的为主。发展城乡关联度高的产业，不仅为统筹城乡经济发展、加快城镇化进程和城乡经济结构的优化提供了新的载体，还为缓解"三农"问题提供了新的生长点。通过发展城乡关联度高的产业，通过拉长第一产业在产前、产中和产后的产业链、作业链、供应链、价值链、科技链，通过对特色农业的社会化大生产，不仅可以转变农业的生产方式及其配置机制，又可以利用产业链、作业链、供应链、价值链、科技链等方面的协同效应和不同企业之间的分工协作关系，促进行业的技术进步和产业链的改造升级。因此，在制定产业发展规划时，要着眼于城乡经济统筹，大力发展城乡关联产业。要制定相关的优惠政策，扶持和鼓励社会资金投资城乡关联产业。特别引导城镇中小企业和乡镇企业在新建产业上，以发展劳动密集型工业、农产品加工业、农用生产资料业、为农村经济发展服务的第三产业等城乡关联产业为主。

全面提升产业竞争力。全面提升产业竞争力是实现经济跨越式发展的决定性力量。努力实现工业新跨越。深入实施工业强市战略，以成都市高新区、成都市经济技术开发区等工业集中发展区为重点，围绕主导产业和重点优势产业，集中精力抓好重大产业化项目和成长性好、竞争力强的大企业和大集团，全力打造产业集群；鼓励大企业和大集团向中小企业延伸产业链，提升中小企业竞争力。努力开拓现代农业新局面。坚持城乡统筹的基本方法，建立以农业产业化经营为核心，以推进农民向城镇集中、土地向规模经营集中、新型农村集体经济发展为着力点的现代农业发展机制；以稳定粮食生产为基础，积极推进农业结构调整，加强农业基础设施建设，加快农业科技进步，完善科技、信息、流通等社会化服务体系，加快农业投融资体制改革，实现龙头企业和农民专业合作经济组织的大发展、农业产业化经营的大突破、农业综合生产能力的大提高。努力增创服务业新优势。深入实施旅游带动战略，持续推进中国最佳旅游城市建设，加快服务业向国际化、信息化、现代化转变，做大做强旅游、金融、商贸、会展和物流业，积极拓展软件、服务外包和信息服务业，培育提升会计、审计、法律、咨询等中介服务业，大力发展总部经济、生产性服务业和社区服务业，优化发展房地产业，提高服务业层次和水平。大力发展民营经济。进一步扩大对内与对外开放，形成更加充满活力、富有成效的开放机制。

3. 加快发展现代农业，以提高农民生产能力为主线，加强农民培训体系建设，促进农业和农村经济发展

加快发展现代农业，促进农业和农村经济发展，是建设社会主义新农村的首要任务，是统筹城乡经济发展的重要途径。现代农业就是现代技术高度密集的农业，是贸工农一体化经营的农业，是资源节约型、环境友好型的农业，就是"用现代的物质条件装备农业，用现代科学技术改造农业，用现代的产业体系提升农业，用现代的经营形式推进农业，用现代的发展理念引领农业，用现代的新型农民来发展农业"。

成都市是一个具有悠久传统农业历史的城市，传统农业为成都市的改革开放和现代化事业做出了巨大贡献，但传统农业也必须与时俱进，加快向现代农业转变。在建设现代农业当中应采取切实措施。第一，推进农业由传统粗放经营向现代集约经营转变。加快转变增长方式，提高农业资源的产出率。第二，推进农业由传统农业技术向现代集成技术转变，推动农业科技革命，加快农业科技转化，提高农业科技的含量。第三，推进农业是由工农分离和城乡脱节的二元经济结构向工农协调和城乡一体化经济结构转变。逐步打破城乡二元结构的体制和限制，促进城乡资源和产品的市场配置。第四，推进农业由简单初级农产品生产向产供销一体化转变，搞产业深加工，延长农产品产业链。第五，推进农业由分散经营向规模化、组织化经营转变。在加强家庭承包的基础上，提高农业的规模化、组织化程度。特别是要发展农村的组织经济和专业合作社，把农民组织起来提高规模化程度。第六，推进农业由传统性的线性经济模式向循环经济模式转变。提高农业资源的利用率，依托现有的农业资源，拓展农业的资源，加快发展循环农业和环保农业，促进农业可持续发展。第七，推进农业由单一的功能向多元的功能转变，拓展农业的多功能性，提高农业的整体经济效益。第八，推进农业从面对国内市场为主，向面向全球市场转变。利用国内市场、国际市场两个市场，增强

农业走出去的能力，提升农业的整体竞争力。

以提高农民生产能力为主线，加强农民培训体系建设，提高农民的组织化程度，培育造就新型农民。农业的竞争实际上是人才和产业组织的竞争。随着城乡经济相互作用的增强和对外开放的扩大，农民面对的市场竞争将越来越激烈，其现有素质的不适应性也越来越强。加强农民培训、提高农民的组织化程度，不仅有利于农民更好地适应市场和现代产业竞争、就业竞争的挑战，扩大农民增收、就业和实现自我发展的机会；还可以提高农民的市场谈判能力、参与发展决策的能力、对农村公共品和社会发展需求的表达能力和争取相对有利的政策地位的能力，从而促进城乡经济协调发展机制的形成。因此，成都市应该按照以人为本、促进经济发展的要求，把提高农民能力、促进农民的全面发展，作为统筹城乡经济发展的重要目标。要以提高农民能力为主线，加强农民培训体系建设，提高农民的组织化程度，培育造就新型农民。

把增加培训投入、改进培训方式和财政培训资金的使用方式放到比较重要的位置。增强政府培训投入对于农民和民间培训投入的引导功能，政府支持培训的重点应该放在两个方面，一方面是支持培训体系和培训能力建设，另一方面是对培训农民的补贴。

注意针对农民工和一般农民不同的培训需求，选择不同的培训形式、培训层次、培训主体和支持重点。结合新农村运动，培养农民自立、自强、勤勉、自助和协同精神。在农民培训内容的选择上，要注意将引导性培训和职业技能培训结合起来，把提高农民创新创业和学习新技术的能力、转变农民发展经济扩大就业的理念，放在比较重要的地位。在培训主体的选择上，要注意利用和改造政府及准政府系统现有的培训资源，充分挖掘其潜力；要积极扶持企业、民间培训机构和农民专业协会、专业技术经济研究会、行业协会培训体系的成长，逐步形成鼓励不同培训主体有序分工、公平竞争的体制和政策环境。

培养造就新型农民是统筹城乡经济发展的关键环节，也是实现农民全面发展的迫切要求。要下大力气培养造就有文化、懂技术、会经营的新型农民，把农村人力资源转化为人力资本。着力加强农村义务教育，加快发展农村职业教育，大力开展农民技能培训，全面提高农民素质。既要提高农民文化素质，又要提高农民的职业技能；既要搞好农民转岗转业培训，又要搞好农业技术培训。让走出去的农民具备较高的务工技能，能够适应城市和工业文明；让留下来的农民能够掌握先进适用农业技术，形成适应现代文明的生产生活方式。

4.统筹城乡资源配置，打通城乡市场梗阻，建立统一有序的城乡市场，促进资源和生产要素的城乡互动

资本、技术、人才和信息等资源要素是创造财富的基础。城乡经济如何做到共荣共进、协调发展，说到底就是一个资源要素的配置问题。大量的事实表明，资源的流向、流量，决定着一个地区的繁荣程度和社会进步的程度。但是，由于二元结构的障碍，成都市城乡间资源要素流向不合理、配置不科学。除劳动力资源外，资源的投入和配置向城市、工业和市民倾斜，而对农村、农业和农田则存在着歧视现象，导致城乡之间，市场还未能真正成为配置资源的主要手段，工农

之间、城乡之间的贸易隔阂，制约了物资流、资金流、人力流、信息流等在工农之间、城乡之间的正常循环。因此，要推动和促进城乡经济协调发展，就必须对各种资源要素的流向、流量及配置进行统一筹划；必须坚持以市场为导向的改革，取消政府对市场不合理的干预和管制，建立城乡沟通、统一有序的产品和要素市场，逐步解决市场失灵问题，实现城乡市场对接，使城乡之间通过市场发挥自己的比较优势，享受市场利润，实现优势互补和协调发展；营造鼓励人们到农村干事业、干成事业的社会氛围，放手让一切劳动、知识、技术、管理和资本的活力竞相迸发，让一切创造社会财富的源泉充分涌流，以造福于人民。

统筹城乡资金市场。成都市城乡资金逆流问题尤为突出。邮政储蓄存款约有2/3来自农村，加上各商业银行吸收的农村资金，每年约有数以亿计的资金流向了城市。农村出现了一方面是资金过剩、大量外流，另一方面是没钱发展、投入不足的怪现象。长期以来，农村资金大量流入城市，信贷资金投入严重不足，农民和乡镇企业贷款难，已成为制约农业和农村经济发展的突出问题。为此，要统筹城乡资金市场，加强政府调控力度，采取财政、货币等手段，大力扭转这一趋势，引导社会资金投向农村，并逐步按市场机制配置。

二、成华区在统筹城乡发展中构筑现代产业体系，推进"四化"同步发展

2003年以来，成华区贯彻落实科学发展观，按照成都市委、市政府城乡统筹、"四位一体"科学发展总体战略的安排和部署，充分利用区位优势、交通路网、土地资源等存量基础，坚持运用统筹城乡发展理念，加大体制机制创新力度，提高"三个集中"质量和水平，突出重点、狠抓落实，深入推进城乡统筹各项工作，统筹城乡发展成效明显，基础实力不断增强、城乡产业不断融合、产权制度改革稳步推进、公共事业均衡发展。

（一）成华区在统筹城乡发展中加大体制机制创新力度，城乡产业不断融合

1. 经济实力显著增强

经济实力不断增强。随着城乡一体化工作在纵深领域的有序推进，成华区发展瓶颈问题逐步破解，经济实力持续增强。地区生产总值与地方财政收入成倍增长，为成华区统筹城乡工作进一步向深水区"前行"奠定了坚实的物质基础。

居民生活水平持续提升。从城乡居民生活水平和消费市场规模增长来看，城乡居民收入均得到较大幅度增加。同时，社会消费品零售总额增幅不断加快。可见，收入稳步增加有力激发消费需求，提升城乡居民购买能力，有效带动零售市场规模持续扩大，初步形成城乡同发展共繁荣的局面。

2. "三个集中"加快推进

坚持工业向园区集中，提升集约集群发展水平。以龙潭总部经济城为载体，突出总部基地定位，坚持工业集中发展，不断提升产业集约集群发展水平。工业集中发展提档加速，龙潭总部经济城水、电、气、信、路等基础设施配套不断完善，聚集能力日益增强。

坚持农民向城镇集中，着力改善农民生产生活环境。在充分尊重群众意愿的前提下，以提高农民集中居住质量为目标，积极创造条件，切实改善农民在集中居住区生活条件，引导农村富余人员向第二产业和第三产业转移，向场镇、集中居住区转移。集中居住区建设不断加快，"城中村"和场镇改造迅速推进，其中青龙场镇拆迁安置房建设全部完成。农民集中居住有序实施，西林新居完成入住，新山、桂林新居入住工作抓紧推进。

坚持土地向规模经营集中，促进农村产业结构优化。以产业化项目和龙头企业为依托，以产权制度改革为契机，坚持土地向规模经营集中，大力发展农村市场，繁荣农村经济，优化农村产业结构。目前，累计流转土地 34 844 亩，占农用地总面积的 68.2%。创建新型集体经济组织 35 个，农村集体经济总资产达 4.2 亿元。

3. 产权制度改革稳步开展

成华区成立了产权制度改革领导小组，建立联席会议制度和"一办四组"工作机构，保障产权制度改革工作顺利推进。出台了土地和房屋确权登记管理办法和实施细则、创新集体经济组织指导意见等相关配套文件，土地承包经营权确权颁证广泛开展，耕地实测工作全面完成，农村土地整治工程顺利推进。促进土地流转，出台了承包地、集体建设用地流转管理办法，并在青龙、龙潭街道建立了农村产权交易服务站。创新机制推进土地整理，北湖片区土地整理一期完成 2254 亩，二期整理完成过半。

4. 体制创新取得突破

创新投融资体制，将原有的 12 家区属国有公司整合重组为 9 家，区级融资平台更加规范高效；探索采取多种方式，吸引社会资金参与旧城改造、基础设施建设和社会事业发展；深入推进银政合作，为重点工程项目建设提供了资金保障。创新招商引资方式，主动出击，开展上门招商、驻外招商、中介招商、委托招商，在项目引进上取得突破。重点改革不断深入，产权制度改革扎实推进，社区公共服务平台和机制建设全面启动，创新建立了"大城管、大综治"城市管理新体制，探索了重点工作重点项目推进机制创新。

5. 公共事业加快发展

加快推进基础设施建设，农村发展环境逐步优化。完成成金路快速通道、物流大道、蜀龙大道四期、双林路改扩建等道路建设，成发 A 线、玉双路东延线、杉板桥路东延线等加快建设，川棉厂、青龙场、龙潭寺等片区道路加快配套建设，城乡道路体系逐步完善；完成 114 万平方米三环路风貌整治植绿，完成 21 千米河道治理等，城乡生态环境进一步改善。

大力促进城乡充分就业，城乡社会保障体系逐步完善。坚持培训促就业，大力开展订单、定向式培训。着力完善城乡一体社会保障，加强社会保障征缴面，完善新型农村合作医疗制度，提高参合农民的医疗补助标准。

加强文教卫生工作，推进农村社会事业全面发展。深化城乡教育均衡发展。实施"学校扶薄计划"，采用"捆绑"发展方式，改善薄弱学校办学条件，实现城乡教育均衡发展。坚持教育公平，全面开放区公办学校接收外来农民工子女就学。狠抓农村卫生服务体系建设，着力打造城乡社区"15分钟健康圈"，实现涉农社区就医条件与城市社区卫生服务逐步接轨。

（二）成华区在统筹城乡发展中构筑以房地产业为引擎、现代服务业为依托、总部经济为特色的现代产业体系，推进四化同步发展

1. 进一步解放思想，深化认识，树立统筹城乡发展理念

成华区在统筹城乡发展中要以科学发展观为统领，统一思想，强化认识，牢固树立统筹城乡发展理念。树立城乡平等、农民主体和注重实效三种意识，为统筹城乡发展奠定思想基础。

（1）城乡平等。统筹城乡发展过程中要坚持平等原则。一是城乡权利平等。破除城乡二元结构的关键是消除城乡在权利上的不平等，要以平等原则作为制度创新的基本理念，以平等理念逐步改变二元经济体制下形成的城乡分割制度，构建可持续发展的制度基础。保障农民享有基本的生存权和发展权，在政治、经济、文化和社会生活中，享有平等的公民权利。二是统筹资源在城乡之间的配置，推进农村市场化进程。要通过进一步的农村市场化改革，确立城乡居民在市场竞争中的平等地位，解决过程公平或程序公平问题。三是建立城乡统一的公共服务体制，基本实现城乡基本公共服务均等化，以此来解决起点公平的问题。同时，鉴于长期的城乡分割造成城乡居民在起点上的巨大不平等，政府有义务在教育、培训、就业等方面给予农民适当的倾斜，以促进农民融入城市，缩小社会差距。

（2）群众主体。推进城乡一体化，人民群众是主体。充分保障和发挥好人民群众的主体作用，是保证城乡一体化深入推进的不竭动力，要充分保障和发挥群众在决策、建设、受益和管理方面的"四个主体"作用。一是要切实做到尊重群众意愿。凡涉及群众切身利益的问题，一定要认真听取群众意见，坚决克服大包大揽、代民做主问题，使群众真正成为统筹城乡发展的决策主体。二是要深入做好群众工作。通过规划引导、加强宣传、政策吸引和典型示范，激发群众的参与热情，增强群众建设美好家园的责任感和积极性，使统筹城乡发展成为广大群众的自觉行动，把该群众办的事情交给群众，使群众真正成为统筹城乡发展的建设主体。三是要切实维护群众切身利益。尤其要在加快发展中统筹解决好群众的补偿、居住、就业、增收、社会保障和教育、医疗等实际问题，让改革发展的成果更多地惠及群众，使群众真正成为统筹城乡发展的受益主体。四是要加强基层民主政治建设。完善基层治理机制，切实规范基层民主选举、民主决策、民主管理、民主监督等制度，使群众真正成为统筹城乡发展的管理主体。

（3）注重实效。统筹城乡发展要取得实实在在的成果，让广大群众特别是农民得到实惠，才能获得农民的理解和支持，充分调动农民的积极性和主动性。一是狠抓落实，务求实效。必须脚踏实地抓落实，下大力气推进基础设施配套、产权制度改革、土地流转、拆迁、项目落地和加快建设等基础工作，确保统筹城乡工作早日见到成效。二是充分发挥市场机制的作用。要充分运用市场力量，发挥市场机制的作用，实现投入与产出的效益最大化。通过制度创新，培育城乡一体的市场体系，发挥市场配置资源的基础性作用，调动各类市场主体投身城乡统

筹的主动性、积极性，推动各种要素按市场取向自由流动和优化配置，引导各类产业按市场需求合理梯度转移，构建充满活力的内在发展机制。

2. 加快基础设施建设，提高城市综合承载力

城市基础设施是城市发展的硬件，是城市承载力的决定性因素。推进成华区统筹城乡发展，必须加强以道路为主的基础设施建设，完善城市配套设施，弥补农村基础设施建设这一短板，增强城市对经济社会发展的承载力。

（1）完善交通基础设施，提升通行能力。加大交通设施建设有利于解决成华区交通瓶颈制约，推动区域经济的合作发展。全力配合成都地铁、成绵乐城际铁路等省市重点交通设施建设，做好征地、拆迁、维稳等工作，确保重大交通基础设施项目早日建成并投入使用。按照"二环线、四射线、二节点"路网配套建设规划，实施"8 大路网+13 项旧城改造"系统工程，打造成都东部的现代服务业"动力骨架"。启动并尽早完成玉双路东延线、杉板桥路东延线、龙潭工业园 E 线跨三环路立交、建材路、成发 A 线、建设北路东延线、双庆路改扩建等路网建设改造工程，打通成华交通线，逐步形成纵横交错、高承载力公路路网。通过加强交通基础设施建设，未来几年内逐步形成以高速路、城市主干道、地铁等为支撑，以次干道、社区道路为补充，放大成都龙潭总部经济城、成都休闲商旅城等城市和产业功能板块的吸纳和辐射效应。

（2）加快旧城改造步伐，优化城市环境。目前，"东调"遗留下来的企业生活区、职工宿舍等占地就达到 1100 亩，四个"城中村"占地近 15 400 亩，周边生活配套设施不全、城市形态不优。要加快旧城改造步伐，不断合理化城市结构布局，完善城市功能。一是按照"统一规划、整体打造、分期实施"的思路，统一规划、精心策划、科学规划，按片区制定改造项目的具体改造计划，不断优化空间布局和产业布局。完善体制机制，成立科学、高效运转的旧城改造工作推进机构，集中力量研究、协调解决旧城改造工作中出现的各类问题，确保旧城改造工作顺利进行。加快东郊企业生活区危旧房改造惠民工程、成都旅游商业区（RBD）建设、道路改扩建拆迁等项目，实施龙潭、青龙、圣灯、赖家店场镇四大"城中村"改造，使区内土地得到有效的开发和利用。二是采取灵活有效的方式来解决旧城改造的资金"瓶颈"问题。符合中央、省、市宏观政策要求的项目积极争取省、市有关部门的大力支持。要充分发挥市场配置资源的基础作用，优化政策，在满足规划的前提下，按照"谁投资，谁受益"的原则，积极引入社会资金参与旧城改造。积极搭建融资平台，充分发挥区属国资公司的融资、担保职能，尽可能多地争取信贷支持用于项目建设。

（3）改善农村基础设施，推进城乡一体化。与城市相比，农村基础设施尤其薄弱。要按照城乡一体化要求，紧紧围绕改善农民生产生活条件和发展农村社会事业，将政府基本建设的增量主要用于涉农区域，把基础设施建设的重点转向农村，推动城市基础设施向农村延伸覆盖。要加快农民集中居住区周边农贸市场、汽车站、学校、医疗中心等公共设施建设步伐，完善农民集中居住区内水、电、气等与住户生活密切相关的配套设施，确保居住区住户的基本生活方便。

3. 调整产业结构，做大做强产业支撑

成华区要加大产业结构调整力度，转变经济发展方式，构筑以房地产业为引擎、现代服务业为依托、总部经济为特色的现代产业体系，不断壮大产业支撑，推动成华区科学发展。

（1）注重结构调整，加快发展房地产业。房地产业是现代服务业的重要载体和支撑，也是财政收入的重要来源。目前，成华区房屋销售状况良好，要坚持以房地产业为引擎，注重房地产业结构调整，重视抓好商业地产，搞好土地储备，持续加快发展房地产业。

优化房地产结构。一是优化物业结构。成华区商品住宅占优势主导地位，商业和办公类物业太少，导致区域办公、商业和生活配套不成熟，影响居住品质。应不断优化结构，适当加大办公和商业物业比例，不断提高经济发展的质量和效益，为经济长期可持续发展提供载体和支撑。二是做优住宅地产品质。加大国内外知名开发商引进力度，切实优化房地产项目品质，打造集聚人气、展现形象、优化环境的人居新亮点。通过交通设施建设和优化，大幅提高路网密度，以聚集和提升人气、商气。加快优质教育、卫生单位的引进和建设，完善公共服务配套，提升区域宜居度。

突破瓶颈制约，大力发展商业地产。商业地产对大城市中心城区经济发展具有重要的推动作用。受各种因素影响，目前成华区商业地产规模小、增长慢且预期供应不足，结构不优化、分布不均衡，纯商业地产少且产权分割出售，不利于整体形象打造，必须下大力气突破观念、规划、资金等瓶颈制约，为现代服务业发展提供充足的载体支撑。一是以"品牌发展商+复合型城市综合体"模式，打造商贸商务集聚发展区。按照生产性服务业集聚发展的原则，结合城市整体规划、服务业发展规划以及成华区实际情况，集中力量，整合资源，打造商贸商务集聚发展区，构建"123"商业地产空间网络，即"一核心、二高地、三中心"。"一核心"指旅游商业区片区，依托四川电视塔的唯一性，进行重点开发，打造成为成都市的休闲商务核心发展区；"二高地"分别是龙潭裕都商务高地、成都东客站商旅高地，依托两者特殊的地理位置，打造成为辐射川东南片区的商务、商旅高地；"三中心"分别指万象城商业中心、建设路—成都东区商业中心以及红花堰地铁商贸中心。二是在商贸商务集聚区的招商环节中，大力引进一批品牌效应强、带动作用大，抗风险能力高的品牌发展商，发挥其对于商圈经济发展的带动作用，以商招商，全面盘活有限的商业地产资源。三是加强引导，投资项目的市场定位要差异化，进行高、中、低档和功能上的错位经营；业态定位要根据消费群体的不同，对各种业态进行组合。转变目前成华区商业地产的销售营运模式，从单一的产权分割转变为整体出售或产权出租的形式，进一步选商择商，摒弃不符合发展规划的业态进入，统一招商、统一管理、统一打造，提升成华商业地产的整体形象和规模档次。

（2）突破重点领域，全力发展现代服务业。现代服务业是提高一个城市区域经济竞争力的动力源，是提高广大群众生活质量的关键部门，是发展国民经济的引擎和推动力，是吸纳劳动力就业的主渠道，是从粗放型经济增长向集约型经济增长的关键。虽然近年来成华区现代服务业发展取得了一定成绩，但发展滞后的状况没有根本改变，主要体现为"三低"，即总量低、档次低、龙头带动作用低，已成为制约区域经济全面协调发展的"短板"和"瓶颈"。要从根本上改变成华服务业发展现状，关键是要充分发挥比较优势，按照"高标准、大规模、加速度"的要求，着力在"扩大总量、提升档次、彰显特色、增强功能"上下功夫，加快实现由"成华制造"到"成华创造"的转变，由"工业经济"向"服务经济"的转变。

加强规划，科学引导。在出台服务业总体规划的基础上，以前瞻、发展的眼光和科学、务实的态度编制好各行业规划，完善建设路商圈、成都旅游商业集聚区分区、成都新客站集聚区等重点区域建设规划，引导服务业资源有效配置，实现服务业集聚和集约发展。同时，重点加强与市规划部门、商务部门的对接，主动出击，力争成华区的重点项目进入全市总规划，争取市里一些重大服务业项目在规划布点时向成华区倾斜。落实《关于促进服务业发展若干政策的意见》，扶持企业做大做强。

打造载体，优化环境。在旧城区改造和新城区建设中，住宅和商业建设并重，形成相对集中的商业中心，发展开放式、经贸结合、综合发展、功能配套的商贸经济圈。依托成都（新客站）城际商旅城、成都（地铁）城北商贸城等重大项目建设，抓好高档商务写字楼宇、大型商业卖场、中高档酒店宾馆等载体建设，打造一批标志性的服务业综合体；大力实施道路管网等基础设施建设，从根本上改善服务业发展的硬环境。加强软环境建设，为服务业发展提供一流的政务服务，尤其要主动关心企业存在的困难和问题，建立问题跟踪督查机制，做好跟踪服务。

招大引强，项目推动。把抓项目作为推进现代服务业发展的重要抓手，以项目策划、包装、招商、建设和管理运行为工作"链条"，抓紧抓实每个环节，抓出成效。重点加强房地产业、总部经济、商贸物流、文化创意、都市旅游等现代服务业项目的策划、包装和招商工作，促成红星美凯龙、信和御龙山等一批带动力强、影响面广的龙头项目落户成华。按"1+1+X"的思路，重点打造旅游商业片区、建设路商圈，加快推进华润万象城等若干重点现代服务业项目，真正以项目建设推动服务业投资增长，推进服务业对外开放，促进服务业加快发展。积极发展金融保险、电子商务、信息咨询、评估和调查，以及广告、法律支持等新兴服务业；运用现代经营方式和信息技术，改造提升商贸、餐饮、家政等传统服务业，大力发展连锁经营、物流配送、电子商务、特许经营等现代营销方式。

（3）加速转型升级，构建总部经济集聚区。总部经济是指某区域由于特有的优势资源吸引企业总部集群布局，形成总部集聚效应，并通过"总部—制造基地"功能链条辐射带动生产制造基地所在区域发展，由此实现不同区域分工协作、资源优化配置的一种经济形态。发展总部经济可以为区域发展带来多种经济效应，如税收效应、产业乘数效应、消费效应等。成都龙潭总部城项目是成都唯一的总部经济试验区，坚持"总部楼宇经济，建立总部基地"的发展定位，已引进龙潭裕都集团、输血研究所、中国第二重型机械集团、龙武集团等160多家企业总部入驻。要依托东郊工业沉淀优势，加速工业转型升级，以成都（龙潭）总部经济城为载体，实现总部经济发展新突破。

第一，要打造队伍，实施专业化招商引资。招商引资的专业化，一方面，政府需要打造自己统一的、高素质的、体现园区精神风貌的招商队伍，全力保证园区的基础招商推进；另一方面，可将招商业务部分外包给专业招商代理公司和中介机构，延展园区招商的触角，最大化地使园区招商引资渠道得到拓展。两者相结合，并建立一定的协作机制，既发挥了政府优势，又发挥企业的优势。

第二，明确定位，加快招商和建设步伐。园区的发展定位是实行"2+3"模式，即以机械和电子为主导产业，着重引进世界500强、国内外知名企业、行业100强企业的一、二、三级总部。通过重大项目的聚集效应吸引上下游配套企业入驻，形成完整的产业链。要重点引进"四个中心"，即企业研发、销售、行政、结算中心。抓紧重大项目快投快建，促进中国第二重型机械集团工程技术中心、航天通信等项目尽快建成投产。

第三，建立机构，提供系统性配套服务。建立健全龙潭总部城配套服务机构，主要包含三大方面：一是现代金融服务体系，包括银行、证券、信托、基金、担保、抵押、租赁等；二是中介服务体系，包括会计、审计、资产评估、法律服务等；三是服务支撑体系，包括教育、培训、会议、展览、会所、物流等。同时，做大做强企业家协会，搭建沟通交流平台，真正实现园区内企业之间的信息交流和资源共享。

第四，提供平台，营造个性化园区文化。随着入驻企业不断增加，龙潭总部城应开始注重基地文化的铸造，构建具有自己特色的园区文化，提升园区的文化内涵和档次。例如，应在现有已办园区刊物的基础上，进一步建立和完善报纸、刊物、网站多渠道并行的信息传播体系。可考虑建设专门用于讲座和论坛的大礼堂，定期举办各种活动与培训、定期开展总裁沙龙对话等，形成兼容并包、务实创新的多元文化。

4. 推进基本公共服务均等化，城乡居民共享发展成果

基本公共服务均等化是让全体社会成员享受水平大致相当的基本公共服务，从而保障每一个社会成员的基本生存权和发展权、保证社会公平、公正。在统筹城乡发展中贯彻发展成果"全民共享"，关键是要大胆创新体制机制，合理布局公共服务设施、整合各种资源，调动多方力量全面提升农村地区公共服务水平，促进经济社会协调发展。

（1）大胆创新，构建充满活力的体制机制。加强制度建设，建立和完善四大机制，全面构筑促进城乡公共服务加快协调发展的充满活力、富有效率的体制机制。一是领导协调机制。强化成华区公共服务工作领导小组领导协调功能，对全区公共服务进行统筹规划、协调服务、督促推进，定期研究公共服务发展有关重大事项，并报区委、区政府决策。建立目标责任制，明确牵头单位、责任单位，严格监督、考核和责任追究制度。二是建立公共服务重大项目建管分离机制。对政府投资的公共服务基础设施建设重大项目，实行"投"、"建"、"管"分离，即政府投入、统一建设、移交部门使用管理。每年确定实施的公共服务基

础设施建设重大项目，由区委、区政府统一安排进行建设，有关部门不再作为基础设施建设项目主体，项目建成后移交有关部门使用管理。三是建立公共服务多元投入机制。设立专项资金，通过向上争取、部门筹集、社会捐助和财政支持等方式，积极筹措社会事业发展资金，专项用于社会事业发展。在充分发挥公共财政主导作用的同时，鼓励和吸引企业、社会组织、个人资金投入公共服务发展。在财政资金引导下，采取以奖代补、贴息、配套等形式，促进民间资本进入城乡公共服务领域，构建政府投入、民间参与、社会兴办等多元化的城乡公共产品投入新机制。四是建立政府购买公共服务产品机制。积极探索政府向社会购买公共服务产品的试点，通过公开招投标等形式，由政府购买社会专业机构、各类中介组织提供的公共服务产品，弥补公共服务供给能力的不足，改变只由政府提供公共服务产品的传统模式，逐步完善政府主导、社会参与的多元化公共服务体系。

（2）优化布局，整合公共服务资源。一是优化公共服务设施布局。面对成华区公共服务城乡不均衡的问题，必须调整、优化公共服务设施布局，完善教育、卫生、科技、文化、体育等设施的布局，提升公共服务功能。新增的公共服务设施主要建立在二环以外的区域，建在城郊结合部，以解决服务设施区域分布不均的问题。公共服务设施布局应与区域功能规划相适应，在城市化扩展过程中同步完善教育、医疗等公共服务设施，确保全域覆盖、不留空白。二是整合公共服务资源，提升服务功能。有效整合区内各级各类公共服务资源，实现资源的优化组合、资源共享，提高公共服务的质量和水平，缩小城乡服务差距。例如，社区卫生服务机构与辖区省市医院建立区域内医疗合作关系，启动区域医疗合作体系建设。大医院派出骨干医生担任社区卫生服务中心副主任，负责中心医疗技术、管理、指导及确定转诊等工作；大医院负责为社区卫生机构培养卫生技术人员；建立双向转诊制度，实现医院承担疑难杂症及危重病人救治，基层社区卫生服务机构承担基本医疗和公共卫生服务。同时，针对农村医疗资源严重不足、但是城市医疗资源却存在过剩闲置的情况（特别是许多民营医疗机构由于缺乏病人，资源利用显著不足，面临生存困境），可以将社保定点单位扩大到私营医疗机构，农民根据自己的意愿选择到私营医疗机构就医，医疗机构定期与社保中心结算。这样的制度设计，一方面可以将社会医疗资源纳入社保范畴，弥补政府投入的不足；另一方面可以促使医疗服务提供者之间相互竞争，降低价格、提升质量。同时，政府也可以节省投资，避免重复建设造成的资源浪费。

（3）多方参与、全面提升涉农社区公共服务水平。坚持政府主导、多方参与的原则，形成政府、社区、社会组织合力推进的格局，加快提高农村公共服务和社会管理水平。全面启动全区41个涉农社区公共服务和社会管理改革工作，着力实施城乡一体公共服务建设。完善公共文化服务体系，促进文化资源共享，积极开展农村文化体育活动。改善农村教育办学条件，坚持强校带弱校对口支援机制，促进优质教育资源向农村流动，促进教育公平。优化区域卫生资源布局，以全面覆盖涉农区域为目标，加快增设卫生服务站和中型医院，形成15分钟健康圈。健全城乡一体就业和社会保障体系，加大农村就业服务和就业救援的力度，构建城乡一体的就业和培训服务体系；依托涉农街道劳务型服务公司，探索推广社区作坊式就业。建立健全农民养老保险等社会保障体系，探索城乡养老保险制度有效衔接办法，完善农村最低生活保障制度和农村五保户供养救助制度，逐步提高城乡一体社会保障水平。

5. 成华区以城乡规划统筹、城乡产业统筹、城乡基础设施统筹、城乡公共服务和社会管理统筹为重点，推进新型工业化、城镇化、信息化、农业现代化同步发展

一是推进城乡规划统筹。进一步完善城市示范建设的区域总体规划、分区规划和各类单项规划，确保 2013 年完成北湖熊猫国际旅游休闲区、北湖扩建工程、龙潭水生作物区建设等专项规划编制工作。二是推进城乡产业统筹。大力发展国际旅游、商务会议、休闲度假、生态人居产业，全面启动 3700 亩北湖扩建工程，全力打造熊猫国际旅游区和环城生态旅游休闲区；每年设立 2000 万元现代农业发展基金，用于优势农产品基地建设等补贴奖励。三是推进城乡基础设施统筹。加快推进环城生态区 18 条道路建设，全面启动改造和新建三洞古桥、圣灯寺生态公园等 5 大公园，近几年内新建中小学 29 所、幼儿园 21 所。四是推进城乡公共服务和社会管理统筹。深入实施就业优先战略，每年新增城镇就业 1.5 万人以上，建成 42 个涉农社区"三资"信息化监管平台和 97 个社区心理健康服务站。

三、龙泉驿区在统筹城乡发展中坚持工业反哺农业、推进农业产业化经营发展

成都市龙泉驿区是兼有平原坝区与丘陵地区的二元结构，全区 40% 左右的面积为丘陵地区，城乡发展不平衡问题是众多地区城乡现状的一个缩影。统筹城乡发展的目的在于造福城乡人民，龙泉驿区委、区政府坚持"高质量加快城乡一体，全方位造福龙泉百姓"的理念，深入推进成都市委、市政府城乡统筹综合配套改革的系列部署，结合龙泉驿区实际，统筹城乡发展，推进城乡规划一体化进程。

（一）龙泉驿区结合实际，吸取发达地区的统筹城乡发展的经验，推进城乡一体化进程

1. 以"汽车龙泉"为核心，以现代农业为基础，推进城乡产业发展一体化

长期以来，我国城乡发展不平衡问题的根源在于城乡产业布局不合理，龙泉驿区顺应现代产业的发展规律，遵循"集中、集约、集群"的发展思想，统筹推进成都市委、市政府的"三个集中"发展战略，即工业向园区集中、农民向城镇集中、土地向业主集中。"三个集中"发展战略是龙泉驿区统筹城乡产业发展的根本方法。通过建立城乡一体化的产业发展机制，龙泉驿区正着力构建以"汽车龙泉"为核心，以现代农业为基础的现代产业体系。

2008 年，按照市委、市政府的"一区一主业"产业定位原则，龙泉驿区做出了"集中发展汽车主导产业"的决策，以建设"汽车龙泉"为产业追赶型跨越式发展的战略目标。目前，龙泉驿区（成都经济开发区）是四川省两大"千亿产业园区"之一，也是成都汽车产业综合功能区主体区域，区域综合经济实力

位居四川省"十强县"第2位、提升6位，经济开发区综合实力位居国家经济开发区第26位、提升18位，被列入"国家新型工业化产业示范基地"，被评为"跨国公司最佳投资区"。区域内聚集了沃尔沃、大众、丰田、吉利等9家整车企业和180多项关键零部件项目，形成了汽车制造、汽车配套、汽车贸易三大"千亿产业"及汽车文化娱乐产业互动协调发展格局，初步搭建起了年产百万辆整车战略平台。

龙泉驿区按照2007年中央1号文件的精神，大力发展现代农业，促进农业结构优化升级。一是加强农业基地建设。以布局区域化、生产标准化、品质优质化、营销品牌化为重点，培育出一批市场竞争力强的优势产业带，形成了龙泉山脉名优水果产业带、北部片区优质特色蔬菜产业带、龙泉山区优质干果产业带、万亩优质冬草莓种植带等农业基地。二是提升农业产业化组织形式。农业产业组织形式是现代农业的基本经营形式，2008年柏合镇长松村党支部引导农户成立了水蜜桃专业生产合作社，建成桃新品种资源圃基地、龙泉山脉桃新技术推广基地、桃老品种改造基地、绿色有机示范基地4个示范基地。与此同时，茶店镇龙泉湖果品专业合作社、油枣专业合作社、山泉果业专业合作社、贵荣果业专业合作社等合作社也相继建成。三是着力培植田园生态休闲农业。龙泉驿区立足本地资源优势，以市场为导向，因地制宜发展农业观光旅游业，目前已形成了洛带古镇、桃花故里等一批国家4A级、3A级旅游景区，并逐步完成以生态培育为主的龙泉山生态旅游综合功能区的建设。

2. 吸取"龙华实践"经验，推进城乡基础设施一体化

城乡基础设施一体化是统筹城乡发展的物质基础，是城乡一体化的重要标志。推进城乡基础设施一体化，能有效解决乡村基础设施建设脱节的问题，从而为提高农民生活水平、改善农村生活环境、实现城乡社会经济协调发展提供支撑。2003年伊始，龙泉驿区便结合旧城改造、城镇道路改扩建、乡村道路提档升级，推动农村公路路网建设并实现与主要交通干道联网，实现城乡道路交通体系一体化；在推进市政公用设施向农村覆盖的过程中，以城市自来水和天然气覆盖农村，实现城乡居民用电同网同价，提高了农村电网供电能力和农村居民用电水平；在加强农业基础设施建设的过程中，加强了水利设施建设和整治，实施了标准农田建设和耕地质量保护工程，实施了"宽带下乡"、信息进村入户的工程。

城乡基础设施建设的一体化，基本上改变了农民打井喝水、农业靠天吃饭的局面。随着城乡基础设施一体化进程的推进，龙泉驿区在中心城镇和具备条件的农村地区实施建设农民新居工程，通过集中连片开发，统一兴建农民新型社区，社区内水、电、气、通信等设施配备齐全，农民基本上可以享受到同城镇居民一样的生活条件。"龙华实践"、怡和、滨西、客家民居等农民新居工程，统筹解决了龙泉驿区居民的住房难题，促进了新市民聚居点的形成。

龙华村地处成都中心城区与龙泉驿新城区的连接带，地理位置得天独厚。但在2004年以前龙华村仍是一个典型的以果蔬种植为主的传统农业村，农民居住分散、人均收入低、村级集体经济薄弱。随着城乡一体化的深入推进，原新民村、新华村、高垧村、龙华村4个村整合成立了龙华社区，宅基地被置换出来

了，村民通过土地流转，以耕地的承包经营权和宅基地的使用权作为村民个人股，以工矿用地、其他非耕地的使用权，村集体固定资产及现金作为集体股，二股合一。2004 年 6 月，按照"群众自愿、专家论证、全民决策、两委操作、政府引导"的原则，组建成立了四川省首家农民股份合作社——龙华农民股份合作社。

龙华农民股份合作社在基础设施建设的过程中采取"耕地向保护区集中、宅基地向发展区归并、农民居住区向空中扩展"的方式，改善了农民生活条件，节约了土地，为产业发展腾出了空间。首先，龙华农民股份合作社建设了新型农村社区——西博苑，让龙华股民住进楼房，龙华村正式变成龙华社区；其次，龙华农民股份合作社在集中后的耕地上，积极引进蔬菜、花卉等高附加值项目，以返租倒包的形式进行农业产业化经营，此举解决了农民进城集中居住的就业问题；最后，龙华农民股份合作社将整理出的宅基地、工矿地、非耕地集中置换到经济价值高的公路沿线，并积极引进一批吸纳劳动力强的产业支撑转型农民的就业问题。紧靠"西博苑"的大型市场——博美装饰城和国际汽摩商城，就是合作社利用龙华村整理宅基地腾出的土地修建的，农民既在装饰市场里面当聘用工人，又在合作社里当股东。

3. 加快"生态移民"，推进城乡规划一体化

长期以来，我国的城乡规划工作一直存在着重城市、轻乡村，城乡规划不平衡的问题。为此，成都市变"城市规划"为"城乡规划"，在全域成都范围内统筹规划设计，从根本上改变了传统的"摊大饼"式城市建设模式。龙泉驿区以市委、市政府坚持以人为本、城乡一体的规划理念，把城市、乡村作为一个统一的有机整体，统筹规划平原坝区与山区以"一主、两带、三片、多点"（一主即龙泉主城区，两带即十陵—西河城镇发展带、洪河—大面城镇发展带，三片即洛带镇片区、柏合镇片区、黄土镇片区，多点即山泉镇、茶店镇、洪安镇、万兴乡等）为架构的城乡发展格局，积极构建现代城市与现代农村和谐相融的新型城乡形态。

在平原坝区与山区并存的情况下，龙泉驿区委、区政府推进繁华城镇和优美田园的有机融合，实施"生态移民"，即有计划、有组织、有规模地实施山区农民的分批转移，让山区农民下山进入城区享受城市文明，让生态产业上山发展延伸产业链条。"生态移民"充分尊重群众意愿，把群众利益放在首位，坚持"农民自愿、专家论证、全民决策、依靠两委"的原则，率先在万兴镇大兰村推行试点工作。大兰村生态移民是由政府主导，中信集团投入资金和项目并与龙华农民股份合作社、万兴乡大兰村组成股份公司，按照"资源整合、参股入社、拆院并院、生态移民、权益平等、成果共享、国企带动、政府扶持"的思路，将位居远山深处的大兰村与位居平原坝区的龙华村全面整合而展开的。"资源整合"确保了资源环境的永续利用，"参股入社"保障了移民的合法权益，"成果共享"体现了社会公平正义，"国企带动"解决了统筹城乡的资金瓶颈。下山移民搬迁到龙华新城将实现"五个同步"，即入住新居、移民补偿、充分就业、充分社会保障、福利发放同步进行，并实现"一个增长"，即年均收入从移民前的千余元增

长到移民后的 1 万元。"生态移民"工作基本上解决了山区农民诸多生活难题。龙泉驿区实施生态移民试点工作是一项统筹城乡规划、整合城乡资源、富民惠民的民心工程，是建设"全国统筹城乡综合配套改革试验区"的一项创新实践。

4. "还权赋能"，推进城乡市场体制一体化

统筹城乡发展必须把农村改革向纵深推进、创新发展机制，打破城乡市场体制分割的二元结构。从根本上看，必须发挥市场体制资源配置的作用，综合运用政府和市场两只手，以打破城乡分割生产要素体制为突破口，激活生产要素合理流动。

2008 年 2 月，成都市深入推进农村工作"四大基础工程"，统筹城乡工作步入"深水区"——农村产权制度改革。龙泉驿区按照"归属清晰、权责分明、保护严格、流转顺畅"的现代产权制度要求，"还权赋能"助力农村生产要素自由流动，开展对农村集体土地和房屋确权、登记和颁证工作，鼓励农民建立长久不变的产权关系，实现农村土地承包经营权自由流转，探索推进集体土地的房屋自由流转及农村各类产权交易，建立了资源要素在城乡间自由流动的市场体制。同时，龙泉驿区按照"降低门槛、放宽政策、简化手续"的原则，建立起城乡统一的户籍管理制度，取消了农业与非农业户口性质的划分。2007 年，龙泉驿区全面实行城乡户口一元化登记管理并按实际居住地登记为居民户口。

龙泉驿区以城乡体制一体化为突破口，促进了人和生产要素的自由流动相结合，实现了"人要出来、钱要进去、要素要流转"，将农民身份由"农民"变为居住在新建集中居住区的"新市民"。

农村产权制度改革被比成深水里的第一块石头，龙泉驿区在城乡统筹工作进入"深水区"而启动的农村产权制度改革，则通过"还权赋能"搬开了这块石头，提高了农村的市场化程度，促进资源要素在城乡间自由流动，释放出农村的发展活力，缩小了城乡差距。

农村产权制度的改革和资源与资本的"联姻"有力拓展了现代农业的发展空间。2009 年，黄土镇洪安村村民将自己的土地流转给黑金果业合作社，不仅实现了土地收益的最大化，还通过多种就业形式，实现了收入的大幅度增加。同时，龙泉驿区委、区政府对被征地农民的安置问题实施"三个同步"，即居住区规划与促进就业同步、居住区建设与农民培训同步、项目引进与扩大就业同步，确保被征地农民不失业、不失利。

5. 实施"金凤凰工程"，推进城乡公共服务一体化

在统筹城乡发展的过程中，成都市大力推进公共服务改革，建立了城乡一体的公共服务体制和财政投入机制，在就业、社会保障、教育、卫生、文化等方面推动城市公共优势资源向农村覆盖，实现城乡公共资源均衡配置，使城乡居民都能共享发展成果。以此为基础，龙泉驿区将部分区级行政管理职能和社会管理权限向街、镇、乡延伸，强化社会管理和公共服务职能。其一，推进体制创新和管理模式的变革，不断扩大公共服务，满足和回应各类主体对公共服务的需求；其二，建立城乡一体化服务体制，加强以区政务中心为龙头，区、镇、村三级便民网络为支撑的政务服务平台建设，实施一个窗口集中办理和"一站式"服务等

便民措施。其三，充分利用现代信息技术，建设互联网信息平台和便民服务网络平台，构建全天候的虚拟政府服务体系；其四，建立覆盖城乡的公共财政体系，形成对"三农"投入稳定增长机制，加大公共财政支出和转移支付力度，提高一般性转移支付规模和比例，保障农村基础设施建设和基层公共服务资金稳定的来源。

6. 实行"村民议事会制度"，推进城乡管理体制一体化

按照统筹城乡发展的要求，成都市先后对30多个部门进行了职能整合归并，初步建立起适应城乡一体化的管理体制。在此基础上，龙泉驿区按照成都市委、市政府《关于构建新型村级治理机制的指导意见》的要求，加强并改进基层党组织领导，理清了村委会（村级事务决策者）和村集体经济管理者的关系，推动"代民做主"向"由民做主"转变，完善了基层民主决策、村务监督和村级公共服务等职能，创造性地构建了党组织领导、村民会议或村民议事会决策、村委会执行、其他经济社会组织广泛参与的新型基层治理机制。村党组织是基层工作的领导核心；村民议事会是基层常设议事决策机构，受村民会议委托，在授权范围内行使村级事务的议事权、决策权、监督权；村民委员会执行村民会议、村民议事会的决定，组织实施政府委托的公共服务和社会管理项目；村合作社是集体资产经营管理主体。

2008 年，龙泉驿区开始基层民主建设改革，以新型村级治理机制建设为重要转折，让农民有尊严地参与村级事务的决策。在龙泉区委、区政府的领导下，黄土镇洪安村每个村民小组成立由组长及组议事会成员组成的调解小组，负责处理村民之间的争议；在村一级由村两委和村民议事会在广泛收集群众意见基础上，研究处理对集体资产归属的争议；推选村内有威望的村民组成监督小组，行使监督职能；制定"村规民约"，加强诚信体系建设。一系列举措的出台，使一些搁置多年的产权归属等"老问题"迎刃而解。

近年来，村组议事会在推进农村产权制度改革、村级公共服务和社会管理改革等方面发挥了重要作用，有效化解了统筹城乡发展改革中的诸多难题。在深入推进治理机制的过程中，村干部逐渐学会了用民主的方式、向群众寻求解决问题的方法开展工作，工作方式也从过去传统的"管理型"、"命令式"向"服务型"、"协商式"转变。新型农村基层治理机制为村干部"减了负"，议事会的有效运行架起了干部与群众之间理解沟通的桥梁，党群、干群关系不断改善，党的执政基础也更加坚实稳固。

（二）龙泉驿区在统筹城乡发展中坚持工业反哺农业、城市支持农村，推进农业产业化经营发展

1. 龙泉驿区扶持一批农业产业化经营龙头企业，坚持用抓工业的思路发展农业产业化经营

2003 年以来，龙泉驿区不断推进城乡统筹发展，加快发展农业产业化经营。城乡融合是城乡关系协调发展，其中城乡生态环境的融合是重要组成部分。一方面要解决好人地关系矛盾，防止人口膨胀造成的土地退化；另一方面要解决好经济发展与环境污染的矛盾，严格控制污染，保护物种的多样性，实现城市环境乡

村化和乡村环境城市化。

（1）龙泉驿区按照推进城乡一体化的总体要求，加快完善龙泉驿区全区城镇规划体系，着力构建以主城区为龙头、重点街镇为纽带的城乡发展新格局。龙泉驿区全面加快重点街镇建设，特别是按照成都市统一部署优先发展洛带镇，在用地指标、产业发展、财税政策、基础设施、社会事业等方面重点倾斜支持，使之形成规模、形成特色、形成产业支撑。龙泉驿区全面推进城乡一体化的试点示范，加快大面龙华禾嘉现代新城项目建设，集现代商贸、工业、农业、教育和人居为一体的现代城市社区；积极推进文安村物流产业型、跃进村加工产业型、歧山村文化产业型等城乡一体化的试点。龙泉驿区全面推进"农民新居工程"建设，按照现代城市社区的标准，高质量完成全区"农民新居工程"规划设计工作，全面启动龙泉、洛带、洪安等6~8个"农民新居工程"片区建设，为促进农民向城镇现代社区高度集中提供良好的居住空间。同时，继续深化镇乡行政管理体制改革，稳步搞好镇改街道、村改社区的对接转换，加快农村管理向城市管理的转变。

（2）引进一批农业产业化经营项目。坚持把西河现代农业科技产业示范园区作为推进农业产业化经营的重大载体，结合"项目年"活动突出抓好农业招商引资工作，制定和完善农业招商引资政策，采取多种形式积极吸引社会资金投资开发农业，确保农业项目招商引资到位资金实现突破性增长。针对重大农产品加工型、营销型、科技型、税源型企业的扩张需求，突出引进优质猪规模产销、果蔬精深加工等一批就业容量大、带动能力强、产业链条长的农业产业化经营龙头项目；发挥全区花果、山水等资源优势，规划储备、包装推介、引进实施西河"渔家乐"、柏合农业观光生态园等一批农村非农产业发展项目；根据中央和省市农业发展资金投向，积极向上申报农业项目，力争中央和省市对在龙泉驿区农业投资有效大幅度增长。

（3）扶持一批农业产业化经营龙头企业。坚持用抓工业的思路、抓项目的办法，全面提升农业产业化经营业态。落实兑现农业产业化经营的各项扶持政策，积极支持区内重点龙头企业规模扩张，确保农业产业化龙头企业工业增加值增长23%以上；充分发挥龙头企业辐射带动作用，着力完善企业、专业合作经济组织、农户等多方利益联结机制，引导支持白家、广乐、宏亿等优势龙头企业在区内新建、扩建原料生产基地，大力发展订单农业、合同农业。

（4）建设一批优势农产品基地。紧紧依托"国家无公害农产品生产示范区"品牌，以深化农业优势产业结构调整为重点，再造龙泉驿区农业新的比较优势。大力调优农业结构，突出以黄土、洪安、茶店、万兴等北部片区、山区镇乡的基本农田保护区为重点，依靠科技加快水蜜桃、枇杷、葡萄等果蔬品种的规范、改良、更新步伐，引进推广农业生产新技术15项、新品种30个，改造低效果园1万亩，集中规模构建水果、蔬菜、畜禽三大优势产业带，不断提高蔬菜、畜禽、水产比重。大力扩张优势基地，实施农业无公害标准化生产，高质量新建2万亩无公害水果基地、1万亩无公害蔬菜基地、8000亩鲜食糯玉米基地、优质猪生产基地等12个种养业规模示范基地，提高农业规模化、标准化生产水平。大力净化农资市场，重视发挥供销合作社在生产资料供应等方面的主渠道作用，严格禁止销售、施用剧毒、高毒、高残留农业投入品，有效防止滥用激素行为，提高优势农产品的市场竞争力。

（5）推进以完善城市功能为重点的现代服务业聚集发展。坚持"服务市民、致富农民"的思路，发挥优势，突出重点，主动承接成都市发展需要疏散、转移、放大、扩张、新建和超前建设的功能。发挥桃花节品牌优势，以龙泉山、龙泉湖等"一山多湖"开发为重点，整合花果资源、山水资源、文化资源、酒店资源，大力发展高水平的农家旅游，着力建设成都近郊休闲旅游度假基地。发挥西南出海通道和高速公路密集优势，突出抓好省物流中心、公路口岸、化工市场等重点项目，着力建设西南市场物流基地。发挥阳光体育城品牌优势，加大体育健康和休闲产业的发展力度，积极构建以运动、休闲、医疗、康复为重点的健康经济圈。发挥大专院校聚集优势，强化大学科研功能，为加快工业化、城市化进程提供人才和智力支撑。发挥成都东部绿色屏障优势，以沿山、沿水成规模开发高品质住宅小区为重点，努力把龙泉建成 21 世纪成都最佳生态居住区。同时，积极引进和发展购物、文化、体育、餐饮、娱乐、家政、物业、通信、咨询、会计、法律等多元化服务业。

推进以农民增收为重点的都市特色农业聚集发展。坚持以工业思路和经营理念做大做强现代都市特色农业，促进农民持续快速高效增收。以优化农业结构为重点，深入实施特色农业经济发展战略，加快发展万亩观光果园、十陵禽蛋基地等一批特色种养规模基地，巩固壮大水果、畜禽、蔬菜三大农业优势产业，不断提高无公害农产品、畜牧水产业和非农产业的比重。以培育龙头企业为重点，落实优惠扶持政策，做大做强白家食品、广乐食品等一批重点龙头企业，着力引进一批实力强、品牌响、"产加销"一条龙的现代农业产业化经营企业，大力推行和完善"公司+基地+农户"等利益联结机制，加快农业产业化发展步伐，培育一批年产值或销售收入超 5000 万的农业产业化龙头企业。以健全服务体系为重点，鼓励和引导农民依托产业优势自愿联合，建立一批股份合作型、专业协会型等多种形式的农村专业合作经济组织，扶持农产品流通企业、购销大户、农民经纪人、中介组织、行业协会等营销主体，培育壮大农产品信息、储藏、保鲜、包装、运输等行业，确保优质农产品实现"批量、快销、好价位"。

2. 龙泉驿区坚持工业反哺农业、城市支持农村，推进农业产业化经营发展

龙泉驿区在推进农业产业化经营发展中坚持工业反哺农业、城市支持农村，突出以城乡一体化为主线，农民增收为核心，项目建设为重点，农民转移为根本，招商引资为突破，市场营销为关键，改革创新为动力，紧紧抓住招商引资、承接产业转移的重大机遇，全面推进城乡统筹发展、农业结构调整、农民就业增收、农业产业化经营、农村扶贫开发和农村环境建设等各项工作，努力使农民收入有较大幅度增长，农业综合生产能力有明显提高，农村经济社会更加协调发展。

（1）统筹城乡发展，推进农业工贸化、农民市民化。

第一，加快推进农业工贸化。坚持以推进农村股份合作制改革为重点，充分尊重农民的首创精神和意愿选择，依法用活用足土地整理、流转、租赁等政策，大力发展以土地承包经营权入股为主的股份合作经济，引入企业规模资本，整合农村闲散资金，通过股份合作修厂房、办企业、搞旅游和"托养托种"等多种形式，使土地逐步向资本足、技术强、懂经营、善管理的规模业主有效集中，确保龙泉驿区规模流转土地达 2 万亩以上。坚持以加快培育农村创业主体为重点，全面加快农村非农产业发展，重点发展农产品加工型、社区服务型和劳动密集型中小企业，大力发展农村集体经济、个体私营经济，在税收、投融资等政策上对农村个体工商户和私营企业主给予支持。充分发挥国家级农业观光旅游示范点的品牌效应，积极吸引业主投资开发农业观光旅游，加强万亩观光果园、桃花故里、客家古镇等景点建设，促进农业和旅游业联动发展。

第二，加快推进农民市民化。坚持以大规模转移农民就业为重点，加强区内外转移就业载体建设，提高转移失地无业劳动力和农村富余劳动力的组织化程度。大力推进人力资源向人力资本转变，积极引导农民通过本地打工、进城务工，从第一产业的大军转变为第二产业和第三产业的合格新军。建立健全农民进入城镇的服务体系，落实完善宅基地整理置换、社会就业、税收优惠、工商登记、社会保障、社区服务等政策，通过规划导向和严格控制农村零星建房等有效措施，引导征地农民、散居农户向主城区和重点街镇"农民新居工程"片区集中，全面完成户籍管理一元化登记工作和"农民转市民"目标任务，加快转变广大农民的生产、生活和居住方式。

（2）以规模转移农民为重点，大力拓宽农民增收渠道。

第一，积极提高农民就业技能。坚持把转移就业作为农民增收的重大战略载体，按照"转前抓培训、转中抓岗位、转后抓服务"的思路，大力实施"十万农民转移工程"。发展职业教育，整合培训资源，着力构建以区就业训练中心为龙头，以职业教育院校为依托，社会广泛参与的培训网络体系。全力加大对农民就业技能培训的投入力度，建立政府、企业、农民共同投入的培训新机制，财政安排资金专项用于农民技能培训和劳务开发。充分发挥劳动、教育、科技和农业发展等部门培训农民的主渠道作用，采取集中培训与分散培训相结合，定向培训与订单培训相结合，多形式、多内容提高培训的针对性和实用性，尤其是要围绕一汽、科龙、威钢等重大产业化项目用工需求，开展好针对性上岗培训。

第二，积极促进农民转移增收。坚持劳动力转移目标管理责任制，刚性落实各级各部门转移农民目标任务，组织开展机关干部与失地农民"1+1"结对帮扶活动，以失地无业劳动力为重点推动农民成规模转移就业。加强人力资源市场建设，积极开发公共就业岗位，制定出台鼓励企业录用本区劳动力的优惠政策体系，确保区内企业本地普工吸纳率达 70%以上。广辟劳务输出渠道，扩大对外转移规模，在劳务需求量大的地区设立劳务输出办事处，建成稳定的龙泉劳务输出基地。同时，积极抓好海外劳务输出工作。

第三，积极推进组团帮扶工程。围绕促进农民大幅度增收，突出"抓发展、改条件、促转移"三大任务，深入开展区级机关组团帮扶山区镇乡工作，深入开展党群"1+1"、街镇"1+1"、校院"1+1"等结对帮扶工作，增强以城带乡、以强带弱、优势互补、发展互动的实效。积极推进农村扶贫开发工程，大力抓好安身工程、扶残助残、扶贫济困送温暖等活动，努力提高农村特困群体的收入水平和生活质量，夯实城乡一体化发展的坚实基础。

（3）以完善基础设施为重点，着力改善农村发展环境。

第一，加强农村公共设施建设。根据推进城乡一体化的现实需要，突出抓好一批农村重大基础设施项目，加快改善农村居民生产生活环境。着力加大农民集中居住区道路建设力度，打通断路、加密村道、联网村社，积极启动城乡公共交通"一元通"工程。抓好同安、万兴等4个农村卫生院新改建工程，加强街镇文化站、图书室建设，全面改造农村广播通信服务网络，进一步提高燃气、高质量电视信号等到村的通达率。

第二，加强农田水利基本建设。实行最严格的土地管理制度，切实保护好耕地特别是基本农田，确保基本农田总量不减、用途不变、质量不降。高标准完成以水利为重点的国家农业综合开发项目和水利田园化建设工程。积极改造中低产田，切实抓好渠系岁修和水毁工程修复，治理水土流失4平方千米，不断改善农业生产环境。

第三，加强农村生态环境建设。抓紧做好生态建设规划，因地制宜进行树种结构、林种结构、林业产业结构调整，探索建立推进西坡绿化工程的新机制，搞好天然林保护和种苗工程建设，巩固提高退耕还林成果，加快成都东部绿色生态屏障建设步伐。加强农村环境整治，抓好村容镇貌整治和农村"三改"工程。积极开展河渠、水库水质监测保护工作，加强水环境综合整治，促进人水和谐发展。

（4）以健全服务体系为重点，全面发展农村社会事业。

第一，完善市场营销体系。积极培育壮大农产品市场主体，鼓励扶持川宝贸易等区内农产品流通企业、中介机构、购销大户和农民经纪人，重点支持以聚和国际果蔬交易中心为代表的大型农产品贸易批发市场，大力发展和规范产地交易市场，积极构建农产品无形市场，继续开通"绿色通道"，努力畅通超市直销、网上订购、出口创汇等渠道。培育壮大农产品信息、包装、储藏、保鲜、运输等行业、用好用活"龙泉驿水蜜桃"原产地域保护产品专用标志和产地证明商标，促进农产品批量、快销、高价位，把产品优势转变为增收成效。积极做好农产品出口的营销、质监、监测、信息等服务，外贸发展基金向农产品出口倾斜，进一步扩大优势农产品出口规模。

第二，健全农业服务体系。进一步完善农业科技服务机制，积极稳妥地将一般性技术推广和经营性服务分离出去，鼓励农技人员以技术入股等方式领办、创办龙头企业，增强助农增收的实效。进一步健全农业科技推广体系，稳定区、街镇、村三级农技推广队伍，保障农业技术推广机构必需的工作经费。进一步加强动植物检疫防疫体系建设，做好果树、蔬菜等主要农作物病虫害防治和动物无规定疫病区建设。进一步加快农业科技成果转化，加强与四川农业大学等农业院校和科研院所的合作，提高农业生产管理质量水平。进一步加强农业质量监督体系建设，加快完善农产品检验检测设施，确保农产品质量安全。进一步提高气象预测预报水平，拓展气象服务领域。进一步完善农村经济信息网络体系，建立农产品供求信息资源库，加快农村信息化步伐。

第三，发展农村社会事业。加快农村教育事业发展，高水平、高质量普及九年义务教育，全面普及高中阶段和学前三年教育，确保农民工子女就地入学率达100%。整合基础教育资源，启动实施"金凤凰工程"，在绝不增加农村学生读书家庭负担的前提下，健全落实进城读书补贴政策，让丘陵地区农民子女共享城市优质教育资源，从战略根基上为农民市民化创造条件。进一步规范教育收费管理，落实和完善困难家庭子女"两免一补"政策。扎实抓好社区教育，大力提高农民素质。健全农村医卫服务体系，大力推进城乡医院整合互动改革，实施城乡医院对口帮扶、巡回医疗等制度，把城镇的优质医疗资源延伸到农村，提高农村特别是丘区农民医疗服务质量。全面落实农村公共卫生工作，大力加强农村药品配送网络和监督网络建设，积极搞好农村爱国卫生运动。落实和完善农村医疗救助政策，对农村五保户、低保对象中贫困户实行贫困医疗救助。巩固发展农村新型合作医疗制度，进一步提高农民参合率。提高农村精神文明程度，结合创建"全国文明城市"，完善农村公共文化服务体系，广泛开展文化、科技、卫生"三下乡"活动，深入开展"文化先进镇乡"、"文明村镇"、"五好文明家庭"、"双文明户"建设等精神文明创建活动，全面加强农村思想道德建设。扎实抓好农村计划生育工作，进一步提高人口素质。

四、郫县深化统筹城乡综合配套改革，着力打造现代产业聚集区、城乡统筹样板区、生态文明示范区

郫县全面实施交通先行、产业升级、立城优城、三圈一体、全域开放"五大兴市战略"，坚持把"两化互动"、统筹城乡发展作为推动郫县跨越发展的主路径，全面深化统筹城乡综合配套改革，力求在关键领域和重点环节取得突破，集成打造现代产业聚集区、城乡统筹样板区、生态文明示范区。2003年以来，郫县贯彻落实成都市委、市政府城乡统筹、"四位一体"科学发展的总体战略部署，按照"率先构建新型城乡形态、打造统筹城乡发展综合示范区"的要求，突出统筹推进"六个一体化"、农村"四大基础工程"、新农村示范建设等重点，试验区建设重点领域和关键环节取得新的突破。在新的发展时期，通过不断深化完善"六个一体化"，统筹推进"三个集中"、促进"三化联动"发展，郫县正着力打造新型工业基地、文化休闲基地、川菜产业基地，努力建设城乡形态优美、产业支撑有力、功能配套完善、体制机制顺畅、充满活力的城乡统筹综合示范区。

（一）郫县着力打造现代产业聚集区、城乡统筹样板区、生态文明示范区

郫县位于川西平原中心，地处成都市西北近郊，是享誉全国的豆瓣之乡、蜀绣之乡。近年来，郫县着力打造"一城两带三基地"，大力推进新型城镇化，加

快转变发展方式。经过多年持续不断的努力，郫县经济快速发展，各项事业全面进步，民生幸福指数不断提高，社会和谐稳定，基本形成了城乡同发展共繁荣的格局，走出了一条以城乡统筹带动发展方式转变、推动经济社会又好又快发展的新路。

1. "三个集中"质量和水平明显提升

突出"加快发展、科学发展、又好又快发展"取向，深入实施"三个集中"，联动推进新型工业化、新型城镇化和农业现代化取得新的实效。一是通过完善工业集中发展区建设规划、深化"一区一主业"发展规划、优化投资创业环境、加强生态环境保护，增强工业集中发展区的承载能力、配套能力和服务能力，强力推进工业集中、集约、集群发展取得新突破。二是通过完善县域城镇体系规划、农民集中居住区规划，健全农民集中居住区建设和管理工作机制，加快推进城镇"新居工程"和农村新型社区建设，稳步推进农民向城镇集中取得新突破。三是通过编制农业主体功能区规划、完善农业产业布局规划，推进土地向产业化龙头企业、农民专业合作组织和种植大户集中取得新突破。统筹推进土地向规模经营集中，加速农业产业化进程。近年来，郫县按照"突出优势、集中发展、规模经营、政策扶持"的思路，在全县统一规划建设了"三带"，即郫花路红东路花卉产业带、沙西线生态休闲产业带、竹唐路无公害蔬菜产业带；"四大基地"，即占地3000亩的蜀都花卉产业园、年产鲜盆花8000万盆的鲜盆花基地、万亩无公害韭黄基地和安德珍稀食用菌基地。在基地建设上，坚持依托大户和引入业主并重，促进土地规模经营。在安德、唐昌、犀浦等镇建成规模化的农产品交易市场，提高农产品市场效益和品牌影响。

2. 农村产权制度改革取得阶段性成效

坚持"还权赋能"的原则，围绕建立归属清晰、权责明确、保护严格、流转顺畅的现代农村产权制度，遵循农民"三自"原则，扎实推进农村产权制度改革。一是做好农村产权确权颁证工作。截至目前，已向全县村民小组颁发了集体土地所有证，向农户颁发了农村土地承包经营权证、集体土地使用证、房屋所有权证，颁发林权证书7137本。二是创新耕地保护补偿机制。通过市政府设立的耕地保护基金，为承担耕地保护责任的农户发放耕地保护金，调动农民保护耕地的积极性。三是推进农村产权规范流转。组建了全县统一的农村产权流转交易服务平台，制定了农村产权流转管理办法、交易规则和交易流程。四是开展农村产权抵押融资。搭建农村产权抵押融资平台，推动农村产权抵押融资取得突破。

郫县抓住建设成都试验区先行试点区契机，坚持以建立现代产权制度为基础，大力推进农村市场化改革，深入实施农村产权确权颁证、生产要素自由流动改革试点等工作，搭建农村产权流转交易平台，制定农村产权流转交易、抵押融资、登记管理等配套办法和实施细则。通过引导农民自主组建集体管理公司，采取农民自筹、向银行融资和与社会资金合作的方式，广泛吸引社会资源投向农业和农村，有效地解决了土地整理和新农村建设"钱从哪里来"的问题。

郫县战旗村是成都市第一个按市场化机制实施土地综合整治增减挂钩项目建设的农民集中居住区，也是成都市第一个集体经济组织与企业合作开发集体建设用地，以土地作价入股发展产业实体的试点项目。通过这样的方式，战旗村很好地解决了"钱从哪里来"的问题，快速实现了城市资源反哺农村和激活农村固有资源两个艰难转身。战旗村的探索也给村民带来了实实在在的利益。村民住进了村里新建的9.1万平方米的战旗新型社区的小洋楼。

围绕巩固和扩大改革试点、制度创新的优势，郫县坚持以促进城乡生产要素自由流动为根本取向，将着力破解金融资本、社会资本下乡的"瓶颈"问题，积极稳妥地深化农村产权制度改革，依法有序地推进户籍制度改革、农村土地管理制度改革、基本公共服务改革、投融资体制改革和社会管理体制改革等一系列重点改革，力争通过10年左右的时间，完成郫县土地综合整治任务。目前，郫县已组建40家村集体资产管理公司，已有12家集体资产管理公司向银行融资，有15家集体资产管理公司向合作企业融资。

3. 推进"两化互动"，加快构建现代化的新型城乡形态

工业化和城镇化的加速推进，带动城乡形态随之发生巨变。郫县在城市建设中着力加快辐射带动能力强、产业聚集度高的城市综合体发展，带动商贸、金融、教育、物流等产业的聚集。城市功能布局上则突出"五大组团"、"四大板块"。以"一城"为中心的成都市西部新城城市板块快速崛起，形成了郫筒、犀浦、红光、安靖"198"、德源五大城市组团片区。

郫县按照"两化互动、产城一体"的要求，大力实施"立城优城"战略，坚持走精品城区建设之路，深化拓展"两带"和省级沙西新农村示范片区建设；加快建设"人口集中居住、产业聚集发展、功能集成配套"的新型农村社区和新农村综合体，着力把城镇做精，形态做美，功能做优。

成灌快铁、地铁二号线在犀浦镇交汇，犀浦组团已成为成都中心城区西部生活商务区，主要发展商业商务、服务产业、创意产业和生态住宅产业。红光组团作为高新西区的产业配套服务区，主要发展现代制造业、服务业和房地产业。安靖组团则借助"198"功能区，以生态绿地、大面积湖面为基础打造文体休闲、蜀绣园区等多个特色功能分区以及创意产业和休闲旅游产业。德源新城组团是成都市承接重大产业转移的生活配套基地，定位为电子科技商务、居住和生活配套主体功能区。郫县县城所在地郫筒镇，则形成了东南部新城、北部新城、望丛文化园、城西新城"四大城市板块"格局。

在新型城镇化进程中，郫县进一步推动产城一体发展，深化完善城乡一体化规划，加快构建"一个中等城市组团、9个特色镇、若干个农场新型社区"的网络化、组团式城镇体系。2012年，郫县重点推进7个场镇改造、3个示范场镇示范和21个综合示范项目建设；全面启动沱江河城区段改造，加快推进望丛文化园建设、犀浦镇与安靖镇"四轴三片"改造、郫筒镇"蜀国鹃都"等项目建设。

4. 三次产业联动融合，着力打造现代产业聚集区

郫县安德镇在成都市统筹城乡发展格局中被确定为重点区域。发挥郫县豆瓣传统品牌优势，打造川菜产业园区，成为安德"产业立镇、产城一体"的城乡统筹发展路径。近年来，安德镇立足本地实际，规划建设了占地3平方千米的川菜产业园区，主要以食品饮料、川菜原辅料、调味品为主导产业，并配套发展食

品机械、食品包装、蔬菜气调保鲜及食品物流等相关产业。已有 49 家企业落户园区，形成了豆瓣生产、川菜调味品生产加工、川菜原辅料生产加工、特色食品（饮料）生产，以及与食品企业相关联的食品机械、食品印务、食品包装等有市场需求、有经济效益、有就业容量、无污染的配套生产特色产品项目。园区内各生产型企业共同构筑成完善的上中下游配套的产业链，形成了以川菜产业为特色，推动统筹城乡经济发展的示范性园区，实现了工业向集中发展区集中。

在川菜产业发展过程中，安德镇大胆探索，走出了一条与园区企业共同投资、共同经营、共同发展，以产业带动城镇发展的"三共同"发展模式，有力地带动了镇域经济快速发展，在短短的 5 年时间内，使传统的农业镇在经济上实现了跨越式发展。特色鲜明的优势产业的强力支撑，不仅壮大了镇域经济实力，也凝聚了人气，大量进入园区的务工农民顺利实现了向城镇和新型社区集中、促进了城镇和新型社区的快速发展。

依托入驻园区的农副产品精深加工企业，安德镇及其周边地区很快形成 8 万亩标准化蔬菜配套种植基地，构建起"园区企业+种植基地+专业合作组织+农户"的产业链条和利益共同体，形成了龙头企业、合作社、基地和适度规模经营户分工合作，竞相发展的格局。目前，安德镇建成区面积已拓展到 5.3 平方千米，已建成 2.5 平方千米工业新城，培育形成销售收入过亿元的重点龙头企业 22家。围绕打造"百亿级"农产品精深加工园区，推进农业和农产品加工融合发展。

围绕加快构建先进制造业、现代服务业和都市现代农业联动发展的现代产业体系。郫县坚持走"以工促农、以贸带农、以旅助农"的特色"产业倍增"之路，大力实施"振兴服务业计划"，着力打造以犀浦、红光、郫筒为主体的现代商务商贸聚集区和"198"现代高端服务业聚集区；加快发展工业设计、现代物流、服务外包等生产性服务业；积极发展教育培训、电子商务等现代服务业；大力培育以"三产联动"为特征的都市现代农业，扎实推进农业的生态化、特色化、品牌化发展，加快建设"西部第一、国内领先"的都市现代农业示范区，努力走出一条单位效益最大化、单位能耗最低化的具有郫县特色的"产业倍增"之路。

围绕推进新型工业化，做强工业支撑。郫县坚持走高新高端高效、集中集群集约的现代工业发展之路，着力壮大电子信息、机械装备、食品加工等支柱产业，力争到 2015 年把成都现代工业港建成千亿元产业园区。按照"用工业化改造农业、服务业提升农业"的思路，重点致力于发展休闲农业和乡村旅游为特色的第一产业和第三产业融合，大力推动传统农业向都市现代农业转型发展。

郫县因势利导，确立了"一三相融、接二连三"的产业发展思路，为全县产业发展、新农村建设指明了方向和路径。在工业方面，按照成都市提出的"一区一主业"的要求，郫县大力发展以发光二极管（LED）高新技术为主的电子电器设备制造业。同时，全力推进成都现代工业港"二次创业"，着力培育一批带动能力强的龙头骨干企业，搞好产业集群发展，增强园区和企业核心竞争力。目前，郫县已引进发光二极管企业 8 家，园区内累计年纳税 1000 万元以上企业 12

家。而随着郫县城市建设的推进，以完善城市功能、增强城市品位的服务业也得到长足发展。至尊豪庭五星级大酒店、恒创蜀都商业广场、蜀都国际商务会所等服务业商业巨头进驻郫县。除了传统服务业的提档升级，金融保险、文化教育、旅游度假、现代物流、文化创意等新兴服务产业也在郫县发展。

近年来，郫县围绕优势农产品布局，大力开展农业招商引资，引进农业产业化企业带动规模经营，近两年累计引进投资超过 1000 万元的农业产业化项目 40 个，投资 5 亿元的成都市现代农业创业园等重大农业项目落户郫县。坚持走"公司+基地+协会+农户"的路子，发展各类农民专业合作经济组织 260 个，组建专业生产合作社和营销联合体 15 家，在龙头企业与农民间建立起紧密的利益联结机制，既让农民享受土地规模经营中的利润再分配，又壮大农村集体经济，多渠道增加农民收入。

5. 村级公共服务和社会管理水平显著提升

郫县坚持"有钱办事"与"民主议事"相结合，在全县 175 个村（涉农社区）开展了村级公共服务和社会管理改革，初步建立起村级公共服务和社会管理五大机制，促进公共服务向农村覆盖、社会管理向农村拓展，村级公共服务和社会管理水平得到明显提升。一是抓实宣传动员。通过组建基层工作队、县级媒体开设改革专栏、电信部门发送公益短信、村务公开栏开设专栏、印发入户宣传资料等方式，全方位开展宣传动员，把改革的目的意义、专项资金标准、民主决策程序等政策原原本本交给群众，提高了农民群众的知晓率和参与度。二是落实专项经费保障。县财政安排县级部门提供的村级公共服务项目经费，安排用于购买市场主体提供的农村公共服务项目；各村通过民主决策确定了 1687 个公共服务和公共管理项目。三是完善公共服务平台建设。完成了全县 175 个村（涉农社区）便民服务室、卫生服务站、劳动保障站、文化活动室等公共服务平台标准化配置建设，组建了 65 个农村片区警务室。四是初步建立起群众广泛参与的民主管理机制。全县 175 个村（涉农社区）建立了议事会和民主监事会，探索形成了宣传动员、征求意见、形成议案、议决公示、组织实施和社会评价的民主管理"六步工作法"以及"10 人以上村民代表联名提案制"等创新做法，已成为全县村级公共服务和社会管理改革特别是村级专项资金民主管理行之有效的方法。五是加强人才队伍建设。建立促进城乡人才有序互动机制，完成了一村两名大学生的配备，选派县级部门年轻干部到村挂职锻炼，抽调县级部门专业技术人员驻村服务，构建起一支协调配合、管理有序、服务有力的村级公共服务和社会管理人才队伍，解决了"有人办事"的问题。

6. 统筹城乡综合示范项目建设取得实效

郫县坚持"系统集成、综合示范"的思路，突出以特色产业和集体经济发展、基础设施和公共服务配套、市场化和民主化改革为重点，通过统筹推进"六个一体化"、深化规范化服务型政府和基层民主政治建设、健全完善工作推进机制，统筹集成推进成都市确定的 6 个综合示范项目建设，增强了深化统筹城乡发展的示范和带动作用。目前，安德镇已形成深化"三个集中"、联动推进"三化"的综合效应及推进综合配套改革、促进城乡公共服务均衡发展的综合典型；

安靖镇已形成以蜀绣产业和市场物流等为重点的城郊型特色经济发展、新型集体经济发展和农民多元化增收的示范典型；唐昌镇战旗村已形成农业集体化和集约化发展、农民集中居住和综合配套改革的示范典型；新民场镇云凌村已形成土地规模流转、鲜盆花特色产业集群发展、村级公共服务和社会管理改革的示范典型；友爱镇农科村已形成乡村旅游提档升级、新农村试点示范建设、农村环境综合整治的示范典型；花园镇永泉村已形成土地综合整治、农民集中居住、基层治理结构改革的示范典型

7. 郫县规模发展乡村旅游业

农业规模经营带动了乡村旅游的规模发展，从土地上剥离出来的农民又转变成乡村旅游业主，进而依托乡村旅游循环推动农村土地规模经营。目前，郫县共发展"农家乐" 1000 多家，并在国内率先评定星级乡村酒店 21 家，郫县乡村旅游年接待游客突破 200 万人次，吸纳农民转产转业 2.6 万人。国家 3A 级景区友爱镇农科村闻名海内外，全村花卉苗木和"农家乐"规模经营已有 20 多年历史，农科村核心景区 2.6 平方千米，农家乐 37 家，其中星级农家乐 16 家。农科村成功引进旅游项目，仍采取土地规模经营、引导农民集中居住、农民就地变农业工人的方式推进项目建设，步入了城乡统筹、集中发展的良性循环。

（二）郫县深入实施"一城两带三基地"发展战略，集中打造城乡统筹综合示范典型

2013 年，郫县深入实施"一城两带三基地"发展战略，继续坚持以深化"三个集中"、联动推进"三化"为核心，突出"两带"建设、川菜产业功能区建设和沙西新农村示范片建设等重点，统筹推进"六个一体化"和农村"四大基础工程"，力争在加快城乡全面现代化进程、构建现代新型城乡形态、打造城乡统筹综合示范区上取得新的突破。

1. 进一步提升"三个集中"的质量和水平

一是坚持走内涵式发展道路，加快工业经济转型升级。着力推进"三个转变"（即从速度工业向效益工业转变、从数量招商向质量招商转变、从抓企业发展向抓产业发展转变），建立完善"三个机制"（即项目准入机制、项目退出机制、清闲促建机制），抓好"三个关键环节"（即培育大企业与大集团、加强技术改造与自主创新、引导企业加强内部管理和市场营销），搭建"三个平台"（即政务服务平台、融资担保平台、服务外包平台），提高工业集中集约集群发展水平。二是深化完善城镇整体开发运营模式，积极推进城镇化和新农村建设良性互动，结合全域农村土地综合整治，按照"三个集中"和"四性"原则，加快新型城镇化进程，统筹实施林盘保护、特色村庄和农村新型社区建设，提高城乡统筹和综合城镇化水平。三是依托"两带"建设，深化完善农业主体功能区规划和农业产业布局规划，培育农业产业化龙头企业和新型集体经济组织，推进土地向产业化龙头企业、农民专业合作组织和种植大户集中，提高农业生产组织化程度。

2. 深化农村产权制度改革

一是扎实开展"回头看"，建立县、镇两级农村产权制度改革矛盾纠纷调处

机制，及时妥善处置各类矛盾问题，切实保障农民权益和维护社会稳定。二是建立农村产权制度改革检查验收机制，组织开展农村确权工作的验收；依靠农民群众切实解决好历史遗留问题，确保农村产权制度改革的质量。三是深化确权颁证工作，在认真做好农村土地清理和违法违规用地处理基础上，全面开展农村自留地的确权颁证，开展未确权到户的土地使用权确权颁证及权属股份量化工作，开展集体房屋确权颁证及权属股份量化工作。四是强化县、镇两级农村产权流转服务平台功能建设，加强农村产权流转的宣传培训，深化农民的产权意识，积极引导农村产权规范有序流转，积极推动农村产权抵押融资。

3. 深化村级公共服务和社会管理改革

一是扎实开展形式多样的宣传培训活动，切实提高农民群众的知晓度、参与率；举办村社干部专题培训班、组织开展经验交流座谈等活动，增强基层干部的素质能力和工作水平。二是规范村级专项资金使用，抓实"六步工作法"的每一个工作步骤，完善村级公共服务和社会管理项目的收集、筛选、审定、实施和验收程序，提高村级专项资金使用的质量和效益。三是完善村民议事会规程和村民议事会制度，推行"四议两公开"工作制度（即所有村级重大事项的决策，在广泛征求党员和村民意见的基础上由村党支部提议、村"两委"联席会议商议、党员代表会议审议、村民议事会决议，决议事项和实施结果向全体村民公开），构建常态化、制度化和规范化的民主管理机制。

4. 集中打造城乡统筹综合示范典型

一是按照"系统集成、综合示范"的思路，继续深化完善首批成都市确定的安德镇、唐昌镇战旗村等6个综合示范项目建设，增强深化统筹城乡发展的示范和带动作用。二是统筹推进省级沙西新农村建设示范片所涉及的唐昌镇等4个镇25个村和红光镇田园时代项目所涉及的3个村第二批统筹城乡综合示范项目建设，集中成片发展特色产业、完善基础设施、健全公共服务、美化人居环境、建设新型民居，尽快打造成为现代农业的聚集区、农业产业化的增长点、新农村建设的新亮点。三是加快沙西线和高新技术（IT）大道现代都市农业示范带建设，完善工作推进机制，加快"两带"绿化、亮化等景观环境营造；加快推进古城粮食基地、唐元韭黄基地等重点项目区村级土地综合整治项目；加大招商引资和项目促建力度，力争在引进建设"城乡融合、一三互动、接二连三"的大项目、好项目上取得实质性突破，尽快形成资源集约利用、产业集群发展、功能配套完善的现代都市农业综合示范效应。

5. 加快推进现代农业发展

坚持用统筹城乡的思路和办法，突出以实施"四大基础工程"为重点，统筹推进现代农业发展。一是完善促进现代农业发展的政策措施，明确县镇两级的事权与财权责任，建立健全"扩权强镇"的激励机制，增强镇域经济自主发展的动力和活力。完善工作推进机制和扶持政策，通过创新农业投入机制、农村经营机制、涉农服务机制和人才保障机制，增强自主发展的动力和活力。二是强化新农村建设的产业支撑，调整优化农业结构和产业布局，围绕培育优势突出、特色鲜明的主导产业集群，加快推进唐元韭黄基地、新民场镇鲜盆花、战旗镇现代农业产业园基地等规模化示范基地建设。三是培育主业突出、错位发展的现代农业产业体系，制定建设 10 万亩蔬菜、4 万亩花卉苗木和 1 万亩粮经复合产业功能区的规划方案，依托入驻安德镇川菜产业园区的农副产品精深加工企业，带动安德镇及周边地区形成 4.5 万亩配套种植基地，构建起"园区企业+种植基地+合作组织+农户"有机衔接的产业链条和利益连接机制。

6. 突出场镇特色产业发展、基础设施和共服务设施配套以及场镇风貌整治改造，加快推进三道堰镇、唐昌镇、花园场镇改造建设

一是加快场镇基础设施建设。在做到试点镇"三规合一"的基础上，完成场镇道路改建；建成三道堰镇、唐昌镇污水处理厂及配套管网；完成各镇九年制义务学校、镇公立卫生院标准化建设，并实施场镇综合整治改造。二是突出特色产业培育发展。唐昌镇实施文化古迹保护性开发，打造千年历史文化旅游特色镇；三道堰镇充分发挥水资源和生态资源优势，打造古蜀水乡休闲旅游特色小镇，汀沙生态农业产业园等产业项目正加快建设；花园镇突出发展休闲旅游、健康养生产业，打造立体水乡新城已进入实施阶段。三是市场化推进场镇改造建设。利用农村产权制度改革成果，盘活场镇土地资源，创新经营城镇的思路，吸引社会资金参与场镇改造建设，加快建设一批现代田园城镇，不断增强城镇的产业聚集能力和就业吸纳能力，引导农民向城镇和农村新型社区集中，促进城镇化和新农村建设良性互动。

第十二章 统筹城乡旅游产业发展，推进四川省从旅游资源大省向旅游经济强省跨越

一、四川省有丰富的、独具特色的旅游资源，发展旅游业有利于促进四川省经济跨越发展

随着人类社会经济发展水平的提高，人们对旅游的需求弹性增加，旅游业在世界产业结构中发挥着越来越重要的作用。四川省有丰富的、独具特色的旅游资源，且开发的成本较低，在全国有着发展服务业的比较优势。随着人民物质和文化生活水平的提高，国际间文化、旅游交往的增多，四川的旅游业会越来越多地吸引海内外游客的参与，且旅游产业的发展必然带动相关的农业、工业和商贸、餐饮、金融、保险等服务行业的发展。因此，以旅游产业为主导的服务业有很大的发展空间和广阔的市场前景。

（一）发展旅游业有利于促进四川经济跨越式发展

1. 旅游业已成为四川省的支柱产业

2009年11月25日，国务院讨论并通过了《关于加快发展旅游业的意见》，这是我国旅游业发展史上具有里程碑意义的纲领性文件。该文件明确提出了"把旅游业培育成国民经济的战略性支柱产业和人民群众更加满意的现代服务业"的战略目标。从国家经济发展战略意义上讲，这意味着旅游产业将成为我国经济发展的主要动力之一，即消费拉动的主力，旅游业也必将为调整结构、扩大内需、促进增长发挥重要的推动作用。在当前，长假的客流显示了公众较强的消费意愿和较高的消费能力，这对拉动内需无疑是积极的信号。透露出我国消费隐藏着巨大的潜力，也反映出第三产业发展迫切需要常态化，应通过宏观的政策杠杆和微观的功能配套建设以及改进服务等措施，充分释放消费潜力，扩大内需，促进经济发展。

长假期间消费者们的表现给了我们以下启示：一是国内消费潜力巨大，群众消费意愿强烈；二是第三产业尤其是旅游产业是拉动消费需求的主导产业；三是旅游产业要素建设和服务体系建设出现短板，特别是旅游的要素体系建设还十分不足，远不能满足旅游大发展的需要；四是旅游正面临前所未有的巨大机遇和挑战。

281

从社会系统的立体角度来看，旅游业除了具有经济产业的属性，同时还能在打造区域形象、构建和谐社会、推动文化繁荣和促进政治和谐等诸多方面发挥积极且重要的作用。

旅游产业是融合性产业。经济发展中受旅游业直接和间接影响的行业有100多个，涵盖了三次产业的多个领域，从旅游产业的六大基本要素及要素间的相互关系就已能充分说明旅游业涉及产业的广泛性。旅游业发展可以促使第一产业向第二产业和第三产业发展和转变，以及第二产业向第三产业发展和转变。在产业结构调整中，第三产业的比例会随着旅游产业的发展而提高，产业结构趋向合理和优化。"无旅不优"也是针对区域经济结构调整而言的。旅游产业与其他产业的高关联度已经成为理论界与实践中的共识。四川省发展旅游业必然会刺激和带动许多相关服务行业的发展。对直接为游客提供服务的旅游经济部门——旅游业、交通运输业、邮电通信业、商业网、金融业及其他为游客间接提供服务的部门将产生直接推动作用。

旅游业的发展有利于四川省农业生产的发展。游客的增多，必然需要消费大量的农产品，对于拥有剩余农产品的地区，如果部分外运的农产品能够有旅游者就地消费，便可以降低成本，得到加倍的经济效益。同时，投资不断发展的旅游基础建设（建设旅游设施、食品加工设施、交通设施等），还可使当地农业生产规模扩大，获得更大的经济效益。

旅游业的发展可以促进四川利用当地资源优势发展工业生产。许多少数民族地区都有着丰富的经济作物、林产、畜产等资源，但由于这些地区的工业基础差、开发利用能力低，多数资源都是以这些资源的产品未加工的原料或初加工产品形态运销外地。由于附加值低，不能获得较好的经济效益，致使资源比较优势不能充分发挥。旅游业的发展可带动用于满足旅游经济需要的工业品的产销。这样，可根据国际、国内旅游的需要，重点发展具有本地区特色的土特产品、旅游工艺纪念品及旅游消费品等能耗低、污染少、技术密集、科技含量高、附加值高的工业品的生产。加强西部地区资源的纵深开发与科学开发，把资源优势转化为经济优势，使其成为促进西部地区经济起飞的重要杠杆。

2. 发展旅游业可为四川省提供更多的劳动就业机会

旅游业是一种劳动密集型产业，发展旅游业比发展其他非服务性行业更有利于解决就业问题。一些发达国家的实践表明，旅游业安排就业的平均成本要比其他经济部门低36%。另据世界旅游组织测算，旅游业每直接就业1人，就能给社会的其他行业（交通运输、邮电通信、建筑、商业、园林、副食品生产等）提供5个就业机会。可见，旅游业不仅能使本行业就业人员增加，还能带动和促进相关行业就业人数的增加。

我国当前就业形势十分严峻。在大多数传统工业部门倡导减员增效的情况下，不但不能进一步吸收劳动力就业，反而会在产业结构调整、科学技术的创新中释放出一大批多余的劳动力。农村也有大量的剩余劳动力面临着向外转移。因此，新兴的服务业也变成为解决失业问题的主渠道，旅游业在其中起着举足轻重的作用，通过发展旅游业来解决这些地区的剩余劳动力问题是一条理想的途径。

3. 发展旅游业是增加农民收入的重要途径

国际上通过开发利用旅游资源来促进贫困地区发展的例子很多，如泰国普吉岛、印尼的巴厘岛、墨西哥的坎昆，原先都是很偏僻、贫穷和落后的地区，通过开发当地的旅游资源，现都已成为世界性的旅游胜地，给当地的经济和社会发展带来了蓬勃生机。旅游业是一个能够富民的产业，在增加经济收入方面，发展旅游业具有其他产业不可比拟的特有优势，即不仅能给部分行业、部分人带来财富，而且能使旅游地区的人民普遍得到实惠。旅游者的旅游过程，实际上是货币资金转移的过程，旅游者通过其在旅游地的食、住、行、娱乐等活动，把货币资金转移到了旅游区，旅游地区则可通过旅游者的消费来获得经济收入。

我国自 1986 年将旅游业正式列入国民经济和社会发展的计划之后，对西部一些比较贫穷落后但有较高品位的旅游资源的民族地区，如云南省的西双版纳、大理地区，新疆维吾尔自治区的喀什、吐鲁番地区，四川省的九寨沟、黄龙地区等，开始了有计划的旅游开发及配套建设，包括帮助贫困地区改善投资环境，促进了横向经济联合。随着旅游扶贫工作的进行，加快了我国对旅游资源的开发力度，形成了新的旅游生产力，对我国旅游产业规模的扩大、产业结构的优化和地区产业布局的完善产生了积极的影响，使这些地区步入了经济发展的良性循环。旅游扶贫是典型的开发式扶贫，是指方向、教方法的"造血式"扶贫。实践证明，这些地区通过旅游业已迅速发展起来，并成为了民族地区相对发达的地区。

4. 旅游业发展可以加快四川省对外开放的步伐，并改变人们落后的思想观念

长期以来，少数民族地区经济落后，人们文化素质较低，思想观念也相对落后，而旅游是大量的人流、资金流、物质流、信息流交汇的过程，国内外游客在旅游过程中把新的知识、新的信息以及文化等带进来，有助于民族地区的干部和群众改变落后观念，吸收新思想，逐步使民族地区人民建立起与现代文明、商品经济相适应的思维和工作方式，为民族地区的发展奠定思想和人才基础；有助于引进科学技术和管理经验；有助于四川扩大对外交流，促进改革开放；有助于引进经济发展所急需的资金。

(二) 四川省具有在全国范围内不可替代的自然和人文旅游资源禀赋

四川省是我国较早的人类繁衍地之一，在宋代以前的悠久历史长河中，成都平原一带曾是我国政治、经济和文化的中心之一，曾孕育了辉煌、灿烂的文明历史；四川省又是我国历史上多民族聚居地区，其独具特色的民风习俗世代沿袭和传承，留下了别具一格的民族风情，随着人们生活水平的提高，旅游产业开发的日益兴旺，四川省丰富多彩的自然和人文景观不断触动着世人的神经，为人们寻古访幽提供了一个绝佳去处。

我国从 1997 年开始向联合国教科文组织申报世界文化和自然遗产，到 2001 年，我国列入《世界文化和自然遗产名录》的项目达到 28 项，其中西部地区有 10 项，占全国的 35.71%。四川省的旅游资源不仅总量丰富，而且精品多。在全国共 7 处的世界自然遗产项目和世界自然与文化双重遗产项目中，四川省就占了 3 处，占全国的 42.86%。其他的如广汉三星堆、金沙遗址、卧龙大熊猫自然保

护区、蜀南竹海、剑门古蜀道等也享誉中外。

四川省旅游资源优势得天独厚，数量之多，品位之高，为世人瞩目。自然旅游资源可分为地域景观、水域景观、生物景观三类，包含了名山、冰川峡谷、洞穴、风景河段、湖泊、瀑布、森林、草原、珍稀植物、国家级保护动物等基本类型，并有机地组合在一起构成了四川省自然旅游资源独具特色的秀丽景观，集中体现在山景、冰川风景、水景、森林草原风景等几个大的方面。

四川省历史悠久，人文旅游资源底蕴深厚，其中古蜀文明、三国文化、宗教文化、多姿多彩民俗文化等各具魅力。四川省自清初以来，城镇建设达到了亘古未有的盛况，促使四川省形成了历史悠久、人文内涵丰富、历史沉淀和多种文化相互交融的古镇。据统计，四川省拥有1400多座古城镇，在古镇众多的历史文化遗迹中，有南方丝绸之路、三国文化、湖广填四川、红军长征、抗日战争等诸多反映中国历史事件的遗迹及名人故地等。

四川省是全国旅游资源大省，拥有一批具有垄断性、不可替代性和不可模仿性的蕴涵极高开发价值的旅游资源，但旅游资源开发水平与旅游资源的品位还不相称，旅游资源开发现状与四川省经济发展的要求还不适应。一是自然生态旅游资源独特、品位高，但开发档次不高。四川省独特的地形地貌造就了一批独特的自然景观，可分为地域景观、水域景观、生物景观三类，集中体现在山景、冰川风景、水景、森林草原风景等几个大的方面。

（1）山景。四川省的山岳旅游资源风光秀美，景物奇特，人文景观丰富，包括峨眉山、瓦屋山、青城山、螺髻山、华蓥山等誉声海内外的名山。其中，尤以峨眉山、青城山最具知名度，被列入《世界遗产名录》。

（2）冰川风景。冰川风景以贡嘎山、四姑娘山、西岭雪山最具代表性。景区内雪山映衬蓝天，冰川延绵于森林，冰川与森林共存，从而形成独特的景观。其中，海螺沟冰川为贡嘎山东坡众多冰川中的一条，海拔2850米，是地球上同纬度海拔最低、可供游人观光的一条现代冰川。

（3）水景。四川省江河众多，湖泊宽广，水系发达，孕育了丰富的水景资源，如邛海、龙泉湖、三岔湖、通江诺水河风景区、隆昌古宇湖风景区等。景区内水面宽广，湖周群山苍翠浓郁、连绵环抱，环境幽雅，气候宜人，可开展泛舟、垂钓、度假等多种水上娱乐活动。

（4）森林草原风景。原始森林古朴，草原一望无际，唤起了人们回归大自然的强烈向往与追求，成为开展生态旅游的极好场所。松潘黄龙寺的森林、瀑布和湖泊为世界自然遗产，与黑水、红原的大草原以及九寨沟相连，构成了完整的旅游环线。

（三）四川省旅游业发展战略布局

1. 一个旅游经济增长极

一个旅游经济增长极，即大成都旅游经济增长极。以成都市为核心，辐射周边的德阳市、资阳市、眉山市、雅安市等地。依托成都市突出的区位优势、产业优势，以建设天府新区为契机，积极引入大型旅游企业和优质营运团队，集约开发龙门山、"两湖一山"（龙泉湖、三岔湖、龙泉山）、彭祖山、黑龙滩四大组团，重点开发一批具有文化体验、休闲娱乐、温泉、湖泊、森林、乡村风貌等多功能、多主题的旅游综合体，推进旅游产业要素集聚，加快旅游产业化、信息化、标准化和国际化，打造城乡发展一体、产业融合、富有时代魅力的国际休闲度假旅游目的地，引领全省旅游业发展。

2. 三个旅游经济带

（1）成绵乐旅游经济带。以德阳市、绵阳市、广元市、乐山市为主，依托成绵乐城际铁路、成绵高速等大通道，按照"立足城市、做强沿线、北拓南联、开放发展"的思路，加快完善城市旅游功能，集中开发一批特色度假基地、主题酒店群，鼓励旅游产业集聚发展，重点打造世界遗产、古蜀文化、乡村休闲、地震遗址、三国文化五大旅游主题，形成以成都市为中心，以广元市、乐山市为支撑的旅游产业带。

（2）成渝旅游经济带。以遂宁市、内江市、南充市、广安市、资阳市为主，充分利用地缘优势，抓住成渝经济区建设契机，以市场开拓、区域合作为重点，统筹推进沿线城市功能完善、景区开发，重点打造以中国死海为核心的康体休闲基地、以"两湖一山"为核心的山水休闲基地、以大千文化为核心的文化休闲基地。加快南充嘉陵江流域生态文化旅游区建设，加快推进南充、广安川渝合作示范旅游区建设，将成渝旅游带打造成为连接成都市、重庆市两大中心城市的旅游经济带。

（3）成雅攀旅游经济带。以攀枝花市、雅安市、凉山州为主，抓住雅攀高速公路建成和成昆铁路完善升级的契机，以西昌市为中心，以攀枝花市、雅安市为支撑，依托独特的熊猫故乡生态环境、绚丽的彝族文化与民族风情、神秘的攀西大裂谷，重点发展休闲度假、休闲农业、攀西特色旅游土特产、彝族文化旅游商品等产业，打造中国西部"阳光风情度假天堂"。

3. 五个特色旅游经济区

（1）大九寨国际旅游区。以阿坝州为主，辐射绵阳市、广元市，以汶川特大地震后基础设施全面提升和红原机场、成兰高速铁路建设为契机，充分发挥和提升九寨沟的品牌优势和市场优势，以黄龙等建设5A级旅游景区为依托，深度发掘大草原生态、藏羌文化内涵，加快建设若尔盖大草原、茂汶藏羌风情走廊、四姑娘山、达古冰川等景区，推进阿坝州旅游由东部向中西部扩展，形成以世界遗产观光为主，藏羌文化体验、草原休闲、山地度假等为配套的世界级生态旅游目的地。

（2）环贡嘎生态旅游区。以贡嘎山为品牌，以康定为核心，实施"统一规划、分步推进"发展战略，集中力量打造康定国际精品旅游城，以及康定县新都桥镇、塔公乡，泸定县泸桥镇、磨西镇，丹巴县章谷镇等周边重点城镇。重点建设木格措、海螺沟、丹巴藏寨、塔公草原、雅拉雪山五大旅游组团，力争建成1个国家5A级旅游景区、1个国家级旅游度假区。着力建设交通基础设施，做好康定机场运营配套建设，完善以康定为核心的旅游公路网和配套基础设施，带动甘孜州东部发展。

（3）亚丁香格里拉旅游区。以稻城和亚丁为核心，按照"中国香格里拉生态旅游核心区"定位，以打造国际旅游精品为目标，加大亚丁景区生态环境保护，高标准、合理开发生态文化旅游项目；建设亚丁机场到亚丁景区的旅游通道，完善稻城县城、香格里拉镇、桑堆乡等城镇旅游功能。配套建设好巴塘措普沟、理塘格聂山、长青春科尔寺等旅游景区，完善乡城县城、理塘县城、雅江县城等重点旅游接待中心的旅游配套服务功能，提升亚丁至木里、乡城至得荣、巴塘至得荣的公路等级，形成旅游环线，带动甘孜州南部发展。

（4）川南文化旅游区。以自贡市、泸州市、内江市、宜宾市为主，依托成渝经济区开发，围绕"长江黄金水道"、川南喀斯特地貌和中国白酒"金三角"、竹文化、盐文化、恐龙文化等资源，加快川南城市群旅游业协同发展，深度开发特色文化、生态旅游，打造川黔渝旅游"金三角"，推动川南区域旅游一体化发展。

（5）秦巴生态旅游区。以达州市、巴中市为主，贯彻落实秦巴山区扶贫政策，将旅游发展与扶贫工作紧密结合，加大光雾山、诺水河、米仓山、川陕苏区遗址、巴人遗址、百里峡、八台山、花萼山等景区开发力度，提升旅游景区建设水平，完善达州市、巴中市中心城市的配套设施建设，将秦巴旅游带打造成为绿色生态走廊、红色文化走廊，成为旅游扶贫示范带。

4. 五条旅游环线

围绕四川省旅游交通大干线建设，加快完善北环线、西环线、东南环线、西南环线、东北环线，推动四川省旅游发展格局网络化。

（1）北环线（九环线）。环线构成：成都—德阳—绵阳—九寨沟—松潘—红原—马尔康—理县—汶川—成都。依托九寨沟、黄龙世界遗产，以藏羌民族文化为主线，配合红原机场建设，扩大原九环线，完善道路等基础服务设施，推动阿坝州中西部旅游开发，支撑该区域世界遗产、藏羌风情、地震遗址、三国文化等主题旅游产品。

（2）西环线（大熊猫线）。环线构成：成都—卧龙—小金—丹巴—康定—泸定—雅安—成都。以"大熊猫原生态旅游"为主线，重点增强环线公路交通保障，全面完善公路安全防护设施，提高宝兴县城、小金县城、康定县城、新都桥镇、丹巴县城等城镇的餐饮住宿接待能力，支撑该区域大熊猫、康巴风情、高山生态、温泉度假等主题旅游产品。

（3）东南环线（长江线）。环线构成：成都—乐山—宜宾—泸州—自贡—内江—遂宁—成都。以长江自然山水和川南民俗文化为主线，加大沿线精品旅游景区开发，重点打造游轮旅游产品，创新开发宗教文化、养生文化、白酒文化、竹文化、盐文化、恐龙文化等主题旅游产品，增强环线旅游吸引力。

（4）西南环线（香格里拉线）。环线构成：成都—雅安—西昌—攀枝花—盐源—木里—亚丁—稻城—康定—成都。以"香格里拉"为品牌，整合金沙江流域旅游资源，加快完善雅攀高速、318国道和攀枝花、西昌、康定、亚丁4大支线机场的旅游配套服务设施，夯实西南旅游崛起的基础。重点开发民族风情体验（康巴风情、彝族风情、摩梭风情）、高山生态观光、阳光休闲度假、特种探险、科考等主题旅游产品。

286

（5）东北环线（三国线）。环线构成：成都—遂宁—南充—广安—达州—巴中—广元—绵阳—德阳—成都。以"蜀道遗踪三百里，蜀汉英雄两千年"为整体形象，突出参与性休闲文化旅游项目开发，增强线路的吸引力，支撑该区域将帅故里、三国文化、农耕文化、红军文化、嘉陵江风光、大巴山生态等主题旅游产品。

（四）调整旅游业结构，促进四川省经济跨越式发展

四川省旅游产业发展的产业基础设施薄弱、产业配套服务能力不足。旅游产业基础设施相对滞后、旅游可进入性较差以及产业配套服务能力不足是制约四川省旅游产业发展的重要影响因素。旅游资源富集的"三州"地区受到交通制约，饭店的拥有量过少，星级饭店的构成结构比例失衡等，严重影响四川省旅游产业竞争力的提升，阻碍了四川省旅游产业的发展。根据四川省丰富的自然和人文旅游资源，独特的民风民俗，发展具有四川省特色的旅游业，应采取以下措施：

1. 合理优化旅游线路及开发旅游项目

根据西部旅游资源的分布特点，采取主干线与支干线相结合的形式，即以主干线为依托，形成旅游业的主轴，并开发支线，逐步培育、发展旅游网络。尽量规划环形线路，让游客不走或少走回头路，增加环形线路上的旅游点和参观点，节省游客的时间，增加经济效益。

各旅游区应结合本地区旅游资源的特点，开发新的旅游项目，组织新的旅游形式。一是疗养旅游。在风景秀丽、气候适宜的地区，辟建疗养院、度假村、避暑地，接纳各类游客，开发温泉发展温泉疗养，利用沙漠发展沙疗等。二是探险旅游。组织游客进行登山探险、沙漠探险、冰川探险、河流漂流探险等旅游。三是体育旅游。组织或参与国内外各种体育比赛，如利用酒泉滑翔机场，开展滑翔机比赛；利用丝绸之路古道，组织和参与国际、国内汽车、摩托车拉力赛等。四是民俗旅游。组织旅游者参加民风、民俗特别是少数民族的传统节日和庆典的观光活动。五是文化考古旅游。组织文化团体和个人对原始文化、先秦文化、汉唐文化、西夏文化、丝绸之路文化及各少数民族文化进行专项或系列考察。六是宗教文化。组织旅游者对佛教、伊斯兰教、道教等宗教进行考察，对重大的宗教节日和宗教活动进行观光。此外，还应采取综合旅游和专项旅游相结合的形式，即把人文资源和自然资源的游览有机结合起来，发展综合性的旅游项目。同时，还应根据旅游者的不同需求，发展各类专项旅游。

2. 加强旅游资源管理

（1）坚持保护与开发并重。实现旅游资源"在保护中开发、在开发中保护"，最重要的就是必须制订科学的旅游发展规划，并严格加以实施。

（2）创新旅游资源管理体制。从省内外旅游资源管理体制的现状和创新探索看，要真正解决旅游资源管理体制中存在的政企不分、权责不清、多头管理、效益低下等问题，必须从旅游资源产权制度入手，切实解决旅游资源所有权、管理权、经营权三权混淆问题，实行旅游资源"国家所有、政府监管、企业经营"三权分离。

（3）强化监督管理。实行经营权转让等市场化的手段绝不意味着放弃政府

和有关部门对旅游资源的监督管理，发达国家旅游资源管理完备的法律体系、详细严格的开发规划、明确到位的管理措施对我国旅游资源的保护和开发具有极大的借鉴意义。要尽快完善相关的法律体系，对旅游资源出让经营权问题给予明确规定。要加强旅游行业管理，建立旅游目的地行业管理体系。加强旅游法制化建设。推进普法和执法工作，严厉打击扰乱旅游市场秩序的违法行为，切实保护旅游消费者和经营者的合法权益。强化旅游标准化建设。抓好星级宾馆、A级景区、工农业旅游示范点的认证工作，搞好旅游信息化建设。以科技创新为动力，以网络建设和人才培养为基础，以旅游信息资源开发利用为核心，加快行业信息化推广和应用。完善和拓展旅游信息网络综合平台建设，推进旅游电子商务应用。运用信息化手段加强对景区生态环境的监控。推进诚信体系建设。全面开展"诚信旅游活动"，规范行业管理和旅游市场秩序。建立旅游企业信誉等级评估、公告体系和违规记录公示制度，完善旅行社诚信经营机制。深入扎实地开展各种精神文明创建活动，抓好青年文明号、文明风景旅游区示范点、行业精神文明示范窗口管理等工作，及时总结和推广先进经验。

（4）加强旅游安全管理。一是加强景区安全管理。各旅游景区（点）要加强交通、游乐设施等方面的安全管理工作，消除安全隐患，杜绝重大事故的发生。二是规范执法行为。主要景区（点）和游客集中场所要设专职保安人员。旅游经营单位要普遍建立健全安全教育和危险防范制度，加强检查落实，杜绝重大旅游安全事故发生。三是建立紧急救护保障体系。建立紧急救护保障体系，实行紧急救护值班制度，向社会公布紧急救护电话号码。主要旅游景区（点）要设立医疗救护点，落实医疗人员、器具和药品。

3. 加快旅游基础设施建设

政府应加大服务产业的投资力度，规划和建设旅游道路，利用国家的财政支持，加快现代通信和交通设施等的建设。除加快西部各省区间的铁路、机场的投资建设外，要特别着力于以各大中心城市为中心的公路网建设，加大旅游景区高速公路或高等级公路的建设，提高旅游主干线的质量等级和疏散客流的能力，实现公路交通现代化。同时，要保证各区水电供应，积极发展现代通信业务，扩大网域，提高电话普及率，有条件的地区可发展电子商务系统等，为投资者提供保障型服务。在主要旅游点进行配套的宾馆、饭店等服务设施的建设，崇尚俭朴、典雅、大方、舒适、卫生、方便和突出民族特色，如回族院落、藏式小屋、羌式碉楼等，可以作为接待旅游者适宜的居住方式。

不断为景区景点注入文化附加值。从旅游客体来看，不管其存在形态和性质如何，都必须赋予景观以文化氛围，富有文化意蕴才能构成旅游吸引物。旅游的本质就是一种精神文化活动，没有文化内涵的因素存在，就不能构成旅游吸引物。

自然景观是大自然赋予的，赋予自然景观文化内涵的通常做法包括：一是将景观寓意和人类寄托的情感提炼出来加以命名。具有诗情画意般的文化氛围，能唤起人们旅游的意识和欲望。二是保护景观的历史文化氛围，唤起游客追金索古、遐思近想。三是文化附加值还表现为名人对景观的歌咏、题词、题字、著书等。这些都能增加景观的文化氛围，使景观随名人一起出名，提高知名度。例如，几乎家喻户晓的歌曲《康定情歌》等因为大众的广泛传唱而引起了人们的兴趣，人们希望游览歌曲唱到的地方、亲身体会歌中的意境。总之，旅游景区的文化附加值越高，吸引的游客就越多，旅游的价值就越大。在开发旅游资源时，尤应引起重视，特别是人文景观，文化就是灵魂，没有文化，景观也就不复存在。

4. 发展旅游商品，构建旅游品牌体系

实施旅游品牌战略，构建全省旅游品牌体系，进一步突显旅游目的地形象。各旅游中心应立足于本地区的农副土特产资源和具有民族特色的工艺美术品的开发，积极发展旅游商品。此外，少数民族的服饰及用品，各地区的名优食品及轻纺工业产品，都可列为不同特色的旅游商品。

(1) 旅游资源品牌。各地、各部门协同配合，积极创建各类旅游资源品牌，提高全社会对资源的保护意识。重点推进世界遗产申报工作，加快金沙—三星堆遗址、剑门蜀道、贡嘎山、兴文石海（与云南石林等联合）等项目申遗进程，加大川剧、康定情歌等非物质文化遗产申报工作力度，积极推动红军长征线、茶马古道线等申报世界文化遗产。加强世界遗产的宣传，促进世界遗产的永续利用。

(2) 旅游产品品牌。先期推出世界遗产之旅、熊猫故乡探秘、古蜀文明探源、蜀汉三国寻踪、天府古镇漫步、体验"四川"（川菜、川酒、川茶、川戏）之旅、长征丰碑红色之旅、大爱无疆灾区新貌之旅和寻找香格里拉之旅等旅游产品品牌。

(3) 旅游节庆品牌。打好旅游节庆活动牌，扩大节庆活动的市场操作和推广力度，形成一批有影响力的全国性、区域性节庆活动。重点打造中国四川国际文化旅游节、中国成都国际非物质文化遗产节、中国（成都）国际美食节、中国四川国际南国冰雪节、凉山彝族国际火把节、成都国际桃花节、康定情歌节、自贡国际恐龙灯会、攀枝花国际漂流节、都江堰放水节十大旅游节庆品牌。

(4) 旅游服务品牌。鼓励旅游企业创"A"（A级景区）、评"星"（星级酒店）、追"绿"（绿色企业），评选"十大金牌导游"、"十大品牌经理人"、"百名明星员工"。

(5) 旅游商品品牌。鼓励创新开发旅游商品，组织评选四川省十大特色旅游工艺品、十大特色文化旅游商品、十大特色地方小吃、十大特色旅游土特产。

5. 深化改革，创新机制，科技兴旅，人才立业

(1) 打破部门、行业、地区垄断，围绕大旅游发展转变观念，推进旅游体制和机制创新。全面放开旅游市场和景区开发建设，将各种旅游资源全面推向市场，进行经营权的转化，打破旅游景区和旅游设施国有独资的格局；通过合资、合作、兼并、拍卖、转制、破产等形式推进旅游企业的改革和市场化进程。与此同时，加强旅游资源科学规划管理。推广提高旅游行业管理水平电子信息技术，大力推行"金旅工程"，发展电子商务。开发一批有科技含量的旅游精品产品，运用现代科技加强动漫科技与旅游资源的开发和结合，推出一批新型旅游产品。

加强旅游教育培训工作，实施服务满意工程，努力提升人才素质，提高全行业服务质量和水平。

（2）进一步推进文化旅游体制改革和机制创新，大力培育市场主体。遵循旅游业作为新兴经济产业的规律，善于运用市场经济手段来指导和促进旅游业发展。把坚持"政府主导、企业主体、市场化运作"三者紧密地结合起来，在实施政府主导型战略的同时，突出地强调市场化运作，大力培育旅游市场主体，充分发挥市场对资源配置的基础性作用。改革创新，积极探索，大力引进民营资本和社会资金进入旅游业，形成多元化的投资格局。

（3）加强旅游事业人才队伍的建设。实施"精英"和"精品"战略，造就和聚集一支高素质的文化旅游人才队伍，是建设高品位的旅游目的地的基础。树立"人才资源是第一资源"的观念，更新观念，在体制、管理、服务和思维方式上加强旅游人才队伍建设。建立务实的人才培训机制和激励机制，将四川省建成一处"近者悦、远者来"的人才聚集地。

第一，按照转变政府职能、依法行政、提高行政效率的要求，有计划地分级、分类对旅游行政领导人员进行培训。有目的地选拔年轻的、有培养前途的专业人才从事旅游建设管理工作或到旅游发达的城市挂职学习，培养和造就一批既懂专业知识，又有一定行政管理能力的领导人才。

第二，为适应参与旅游国际竞争的需要，培养一支熟悉国际经营规则、外语能力强的高素质的职业经理人的队伍。要积极创造条件，大力吸引其他行业高水平的经理人才更多地进入旅游企业；优化旅游企业经营管理人员的专业结构和知识结构，推动旅游企业经营管理水平的提高；要抓好星级饭店、旅游景区（点）、旅行社等企业管理人员的岗位培训工作，提高其开拓市场和参与国际竞争的能力。

第三，培养一大批既掌握现代工程技术和一门以上外语，又善于经营管理，且能进行国际交流与合作的高层次、高素质、复合型人才。需要诸如开发度假区、大型游乐园、主题公园、生态旅游、旅游电子商务等多方面的人才，尤其是要有旅游规划方面的专门人才，按相关政策经用人单位和组织人事部门考核合格，优先聘用。

第四，导游素质的高低直接影响对游客的服务质量，关系着一个地区的对外旅游形象。要在有关职业学校设立旅游服务专业，大力培养不同层次、不同服务方向的导游员。

（4）科学配置人员、资金，确保事业正常运转。根据既定思路和确定目标，合理配置人员、资金，建立科学的人才、资金保障机制，克服非正常人力和资金制约问题，确保事业正常运转。

6. 加速旅游产品的资源开发模式向需求开发模式转变，以客源市场需求为核心，开拓国际、国内市场

在开拓东部口岸客源的同时，应重视开拓西部边境口岸。西部民族地区拥有最长的内陆边境线，沿边开放，积极开拓南亚、中亚、西亚以及东欧的客源，形成东西双向开放的客源市场。在发展国际市场的同时，应积极开拓国内市场。随

着人民生活和经济收入的不断提高，外出旅游已逐渐成为人民物质文化需求的一个组成部分。在东部发达地区，这一趋势更加明显，度假旅游、新婚蜜月旅行等已成为一种时尚，国内旅游还是一个潜力巨大尚待进一步开发的市场。

（1）随着旅游需求的多样化、个性化与体验化的快速发展，加快旅游产品类型与结构的演进趋势。强化旅游产品的差异化设计，丰富旅游产品的内涵，使其更加适应外部环境的竞争要求，从而形成同中有异的产品多样化发展格局，推动旅游产品由资源导向型逐步向需求导向型转变，更好地满足游客的需求，扩大客源市场。

（2）加快工业园工艺美术企业建设，着力打造文化旅游知名商品，开发具有地方特色、又深受消费者喜爱的旅游纪念商品。特别是要重点培育书画商品，形成书画产业；要进一步加大对书画商品的培育力度，延伸产业链，形成集纸、笔、墨、砚和书画商品于一体的一条龙产业集群。

（3）尽快推进网络化经营模式。尽快建立和完善成熟的旅游产品网上交易系统，深度挖掘互联网功能，有针对性地进行市场细分和制定产品策略，逐步实现网上支付，既方便客户，又便于旅游企业收集客户信息。从未来文化旅游产业的发展趋势看，成熟的网络系统将成为旅游企业成功应对激烈的国际市场竞争的关键因素。

7. 注重生态环境保护，走旅游业可持续发展之路

一个地区的生态环境的容量是有限的，都有消化吸收污染物的负荷极限，一旦超过这个极限，该地区的生态平衡将被打破，环境质量将会下降，并会形成逐级递增的恶性循环。因此，四川省在积极开发旅游资源的同时，必须同时强化生态环境的保护和建设。

（1）充分利用宣传媒介，加强对生态保护和旅游资源开发相结合的宣传教育和法制建设，强化全社会保护旅游资源的环保意识，树立环境保护的法制观念和道德观念，既强化大众保护环境的责任感和紧迫感，又增加环境保护的自觉性、主动性，形成全社会保护环境的良好风尚。

（2）依法保护旅游资源。国家有关部门已颁布了《中华人民共和国环境保护法》《风景名胜区管理条例》《自然保护区条例》等法律法规，对防治旅游区的环境污染和生态破坏、保障旅游资源的永续利用、促进旅游业的持续发展提出了具体要求。四川省在旅游资源的开发和保护工程中，应参照有关法律法规予以执行。

（3）要对旅游开发区的环境承载量有个科学测定，以避免"绝对保护、严加限制，甚至不许开发"或"不加限制、放任开发"的两种极端。旅游资源的开发只能在不影响自然资产绝对量的前提下进行。

总之，无论是大自然造就的还是人类祖先赋予的旅游资源，都是西部地区的宝贵财富，我们在开发的同时也要实施科学的生态环境保护，才能更好地提高产业结构调整的质量，促进四川省经济的良性增长。

8. 创新思路，千方百计打破土地资源瓶颈，加大投入，拓展融资

（1）创新思路，千方百计打破土地资源瓶颈。以国家扶持的发展创意文化

产业项目为突破口，争取将在建项目和引入项目列入全省、全国重点项目，以此争取土地微调指标，解决文化旅游项目建设用地不足的燃眉之急。

结合新农村建设，深入研究国家有关土地、文物保护、环境保护、生态、林业、水利、农业等方面的法律法规和产业政策，积极探索融文化旅游产业、立体观光农业等为一体的可持续发展的循环经济模式，全面提升文化旅游项目的综合功能承载能力，打破常规项目建设用地界线，形成一个项目可多种土地性质合法并存的文化旅游发展新格局，从而从根本上解决土地制约问题。

（2）加大投入，拓展融资。加大政府投入力度，加强对旅游业发展政策的研究，制定扶持旅游业发展的政策措施，鼓励和支持旅游加快发展，争取国家专项资金，旅游资源或企业转让、拍卖收益用于旅游发展。加强财税支持，实行旅游开发税费免减优惠和旅游企业水、电、气价格优惠。拓展融资渠道，积极探索旅游投融资方式，完善旅游投融资机制，搭建旅游投融资平台，建立旅游融资担保体系，拓宽旅游投融资渠道。做好旅游项目包装，加强招商引资工作，以大项目为载体，以企业为平台，以资本为纽带，吸引各类投资主体投入旅游业开发，促进旅游市场主体做大做强。

二、成都市实施统筹城乡旅游发展战略，大力发展旅游产业

成都市是我国西部的重点旅游城市，大力发展旅游产业，有利于推进成都市经济跨越式发展。成都市位于中国长江上游的成都平原腹心，是中国首批历史文化名城和优秀旅游城市，素有"天府之国"的美誉。成都市总面积 1.24 万平方千米，人口 1404.76 万人。成都市先后荣获中国十大最具经济活力城市、中国内地十佳商务城市、国家环境保护模范城市、中国十大国际化都市等称号。

（一）成都市旅游资源丰富，特色鲜明

成都市旅游资源丰富，被世界旅游组织定为中国西部口岸旅游城市、最具魅力的旅游胜地之一。成都市自然风光绮丽多姿，拥有 4 个国家级风景名胜区、4 个国家级森林公园、2 个国家级自然保护区、4 个国家 4A 级旅游区（点）。成都市绝佳的自然生态环境为有"动物活化石"之称的大熊猫提供了良好的栖息繁衍空间，85% 的大熊猫分布在成都市及周边地区。成都市历史文化底蕴深厚，具有 2300 多年的建城史，是闻名世界的南方丝绸之路的起点，拥有都江堰—青城山世界文化遗产 1 处，武侯祠、杜甫草堂等全国重点文物保护单位 17 处。成都市近年来发掘的金沙遗址，被誉为"新世纪中国第一个最重大的考古发现"，出土的太阳神鸟金饰图案被确定为中国文化遗产标志。成都市旅游业服务功能齐全，接待设施完备，全市有星级宾馆饭店 128 家，旅行社 237 家。成都市作为西部特大中心城市，城市最大的口岸功能不仅体现在是区域的交通中心，而且是外国外地游客过境和集散中心，是驱动四川省其他地区旅游发展的发动机。成都市拥有西南最大的航空港——双流国际机场，年旅客吞吐量居全国第 6 位，截至 2013 年 12 月，已开通 151 条国内定期航线和 71 条国际（地区）航线；成都市拥有成渝、成绵、成乐、成雅、成灌、成南、成温邛等多条省内高速公路建成通

车，市域内区（市）县 1 小时交通已成现实，市区相继建成了一环路、二环路、三环路、绕城高速公路等重要干道，形成了环状加放射状城市立体交通网络。成都市既是旅游口岸中转地，又是旅游目的地。依据国民收入与旅游发展之间的正相关关系，四川省已形成了以发达的区内旅游市场为主，区外市场为辅的格局，这明显区别于西部其他省区。

成都市是中国最早开放的 24 个旅游城市之一，市内有以全国重点文物保护单位杜甫草堂、武侯祠、王建墓、杨升庵祠、桂湖、明蜀僖王陵、大邑刘氏地主庄园等为代表的一大批文物古迹；县、区有全国重点风景名胜区青城山、都江堰、西岭雪山及省级风景名胜区朝阳湖、天台山、九龙沟、九峰山、云顶石城等。作为旅游重点城市，成都市最佳的旅游时节是每年上半年的 3~6 月，下半年的 9~11 月。然而每年 7~8 月最热的时期，成都附近的西岭雪山、九龙沟、天台山、九峰山、龙池森林公园等都是最理想的避暑胜地。冬天上龙池森林公园、西岭雪山赏雪也是我国南方景区难得的机遇。成都市是一座历史文化名城，拥有深厚的历史文化底蕴。成都市区拥有众多的名胜古迹及旅游景区，而在成都市区的外环线上同样存在许多知名景点和有深厚的旅游价值的景区。根据成都市旅游发展的实际状况，实施统筹城乡旅游发展战略，必将促进成都市旅游业发展迈上一个新的台阶。

都江堰市拥有独特、深厚的水利文化、道教文化、历史文化。世界上迄今为止唯一留存的最古老的无坝引水生态型工程、开创世界科学治水先例的都江堰，是中华民族的天才杰作，是世界水文化宝库中的稀世珍宝；中国道教的发祥地青城山，是中国道教文化活的博物馆；三星堆、金沙遗址是研究长江上游人类文明起源的重要标本。此外，以普照寺为代表的佛教文化、以祭祀李冰父子为主要内容的民俗文化、以松茂古道为纽带形成的藏羌多民族特色文化等，都是都江堰历史文化的绚丽瑰宝。都江堰市具有宜人的气候，以大规模的珍稀动植物、优质的生态环境为特征，自然旅游资源十分丰富。都江堰市生物多样性保存完整，有高等植物 3284 种、脊椎动物 434 种，有大熊猫、金丝猴等 37 种国家级重点保护动物和珙桐、银杏等 25 种珍稀濒危植物，有 360 平方千米的原始森林，有目前亚洲规模最大的杜鹃专类植物园和苔藓园。经过十几年的旅游开发建设，都江堰—青城山已成为四川省著名的观光旅游胜地，其旅游业基本确立了在全市国民经济中的主导产业地位。依托青城山、都江堰、龙池—虹口三大各具特色的旅游景区，都江堰市基本形成了以世界文化遗产观光旅游为龙头，集生态旅游、休闲旅游、度假旅游于一体，内涵丰富、层次多样的旅游产品体系，成为四川省旅游产业重点发达地区。2013 年，都江堰市的都江堰景区、青城山景区、灌县古城、虹口等景区、景点共接待游客 1731 万人次，同比增长 18%，其中接待境外游客 46.46 万人次，同比增长 31%，实现旅游综合收入 76.6 亿元，同比增长 21.8%。都江堰市全力推进国际化服务环境打造。在传统旅游线路的基础上，都江堰市将新增熊猫旅游线路，计划重点推出"拜水之旅"、"问道之旅"、"大熊猫之旅"、"天府之源乡村旅游环线"、"山地运动体验之旅"五大主题的 20 余条特色化旅游线路。在旅游国际化建设方面，都江堰市以打造五星级酒店集群为重点，强化九黄线旅游枢纽和成都国际旅游目的地城市主体功能区的优势，积极完善多语种的旅游门户网站和电子商务体系，打造"吃、住、行、娱、乐、购"全程覆盖的网上支付系统。

(二) 成都市实施统筹城乡旅游产业发展，推进城乡一体化发展战略

郊区是针对大都市或城区的概念而言。城市及城区与城市郊区之间的边界是模糊的、变化的。城区可理解为城市建筑区或城市化地区，是由各种人工建筑物、构筑物和设施组成。城区旅游或都市旅游是以都市或城区为游览地域的旅游活动，其魅力在于：一是许多的"世界之最"或"全国之最"、"全国重点"都聚集在这里；二是游客集散地功能使城市成为旅游业的窗口；三是都市独特的城市特性与文化魅力。大都市的城郊旅游就是在城市外环线的范围内，以农业文明、完整独特的自然生态环境和地方文化积淀为特色或地域景观而开展旅游活动的圈层区域。城郊旅游吸引的对象游客包括本市居民和外地游客。

城郊旅游兴起的原因从生态角度而言，一是城市中心区或旅游者居住地人口或交通的高度集中，出现了大气污染、交通拥挤、噪音污染等现象，人们渴望在短时间内到清新的自然环境中去放松娱乐；二是由于城市人口密度加剧，城市的土地不断升值使不少绿地用于其他建设，城市的绿地空间日趋减少，人们更加渴望接触到清新自然的空间。从旅游者的角度而言，一是具备了闲暇时间增多、收入水平提高和健康意识增强等旅游动机的前提条件和内在因素；二是城市居民的休闲意识和生活方式改变，开始追求传统而古朴的生活体验。因此，城郊旅游是指人们到城市中心区以外的近郊、远郊和城市周边所管辖的中小城市及其边缘地带的地区进行休闲娱乐或观光游览等目的的一系列旅游活动。

我国大城市居民指向城市郊区的大规模旅游需求出现在 20 世纪 90 年代中期，20 世纪 90 年代以来，我国大城市居民到大城市郊区旅游的需求大幅增加，从而逐渐形成了大城市郊区旅游趋势，而且城市居民都非常青睐这种自然风景区或生态风景区的城郊旅游景区的旅游形势。旺盛的市场需求成为城市郊区旅游形成和发展的主要特点之一，而实践的良好发展促进了理论研究的深入。直至 20 世纪 90 年代末期，在我国东部经济发达地区，一些大中城市的周边地区城市郊区旅游初步形成。

城乡一体化是城市发展的一个新阶段，是随着生产力发展而促进城乡居民的生产方式、生活方式和居住方式改变的过程，是城乡人口、技术、资本、资源等要素互相融合、互为资源、互为市场、互相服务，逐步达到城乡在经济、社会、文化、生态上协调发展的过程。城乡一体化就是要把工业与农业、城市与乡村、城镇居民与农村居民作为一个整体，统筹谋划、综合研究，通过体制改革和政策调整，促进城乡在规划建设、产业发展、市场信息、政策措施、环境保护、社会事业发展一体化，改变长期形成的城乡二元经济结构，实现城乡在政策上的平等地位、产业发展上的互补、国民待遇上的一致，让农村居民享受到和城镇居民同样的文明和实惠，使整个城乡经济社会全面、协调、可持续的发展。城乡一体化是一项重大而深刻的社会变革。不仅是思想观念的更新，也是政策措施的变化；不仅是发展思路和增长方式的转变，也是产业布局和利益关系的调整；不仅是体

制和机制的创新，也是领导方式和工作方法的改进。宽松的政策环境、旺盛的旅游市场需求、优越的区位条件以及城郊旅游区原本具有的雄厚的旅游资源共同促进了城乡一体化的形成。城乡一体化的进一步发展，依然需要以上因素提供有力保障，其中任何一个条件的不利变化，都将严重影响到城市郊区旅游业的持续、稳定、健康发展。

成都市城乡旅游区目前是以成都市 6 个主城区为中心的旅游景区，以及辐射到近郊的 4 个郊区、6 个县及 4 个县级市，位于 6 个主城区以外的地域的景点所构成的旅游。这种旅游模式包含了许多在四川省内外都相当著名的景点（区），而且数量相当多，所覆盖的面积也十分惊人。这具体包括了以下景点（区）：彭州市的九峰山、银厂沟、丹景山景区；都江堰市的伏龙观、二王庙、都江堰水利工程、龙门山的龙池森林公园、青城山、青城后山景区；崇州市的九龙沟景区；大邑县境内的西岭雪山、花水湾温泉景区；邛崃市西南的天台山景区；成都市区周边的龙泉山、幸福梅林、三圣乡花卉市场等。这些景点（区）分布在成都市的周边及南、西、北几个方向，共同组成了成都市城乡旅游，同时也构成了巨大的城市外环旅游网络，巩固了成都市作为我国西部地区重点旅游城市的地位。

成都市大力推行城乡旅游发展的根本目的在于缩小城市和农村之间的本质差距，使城市与农村的经济水平、物质生活水平通过体制改革和政策调整，促进城市与乡村在规划建设、产业发展、市场信息、政策措施、环境保护、社会事业发展一体化，改变长期形成的城乡二元经济结构，实现城乡在政策上的平等、产业发展上的互补、国民待遇上的一致，让农民享受到和城镇居民同样的文明和实惠，使整个城乡经济社会全面、协调、可持续的发展。正是借成都市推行城乡旅游发展的契机，提出实施大力发展城乡旅游产业，推进城乡一体化发展战略，即发挥各旅游景点产业链的作用将旅游业作为成都市城乡一体化发展的重中之重；将旅游业作为城乡一体化发展的龙头；用旅游来带动整个城乡一体化战略的实施。

为什么要将旅游业作为龙头来带动整个城乡一体化战略？原因在于：首先，成都市是四川省重点旅游城市，拥有丰富的旅游资源，而且这些旅游资源可开发前景广阔，这就为城乡一体化发展战略奠定了坚实的基础。其次，旅游业作为第三产业，在成都市的国民生产总值中占了很大一部分，已经为成都市的经济发展做出了巨大的贡献，继续发挥成都市旅游业的作用可谓是大势所趋。再次，能够将城市与农村紧密联系在一起的行业是旅游业。旅游业使城乡联系在一起，旅游业成为城乡联系最直接的纽带。成都市的主要景点除了市区外大多集中在周边县市，城市居民出行最好的选择就是位于乡村的景点。除此之外，成都市是一座著名的休闲娱乐城市，乡村农家乐的旅游模式将成为成都市最火热的旅游景区。因此，必须将旅游业作为城乡一体化战略顺利实施的龙头，实行大力推行城乡旅游发展战略就成为整个成都市推行城乡一体化的关键所在。

近年来，成都市加快开发"金沙文化"、"熊猫文化"、"都江堰—青城山文化"、"非物质文化遗产"四大文化品牌和"三国文化"、"诗歌文化"两大文化资源，构建文化创意产业体系。通过科技创新、经营方式创新、服务业态创新等方式，将成都文化理念广泛运用于旅游景观、电子商务、健康服务等传统和新兴服务业，提升了城市的形象和软实力。在发展中提升，在发展中奋进。成都市把优先发展服务经济作为经济结构调整的着力点，作为破解城乡二元结构的大舞台，作为拓展消费升级的主战场，作为突破资源环境制约、推进可持续发展的新领域。把创新发展方式和体制机制改革结合起来，把经济发展与改善民生结合起来，创新思路、夯实基础，向经济社会全面、协调、可持续发展迈进。

（三）成都市城乡旅游带的划定

借鉴国外大都市的划分经验，以国外大都市旅游带划分的框架，成都市城乡一体化旅游可划分为四个旅游带。成都市处于平原地带，城市观光旅游带位于成都平原的中心区域，旅游资源丰富，主要以都市建筑、历史文化古迹和科技商务等人文景观为主；成都市近郊休闲旅游带由三环路以外的平原地区组成，以及龙泉驿区的丘陵地型，主要以现代科技、农业休闲、主题公园、康体娱乐、会议度假、休闲娱乐为特色；乡村旅游带主要是以外环路周边的农家乐为主，以及龙泉驿区的桃花沟、梨花沟、枇杷沟等乡村以及古镇为特色的区域为主；城市偏远旅游带主要以城市西部或西南部地区的民俗风情、山体景观、森林公园、古迹游览、探险度假和自然观光为特色的旅游带。

成都市城乡一体化旅游带由城市东、南、西、北面的各景点（区）构成，人文资源和自然资源的联动效应、旅游人造景观、度假村、游乐园、饭店和滑雪场等在其周围聚集并逐步发展。

引导旅游产业集聚集群发展。根据各区（市）县实际，在崇州市依托重庆路，在沿线规划建设"成渝现代旅游产业园"；在邛崃市依托平乐古镇，规划建设"南丝绸之路旅游文化产业园"；在彭州市和都江堰市等地，规划建设"旅游商品制造园"。按照国家级旅游景区标准，完善成都国际商贸城、国际非物质文化遗产博览园、成都新世纪环球中心等大型旅游综合体的旅游设施配套。依托都江堰市的青城山—都江堰、大邑县的西岭雪山—花水湾、新津县的花舞人间—亚特兰蒂斯、蒲江县的石象湖—花样年、成简地区的"两湖一山"等景区和项目，创建一批国家级和省级旅游度假区。

加快旅游功能区和天府新区建设。以"产城一体"的规划理念推动龙门山、龙泉山生态旅游综合功能区和天府新区建设。整合各区域的优质旅游资源和旅游重大项目，注重特色、差异发展、强化功能、突出重点、统筹兼顾，加快旅游产业要素空间集聚，系统推进旅游产业集群发展，进一步凸显成都市"一区两带"（城市休闲旅游区、龙门山生态旅游带、龙泉山生态旅游带）的旅游业发展格局。在空间布局、产品体系、服务体系、市场营销、开放合作等方面，深化两大功能区与天府新区的资源共享与协调发展。

1. 城市休闲旅游区

以中心城区及温江区、郫县、新区等为重点，打造美食娱乐旅游产品、商务会展旅游产品和文化旅游产品，优化提升游、购、娱等城市服务功能，大力发展以游憩商业、休闲娱乐、文化体验等为主的都市休闲旅游。加快宽窄巷子、文殊坊、水井坊、大慈寺等历史文化街区的建设，推进新世纪海洋乐园、温江云湖天乡旅游区、金马国际体育城等一批旅游产业化项目立项和建设，着力打造国际非物质文化遗产博览园、成都华侨城欢乐谷、天府美食嘉年华、世纪城新国际会展中心、成都东区音乐公园等一批品牌旅游综合体，力争建设一批特色旅游集聚区，形成"一心一圈四组团"（都市中心游憩区、近郊休闲游憩圈、东部创意休闲组团、南部商务会展组团、西部文化美食组团、北部生态休闲组团）的内部空间结构，形成各具特色的旅游发展板块。

2. 龙门山生态旅游带

依托龙门山优质的自然和文化遗产资源，积极发展以遗产观光、休闲度假、文化旅游、运动养生为主的山地旅游产品，着力培育高端旅游度假产业，构建"一城、一轴、四区、七星、十镇"的总体空间结构。到 2015 年，基本建成"西部第一、全国领先"的国民休闲基地和国际山地度假旅游目的地雏形。

按照规划，加快启动和建设中华熊猫世界、琉璃坝蜀山论坛、湔江国家湿地公园、白鹿法式风情小镇、西岭雪山景区、道源圣城文宗旅游区、雾中山山地运动休闲旅游区、安仁中国博物馆小镇、南丝绸之路文化旅游区、保利石象湖乡村俱乐部、海昌蒲江河谷旅游度假区等一批旅游产业化项目。基本建成湔江河谷、龙池、青城、琉璃坝、安西走廊、天台山—平乐古镇、三湖一阁七个起步区的旅游基础设施和核心支撑项目。重点开发"大观龙门"游憩观光、"大爱龙门"情感体验、"健康龙门"运动养生、"仙居龙门"休闲度假、"创意龙门"文化创意五大旅游产品。着力打造南丝绸之路田园、雪山温泉、百里道源和龙门奇观四个区域品牌。

3. 龙泉山生态旅游带

依托龙泉山现代农业基础和两湖一山旅游资源，坚持生态保育和生态修复优先，突出"天府生态绿舟，都市森林公园"主题，加快建设"两区一廊"（生态建设示范区、主题游乐区、景观廊道），将龙泉山区域建设成为田园风光优美，基础设施完善，产业功能凸显，国际性、生态化、智能化的田园休闲度假旅游区和第一产业和第三产业融合发展的示范区。通过植被恢复工程、百湖工程、景田工程等，逐步修复龙泉山区域生态系统。因地制宜开发康疗度假、农业观光、运动休闲等旅游产品，打造集生态保育修复和休闲度假旅游于一体的生态旅游示范区。按规划推进锦绣东山百里乡村廊带、沱江两岸滨水休闲长廊、清泉大道万米城市生态绿廊等廊道建设，形成集环保、运动、休闲、旅游和交通功能于一体的特色景观廊道和生态廊道。规划建设金堂九龙长湖旅游度假区、云绣花田—观音山生态示范区、青白江凤凰湖生态湿地旅游区、双流紫颐天堂生态旅游区、小堰口—三峨湖休闲度假区和新津花舞人间旅游度假区等一批第一产业和第三产业互动的生态型旅游产业化项目。规划建设龙泉湖精品度假区、双流麓湖、新津亚特兰蒂斯水世界、洛带古镇、黄龙溪古镇、五凤古镇等一批主题鲜明、功能复合的旅游产业化项目和旅游文化名镇。

（四）成都市统筹城乡旅游业发展的路径选择

成都市城乡旅游市场存在严重的旅游产品同质化倾向，缺少吸引力。旅游产业组织在促进旅游市场消费方面作用有限。成都市旅游区域有些地方存在服务水平低、产品档次不高、附加值小、竞争力弱的劣势。面对这些问题应采取以下对策：

1. 在提升旅游推动力方面，实施市场渗透和市场开发双重战略

（1）通过提升成都市的旅游产品竞争力来提高居民旅游消费意愿。

（2）利用闲暇时间的制度安排最大限度地实现市场需求。

（3）调整收入结构，扩大旅游消费。

（4）导入客户关系管理，创造顾客忠诚。

通过以上措施可以进行有效的市场渗透。

2. 市场开发战略

市场开发包括结构升级和地域空间外延两方面。结构升级是指在稳定传统市场的同时，加大对旅游动机的研究，将市场与现实情况相结合，提供满足其需求的定制化、教育型、生态型产品，促进旅游市场实现由观光旅游、大众休闲游到定制休闲游和个体发展旅游等的结构升级。地域空间外延是指在市场开发地理区域层面上，以市区为核心，向跨地区及国外延伸。

3. 提升旅游吸引力战略

采取以旅游产品开发为核心的原生吸引力战略。

（1）以资源禀赋为基础，充分挖掘旅游资源优势。充分考虑历史遗产资源的内在价值，提升休闲度假的文化内涵。

（2）以创造快乐体验为重点提升景观价值。

（3）根据游客休闲特征，进行旅游功能分区，满足差异化需求。

（4）充分保护旅游区自然、历史文化、社会景观的原生性和完整性，保持旅游区的可持续发展。要实现这一目标，需要考虑环境可承载能力，控制游客数量；需要市政府在环境保护方面制定相应法规和措施，在投资开发中严格进行"环境影响评估"；需要在旅游者中开展"绿色旅游"宣传；需要在旅游经营者中开展"绿色经营"宣传；还需要在全社会开展"绿色生活方式"教育活动。

4. 由旅游服务体系构成的派生吸引力也是形成旅游吸引力的重要组成部分，因此有必要实施加强旅游服务体系建设为核心的派生吸引力战略

旅游服务体系是成都市旅游吸引力水平提高的核心，旅游服务体系改善需要政府和企业等多方面的努力。

（1）不断提高可进入性为旅游发展创造前提条件。旅游景点道路拥挤及停车场车位不足已经成为成都市旅游发展的障碍。没有高效率、高质量的道路及停车设施，便无法保证客流的快捷速度。因此，加快旅游景点的道路及停车场建设已成为亟待解决的问题。

（2）在提升传统住宿质量水平的同时注重开发新型休闲旅游住宿设施。现有景点传统都市型旅游饭店的受欢迎程度降低，而一些新兴的住宿设施如家庭旅馆、野营设施越来越受到游客青睐。

（3）加强旅游信息沟通，降低游客获取信息的成本和交易费用。另外，旅行社还可以在市区内主要的人流集散地如超级市场、市政广场、交通枢纽等地配置现代化的旅游问询设施，建立散客服务中心，提供散客观光导游、信息咨询、

交通服务及其他相关服务。

（4）建立和完善的旅游服务及保障体系。旅游服务及保障体系含旅游景点及沿线的公共标志系统、旅游信息系统、服务质量保障系统和旅游安全保障系统等，它们是保障旅游活动正常进行的重要组成部分。

（5）旅游景区旅游供给者必须提高经营管理水平。研究市场需求特点，通过加强管理，提高服务水平，提供中等价位、物有所值的旅游产品，争取较大的回头客比例才是正确的经营思路。

（6）搞好旅游商品的设计、开发、销售，提高旅游业的关联带动作用。根据旅游者需求，研究和开发具有成都市"城乡一体化"旅游战略特色和各景区本身文化特色的旅游产品，并组织和销售。此外，还要加强对旅游商品质量、价格、销售次序的整顿治理，维护旅游者的合法利益。完善景区、景点内外的旅游标识，即主要通过加大标志物的安装密度、实行中英文双语标志，注意标志物的个性化特点。

5. 防范重复建设

一般来说，重复建设是商品经济条件下不可避免的产物。只要有市场竞争，就必定会存在一定程度的重复建设和生产能力过剩。一定的生产能力过剩，将有利于市场竞争，促进企业技术创新，调整产品结构，提高经济效率。但对旅游业来说，重复建设将会造成生产能力的大量过剩和资源的严重浪费，同时对旅游区域或旅游景区的可持续发展造成不可逆转的损失。

（1）严密论证，科学规划。在对项目进行可行性研究和市场分析的过程中，必须有一批熟悉行业和旅游目的地或建设地的情况、专门研究旅游业生产与经营、了解技术进步与革新的专家从事产业发展方面的咨询与分析，对建设项目能够进行论证，提供投资或者不投资、建设或者不建设的合理化建议。旅游规划是对一个旅游区域或景区资源进行最优配置。旅游规划应该对旅游景区的承载力和发展空间做出比较科学的评估并提出合理的保护措施。城乡一体化旅游战略要求旅游景区的建设必须与旅游发展规划相适应，这样才能制止资源的浪费和最大限度地避免对生态环境的破坏，控制旅游企业翻版式重复建设造成的恶性竞争，从而使旅游景区突出自身特色，实行可持续发展战略。

（2）建立市场竞争秩序，鼓励合理竞争。只有相对充分的市场竞争，才能体现优胜劣汰的原则，使优势企业在扩大市场份额的同时扩大规模、降低成本，使产品的价格在企业规模的扩张过程中不断降低。对于那些想重新进入市场的企业来说，进入的壁垒将相应的提高，出现不合理的重复建设现象的可能性也会明显减少。在市场经济条件下，要消除和防范低水平的不合理重复建设，逐步建立一个高效有序的市场竞争新秩序，推动企业按照市场需求进行产业结构优化升级，就必须采取一些有效的综合性措施。从长远来看，最关键是要加快经济体制改革的步伐，逐步建立健全的宏观调控体系和完善市场经济体制。特别是要进一步深化投资体制的改革，从根本上改变政府投资办企业的状况，逐步取消"诸侯经济"的影响。同时，要强化旅游企业破产、倒闭、清算等法律制度建设，加快产权制度和社会保障体制改革的步伐，为今后逐步建立一个健全的市场退出机制创造条件。很明显，如果没有一个完善、自由、灵活的市场退出或者淘汰机制，大量的企业只能"生"而不能"死"，要促进产业结构的不断优化，缓解和防范低水平的、不合理的重复建设，将是十分困难的。另外，在保护地方旅游资源和旅游环境的同时，要加强旅游从业人员对体验旅游经济和旅游业可持续性发展的理解，着力塑造快乐游客体验，使成都市"城乡一体化"旅游战略各功能带发挥其各自的优势并根据旅游产品的差异性、参与性与挑战性原则配置和创造具有各自特色的旅游产品和旅游服务。

三、自贡市把旅游业作为统筹城乡发展的突破口，大力发展旅游经济

实施统筹城乡发展战略，自贡市将旅游业作为激活经济和城市发展的突破口，大力发展旅游产业，以旅游聚集人气、激活城市、发展经济的理念，确定了"打造中国盐疗养生度假基地，建设中国旅游目的地"的奋斗目标，围绕建设旅游目的地，加强资源整合，调整产业布局，狠抓旅游规划，突出重点项目建设，落实扶持政策，加强资金保障，推进了旅游经济发展。

（一）自贡市旅游业发展的区位优势和资源优势

自贡市旅游资源优势得天独厚，文化底蕴厚重，内涵丰富。早在 20 世纪 80 年代初，随着改革开放的推进、自贡灯会在自贡市当地的连续举办以及大山铺恐龙化石的相继发掘，加之古老神奇的井盐历史文化，自贡市吸引了无数海内外游人到自贡市观光旅游。目前，自贡市已开发形成以自贡盐业历史博物馆、燊海井为龙头的盐文化旅游产品和以多品种盐系列为主的盐文化旅游商品，年接待游人约 20 万人次。进入新世纪以来，自贡市以创建中国优秀旅游城市为载体，加大对旅游业的投入，实行鼓励扶持政策，大力推进交通、城市基础设施建设和景点打造，改善旅游环境，全面提升了旅游业及关联产业的软件设施与硬件设施，促进了旅游业的快速发展，旅游业已成为自贡市经济的新热点、亮点和增长点。

自贡市位于四川省南部，沱江支流釜溪河畔，辖区面积 4373 平方千米，总人口 320 万人。自贡市管辖自流井、贡井、大安、沿滩四区和荣县、富顺两县，为省辖地级市。自贡市以内宜高速、隆雅公路、遂筠公路和内昆铁路与邻交通。自贡市依山傍水，环境优美宜人，拥有丰厚的历史文化积淀、独具风韵的人文景观和自然景观。1986 年，自贡市由国务院颁定为国家历史文化名城，其后又相继被批准为省级风景名胜区、国家对外开放城市和全国卫生城市，以"千年盐都"、"恐龙之乡"、"南国灯城"闻名遐迩。近年来，自贡市依托悠久的历史文化，充分挖掘优势产业，打造盐、龙、灯旅游项目，推动自贡文化旅游的跨越式发展。

1. 较好的旅游区位和交通条件

自贡市地处成渝经济圈中间点和川南城市群中心，通过内宜、成渝高速公路直通成都、重庆，通过内昆电气化铁路和建设中北京至昆明国道南来北往，通江达海。自贡市地处川南腹心，与内江、泸州、宜宾、乐山、成都直接通过高速或

高等级公路连接，构成川南城市群，是四川省域优先发展的大城市和重要的二级中心城市，是长江上游经济带中联系"成渝经济走廊"和川南城市经济区的中转站。自贡市到宜宾空港 70 千米，是我国西南最大的电力输配枢纽与"西电东送"的电力集输中心和川南微波通信枢纽。自贡市与川、渝、滇的九寨—黄龙、大熊猫基地、三星堆、峨眉山、乐山大佛、蜀南竹海、长江三峡等景区联点成线，自贡市的许多景观作为川渝、川南旅游线上的黄金节点，与这些地区形成资源和市场的互补整合。

2. 资源独特，拥有一批文化旅游知名品牌

自贡市是中国历史文化名城、中国优秀旅游城市，文化历史悠久，自然风光秀丽，旅游资源内涵丰富，境内有罕见的恐龙世界奇观、丰富的井盐历史文化、秀美的自然风光、独特民俗风情。自贡市作为盐之都，井盐文化源远流长，在 2000 年的漫长岁月中，人工开凿出 1.3 万多口盐井。自贡盐业历史博物馆是联合国教科文组织推荐的中国 7 个有特色的专业博物馆之一，国家 3A 级景区。西秦会馆、燊海井、东源井等井盐文化遗留的建筑、盐井群是独特的旅游资源。自贡市作为龙之乡，目前已有 160 余处发现恐龙化石。特别是大山铺恐龙化石群，是世界罕见的恐龙化石遗址。自贡恐龙博物馆已成为世界三大恐龙博物馆之一、中国旅游胜地 40 佳之一，国家 4A 级景区，首批国家地质公园。自贡市作为灯之城，自贡灯会有 800 多年历史，是国家旅游局向海外推出的 40 项大型民俗节庆活动之一，被誉为"天下第一灯"。

自贡市人文历史与自然生态旅游资源交相辉映。荣县大佛是中国第一如来坐佛、世界第二大佛，国家重点文保单位；富顺文庙是四川省规模最大、保存最完好的一座孔庙；吴玉章、卢德铭、江姐故居是四川省重要的红色旅游资源；仙市古镇、贡井古街、自流井老街充分反映了自贡盐业历史文化；尖山农团生态旅游区、桫椤谷自然保护区、双溪湖景区等优美的自然风光，独具旅游开发价值；自贡川剧、杂技具有很高的知名度，自贡民间龚扇、扎染、剪纸等手工艺久负盛名。

3. 旅游产品开发别具一格

自贡市的旅游产品是四川省重要特色专题旅游品牌之一。自贡灯会是四川省众多民俗活动中最具代表性的，被评为中国大型民俗活动；恐龙化石遗址生动形象地给游客展示四川复杂的地质构造，是国际著名的地质考察专线；自贡市的井盐与水利、白酒、蚕桑等被列为四川省为数不多的传统产业旅游资源之一，井架、古老盐业遗址、行业帮会文化对游客的吸引力是四川省其他传统产业旅游资源无可比拟的。自贡市的大佛岩刻文化、文庙儒学文化和川剧、川菜等独具地方文化特色。在国家、四川省旅游局推出的旅游产品中，巴蜀古文化之旅、熊猫恐龙石刻之旅、佛教文化之旅以及恐龙桫椤谜之旅、井盐历史寻踪之旅、彩灯观光之旅在海内外旅游市场都具有较强的吸引力。自贡市在四川省实施特色专题旅游战略方面发挥了形象品牌作用。自贡市的龚扇、扎染、剪纸以及火边子牛肉是四川省著名旅游产品纪念品。自贡市旅游业已成为四川省旅游发展总体规划确定的全省 5 个重点发展旅游城市、4 个优先开发的世界级景区、4 条优先开发的旅游

热线和 6 处优先开发景点之一，是四川省最新确定的新五大精品旅游区之一。

4. 良好的基础设施建设水平

近年来，自贡市旅游经济逐步驶入了发展的快车道，旅游产业体系基本形成。目前，自贡市拥有旅行社 15 家，旅游星级饭店 16 家，旅游景区（点）20 多个，国家 A 级景区 8 家，中国旅游胜地 40 家，中国大型民俗节庆旅游精选 1 项，世界地质公园 1 处；乡村旅游农家乐 500 多家，茶楼、酒吧、歌城等娱乐场所 400 多家；各类型旅游车、出租车达 3000 多辆；旅游直接、间接从业人员 5 万多人。城市基础设施逐步改善，区域旅游公路干线、城市道路、桥梁等重点工程取得突破性进展，水、电、气、通信、引导标识等公共设施进一步改善，城市信息化建设试点工作顺利推进。自贡市的旅游服务质量有显著提升。

（二）自贡市围绕"神奇盐都，灯城自贡"，推进旅游经济跨越发展

自贡市高度重视旅游产业发展，明确提出把自贡市建设成为独具特色的文化旅游名城，制定了《自贡市旅游发展总体规划》，出台了促进自贡市旅游业发展的政策措施，实现了旅游经济的快速增长。自贡市围绕建设中国旅游目的地，推进旅游产业体系的完善与产业素质的提升。自贡市以建设中国旅游城市为目的，加强资源整合，调整产业布局，突出重点项目，强化宣传促销，化危机为转机，促进了旅游业的快速发展。古老的自贡现已成为一座以恐龙、盐史、彩灯"三绝"著称的旅游城市。

一批品牌景观相继建成，旅游经济实现跨越式发展。城市旅游基础设施条件大力提升，旅游环境改善明显。自贡市先后建成了 S305 线、恐大路以及通往飞龙峡、仙市古镇、江竹筠故居等景区的公路，形成了方便、快捷的旅游快速通道。加强南国灯城旅游服务设施建设、城乡旅游环境综合整治和景区风貌建设，新建了一批城市文化广场、旅游公厕、旅游公共信息标示，建成了檀木林城市名人酒店、英祥锦江国际大酒店以及东方广场、丹桂大街、同兴路、青杠林等购物美食街区，旅游环境和接待条件显著改善。

围绕"神奇盐都，灯城自贡"，积极建立"政企联手、部门联合、上下联动"的宣传促销机制，完善促销手段，广泛运用网上宣传促销、新闻媒体宣传促销、客源地旅行社代理宣传线路等多种形式。"走出去，请进来"，加大旅游市场开拓，巩固主体客源市场，开发我国港澳台市场，实现旅游稳定增长。大力加强媒体、广告、网络、会展宣传，在成渝高速公路设置公益广告、市内主要宾馆饭店、景区景点免费发放灯会宣传资料；与乐山、宜宾联手推出峨眉赏雪—自贡观灯、自贡观灯—恐龙竹海石海生态旅游产品，在成都、重庆及自贡本地举行灯会暨重点旅游项目推介会，邀请成渝及周边城市 100 多家旅行社到自贡参加自贡旅游暨川南皮革城旅游项目推介会，组织旅游行业赴台湾宣传促销，举办了灯会、乡村旅游节、旅游形象大使评选、成渝及自贡本地旅游推介会、成渝到自贡的大型自驾游活动，丰富了旅游生活，提升了自贡城市旅游形象。加强旅游线路统筹，先后编制 50 条旅游线路并进入全省规划对外统一宣传，拓展了旅游客源市场，吸引了大量游客到自贡旅游。区域合作不断加强，先后与川、渝、滇三省（市）10 个市（县）建立了旅游合作联盟，与川南、攀西、滇北地区建立了金沙

江流域（下游）区域旅游合作，与重庆、成都等建立了城际旅游互动机制，加强了区域合作，拓展了旅游市场。

自贡市确定了围绕"一个目标"、打造"三大精品"、推出"五条线路"，建设"两城两区四园"旅游产品支撑体系，将自贡市建设成为中国独具特色的文化旅游目的地的总体目标。自贡市规划了未来 5 年内自贡旅游业发展的 20 个重大项目，总投资近 55 亿元。自贡市编制了恐龙王国、中国盐温泉、盐疗养生度假基地、中华彩灯大世界、世界地质公园、燊海井盐史博览园、荣县大佛景区、仙市古镇景区、大公井盐文化景区、三多寨 108 祠堂、环城市乡村度假休闲旅游带、青山岭—天池湖景区等旅游发展规划。自贡市开展了"提升旅游服务质量，文明旅游迎省运"活动，加强旅游服务质量、旅游景区环境整治、旅游景区风貌塑造、旅游诚信建设、旅游行风建设和精神文明建设，加强对旅游从业人员的培训，开展了四届旅游行业职工技能大赛，促进了自贡市旅游服务质量的不断提升。

立足于满足和扩大游客消费需求，自贡市大力发展餐饮、娱乐、购物，加强"盐帮菜"开发，打造美食街区，建成了九鼎、帝豪、百盛、人人乐、东方广场、川南皮革城等一批大型购物商场，以及同兴路、汇川路、青杠林街等一批美食街区，发展了一大批茶坊、酒吧、歌城、浴足等休闲娱乐场所和农家乐，满足了游客的消费需求。

（三）统筹城乡发展，加快自贡市旅游产业发展的对策思路

目前，自贡市已开发形成有一定规模的恐龙馆、盐史馆、燊海井等旅游景点，虽然文化品位高，但是参与性差、受众人群窄、影响力还不够大。恐龙化石、井盐文化、古镇古街等旅游资源利用程度不高、深度整合开发不足，没有形成支撑性景区或景点。为了解决自贡市旅游业发展中存在的主要问题，必须采取以下相应对策：

1. 打造"一心一带一环两翼"，建设旅游目的地结构体系

重点围绕整体打造、加强资源整合、突出项目建设、转变发展方式、以市场为导向、以提高产业效应和素质为突破口，建设"两城两区四园"旅游产品支撑体系。实现旅游开发从资源优势向产业优势转变、产品结构从单一观光产品向休闲度假多种产品结构转变、旅游竞争力从景区和线路为主向城市为主体的目的地转变、消费结构从大众消费向深度消费转变、发展方式从数量型向质量效益型转变，推进旅游业加快发展，将自贡市建设成为中国独具特色的文化旅游目的地。

（1）打造一心，即打造主城旅游目的地的重心。自贡市主城区包含了自贡旅游目的地产品体系中的"盐、龙、灯"核心产品，同时又是自贡旅游目的地建设的依托，是游客集散的中心和主要接待地。在"十二五"时期，要推进中国盐疗养生基地、恐龙王国、中国彩灯大世界三大旅游精品建设，完善城市功能、旅游交通、接待设施建设，提高旅游接待水平和能力。

（2）开发一带，即开发以釜溪河水道为主体的盐运文化旅游带。依托釜溪河城区段水道聚集的丰厚的盐运文化旅游资源，加强古镇古街、盐运水道、码

头、瀑布、沿河观光带打造，形成以吸引外地客人为主的旅游带。

（3）形成一环，即形成以南北环路为重点的环城市休闲旅游带。以南北环线、东西环线为轴线，向周边扩展，着力建设"休闲度假、生态旅游"两大旅游产品体系，成为市内游客的观光休闲场所。

（4）建设两翼，即建设荣县、富顺旅游目的地增长翼。深度开发佛教文化、儒学文化、名人文化、红色旅游和生态休闲旅游，以此作为自贡旅游新的增长点。重点建设荣县大佛和富顺文庙两个4A级景区；加快青山岭—天池湖和吴玉章故居景区开发，推进小井沟水库旅游景点建设。

2. 打造"两城两区四园"，建设旅游目的地产品体系

立足资源变资本，整合"盐、龙、灯"品牌资源，到2015年，力争建成5A级景区2家，4A级景区4家，3A级景区3家。

（1）建设南国灯城，打造彩灯文化旅游产品。深度挖掘彩灯文化内涵，大力推进旅游产业与文化产业的结合，在卧龙湖紧靠中国盐卤浴项目一带，建设占地1000亩，集彩灯研发、展出、销售及休闲娱乐等为一体的"中国彩灯大世界"，继续推进"南国灯城"建设，高质量、高水平办好自贡灯会，打造"天下第一灯"旅游品牌。

（2）建设川南美食城，打造自贡美食旅游产品。大力发展餐饮美食旅游，精心打造盐帮菜系，改造提升同兴路、汇兴路、青杠林街、南湖美食街，加快川南美食城建设，打造"吃在四川、味在自贡"美食旅游精品。

（3）建设卧龙湖国际旅游度假区，打造井盐文化旅游精品。实施精品名牌和大项目带动战略，在市区南部卧龙湖一带，建设20平方千米，集中国盐疗养生度假、高尔夫绿色运动休闲、高星级旅游度假酒店、风情步行街以及高品质的旅游地产于一体的卧龙湖国际旅游度假区，打造井盐文化旅游精品。

（4）建设青龙湖国际旅游度假区，打造恐龙生态旅游精品。充分利用世界地质公园名片效应，以大山铺恐龙化石埋藏遗址和青龙湖自然生态为依托，加强恐龙王国公园建设，推进大山铺风情古镇、江姐故里以及万桥特色盐浴休闲区开发，建设占地9平方千米，集恐龙科普体验、时代嘉年华、水上欢乐谷、恐龙生态游乐场、动感剧场、度假酒店、风情古镇以及旅游地产于一体的青龙湖国际旅游度假区，打造成国内一流、世界驰名的恐龙王国旅游精品。

（5）推进"四园"建设，形成旅游目的地的配套景观。依托燊海井和吉成井，打造中国燊海井—吉成井盐史文化博览园；依托大公井区域的盐文化遗存，打造大公井古盐文化旅游园；依托荣县大佛，打造荣县大佛文化旅游园；依托富顺文庙和富顺西湖景区，打造富顺文庙儒学文化旅游园。

（6）积极发展红色、生态、灯会节旅游。打造以江竹筠故居、吴玉章故居、卢德铭故居为重点的红色旅游景区（点），并作为爱国主义教育基地，推动红色旅游发展。配套建设以飞龙峡、青山岭、高石梯、桫椤谷为重点的自然生态旅游，提升山水风光旅游。积极推进仙市古镇、艾叶古镇、大山铺镇、长土镇、建设镇、荣边镇等乡镇旅游开发。创新、提升自贡灯会、民俗文化及生态旅游活动，促进灯会节旅游发展。

实现产品升级、市场升级、消费升级、管理升级、服务升级、产业升级。凭借"两城两区四园"重点项目打造，推动旅游产品升级换代，实现自贡市由单纯观光游向休闲度假游的转变；提升自贡市外旅游人次占旅游总人次比重，国内旅游市场从四川省内市场为主转变为省外市场与省内市场相结合；拓宽消费领域，延长消费链，提升消费层次，扩大消费总量规模；围绕政府职能转变，加强管理，强化服务，着力构建旅游公共服务平台；建设旅游服务质量标准体系，培育精细化旅游服务机制，定制个性化的专项服务。到 2015 年，自贡市旅游业要成为效益较高、竞争力强、对相关产业拉动作用明显的重要产业。

3. 融入成渝，联动滇黔，城乡统筹，合力推进

发挥自贡市地处成渝经济区连接带、川南区域中心、川渝滇和川南旅游线"黄金节点"的区位优势，扩大开放合作，融入成渝，联动滇黔，加强与成、渝、滇、黔及川南城市群的旅游交流与合作，实现旅游资源、旅游客源和旅游信息共享，逐步建立互助共赢的区域旅游合作机制，拓展市场。加强旅游规划与城乡统筹规划、小城镇规划及交通、农业、林业、水利、环保、土地等行业规划的整合，利用城乡统筹特殊政策，运用城建、交通、农业、林业等惠农政策及扩内需、促发展的措施，进行城市配套环境和旅游基础设施建设；多渠道争取国家生态环境、天然林保护、西部开发、退耕还林政策措施，加强生态环境建设；借助现代资本市场，通过城乡统筹土地统转及项目经营权转让，大力开发旅游项目，培育旅游经济新的增长点和支撑点。

4. 加强城市旅游功能建设，构建旅游目的地服务体系

（1）加强城市基础设施建设，完善城市旅游功能。加强城市基础设施，加快对中心城市、重点旅游城镇、景区景点旅游服务基础设施的建设和改造，提升旅游服务水平。加强旅游停车场、旅游厕所、旅游码头、邮电通信、医疗急救配套设施以及自驾车营地、汽车旅馆等自助旅游服务设施建设，完善城市旅游功能。

（2）加强旅游酒店建设，提升接待能力。积极推进张家沱酒店、贡井蓝光（贡山）酒店、荣洲大酒店建设，做好沙湾—西秦会馆—龙凤山片区规划，推进沙湾饭店四星级酒店建设，新建一批中档次旅游度假酒店，提升现有酒店水平，形成高中低档次分明、结构合理、服务优良的旅游酒店体系。到 2015 年，达到五星级酒店 2~3 家、4 四星级 3~5 家、三星级 5 家及一批经济商务酒店。

（3）立足扩大消费，发展休闲娱乐。大力发展餐饮美食旅游，加快川南美食城建设，以"小河帮"菜系为主菜系，精心打造"盐商菜"等精品盐帮菜系，改造提升同兴路、汇兴路美食街，着力打造贡井杠岭美食街、南湖美食街。加强旅游商品开发，建设特色旅游购物街，提升购物旅游质量。新建、改造城市休闲文化广场、歌城、舞厅、茶楼、酒吧、洗浴城、美容城、保龄球馆、室内高尔夫球场、电影城、书城，发展休闲娱乐产业。大力发展农家乐乡村旅游，力争"十二五"末自贡市农家乐比"十一五"期间增加一倍。

5. 紧抓重点项目建设

突出项目带动作用，以大项目为载体，以企业为平台，以资本为纽带，统筹

规划，分级建设，吸引各类投资主体投资开发旅游业，促进旅游市场主体做大做强。市级重点抓好盐、龙、灯支撑品牌打造，基本建成中国盐疗养生基地、彩灯大世界、恐龙王国项目和一批接待设施建设，打造好目的地的支撑品牌。各区县围绕打造旅游目的地，抓好釜溪河观光带、张家沱文化风情街、大公井盐文化旅游区、仙市镇、大山铺镇、荣县大佛、吴玉章故居、"江姐"故居、富顺文庙以及飞龙峡等景区建设，形成旅游目的地的配套景观。

（1）打造中国最大的盐疗康体养生休闲基地。围绕"中国盐都，康健自贡"的主题，建设以盐温泉项目为核心的中国最大的具有震撼力的盐疗康体养生休闲基地。项目主要包括：以盐的康体养生保健为主的洗浴盐疗中心；以盐文化展示为重点的盐业博览中心和盐场实景；以政务、商务旅游接待为重点的五星级酒店和休闲度假区；以高尔夫等运动健身为主题的运动休闲区。目前该项目已进入前期策划、规划和项目选址阶段，力争年内奠基开工，两年左右建成。

（2）建设恐龙遗址游乐园。依托自贡大山铺恐龙化石遗址和自贡恐龙博物馆，建设恐龙遗址游乐园。项目功能分区包括：游乐科普区、休闲会务区和入口前区。项目主要内容包括：恐龙游乐、探奇、揭秘、电玩、飞车等参与性、趣味性项目以及具有恐龙文化特色氛围的酒店会务中心、休闲设施，高品位的古生物奇观和大众游乐园。

（3）建设南国灯城。一是建设中国彩灯文化产业园区。依托中国彩灯博物馆，以彩灯公园为基础，建设彩灯文化区、园林绿化区和游乐休闲区，成为灯城核心区域。二是突出灯城形象建设。在城区建设景观艺术光雕，亮化、美化城区主要街道、广场、河岸，形成梦幻灯城。

（4）实施中国燊海井保护改造。恢复古建筑，形成体现古老采卤制盐现场展示的旅游景观，形成中华盐都的文化内涵、旅游目的地重要节点。

（5）整治打造盐商会馆和古街古镇。完善自流井老街，进行贡井河街老街、大山铺、仙市等古街古镇，以及王爷庙、桓侯宫、罗园等一批盐商会馆、住宅整治恢复。

（6）加快荣县大佛景区、富顺文庙西湖景区、尖山农团景区开发。

6. 拓展旅游客源市场，建立旅游目的地营销体系

（1）加强营销推广。发挥政府主导作用，建立政府旅游目的地形象宣传和企业旅游产品促销相结合的旅游营销机制，加强宣传推广力度，大力推动旅游宣传进宾馆、进机场、进车站、进高速（公路）、进社区、进农村、进家庭，多渠道、多形式宣传推广"神奇盐都，灯城自贡"旅游形象。

（2）加强线路整合。围绕"盐、龙、灯、佛、食"旅游品牌，推进旅游线路统筹，逐步形成盐疗养生游、井盐寻踪游、恐龙探迷游、彩灯观光游、佛儒文化游、美食购物游6条特色游线路；推出巴蜀古文化旅游线、川南旅游环线、恐龙竹海生态游3条市外游线路。

（3）推进区域合作。依托成渝，联手川南，融入滇黔，深度开发成渝、川南、滇黔等国内重点客源市场，加强与我国港澳台旅游合作，推动旅游线路对接延伸，拓展境内外旅游市场。

（4）创新"旅游套餐"。创新提升自贡灯会，推出民俗文化活动，办好生态旅游节，办成品牌，形成旅游宣传推广效应。

四、实施"两化"互动、统筹城乡发展战略，构建中国白酒"金三角"酒文化中心——泸州市打造"中国酒城"名牌，提升中国白酒"金三角"竞争力

打造中国白酒"金三角"，应打造城市名牌，提升城市竞争力，弘扬川酒文化，深挖川酒文化内涵，完善川酒文化产业动力机制，建立中国白酒"金三角"酒文化中心。建立中国白酒"金三角"文化中心是打造中国白酒"金三角"的必然要求。川酒所处的城镇，文化底蕴深厚，历史遗迹丰富。酿酒业是当地传承历史悠久、地位突出的支柱产业，酿酒业深厚的文化底蕴是其发展的重要根基。在市场经济条件下深度挖掘、保护与利用历史文化资源，并将其转化为有竞争力的酒产品，可以提高酒业发展的可持续能力，增加酒产业的绿色含量和文化含量，更好地满足人们精神和文化生活的需要。泸州市打造"中国酒城"品牌，有利于提升泸州城市竞争力，促进经济社会又好又快发展。

（一）"中国酒城"是泸州市城市品牌的最佳选择

泸州市作为中国历史文化名城，资源富集、交通便捷。打造、营销城市品牌已是大势所趋，是提升城市市场竞争力的需要。城市品牌是城市的包装、城市的符号、城市的商标，具有浓缩城市精华、彰显城市魅力的功能，与城市竞争力密切相关。国内外的实践表明，针对自身区域个性，采取多种方式，打造城市品牌，不仅可以增强城市竞争优势，争取更多公众对其的认同与消费，而且可以带动以城市为核心的区域经济社会健康快速发展。

打造"中国酒城"品牌是推进泸州市跨越式发展的迫切要求，"中国酒城"是泸州市城市品牌的最佳选择。将"中国酒城"作为泸州市城市品牌进行打造、营销，一是经济文化耦合度最高。在城市品牌的打造中，有"城市品牌首打经济"与"城市品牌首打文化"的分歧。泸州市打造"中国酒城"，将酒业经济和酒文化紧密地结合起来，精辟地表达了泸州市城市的浓缩形象。二是酒业在泸州市支柱产业中最强。长期以来，酒业在统筹泸州市城乡发展、带动三次产业发展方面发挥着巨大的不可替代的作用。在泸州市，酿酒、化工、能源、机械四大支柱产业中，规模最大、产值最高、效益最好、污染最小、带动性最强的是酒业，酒业已成为泸州市的支柱产业。将城市品牌确定为"中国酒城"，既突出了泸州市的产业优势，又能展现泸州市的城市形象，实现三次产业互动和城乡统筹发展，使泸州市在激烈的城市竞争中始终占据先机，立于不败。三是充分体现了泸州市立足高位发展的思想。"中国酒城"立足点高："中国"，是泸州市在全世界、全国范围内的定位，与市委提出的大城市发展战略相呼应；"酒城"，是泸州市对城市功能的定位，标志泸州市将以酒业及酒业服务业为主导产业，传递给目标市场的利益信息非常明确，这完全符合城市品牌确立的可行性和鲜明性原则。四是泸州市跨越发展的需要。泸州市在城市品牌树立上，充分体现了国内以

"酒"为主的城市的特色,为打造中国白酒"金三角"奠定了良好的基础。大打"中国酒城"城市品牌,通过提高"中国酒城"知名度和美誉度,充分展示中国白酒"金三角"的地位和作用,大力发展立足国内、面向世界的酒业及其服务业,实现酒业及其服务业的跨越发展

(二)泸州市打造"中国酒城",产业是根本,名酒是基石,文化是支撑

把泸州市作为"中国酒城"进行打造,有利于凸显地方优势产业,实现重点突破;有利于传承酒史文化,促进文化与产业互动共生;有利于彰显泸州市城市个性,让泸州市从千城一面的状态中脱颖而出,树立独一无二的城市品牌形象;有利于将营销产品提升到营销城市的新层面,实现从产品营销到城市整体营销再到文化营销三级跳,形成强劲的市场竞争力。

打造"中国酒城",产业是根本,名酒是基石,文化是支撑,人才和技术是关键,环境是保证,标识系统是传导。

从产业角度看,泸州市酒业实力雄厚。泸州市是我国白酒和优质名酒的重要生产基地,"泸酒"已成为中国白酒行业最具实力的"五大板块"之一,孕育了"酒中泰斗"泸州老窖和"酱香典范"郎酒,泸州市因此而成为全国独一无二的、同一城市同时拥有浓香和酱香两朵"中国名酒之花"的城市。泸州市酒业两个龙头企业快速发展,市场竞争力不断增强,一批"小巨人"企业发展势头强劲。国窖1573名牌塑造成功,知名度、美誉度进一步提升,处于加速发展轨道。红花郎、新郎酒战略品牌跻身中国高档白酒主流消费品牌。二线品牌、新兴品牌发展态势趋好,有上百个部、省名优酒。在打造中国白酒"金三角"中,加快建设"中国最大的白酒加工基地"和"中国第一个白酒加工配套产业集群"泸州市酒业集中发展区。

从酒史文化看,泸州市酒史文化底蕴深厚。一个没有深邃历史文化的城市品牌是没有生命力的。定位"中国酒城",泸州市有2000多年深厚的酒史文化作支撑。"泸酒"发展史可概括为"始于秦汉,兴于唐宋,成于明清,强于现代,盛于当今"。"泸酒"文化突出特征是资源具有唯一性、承传具有连续性、体系具有完整性、文化具有多样性。据《华阳国志》记载,西汉时泸州就已享有"江阳尽道多佳酿"的美誉。1983年,泸州市出土的汉代巫术祈祷图就有巫师高举酒樽,相互祝酒的场面,这表明当时泸州人已知道"酒以成礼"。晚唐五代古窖址中出土的酒具实物表明,晚唐五代时的泸州酒业就十分发达。唐朝郑谷的《旅次遂州将之泸郡》中更有"荔枝春熟向渝泸"的诗句。宋熙宁年间,泸州是全国年商税额达十万贯以上的26个州郡之一,其中酒税占泸州商税十分之一。这一时期,泸州出现了"腊酿蒸鬻,侯夏而出"的"大酒"、"自春至秋,酷成即鬻"的"小酒"。在明代,泸州的"酒窖比井还多"。国宝窖池——"泸州老窖窖池",已有连续生产435年的历史,是酒类行业唯一的国家级文物保护单位,被誉为"中国第一窖",作为世界最古老、连续使用时间最长的酒窖被载入世界吉尼斯大全;郎酒集团的天然储酒库天宝洞、地宝洞同样被列入世界吉尼斯大全。泸州是国内唯一一个拥有国家级物质和非物质两项酒类文化遗产的城市。历史上"十里长街千户酒"的壮观场面,曾一度陶醉了司马相如、杜甫、苏轼、

黄庭坚、陆游、范成大、杨升庵、张问陶、赵藩、蒋兆和、王朝闻等一大批仁人志士，使其留下了不少脍炙人口的诗词歌赋。朱德在1916年驻防泸州时，著诗曰"酒城幸保身无恙"等诗句，泸州市"酒城"因此而得名。可以说，"泸酒"文化是泸州地域文化的典型代表，是最具品牌效应和开发潜力的优势特色资源，这是先辈留给我们的宝贵遗产，具有不可再生性和不可复制性。

从人才和技术看，泸州人才和技术积淀厚实。"泸酒"在新中国成立初期，就已掌握了粮、糠、水、温、曲、糟之间复杂的量比关系，形成了整套完整、科学的浓香型酒生产工艺。20世纪50年代以来国家组织的对泸州老窖酒传统技艺的研究、整理，形成全国独有研究浓香型白酒技艺科学体系，这些经验至今仍被全国各酒厂沿用，浓香型酒因此被称为"泸型酒"。1957年，由国家轻工部主持编著出版了我国第一本关于浓香型曲酒酿造方法的技术专著——《泸州老窖大曲酒》。泸州市在全国率先将气相色谱分析技术应用到勾兑领域，大大提升了"泸酒"的科技含量。特别是"人工培窖技术"的发明，使泥窖的成熟期由50年缩短到5年，使传统作坊式生产向规模生产转变成为现实。"泸酒"因其精湛的酿酒技术而成为国家浓香型白酒的评价标杆。泸州市是国内拥有数量最多，体系最为完整的酿酒技术人才资源的城市。目前，泸州市全市有国家级白酒尝评员6名、省级尝评员35名，获得酿酒技师职称的近千名。泸州市在全国同行业里有最强大的技术队伍，有全国白酒界最拔尖的勾兑技术人员。

从发展环境看，泸州市酒业发展环境良好。论自然条件，泸州市有独特的气候、土壤和水质，极有利于酵生香气的众多生物菌群繁衍生息。联合国粮农与教科文组织的专家认为：泸州是最适合酿造优质纯正蒸馏酒的城市，是中国白酒不可复制的酿酒生态区。论地缘优势，泸州市处于北纬27°39′~29°20′之间，处于西南区域经济区腹地、长江流域经济圈中间地带，处于成都、重庆、贵阳、南宁、昆明五大城市之间的节点上，这正与白酒专家们科研结论，即世界六大蒸馏酒都有一个共同特征，同处于北纬30°南北两侧，是地理气候加上人类的生活愿望共同创造了全世界的白酒文化的理论成果不谋而合。这种区域位置，客观上决定了泸州市必将成为中国白酒的主要产区。论运输条件，泸州市交通便利，基本形成了集公路、铁路、水运、航空、管道综合运输的立体交通体系。

从酒城标识体系看，泸州酒城标识已有相当基础。就硬件标识来说，泸州市有上万个老窖窖池、酒器（具）窖址发掘一处、文物史料馆一座，还有众多民俗酒文化、酒类建筑与地理标志，典型的如汉墓石刻中的巫术祈祷图，明代酒器中的麒麟温酒器。就软件标识来说，泸州市拥有国内几乎所有香型白酒的传统酿造技艺，国内唯一的国家级物质与非物质两项酒类文化遗产，"泸酒"地理标志等等，都在向人们细细诉说"泸酒"的辉煌。这些是"泸酒"的特殊身份标识，是"中国酒城"的权威广告。

（三）打造"中国酒城"品牌，让泸州酒文化深入人心

"中国酒城"是一个城市在社会、经济结构、文化、制度政策等多个因素长期综合作用下创造和维持的，受受众普遍认同且支撑这个城市健康发展的区域个性综合的简称，其内涵精髓是获取市场占有。"中国酒城"是一个立足国内、面

向世界的以酒产业集群为载体，酒业经济为支撑，酒文化为媒介，三次产业互动发展的流量经济城市。具体来说，"中国酒城"品牌反映酒类产业在本地区和全国的地位、市场运作能力、与其产业的关系和作用以及对经济增长的贡献等；反映酒类产业悠久的历史承传关系，且与当今生产力发展系统的有机结合，是城市形象和企业形象的彰显；反映该地区劳动力的数量和质量状况；反映地区的科学技术实力和科技竞争力成长的制度；反映酒类产业发展过程中自然、科研、政策、行政管理、人文等诸多因素对其成长壮大的影响状况；反映酒城品牌的软硬标识成体系，音、像、形、韵可感可见。

打造"中国酒城"品牌，必须充分发挥泸州酒业的地缘优势、历史优势和人文优势。把"中国酒城"作为泸州市发展定位和品牌来经营。具体来讲，就是要运用政府的导向作用，依托科研进行研发，集聚产业力量，借助媒体造势，采纳受众意见，尽快形成以酒为媒、以酒为托的资金流、信息流、技术流、物资流、人才流，把泸州市打造成名副其实的"中国酒城"。

1. 打造中国酒业生产中心

（1）强势扩张泸州老窖和郎酒两大龙头企业，带动酒业低端企业扩大生产规模，提升生产质效，抢占市场。加快酒业集中发展区建设，吸引各大名酒企业来泸州市开办分厂或包装车间，把酒业集中发展区打造成中国最大、最著名的"酒业OEM工业园区"。建设高品质高粱、小麦生产基地，为酒类生产提供质优价廉的原料，实现企业与农民互赢、城乡统筹发展目标。正视酒品消费市场结构性变化，在大力发展白酒的同时，适度发展葡萄酒、啤酒等，满足消费者多层次需求，丰富"中国酒城"内涵，使泸州市真正成为中国酒业生产中心。

（2）培育产业支撑，抓龙头、促二线。酒业是酒城的基石，要紧紧抓住泸州老窖、郎酒两大名酒龙头企业，进一步依靠品牌的文化底蕴、技术、经济实力开发新技术，运用新设备、新方法、新模式改造传统工艺，创造优势壁垒，提高生产技艺和产品质量，提升企业竞争能力，把企业做得更强更大，打牢建设"中国酒城"的基础。两大名酒企业要主动向二线优质酒企业输出技术、管理，延伸品牌，形成聚集效应和整体竞争优势，促进泸州酒业共同发展。

（3）高质量建设原料基地。按照酿酒原料供应专业化、标准化、规模化、科学化的要求，结合新农村建设和城乡统筹要求，建设40万亩泸州酒原料生产基地。具体办法除采用企业与科技部门联合组织农户成片建设，订单收购的方式外，还可探索"股田制"路子，让农民以承包土地使用权直接入股，成立土地股份公司，使集体经济成为股份经济，使农民成为股民，然后由土地股份公司与用粮企业产生契约关系，为酿酒企业所需优质原料提供保障。

2. 打造中国酒业会展中心

以政策引导、市场运作等方式，高标准、高质量地策划和举办"中国名酒节"、"中国酒类博览会"、"中国酒商品交易会"等一系列经济节会活动，并努力将其打造成在全国具有影响力的会展品牌。还可争取全国性体育赛事、文艺演出等活动在泸州市举行，以旺盛人气，促进泸州市三次产业快速发展。

3. 打造中国酒业交易中心

借鉴市外商品交易中心建设的成功经验，迅速建立一套酒产品销售、运输、搬运、装卸、储藏、包装、加工、配送、信息处理的有机系统，开展优质、高效、低成本的交易服务。吸引各大名酒厂商来泸州市交易或设立销售窗口、销售公司，把泸州市打造成中国乃至世界的酒产品批发、零售集散地。

4. 打造中国酒业研发中心

通过政府在政策、资金、项目上倾斜，依托泸州老窖和郎酒的技术优势，约请具有这方面专长的科研单位、高等院校和专家来泸州市设立机构或合作从事酒业研发，形成核心技术，逐步朝着中国酒业研发中心方向迈进。

5. 打造中国酒业标准中心

积极争取国家商务部、国家工商总局、国家质量监督总局，在泸州市设立中国酒类技术评鉴、酒类产品评定、酒业市场监督的全国性或区域性的权威工作机构，让泸州市成为中国白酒产业最权威的监督、监测、评监、评定中心，吸引各大名酒来泸州市检测和评鉴。

6. 打造中国酒业人才中心

设立酒类优秀人才专门奖励基金，进一步开发、培育更多酒类优秀人才。可在泸州市现有高职以上学校中开设酒类专业或成立酒业大学，培养大批适应现代酒业生产、营销、策划、包装、检测等专业技术人才，真正使泸州市成为推进中国酒业发展的人才高地。

7. 打造中国酒文化中心

从酒类企业个体和泸州市整体两个层次来区别运作。从酒类企业个体上讲，要充分挖掘酒品牌自身的文化潜力，凸显品牌个性与价值，抓住人们的情感与愿望，引起消费者共鸣，增加酒产品支撑力和卖点。从泸州市整体上来讲，就是要着眼于引领中国乃至世界酒文化，从政治、军事、经济、文化、艺术、生活、民俗、历史等入手，推进酒文化中心建设。首先以营沟头老酒窖、老酒具窖为基础，重点建设浓香白酒始祖圣地和根脉圣地，继而综合开发建设浓香白酒文化城与"国际酒文化产业园"。与此同时，辅之组建"中华（世界）酒文化研究会"、创办《华夏酒魂》《酒文化大观园》等刊物，把博大精深的酒文化凝聚为泸州市的深厚底蕴和独特魅力，强化泸州市作为"中国酒城"的中心地位。

8. 打造中国酒业旅游中心

按照"酒塑形象，文赋神韵，景为支撑，史促升华"的原则，以酒为核，谋划泸州市的旅游业，打造国际国内独一无二的旅游精品；以酒为线，把酒文、酒史、酒俗串起来，把红色旅游、生态旅游等分散旅游资源整合起来，形成互为表里、互为支撑、互为映衬的统一关系。在搞好原有酒业旅游景点建设的同时，新建大型世界酒类展览馆、世界酒文化博物馆、名酒银行、酒文化休闲园林、古代酒作坊等旅游新景观，以吸引游客，变单纯的观光旅游为观光、休闲旅游，使泸州市成为令人神往、让人陶醉的美好乐园。

9. 打造中国美酒美食中心

在泸州市城区附近，选择一片依山傍水的黄金地段，外观选择以宋、明、清三个朝代的任意一种为总体建筑风格，或兼容并收三种风格，建设中国美酒美食中心。同时，以最适宜的发展环境为吸引力，激励世界各国名酒厂家在中国美酒美食中心投资建设具有民族风情的美酒美食窗口企业，最终形成以中华美酒美食文明为主体，与世界各国民族美酒文明交相辉映的极具魅力的美酒城，在长江沿岸重现"酒楼红处一江明"的独特景观。

10. 打造"中国酒城"标识体系

围绕塑造"中国酒城"形象这一主题，从酒类生产基地建设到城市建筑、纪念物、景观设计与建造，从酒技艺、酒风俗、酒礼仪的表演到酒政、酒文、酒器的展示，从可感氛围的营造到可触摸实物的塑造，将历史与现实串联起来，或演技艺，或造形体，或成歌赋，或作牌匾，或修丛书，形成嗅觉、视觉、听觉、触觉冲击力，尽情体现"中国酒城"的特质与个性，并将其合理分布于泸州市城区或交通要道等重点区位，供人观赏品鉴，让受众从中增强对"中国酒城"的认知度，增强宣传"中国酒城"的潜意识。

搞好专业化的规划与设计，按照建设"中国酒城"的战略构想，对泸州市原有城市总规划进行修编调整，将江阳区至纳溪安富划为"中国酒城"集中发展区，聘请国内外一流专业规划设计单位，将"中国酒城"集中发展区划分为酒业产品生产基地建设类，包装、运输、仓储、交通基础类，营销、信息、发展策划类，演示、观赏、品鉴、论坛、游览类，音、像、牌、匾、建筑物外形广告宣传类，酒史实物文存展示类五大组成板块进行招标设计，再经专家组统一系统整合后实施。此举既有利于充分体现"酒"是泸州城市空间形象的特征，又有利于将江阳、龙马、纳溪三区连成一片，加速大城市建设进程。

（四）打造中国白酒"金三角"关键要构建中国白酒"金三角"酒文化中心

打造中国白酒"金三角"，对于推动四川省"两化"互动、统筹城乡发展战略，提升城市竞争力具有重大的战略意义。因此，打造中国白酒"金三角"，必须进一步完善川酒文化产业动力机制，打造城市名牌，构建中国白酒"金三角"酒文化中心。

1. 完善中国白酒"金三角"酒文化体系

酒文化具有独特文化体系，包括：物质文化（因酒而兴的建筑形态、酒技、酒器、酒品、酒商、酒匠、酒的生产环境）、制度文化（酒政、酒税）以及精神文化（酒令、酒歌、酒德、酒艺文、酒功能、酒俗、酒传说）三方面内容。酒文化是中国白酒"金三角"地域文化体系中，层次最丰富、结构最复杂的一种文化，其核心是水乡泽国的江河文化、气势恢弘的军事文化、饭稻羹鱼的饮食文化，以此为基础集散西南地区的商业文化、会馆文化、粗犷朴素的艺术文化等众多的文化因子是中国白酒"金三角"酒文化的重要支撑，它们为中国白酒"金三角"酒业的兴盛营造了独特的人文环境。打造中国白酒"金三角"，要进一步完善中国白酒"金三角"酒文化体系。

2. 以酒文化搭台，旅游唱戏，打造中国白酒"金三角"酒业旅游中心

打造中国白酒"金三角"酒业旅游中心，必须以规划为前提、以酒文化为灵魂、以政府为主导、以保护为核心、以管理为关键、以企业为主体、以市场为

导向、以资本为纽带。按照"酒塑形象，文赋神韵，景为支撑，史促升华"的原则，以酒为核心，谋划中国白酒"金三角"的旅游业，打造国际国内独一无二的旅游精品；以酒为线，把酒文、酒史、酒俗串起来，把红色旅游、生态旅游等分散旅游资源整合起来，形成互为表里、互为支撑、互为映衬的统一关系。联合重点企业开发中国白酒"金三角"酒文化遗产旅游线。在搞好原有酒业旅游景点建设的同时，建设名酒银行、酒文化休闲园林、古代酒作坊等旅游新景观，以吸引游客，变单纯的观光旅游为观光、休闲旅游。

3. 打造中国白酒"金三角"酒文化中心

从酒类企业个体上讲，要充分挖掘酒品牌自身的文化潜力，凸显品牌个性与价值，抓住人们的情感与愿望，引起消费者共鸣，增加酒产品支撑力和卖点。从中国白酒"金三角"的角度来讲，就是要着眼于引领中国乃至世界酒文化，从政治、军事、经济、文化、艺术、生活、民俗、历史等入手，推进中国白酒"金三角"酒文化中心建设。特别应在天府新区、川酒"六朵金花"和知名品牌所在地，建设展示中国白酒"金三角"悠久酒业发展史，灿烂的酿造技艺的酒文化博物馆、打造酒艺展示、酒道表演、酒品销售的川酒文化广场。恢复民间优秀酒俗，打造川酒节庆文化。

4. 以酒文化与餐饮文化融合，打造中国白酒"金三角"美酒美食中心

以最适宜的发展环境为吸引力，激励世界各国名酒厂家在中国白酒"金三角"美酒美食中心投资建设具有民族风情的美酒美食窗口企业，最终形成以中华美酒美食文明为主体，与世界各国民族美酒美食文明交相辉映的极具影响力的美食中心。

5. 强化川酒文化研究、宣传

（1）在市、县、区设立酒文化研究发展专项资金，用于酒文化的挖掘、包装、打造及宣传。

（2）主办报刊、编订川酒文化系列丛书，提升川酒文化在学术界的知名度，为中国白酒"金三角"酒业发展提供精神力量。

（3）强化川酒文化资源研究，如川商文化、江河文化、饮食文化、古镇文化、名人与川酒的研究，打造一批与川酒有关的文化产品。

（4）将川酒文化带进社科论坛讲座、媒体，引导市民了解、认识、热爱川酒文化，引导大众进行健康、科学、时尚的酒文化消费。

6. 做好酒类文化遗产申报与保护

做好酒类文化遗产申报与保护，确保川酒在全国酒类文化遗产保护领域的领头羊位置。文化部门应与酒类企业、酒类行政管理部门合作，力争通过申报世界遗产的平台，将川酒产业推向世界。

7. 鼓励社会和科研单位对川酒文化资源进行系统研究

依托四川中国白酒"金三角"酒业协会和四川中国白酒"金三角"发展研究院，建立中国白酒"金三角"文化研究中心，成立四川中国白酒"金三角"酒文化发展研究会，创办中国白酒"金三角"文化导报和中国白酒"金三角"文化导刊，研究围绕川酒文化资源的保护与开发，鼓励社会和科研单位对川酒文

化资源进行系统研究。

8. 抓好中国白酒"金三角"酒文化品牌策划

酒文化特色多样性决定了酒产业发展模式的多样性，为此应因地制宜、因时制宜地将川酒文化与酒业发展有机地结合起来，使川酒产业走上特色发展之路。组织川酒文化专业人才，为川酒文化把脉、定位，打造川酒品牌。

在主要公共场所、交通要道和商业场地设立品牌标识，树立城镇形象。还可以在市、县、区和古镇建立民间酒习俗展示区，把城镇有关的街道和两侧墙体打造成酒文化一条街，使人们从中受到熏陶，产生潜移默化的作用。

9. 开展群众喜闻乐见的酒文化活动

在政府招投标信息网站上开辟川酒文化论坛专栏，及时传播川酒文化的动态新闻，并制作川酒文化的游戏，请川酒企业设奖，以调动网民的热情。在城镇开辟一个地域作为酒文化表演和酒类爱好者饮酒、赏酒、鉴酒、卖酒的欢乐场所，让古今中外、世界各国的诗歌、酒赋（诗词）、酒令竞相展示，以吸引受众参与。在举行名酒节会期间，开展征文活动，获奖作品结集出版，作为宣传中国白酒"金三角"发展的重要资料。

五、实施统筹城乡发展战略，推进蓬溪县文化旅游业发展

蓬溪县实施统筹城乡发展战略中全面推进文化旅游建设，着力优化旅游经济结构和提高经济增长质量，切实加强节能减排和生态环境保护。如何"做实文化"是关系着文化旅游业发展的核心问题。近年来，随着文化产业，特别是创意产业的兴起，文化旅游业逐渐成为我国经济社会发展中强劲的增长点，在刺激消费、增加就业、拉动经济增长、促进社会和谐发展等方面发挥着越来越重要的作用。蓬溪县面临着由文化旅游资源大县向文化旅游经济强县转型的重要关口。因此，要把握机遇，进一步创新快速发展思路、科学构建发展空间、全盘激活发展效应，又好又快地推进文化旅游业发展。

（一）蓬溪县文化旅游业的资源优势

四川省蓬溪县是中国革命老区、中国书法之乡。蓬溪县位于成渝经济圈腹心，地处嘉陵江和涪江的分水岭及古蜀国、巴国结合部，历史文化构成丰富、底蕴深厚，是国务院第一批启动的"川渝合作共建成渝经济区试点县"。蓬溪县周边与遂宁、射洪、大英、武胜、南充、西充以及重庆市的潼南、合川 8 县市毗邻，距成都、重庆、绵阳、广安等大中城市均在 1.5 小时车程内，县域辖区 1251 平方千米，地形地貌以中、浅丘陵为主，属亚热带湿润季气候区。蓬溪县属于农业县，经济以种养殖业为主，矿产资源贫乏，涪江过境径流短，农业生物资源和文化旅游资源具有比较优势，发展以生命健康需求为主题的绿色标准化现代农业和以精神需求为主题的文化旅游产业空间巨大。

蓬溪于东晋置县，唐代定名，历史悠久，人文荟萃。1600 多年来，勤劳智慧的蓬溪人民创造了丰富多彩的历史文化。蓬溪县境内现有各类各级文物保护单位（点）250 多处，宗教开放场所 21 处（其中道观 4 处、佛教寺庙 17 处）。重

点文物资源以宝梵寺、鹫峰寺塔、抗金要塞蓬溪砦（寨）、高峰山八卦迷宫建筑群、"中国洞经音乐"发源地遗址、奎星阁、常乐寺、慧严寺、精忠祠、四川第一个县级红色政权诞生地等为代表，故蓬溪素来享有"五史之乡"、"四川文物大县"、"古壁画艺术之乡"、"孝子故里"、"中国洞经音乐发源地"等美誉。蓬溪县全县文化旅游资源共分为红色文化、书画文化、宗教文化、科技文化、忠孝文化、生态文化六大类。

1. "三个第一"的红色文化资源

蓬溪县在中国和四川现代革命史上占有重要地位，具有光荣的革命传统，是革命老区。1927年国民大革命失败后，为挽救中国革命，全国举行了300余次红色起义和武装暴动。1929年6月，在四川蓬溪暴发了大革命失败后四川第一次红色武装起义，建立了中国工农红军四川第一路和四川第一个县级苏维埃政权，意义重大，影响深远。因此，蓬溪县被确定为"一类革命老区"。

2. 以"中国书法之乡"和国保宝梵寺壁画为代表的书画文化资源

蓬溪书法文化传统悠久，特色鲜明，"工诗文，善书法"之风历代承传，遍布乡野，群众基础雄厚，全县现有各层面书法人员近1万人，已形成稳定的"金字塔"结构，社会影响和知名度极高。2000年5月，蓬溪县被文化部命名为"中国书法之乡"——蓬溪县是全国唯一一个以县为单位命名的"书法之乡"，其"大书法"文化产业开发潜力和空间巨大。曾载入《中国绘画史》《中国美术全集》等多种典籍的宝梵寺壁画，因其具有极高的艺术价值和文物价值而蜚声海内外。

3. 珍贵的传统建筑及盐卤科技文化资源

蓬溪县拥有近100处载入《中国建筑史》等多种典籍的古建筑遗存。蓬溪县古代井盐产业发达，采盐历史悠久，赤城山下的大口径泥井采卤技术的发明使用时间远比用卓筒井技术开采深层盐卤要早。蓬溪县泥井及盐灶是中国早期采盐遗迹，是中国早期盐文化发源地之一。在赤城山有保存完好的中国唯一一座盐神庙。

4. 深厚的道教文化资源

原"唐兴县"治所内蓬溪赤城山玉虚台是"中国洞经音乐发源地"。"洞经音乐"被联合国教科文组织评为"人类文化遗产"（南宋蓬溪道人及音乐家刘安胜在蓬溪首著《大洞仙经》五卷，奠定了中国洞经音乐原始基础；元代蓬溪道人卫琪续著《大洞仙经注》，并献给元朝皇帝，洞经音乐得以广泛传播）。蓬溪高峰山有高36米的老子石雕塑像和国内仅存的建于明清时期的道教迷宫建筑群，其结构奇特，保存完好。高峰山与青城山同为碧洞宗仙山，两山辉映，素有"青城道家仙气，高峰道家迷宫"，"青城天下幽，高峰天下迷"及"碧洞一宗，青城高峰"的美称。

5. 富集的忠孝文化资源

蓬溪县享有"精忠之乡"、"孝子故里"的美誉。"忠"有以"忠"文化为代表的近万岳飞后人聚族而居的"精忠祠"，其影响遍及国内；"孝"有"二十四孝"之"孟宗哭竹"、"丁兰刻木"两孝的文化遗存。

6. 丰富的生态文化资源

蓬溪县山清水秀，全县森林覆盖率达30%以上，其中以享有"天然山水园林"之称的赤城湖和高坪茶地、金桥松林、湿地为代表。作为文化大县，蓬溪县具有悠久和优秀的文化传统，有书法爱好者近万名、民间石雕和木雕等特色文化艺术工匠数百名、其他各类文学艺术工作者数百名，文化艺术人才资源具有群体优势。

（二）蓬溪县文化旅游业发展起点高、发展速度快

2000年，蓬溪县被文化部命名为"中国民间特色艺术（书法）之乡"；2004年，四川省作家协会在蓬溪县建立创作基地；2006年，宝梵寺和鹫峰寺塔双双被国务院公布列为全国重点文物保护单位；2007年，高峰山迷宫建筑群、清代奎阁、常乐寺、慧严寺被四川省人民政府公布为省级文物保护单位，同时蓬溪县被评选为四川省第六批"文化先进县"。

蓬溪县文化旅游资源具有差异性和相对完整性的特点，有发展特色文化和旅游产业的基本条件及比较资源优势。

1. 蓬溪县文化市场管理健康有序

蓬溪县全县300余家文化、新闻出版市场经营单位发展健康，管理有序。

2. 蓬溪县文物保护工作实现新的突破

2004年以来，蓬溪县对全县245个文物保护单位（点）加强了管理。继2006年宝梵寺、鹫峰寺塔被国务院公布列为全国重点文物保护单位后，2007年高峰山古建筑群、奎阁、常乐寺、慧严寺四处文物又被四川省人民政府公布为省级文物保护单位。高峰山申报"全国第七批重点文物保护单位"工作已全面启动。蓬溪县旷继勋牛角沟起义遗址已正式纳入四川省革命文物保护规划。蓬溪县作为全市、全省"文物大县"已名副其实，并形成了明显的资源优势。

3. 蓬溪县公益图书馆职能增强

蓬溪县已完成《蓬溪县31个乡镇图书室建设方案》以及县公共图书馆新馆规划方案；启动了公共图书馆工程暨落实国务院"民族民间文化保护"工程。

4. 蓬溪县乡村特色旅游及农村文化建设开始启动

蓬溪县全县已建成14个农民健身工程，已有4个中心文化站建设纳入国家投入计划。天宫堂现代农业示范基地和栏沟堰多功能文化大院、宝梵新村、精忠祠建设顺利推进，为发展乡村特色旅游和农村文化建设奠定了基础。

5. 四川省作家协会蓬溪县创作基地建设进展顺利

四川省作家协会蓬溪县创作基地是该协会在四川省内第二个省级创作基地。基地的建立对促进县域高端文化旅游资源的集聚和再生，提升对外宣传质量，树立蓬溪县形象具有重要的现实意义和历史意义。自基地建立以来，已有10多篇由四川省内外作家描写蓬溪县的散文、诗歌在国内外书刊发表、转载，蓬溪经济社会发展在更高、更宽的层面受到关注。

蓬溪县文脉绵长、人才资源相对丰富、文化艺术结构完整、本土精品不断涌现、区域文化个性特征鲜明，文化事业在川中地区已形成特色且发展潜力巨大，上述各方面为文化旅游产业，特别是创意文化产业搭建了基本平台和提供了基础

人才支撑。

6. 蓬溪县文化旅游产业虽然起步较晚，但发展起点高、发展速度快

2005 年 12 月 12 日，《蓬溪县旅游发展总体规划》的诞生，标志着蓬溪县文化旅游产业正式进入了有序的发展轨道。2006 年以来，蓬溪县先后签订多个投资上亿的旅游项目，标志着蓬溪县文化旅游产业有了历史性突破，同时文化创意产业规模项目排在了四川省前列。尽管如此，蓬溪县文化旅游产业现状及发展速度仍然不容乐观，要实现以"一城三景区"为基本支撑的"特色文化县、旅游目的地"的工作目标，任务仍然艰巨。目前，蓬溪县仅有 2A 级景区（高峰山）1 处，开放景点（赤城湖、宝梵寺、常乐寺、慧严寺、鹫峰寺塔、奎阁、高洞庙）7 处。

7. 蓬溪县书法文化产业发展已具备基础条件

近年来，文体旅游主管部门加强了蓬溪县书法人才结构的培育，建立健全了县级书法家协会，蓬溪县已成立 13 个乡镇书法分会，并期望以此形成稳定的"书法之乡金字塔"结构。蓬溪县书法协会通过到其他省市学习，已建立 4 个书法作品加工、创作的企业和工作室，同时，赤城湖书法文化艺术创意产业示范基地将建设纸、笔、墨、砚等材料生产及书法作品加工基地，形成书法作品的展销中心和书法作品交易的集散地。蓬溪县广告、印刷业发展初具规模。近几年来，蓬溪县的旅游业收入呈上升趋势，旅游综合效益有了明显提高，旅游市场存在着巨大的潜在消费需求。但除去按规定的"大口径"统计外，蓬溪县境外游客总量偏小、滞留时间短暂，拉动县域经济增长作用并不突出，实际的旅游市场还处于低级的初放阶段，总量小、质量差。

（三）大力推进"一城三景区"建设，推进蓬溪县文化旅游业发展

从文化旅游产业构成的吃、住、行、游、购、娱六大要素看，蓬溪县旅游基础配套设施建设严重不足，服务设施不配套，"旅游目的地"必备的若干设施和服务缺失严重。近年来，我国在政策、资金等方面加大对创意产业的扶持培育力度。因此，作为文化资源相对富足的蓬溪县，如能抢抓机遇，适逢其时地加大对创意产业的培植力度，并以此为跨越发展的突破口，又好又快地壮大文化旅游产业，势必会在较短的时间内把蓬溪县建成"特色文化产业基地"，将文化旅游产业培植成蓬溪县内可持续发展的支柱产业。

1. 积极创建中国旅游先进县，强力推进"中国书法之乡"标志性的"中国书法城"建设

有力地改善城市环境，提高城市形象，为旅游者创造更为舒适的旅游环境，延长旅游者停留时间是激活旅游经济综合效益的重要手段。大力发展特色餐饮，有序引进品牌连锁餐饮企业入驻蓬溪县，着力开发本地特色餐饮菜品，通过研发、评选等方式使之形成特色系列和知名品牌。在旅游人次、旅游者消费水平既定的条件下，旅游者在旅游目的地停留时间的长短对旅游目的地的旅游收入增减有着直接的影响。旅游者在旅游地停留时间越长，其消费支出就越多，旅游地的收入便会增加。留住人就是留住时间和效益，"停留时间"倍增效益甚至比"人数倍增"效益更大，因此"停留时间倍增"应作为旅游工作的核心内容来加以

推动。

2. 科学决策，进一步明确发展思路和目标

蓬溪县发展文化旅游产业要坚持科学发展、创意先行的理念，坚持以"政府主导、企业主体与市场化运作相结合"的原则，围绕"文化兴旅"的战略思路，构建抓住历史文化、自然生态文化两条主线，实施"一城三景区"精品建设战略。以市场需求为导向，以产品线路为纽带，以整合旅游资源为手段，推动旅游产业全面升级。加快旅游业从观赏型为主向观光与休闲、度假、商务、会展等综合型旅游转变，从国内旅游为主向国内旅游与入境旅游并重转变，促进旅游产业又好又快发展。

蓬溪县在总结文化旅游业实践经验的基础上，将文化旅游业发展思路和目标确立为：干字当头、好字优先，以创新快速发展思路、强化跨越发展举措、科学构建发展空间、全盘激活发展效应为工作理念，以"做实文化"为工作路径，以"中国书法之乡"为主要品牌和建设平台，以"书画文化"、"宗教文化"、"生态文化"三大资源为核心支撑，以发展创意文化产业为突破口，科学规划，深度发掘本土资源，有序引进高端资源，全面实施市场配置资源战略，着力建设"一城三景区"，把蓬溪县建设成为"特色文化产业基地"（"特色文化县、旅游目的地"）。根据蓬溪县自身具备的资源条件和现有项目优势，结合新农村建设，着力把宝梵—县城—赤城湖—高峰山一线大约20平方千米范围规划建设为文化创意产业园区，以此为"特色文化县、旅游目的地"提供强大的后续支撑。

3. 抓住重点，做强"软实力"

以"特色文化县"为建设目标，加大"软实力"建设力度，切实把文化事业"虚的做实、实的做强"，系统搭建文化旅游系统事业平台、活动平台、形象平台，由此为发展文化旅游产业提供科学、广阔的载体。

（1）科学建立文化组织网络体系。把握好国家新一轮文化建设高潮的历史机遇，积极争取项目资金，充分整合新农村建设各项资源，以蓬溪县城中国书法城建设为依托，以乡镇文化站建设为中心，以中心村多功能文化大院和村级文化中心户建设为支点，科学规划，建设富有地方特色和事业承载力的公共文化网络体系，为"做实文化"提供基本的条件保障，从而不断丰富活跃基层文化，有效改变农村落后观念意识，逐渐提高广大人民群众科学文化素质，不断激发蓬溪县全县人民热爱家乡、建设家乡的参与热情和创造能力。

（2）加强文化遗产保护和文化生态培植。深入宣传执行《中华人民共和国文物保护法》和国务院"民族民间文化保护工程"的规定。落实文物保护"五纳入"和"民保工程"经费，利用全国第三次文物普查的机会，对蓬溪县全县物质和非物质文化遗产进行系统摸底，有效保护，并逐步上档升级，为文化旅游业可持续发展提供核心资源，储备优势资源。与此同时，加大文化生态培植力度，加强对特殊文化艺术人才群体，特别是民间文化艺术人才的组织、引进、培养，使之成为民间文化艺术事业和产业的支撑要素。

（3）搭建形象平台——以县城、农村和重要景区、景点为载体，系统搭建"中国书法之乡"形象平台，营造"中国书法之乡"浓郁的传统书法文化氛围。

将县城定位为建设"赤城·中国书法城"。结合城河治理工程，沿芝溪河过城段河堤及沿岸设计建造书法文化景观，形成独一无二的长约 3 千米的"书法艺术长河"。与此同时，完成部分街区风貌改造。

（4）搭建活动平台——开展多层面文化旅游活动。采取"走出去、请进来"的办法，不断向高等书画专业学府输出高层次书法人才，逐步形成书法文化资源网络，不断提高书法队伍整体素质和专业影响力。设立常年性书法艺术活动和开展大、中型书法艺术赛事活动，不断将书法文化资源优势转变为市场优势。

（5）搭建产业平台——坚持政府主导、企业主体、市场化运作相结合的原则，积极引进文化旅游项目，研发特色产品。依托书画协会等民间组织，开发独具特色的民间工艺美术产品，并形成规模经营。结合道教文化、高坪土陶、茶叶、宝梵壁画、民间石雕等资源优势，研发蓬溪县特色文化旅游产品。通过政府引导和市场运作，以公司为主体实施各类书法符号化工程，开展推广工作。

4. 立足长远，优化软环境

以规范管理为抓手，营造和谐的旅游建设环境和市场消费环境。

（1）树立"大文化、大旅游"的发展观念。齐心协力，协调配合，为文化旅游建设发展提供良好的环境保障。设立重点项目建设服务中心。

（2）加强旅游业监督监察和行业自律。成立旅游监察大队和旅游协会，加强旅游行业监督执法和行业自律，及时、规范地处理消费者投诉，旅游投诉案件的立案查处率达到100%，结案率达到90%以上。

（3）加强旅游购物服务管理。对旅游购物实行定点管理，设立定点购物商店，并设立本地土特产品专柜，旅游景区（点）要建立综合服务区，购物定点商店和旅游景点综合服务区要环境整洁、秩序良好，无假冒伪劣商品和价格欺诈行为，无围追兜售、强买强卖和乞讨现象。

（4）实行旅游餐馆定点制度。加强对旅游定点餐馆的管理，要严格执行国家食品卫生管理的有关标准，使其环境整洁、服务规范、质价相符。

六、开发乡村旅游是推进城乡一体化发展的最佳路径选择

近年来，随着现代社会中的竞争越来越激烈，田园牧歌式的生活方式成为很多都市人梦想的生活方式。农家乐旅游就在这样的形势下产生并迅速发展起来了。在很多城市的郊区和广大农村地区农家乐旅游已形成一定规模，成为都市人假日、周末休闲娱乐的一种独特的旅游形式。

（一）农家乐是以吃农家饭、品农家菜、住农家屋、干农家活、享农家乐、购农家品为主要内容的一种新兴旅游活动

农家乐旅游隶属于休闲农业旅游。休闲农业旅游是包括利用农村野外空间、农业自然资源和农村人文资源进行旅游开发，使农业与农村的观光旅游功能显著扩大，满足游客不同层次的需要。农业旅游是生态旅游的一部分，农家乐旅游又隶属于农业旅游。农家乐是以城郊或乡村的农户家庭为接待单位和地点，以城郊或乡村的田园风光、自然景色、农业旅游资源、地方民俗文化、周边旅游景点为

旅游资源，以为游客提供住宿、旅游咨询或观光游览为旅游活动项目的一种新型旅游形式。农家乐旅游是以吃农家饭、品农家菜、住农家屋、干农家活、享农家乐、购农家品为主要内容的一种新兴旅游活动，凸现了现代农业旅游自然、纯朴、宁静的主题，满足了人们走出城市、亲近自然的心理。

伴随着我国国内旅游业的蓬勃兴起和大众观光旅游产品的多元化发展的进程，将极大地推动了农村生态旅游的兴起。从市场需求角度而言，旅游者选择农村生态旅游的动机主要有：首先，回归的需求。随着城市化进程的加快，久居喧嚣器城市的人们产生了对田园风光和乡村宁静生活的回归需求，向往住农家屋，吃农家饭，干农家活，享农家乐的意境体验。其次，求知的需要。现代社会的城市少年儿童普遍缺乏对农村、农业生产、农民生活的了解，乡村旅游作为重要的旅游方式，受到学校、家长和学生的欢迎。再次，怀旧的需要。怀旧是人类的共同特征，旧地重游的旅游者对于目的地的选择具有明确的指向，特别是一些重大的历史事件，成为推动农村旅游发展的重要因素。最后，复合型需要。人们的旅游行为往往是多种动机共同作用的结果，农村旅游也不例外，旅游者选择农村旅游，有的可能处于求新、求异、求美、求乐的需要，有的可能处于身心调解的需要，有的可能处于美食或购买土地特产品的需要。

1. 农家乐位于乡村或城郊地区，乡土特征鲜明

位于乡村或城郊地区和乡土特征鲜明是农家乐旅游最为显著的特点，无论是作为旅游吸引物还是农家乐旅游的载体，村社组织、乡村生活和田园风光在农家乐旅游中都具有举足轻重的意义。农家乐不同于文化古迹和风景名胜点，农家乐是将农村风貌与乡土文化融为一体，展示的是现代农家特有的风貌，而非人工刻意雕琢的景观。通过农家乐的休闲旅游活动，可以让人们亲身感受现代农民生活和农村乡土气息。

2. 以城郊或乡村地区自然风光和区域内的农业资源（如农业、林业、牧业、副业、渔业等资源）为旅游资源，原生美突出

农家乐旅游的对象非常清楚，这就是现实存在于某地、具有一定的旅游吸引力、属于某种社会类型的乡村社区模式以及质朴的自然乡村景物。旅游者来这里，就是因为这些东西对他们来说可能是新鲜的和有体验价值的，是值得他们一看的。如果农家乐缺少了这些实实在在的东西，旅游者的旅游动机和游兴就会大大降低，甚至彻底泯灭。因此，原生美特点要求农家乐旅游的吸引物应该是鲜明生动的和原生的，是真正农家的而非伪农家的或展览馆式的。

3. 住宿、旅游功能兼具，体验性强

农家乐旅游有别于其他休闲旅游形式，农家乐旅游所开展的各种类型的旅游项目就是农村日常生活的一部分，游客可以亲自参加农业生产劳动，参与赶牛犁地、播种栽苗、浇水施肥、松土除草等农事作业，体验农耕生活的辛酸劳累，同时也可参与采摘、收获、品尝等农业生产活动，让游人感受农业丰收的喜悦。

4. 农户家庭为接待主体，强调客体的平民性

尽管农家乐旅游的参与者中也不乏富人，但总体而言，农家乐旅游的主体主要还是以工薪阶层为主的城市或城镇平民和注重生活情调的知识分子。平民性特

点强调进行农家乐旅游活动的主体是来自城市或城镇之中的居民，他们的身份和职业各不相同，但收入水平和消费指向却有相同或相似之处。

（二）发展农家乐旅游，开发乡村旅游是促进农民致富的最佳选择

农家乐旅游是在现代旅游者追求生态和个性多样化的需求下产生的地域农业文化与旅游边缘交叉的新型旅游形式，是现代旅游文化中的一项新事物。在日本、新加坡和欧美的一些发达国家，农家乐已具有相当规模，并且已走上规范发展的轨道，显示出极强的生命力和发展潜力。目前，在我国发达地区的一些大中城市周边交通便利的农业地带，农家乐也发展迅速，如浙江余华石门农场的自摘、自炒茶园和观光果园，长丰县的草莓采摘园等，凭借项目独特，既可供游人游览观光，又可供游人操作度假的优势，开发后都获得成功。显然，农家乐能成功发展起来，实际上是依赖于一定的社会经济背景的。

1. 高效益的农家乐开发是农业走可持续发展道路的必然选择

农业是我国国民经济的命脉，发展农业是我国的国策。农家乐改变了四川省传统农业仅仅专注于土地本身的单一农业耕作经营思想，把发展的思路拓展到关注人—地—人和谐共存的更加广阔的社会背景之中，符合21世纪"人与自然和谐共存"的可持续发展主题。旅游开发和立项的一个主要原则是效益原则，发展农家乐可以为旅游业和农业带来经济、社会和环境多方面效益。农家乐的开发具有农业科技先导的特殊功能，是传统农业的活化剂，可以预见，基于天时、地利、人和的新型旅游农业将会是四川省传统农业向高精尖、高附加值深度开发的方向。

拥有辉煌工业文明的后工业社会，正在失去与自然的和谐相依。城市人口膨胀、高楼林立、交通堵塞、环境污染，这些日益严重的城市问题疏远了人与自然、人与人之间的距离，紧张、烦躁压迫着现代人的神经。而与此形成强烈对照的是乡村田园扑面而来的泥土气息与花香，广阔的土地和清新的绿色食品，这种差异对久居城市的人形成强烈诱惑。加之我国一些城市居民过去有"上山下乡当知青"的特殊经历，寻根追迹的潜意识驱使他们寻找一个恰当的时机与方式回归乡村自然，于是"当一天农民"、"插队落户"等农家乐项目一推出便受到欢迎。

2. 乡村旅游开发是农民致富的最佳选择方式之一

四川省是一个农业大省，农村面积广阔，农业经济发展水平不均衡，许多山区、半山区的农村还处于经济落后的状况。经济落后对于发展农业经济不利，但对于发展旅游业而言，经济不发达的农村恰好具有发展旅游的优越条件。正是因为经济发展滞后，使得现代文明尚未辐射到这些地区，资源得不到大规模开发利用，原始风貌相对经济发达地区保存得较为完整；农业耕种没有条件采用机械化操作，大量保存了传统农业耕种方式；商品经济不发达，使得当地民俗原始、民风淳朴，这一切对于发展农业经济不利的条件和因素却成为极具吸引力的乡村旅游资源。在这些地区发展乡村旅游，就能极好地迎合城市人追求"自然本色"旅游时尚，对这些地区的居民而言，开展乡村旅游能快速发展经济、脱贫致富，取得良好的社会效益和经济效益，因而在旅游者、当地居民、政府三股力量作用下，乡村旅游在四川省迅猛兴起。

四川省农家乐旅游是在特殊的旅游扶贫政策指导下发展起来的，在农家乐旅游开发投资政策上倾斜优惠，如四川省把发展农家乐作为"发展大旅游，培育大市场"生态旅游发展战略的一项要务，要求市、区、乡各级政府在交通、通信、电力等基础设施上给予优惠。农家乐旅游开发项目极具乡土性和自然性，具有需求旺盛、政策优惠、投资节省、消费实惠的特点，这对旅游者和投资者都有吸引力，已成为新的经济增长点。

3. 农家乐开发是调整旅游结构的客观要求，有利于农村产业结构的调整和农业产业化发展，促进农村剩余劳动力就业问题的解决

目前，农业结构不合理，农村第三产业比例太小，农业经济效益低下。发展乡村旅游必然带动乡村商业、服务业、交通运输业、建筑业、加工业等相应产业的发展，带动产业结构的调整。同时，农村旅游的发展必然引起区域农业产品特色化，有利于形成对产品的加工、储藏、运输和销售系列化，促进农业产业化发展，增加就业机会，进一步解决农村剩余劳动力的就业问题。随着旅游业发展的深入及游客需求的不断变化，游客已不满足于走马观花、饱受疲劳之苦的简单观光旅游产品，游客对众多选题相似、表现手法雷同的主题公园也不再感到新鲜，这在客观上要求对四川省旅游结构进行优化调整，尤其在旅游业起步早、发展速度快、地区经济基础较好的旅游地，游客对参与性强，集知识、娱乐、享受为一体的旅游产品的需求更为迫切。农家乐以其距离短、消费实惠、既能观光又能度假的特点，正好可以成为观光产品向度假产品过渡并实现良好结合的旅游开发形式。

4. 农家乐开发是合理支配双休日，缓解旅游热点、热线压力的需要

目前，四川省旅游产品都以观光开发为主，因此提高旅游收入只能以增加人数来实现，加之我国自推行双休日以来，城市居民对周末短途旅游的需求开始增大，造成城市附近的旅游热点、热线压力过大。以成都市为例，每到节假日和旅游旺季，景点人头攒动，拥挤不堪，本来外地游客就相当可观，再加上本地无处可去的游客，使景点不堪重负，游人也很难从中得到愉悦和享受。成都市城郊农村广阔，若鼓励市郊一部分条件成熟的农村开展农家乐，就可使一部分本地游客不再与外地游客争景点的立足之地，从而对一些旅游热点、热线起到分流和减压的作用。

（三）四川省农家乐旅游快速发展，已成为都市人休闲、娱乐的一种独特的旅游形式

近年来，农家乐旅游在四川省得到快速发展，已成为很多城市郊区农民增收的新亮点和城市居民休闲的新选择。在成都、绵阳、眉山、南充、泸州、遂宁、广安、广元、雅安等城市，农家乐旅游正在蓬勃发展。农家乐已成为都市人假日、周末休闲、娱乐的一种独特的旅游形式。

农家乐在中国的发展已有20多年的历史。1987年，农家乐首次出现在成都市郫县友爱乡农科村，是由一个个体老板从花卉苗圃基地发展起来的。随着经营的发展，该老板及时调整了经营思路，搞起了餐饮、住宿等内容，扩大了接待场地和接待内容，吸引了越来越多的城里人，极大地提高了当地的知名度并且使村

民获得了可观的经济收入。

中国乡村旅游首先是从观光农业开始的。在 20 世纪 80 年代后期，改革开放较早的深圳市首先开办了荔枝园，并举办荔枝节，主要是吸引城市人前往观光、采摘和娱乐休闲，并利用这个机会进行商贸洽谈，招商引资，取得良好效果。随后，深圳市又办起了"青青观光农场"、"现代绿色庄园"、"海上农业公园"等，对全国城市发展郊区乡村旅游起到了带头作用。

1992—2002 年，农家乐处于发展阶段，农家乐经营形态开始多元化，比如农业观光型、科普体验型、运动休闲度假型等。2003 年，国务院西部开发办公室、中国国际人才交流协会联合主办的"中国农家乐旅游现状及发展前景研讨会"在四川省雅安市碧峰峡召开，这标志着农家乐这种靠农民利用自家院落及依傍的田园风光、自然景点而形成的农家旅游终于登上了大雅之堂。从 2002 年至今，农家乐旅游处在规范阶段，各地经营者和旅游主管部门开始对农家乐实行规范管理、升级上档、塑造形象、打造品牌，如成都市出台了《农家乐旅游服务质量等级划分及评定》，这些规定和标准在一定程度上指导、规范了农家乐旅游的发展。

成都市于 20 世纪 80 年代末期出现了农家乐的旅游形式，但其娱乐项目单一且类型十分简单，采摘园、钓鱼场都是单独存在的，缺乏联合性，而如今这种农家乐正由项目单一的方式向多样化和综合化方向发展。此外，投资和经营主体也正向多元化方向发展。成都市休闲农业旅游业的发展条件主要有：足够的土地，便利的交通区位条件，科技教育的兴起，成都市市民相关旅游消费意识的增强和消费能力的提高以及相关政策的支持。

成都市休闲农业的发展模式主要有：幸福梅林模式和桃花沟模式。

幸福梅林景区位于成都市锦江区三圣街道办事处，离成都市区距离近，交通便利，幸福梅林景区内拥有花卉市场、大片梅林等众多赏花景区。幸福梅林景区最大的特点是"人与花的海洋"，是市民周末休闲娱乐好去处。三圣街道办事处红砂村"花乡农居"是四川省一家以川西民居风情与花卉文化为特色的国家级景区、首批全国农业旅游示范点。在主要娱乐景点红砂村"花乡农居"和幸福梅林，总共有近千家餐饮休闲企业，其中星级以上农家乐占相当大的比例。三圣街道办事处的特色旅游因其完备的基础设施和成熟的运作机制带动着整个成都市附近地区旅游消费的风尚。三圣街道办事处有基础的供电能力、天然气供给能力、给排水能力、通信能力以及消防能力。确保安全有序地进行生产和消费。政府搭台，成都市政府为推进"城乡一体化"的战略部署，在此打造了 1500 多亩的梅花种植基地，种植了 200 多个品种、20 余万株梅花。对租用农民土地进行补助，对区内所有民房进行粉刷，使其更具农村特色，目前幸福梅林景区已跻身全国四大梅林；企业唱戏，由于幸福梅林景区发展前景广阔，许多花农或大型花卉企业都进军幸福梅林景区；中介参与，大量媒体广告的介入使幸福梅林景区一时间成为成都市民关注的焦点；农民受益，政府的补助、企业的介入、媒体的造势使本来平凡的幸福村一跃成为热点旅游景区，以旅游带动了整个"城乡一体化"战略的进程，大大增加了农民的收入，切实解决了农村问题。大量的旅游者就是幸福梅林景区价值最好的体现。

各种基础设施的建设随着消费群的增大和特种旅游产品应消费者需求而日渐增多的情况下，三圣乡农家乐旅游仍然需要进一步完善。特别是除去已有的乡村休闲和乡村体验之外的新型旅游方式的开发也逐步成为三圣乡的下一个亮点。例如，户外运动和素质拓展的开展等，都成为三圣街道办事处开发旅游的新内容。开发上述具有前瞻性和实验性的特种旅游产品，除依托现有开发资源的优势，还能够更大程度上拓展消费者的旅游行为空间。多方面、多层次地将消费者带入三圣乡进行旅游消费。为三圣街道办事处的主要消费群体——城市居民，打造出更为完整的消费体验。

桃花沟位于成都市的龙泉驿区，集种植、养殖、旅游、度假、休闲、生态农业观光为一体。桃花沟最大的特色是"人与自然的和谐统一"。自成都市农家乐旅游兴起以来，桃花沟一到桃花盛开的季节便成为成都市休闲农业旅游的一大热点景区，成为成都市民周末娱乐休闲的好去处。

桃花沟旅游开发因地制宜，以市场为导向，以生态农业为依托，以"绿色、环保、可持续发展"为经营理念，坚持以农为本，大力发展特色农业旅游的发展方针，在建设高产、优质、高效生态农业的基础上，将农业和旅游两种产品完美结合。

桃花沟旅游管理主要针对成都市中等收入水平市民，也包括位于成都市附近的周边区县游客。桃花沟旅游管理以当地居民为主，自主经营管理，经营方式灵活多变，管理分工明显，每个管理人员一般都是一个大家庭成员之一，且分管每个农家乐的一部分。桃花沟集生态旅游、生态农业、生态食品和综合利用于一身，低污染、低成本、高效益。

在实施"两化"互动、统筹城乡发展战略中，眉山市提出了具有区域特色的"以游为主、统筹城乡"四种模式，全面推进"以游为主、统筹城乡"的眉山实践。"以游为主、统筹城乡"就是要求依托旅游景区、景点、景观，建设旅游产业园区，探索三次产业融合发展，将农民安置区建成景区，鼓励引导当地群众发展第三产业，实现农民变为第三产业经营者和从业人员。

眉山市全面推进"以游为主、统筹城乡"战略采取了以下三大举措：

一是突出重点。眉山市自然和人文旅游资源丰富，不少乡镇具备发展旅游的基本条件，从而进行分类指导，错位发展。眉山市依托城市，利用小城镇的自然环境和价格优势，走城市旅游差异化路线，形成特色鲜明的卫星小镇；依托历史文化，文旅互动，将文化资源转变为旅游产品，建设一批具有独特卖点的历史文化小镇；依托自然生态和周边高等级旅游资源，走服务设施和旅游服务差异化路线，与周边景区良性互动，建设一批生态小镇、风情小镇；依托特色产业，大力发展乡村旅游，建设一批乡村旅游示范小镇。从而为创业、就业创造机会，就地吸纳引导农民实现转化。在项目建设、景区建设中，眉山市将拆迁安置、产业发展与景区建设相结合，让当地农民既可成为景区经营者，又可成为景区从业者。

二是突出产业链。眉山市充分发挥旅游的带动效应和乘数效应，坚持以旅游为龙头，商贸、物流为两翼，大力发展第三产业。着力抓好第三产业项目建设，在存量上提升，在增量上发展。深入分析吃、住、行、游、购、娱在农民转化中的作用。结合丰富的农副产品、特色食品、特色餐饮等，眉山市重点在商贸、餐饮娱乐、服务接待等方面提高了转化的针对性、实效性。

三是突出特色。眉山市突出乡村自然景观的优势，展示现代农业的科技水平等，增强农业观光、农事体验等功能；突出乡村的传统文化优势，充分挖掘古村、古镇的文化内涵，增强乡村旅游的吸引力；搞好乡村旅游特色商品开发，发展创意农业，将花卉、苗木、蔬菜产业等农产品与文化、旅游、艺术创意相结合，实现消费市场与旅游市场的有机统一，开拓创意农业市场，构筑多层次的全景农业产业链，形成集旅游文化、休闲观光和体验于一体的新型农业形态，大力发展乡村旅游。

仁寿县黑龙滩镇和洪雅县柳江古镇是眉山市"以游为主、统筹城乡"战略的两个示范点，要在探索转变方式、破解转变瓶颈、培育转变典型和总结转变经验等方面下功夫，确保转变"有场地、有资金、有项目、有保障"，真正实现示范引领作用。一是关于有"场地"问题，要统一规划、统一布局、统一风貌，要通过统规自建、拆迁安置、租赁和大景区、大项目建设带动等方式解决。二是关于有"资金"问题，要构建"政府搭台、金融机构支持、农民积极参与"格局，积极探索创新融资方式，不断丰富创业贷款金融产品，支持农民自主创业。三是关于有"项目"问题，要有针对性地分类分批次开展创（从）业人员实用技术培训，拓宽视野，提高经营管理水平和就业技能。四是关于有"保障"问题，要从社会保障、政策保障等多方面探索，使农户转得出、安得稳。

蓬溪县以国道 318 线为轴线，以重点景区为依托，发展特色乡村旅游。蓬溪县以建设社会主义文化新农村为契机，以现代农业示范带为主要平台，综合利用县域资源，结合《遂宁市乡村旅游总体规划》和《蓬溪县旅游发展总体规划》，按照《蓬溪县星级农家乐划分与评定标准》，以国道 318 线天宫堂现代农业示范园、拦沟堰休闲观光农业示范基地为主，在 318 线公路两旁规划建设 3~5 个特色乡村旅游园区；规范赤城湖莲珠桥村现有农家乐；利用高峰山景区周边丰富的乡村旅游资源，结合该景区的文化特色和规划布局，积极发展景区带动型"乡村特色旅游"，丰富高峰山景区内容，拓展乡村旅游。同时，结合社会主义新农村建设，在规划布局、建设时序、资金投入上，对乡村旅游所需的基础设施优先考虑，加大倾斜力度，加快基础设施建设，改善旅游环境。道路、供电、供水、环境、住宿等硬件，服务、接待等软件实施建设都需要大量的资金投入，全面推进蓬溪县特色乡村旅游业快速健康发展，为助推蓬溪县经济社会发展做出贡献。

（四）四川省乡村旅游灾后重建的方法——以绵竹市"玄郎沟生态亲水世界"为例

"玄郎沟生态亲水世界"景区位于四川省绵竹市金花镇境内，主要由一个"Y"字形的两条沟组成，距绵竹市区 12 公里，距德阳 45 公里，距成都 92 公里，距绵阳 95 公里，交通区位优势相当明显。景区内自然旅游资源相当丰富，生态环境较好。

1. 玄郎沟是一个典型的自然旅游资源丰富、景区生态环境优美、无污染、震后遗迹又形成新的景观

"5·12"汶川大地震前，绵竹市"玄郎沟生态亲水世界"旅游景区已初步建成农村生态旅游区，是以乡村地区为特色，以旅游资源为依托，以旅游活动为内容，以促进乡村旅游发展为目的的农村生态旅游区。乡村秀丽的田园风光，与城市截然不同的悠闲、自在的生活方式和安静祥和的生活氛围已是城市旅游者参加乡村旅游的主要动机之一。也就是说，乡村性和地方性是农村生态旅游的核心、吸引力，也是发展的重要资源。乡村性是乡村旅游整体推销的核心和独特卖点。因此，原"玄郎沟生态亲水世界"旅游景区总体规划依托优美的乡村自然环境，挖掘浓郁的地方特色，展现真实的乡村生活，是发展绵竹市农村生态旅游的基本目的，也是发展农村生态旅游产品的基本要求。

"5·12"汶川大地震后，绵竹市"玄郎沟生态亲水世界"旅游景区遭到极大破坏，成为极重灾区，震后在全国人民及对口支援的帮助下进行灾后自救和恢复生产，取得一些成绩，而灾后重建旅游成为当地的重要使命。

"5·12"汶川大地震前玄郎沟自然资源共有四类：地质地貌类、水体类、生物类和气候气象类。景区内主沟地势较为平坦开阔，主沟两边的山体山势旅游资源相当好，形成了玄郎沟十八顶；主沟和支沟内都有着很有特色的水体旅游资源，自然山泉形成的溪流清澈透明；景区内生物旅游资源相当丰富，不但动植物品种多，而且很有特色，其中动物有野驴、獐子、野鸡、熊等，植物种类更多，而且整个景区的植被条件相当好，覆盖率相当高，到处都是郁郁葱葱，绿野一片，最有特色的是景区内成片的竹林；景区属于典型的四川盆地的亚热带湿润气候，沟内多雾但可见度能较高，雾天站在雄伟的玄郎十八顶上，视线宽阔，看着阳光穿过缥缈的薄雾，散落在沟底，那是一种绝妙的美的享受。

玄郎沟人文旅游资源有历史遗迹和古代建筑，景区内土地岭的垭口有一个打土豪劣绅时留下的古碉堡。宗教文化方面，土地岭上有一个佛教寺庙。社会风情方面，玄郎沟人有着自己特有的传统文化，有方言、戏剧、音乐、民间故事、笑话及民间舞蹈等文化形式，而且他们有着自己特有的工艺文化，有竹刻竹雕、石雕、木雕、麦秆画、年画、花灯等工艺美术。

"5·12"汶川大地震前玄郎沟规划的主要的旅游产品及配套设施有：景区大门、土地岭廊桥、竹编民俗艺术一条街、乐水滩瀑布、乐水滩、玄郎沟水潭、垭口寺庙、恢复古碉堡、冷水渔场、金娃娃岩瀑布、玄郎十八顶的登山通道和山顶通道、农家风情区、游客接待中心、多功能会议中心和生态停车场。

"5·12"汶川大地震后，进入玄郎沟的道路遭到破坏。虽然山体移位，周边形成数个堰塞湖，生态环境遭到严重破坏，但是景区资源保存基本完好，经过3~5年的恢复重建，景区恢复原来的状况。

客源市场方面，玄郎沟以成都、绵竹、德阳和绵阳为主要的客源市场，而且紧靠什邡市、茂县，区位条件优势相当明显。旅游业是个朝阳产业，而且目前国内旅游正在走向成熟化。"5·12"汶川大地震后玄郎沟农村旅游产品设计最重要的就是创新，要有创新的设计就必须在震后留存的旅游资源条件下，依据现有的

市场的形势，设计一些适合玄郎沟的旅游产品，设计原则即"人无我有，人有我新，人新我奇，人奇我特"。玄郎沟灾后重建的开发紧紧抓住了这一点，以市场为导向，设计灾后重建特点的旅游产品。总之，玄郎沟是一个典型的自然旅游丰富、景区生态环境优美、无污染，震后遗迹又形成新的景观，可以开发利用补充人文旅游资源。

2."玄郎沟生态亲水世界"震后大力开发农村生态旅游市场，具有十分重要的作用

（1）有利于加强灾区城乡文化交流，改变灾区农业生产落后的观念。通过旅游者的参与活动，把先进的科技知识及抗震救灾知识带到乡村，有利于科技推广；旅游者可以亲身了解和体验农村生活；旅游者的观光活动将有利于促进灾区农业生产者封闭保守思想的改变，形成市场意识；通过对灾区观光农业基地的管理，可以提高灾区管理水平和适应市场的能力，实现灾区土地的合理开发和经营多样化，提高用地效益。

（2）改善灾区环境，提高生活质量。农民利用政府扶助款、对口支援的款项重建家园的时候，应符合灾后重建和旅游区的总体规划。逐步的改善灾区环境，提高生活质量。灾区观光农业不仅以农业生产方式、多种参与活动、民俗文化等吸引游客，而且以灾后重建优美的环境给游客以美的享受，因此植树种草和美化环境是必要的，在客观上起到了保护环境的作用，特别是在震后水土流失严重的地区，其意义更大。

（3）有利于进一步刺激消费，充分发挥旅游业在扩大内需方面的作用。消费不旺、需求不足是旅游业当前和今后相当长一段时间在经济生活中面临的一个十分突出的问题。进一步刺激各方面的消费，扩大有效需求，对于促进旅游经济持续稳定增长具有重要的作用。灾区旅游业由于关联性强、带动功能大，扩大消费需求的作用十分明显。可以说，充分发挥旅游业在刺激消费、扩大内需方面的作用，既是灾区旅游产业自身发展的需要，又是时代赋予灾区旅游业新的历史使命。要进一步发挥灾区旅游业在这方面作用，充分挖掘潜在的游客市场，扩大旅游者队伍是一个重要的方式和途径。目前，通过发展灾区农村旅游来启动乡村市场，刺激消费，扩大内需，成效将会十分显著。

（4）有利于加强震后新农村的建设，以旅游资源的开发带动尽快恢复灾区农村的生产力，落实灾后重建的政策，让农民安居乐业。灾后农村重建一是发展农村经济、增加农民收入。这是灾后重建建设新农村的首要前提。要通过高产高效、优质特色、规模经营等产业化手段，提高农业生产效益。二是重建村镇、改善环境。这包括震后住房改造、垃圾处理、安全用水、道路整治、村屯绿化等内容。三是扩大公益、促进和谐。要办好义务教育，使适龄儿童震后都能入学并受到基本教育；要实施新型农村合作医疗，使灾区农民享受基本的公共卫生服务；要加强农村养老和贫困户的社会保障；要统筹城乡就业，为农民进城提供方便。四是培育农民、提高素质。要加强精神文明建设，倡导健康文明的社会风尚。五是要完善农村文化设施，丰富农民精神文化生活；要加强村级自治组织建设，引导农民主动、有序地参与灾后重建乡村建设事业。新房舍、新设施、新环境、新

农民、新风尚五者缺一不可，共同构成震后灾区社会主义新农村建设的范畴。灾后重建要因地制宜地建设各具民族和地域风情的居住房，而且房屋建设要符合"节约型社会"的要求；要完善基础设施建设，道路、水电、广播、通信、电信等配套设施要齐全，让现代农村共享信息文明；要生态环境良好、生活环境优美。

总之，"玄郎沟生态亲水世界"很好地顺应了新农村加强灾后重建的建设步伐。对于农村生态旅游来说，生态环境是吸引游客的最初动因，保持和突出乡村自然特色及其原始、淳朴的风情和地震遗址是农村旅游景区的基本条件，其发展动力是人与自然和谐发展的生产系统和乡村生态系统。游客对灾区地震遗址农村旅游产品的需求表现为对生态环境优美、民族文化韵味浓郁的乡村的偏爱和对地震中所反映出来的对大自然力量的震撼。

3. 震后"玄郎沟生态亲水世界"生态旅游灾后重建的表现形式

（1）灾后重建农村旅游必须沿着恢复生产、安居乐业与生态旅游、文化旅游紧密结合的方向发展。明确这一发展方向是重建农村旅游，并使之规范化和健康、高速发展的根本保证。让农民在恢复建设永久住房的时候与生态因素、文化因素结合起来，住房的"穿衣戴帽"与环境有机结合在一起本来就是乡村旅游得以兴起的根基。农村旅游开展所依托的资源，不是先人遗留下来的、死气沉沉的、被称为凝固乐章的静景观，不是靠恢复、模仿而再现的历史场景，不是失去原有自然环境的高度浓缩在有限空间中的民俗风情，而是世代伴随人类繁衍、进化，充满生气与兴旺景象的将游人融于其中的环境、氛围和活动。中国传统的"天人合一"的哲学思想给我们指出了一个深刻的道理，即只有贴近自然的才是永久属于人类的。灾后重建、生态旅游、文化旅游正是这一传统哲学思想在灾后重建旅游业发展方向上的体现。

（2）"5·12"汶川大地震以后开展农村旅游也是保护原始生态环境和地震遗址的最佳表现方式之一。地震遗址的保护主要是农民震后住房的重建，可以采取两种方式：一种是将民族聚居地建成民族文化村，俗称"穿衣戴帽"，形成社会主义新农村；另一种是异地集中保护，即在灾区集中重建。从目前两种保护方式的发展趋势来看，前者的生命力要强于后者。因为前者保留在原有的生态环境中，这是其形成的根基，并且是在原有产业基础上的附加，而不是单一的住房重建形式，这样既恢复了农民住房又形成新的景观。农村生态旅游正是第一种保护方式的体现。

（3）灾区的农村旅游不能只停留在观赏、采摘的表象繁荣上，必须坚持走灾后重建与各种建设方合作的道路，营造良好的生态环境，挖掘民族文化中丰富的营养，才能持久而兴旺地发展下去。灾区农村旅游的开发也应遵循市场规律，根据旅游市场需求情况，开发出适销对路的产品。同时，要注意旅游产品的特色性，以增强其吸引力，特色是旅游产品生命力的所在。当前灾区旅游应恢复休闲娱乐、民俗风情等特色产品的开发。灾后重建农村生态旅游的开发相对大型旅游度假区的开发建设而言，其所需资金要少得多，但农村生态旅游资源的开发范围广泛，总体上来说，也需要不少资金。"玄郎沟生态亲水世界"应充分发挥政府的主导作用，利用地震以后中央、省、市、县财政灾后拨款和对口支援单位的捐献，扶持进行灾后重建，恢复其资源价值，对开发项目的相关配套设施建设吸引一些经济实力和管理能力强的企业或私人入股，走股份制或股份合作制的道路；大力提倡和鼓励外资、国有企业、私有经济单独或合作在灾区开发，也鼓励灾区农民个人联合开发。总之，要多渠道、多层次、多种形式筹集资金，本着"谁投资，谁受益"的原则，走"滚动发展"的路子来进行灾后重建。

4. 震后"玄郎沟生态亲水世界"灾后重建的发展趋势

玄郎沟旅游开发把震后农村建设和地震遗址生态旅游保护很好地结合起来是区别于其他乡村旅游的重要特点。因此，要把地震遗址保护和灾区农村建设开发相结合，生态效益与乡村经济效益相结合。生态保护是基础，农村建设开发是途径，是以保护为前提，才能使旅游可持续发展。生态旅游本身是生态旅游保护、旅游开发的一个产物。通过发展生态旅游，从生态效益和乡村经济效益的结合上看到了发展生态旅游的生命力。特别是灾区广大农民群众从震后乡村经济效益的恢复当中看到了生态效益，从而使玄郎沟农村建设和生态旅游很好地结合在一起，也使当地农民朋友更加认识到灾区生态保护的重要，进一步提高灾区生态保护的自觉性。

（1）客源市场拓宽的可行性日益明显，生态旅游者将持续增加。随着当今环境与发展问题日趋尖锐，政府灾后重建对环境问题日益重视，不同程度加大了灾后重建环保宣传、教育的力度，人们的环境意识逐步提高，"回归自然"已经成为一种时尚，灾区旅游恢复以后，生态旅游者将继续增加。

（2）灾区生态旅游产业体系将进一步完善。由于灾区生态旅游的持续发展，在旅游业体系中的比重逐步上升，与灾区生态旅游业发展密切相关的吃、住、行、游、购、娱将进一步完善，旅行社将有越来越多的生态旅游专职导游，旅游饭店食宿与旅游交通方式将更加符合环保要求，购买灾区生态旅游纪念品将成为新的旅游消费时尚。

（3）灾区旅游产品更加个性化和多样化。由于生态旅游者的经历不断丰富，对生态旅游者产品的个性和多样化提出了更高要求，应从规划设计入手，充分考虑利用现有服务设施和社会条件，深入发掘灾区生态资源内涵，在主题策划、路线组合、宣传促销等方面做好工作，在灾区遗迹保护方面保留一些极重灾区地震遗迹，推进灾区地震遗迹旅游产品步入"投入少、产出快、收益高"的经营方式，维持整个灾区旅游业的可持续发展。

（四）合理开发农村旅游资源，突出农家乐发展特色，促进农家乐持续发展

由于农家乐旅游主要是由农家来经营的，烙上了很深的农耕文化和农村文化的印记，因而在经营管理和发展理念上存在一些亟待解决的问题。农家乐旅游是农业产业改造和升级的重要途径，是解决"三农"问题的重大举措，是农民奔小康的重要途径，同样也是实现和谐社会的一个主要重要方法。因此，要充分认识到发展农家乐旅游的重要意义，针对存在的问题，营造促进农家乐旅游发展的政策环境和体制环境。

1. 树立新的旅游资源观，将旅游开发的重点逐步转移到建设农村生态旅游上来

我国农村生态旅游的发展是由乡村旅游市场供给与需求两方面因素共同推动的结果。从供给的角度来看，主要是农村产业结构调整的需要；从市场需求的角度来看，主要是城市化进程加快的结果。目前，我国各地农村生态乡村旅游均在朝着融观赏、考察、学习、参与、娱乐、购物和度假于一体的综合型方向发展。然而，由于地理条件的差异，兴起原因的不同，各地农村旅游的内容各有侧重。比较分析我国各地农村旅游的形成过程，对其成因及特征形成影响较大的因素是区位因素。人们过去认为旅游只是自然风景和名胜古迹的"专利"，乡村旅游资源不被重视，因而对开发、发展农村旅游特别是农业旅游不屑一顾，旅游资源的开发建设老是在风景名胜和文物古迹及其衍生出来的人工微缩景观上做文章，或重复建设，或修修补补，不求开辟新天地。旅游开发者的思维深受观光旅游的束缚，缺乏开拓思想和创新意识。因此，我们应转变观念，统一认识，树立新的旅游资源观，旅游规划将旅游开发的重点逐步转移到建设农村生态旅游上来。

2. 充分发挥政府的组织、协调、指导作用

充分发挥政府的组织、协调、指导作用采取有效措施，做到开发与保护并举，促进农家乐旅游有序、规范、健康发展。消除旅游者对农家乐所在地的不良影响，保护好原生态的自然环境和人文环境，使得农家乐旅游可持续发展。由于农家乐旅游在我国处于发展初期，因此政府必须制定鼓励农家乐旅游发展的产业政策，各级政府应制定和完善鼓励农家乐旅游发展的政策性文件，配套出台有关投资、融资、税收等方面的优惠政策。比如设立农家乐旅游发展专项基金；制订农家乐旅游发展规划，通过整合资源，挖掘内涵，突出农家乐发展特色；加紧旅游村镇及公路建设，保证农村基础设施的配套，为农家乐旅游的进一步发展打下良好的基础。

3. 必须从抓规范入手，制定切实可行的行业标准

"十二五"期间，四川省乡村旅游富民工程发展1000个特色民族村寨、100个特色观光农业园、10个城郊型乡村旅游产业带、10大乡村旅游节庆活动。2004年，成都市已开始实施《农家乐开业基本条件》《农家乐旅游服务质量等级划分及其评定》两项地方标准，成为全国第一个发布并实施农家乐旅游地方标准的省会城市。因此，四川省其他各地应该借鉴成都市的成功经验，加强农家乐旅游的规范管理，抓紧制定农家乐等级评定标准。在适合的地点，可把酒店的星级标准引入农家乐管理中，所有等级的农家乐必须亮照经营、明码标价、诚实守信，并设有公共信息图形符号和安全警示标志等保障游客安全的配套设施，从而有利于使农家乐旅游发展上档次、创品牌。乡村旅游因其规模小而有助于旅游产品的更新，其绿色观点和特殊设施不同于其他旅游产品，而有关社区管理部门对于市场和质量管理又相对滞后，因此完善管理、规模发展就成为乡村旅游发展的关键。

4. 进一步提高农家乐旅游的服务档次和知名度

农家乐旅游的发展要实现长远发展目标，必须在挖掘农村绿水青山的文化内涵、突出地域文化特色上下功夫。农家乐旅游要制订长远发展规划，按照规划要求进行开发建设，促成规模档次的提高，形成整体优势，这样才会吸引更多的旅游者。同时，农家乐旅游的发展还需学会宣传自己，提高知名度。尽管农家乐旅游的市场潜力巨大，但加强宣传，有针对性地打广告还是非常必要的。只有这样才能提高农家乐旅游的服务档次和知名度，促进农家乐健康发展。

参 考 文 献

[1] 李悦. 产业经济学［M］. 北京：中国人民大学出版社，2008.

[2] 吴敬琏. 当代中国经济改革教程［M］. 上海：上海远东出版社，2010.

[3] 韩俊，等. 破解三农难题——30 年农村改革与发展［M］. 北京：中国发展出版社，2008.

[4] 张金锁，康凯. 区域经济学［M］. 天津：天津大学出版社，2004.

[5] 陈栋生. 西部经济崛起之路［M］. 上海：上海远东出版社，1996.

[6] 晁钢令. 服务产业与现代服务业［M］. 上海：上海财经大学出版社，2005.

[7] 贾康，白景明. 县乡财政解困与财政体制创新［J］. 经济研究，2002（2）.

[8] 陈吉元. 21 世纪中国农业与农村经济［M］. 郑州：河南人民出版社，2000.

[9] 赵振华. 加快经济发展方式转变十讲［M］. 北京：中共中央党校出版社，2010.

[10] 胡鞍纲. 西部开发新战略［M］. 北京：中国计划出版社，2001.

[11] 李善同. 西部大开发与地区协调发展［M］. 北京：商务印书馆，2003.

[12] 夏大慰. 面对新经济时代的产业经济研究［M］. 上海：上海财经大学出版社，2001.

[13] 刘伟. 工业化进程中的产业结构研究［M］. 北京：中国人民大学出版社，1995.

[14] 盛洪. 现代制度经济学［M］. 北京：北京大学出版社 2003.

[15] 温铁军. 三农问题与世纪反思［M］. 上海：上海三联书店，2003.

[16] 辛文，等. 构建四川和谐社会若干问题研究［M］. 成都：西南财经大学出版社，2006.

[17] 郭晓鸣，等. 成都统筹城乡经验、挑战与发展选择［M］. 成都：四川人民出版社，2011.

[18] 魏礼群. 回顾与前瞻：新中国行政管理体制改革 30 年［M］. 北京：中国言实出版社，2008.

[19] 辛文，等. 科学发展观与四川战略发展重点研究［M］. 成都：四川人民出版社，2005.

[20] 叶连松，靳新彬. 新型工业化与城镇化［M］. 北京：中国经济出版

社，2009.

［21］侯雄飞. 统筹城乡 国家试验：四川省统筹城乡改革发展纪实［M］. 成都：四川人民出版社，2012.

［22］魏礼群. 新中国：行政管理体制60年［M］. 北京：国家行政学院出版社，2009.

［23］四川省人民政府研究室. 加快四川省新型城镇化对策研究［M］. 成都：天地出版社，2011.

［24］四川省人民政府研究室. 四川地震灾区经济社会可持续研究［M］. 成都：天地出版社，2011.

［25］李善同，华而诚. 21世纪初的中国服务业［M］. 北京：经济科学出版社，2005.

［26］崔广义，蔡竞. 四川区域特色经济发展研究［M］. 成都：四川人民出版社，1999.

［27］范恒山. 土地政策与宏观调控［M］. 北京：经济科学出版社，2010.

［28］吴天然. 中国农村工业化论［M］. 上海：上海人民出版社，1997.

［29］邓鸿勋，陆百甫. 走出二元结构——农业创业就业研究［M］. 北京：中国发展出版社，2004.

［30］杨治. 产业政策与结构优化［M］. 北京：新华出版社，2006.

［31］谭崇台. 发展经济学［M］. 上海：上海人民出版，1989.

［32］蔡昉，程显煜. 城乡一体化：成都统筹城乡综合配套改革研究［M］. 成都：四川人民出版社，2008.

［33］王积业，王建. 我国二元结构矛盾与工业化战略选择［M］. 北京：中国计划出版社，1996.

［34］宋戈. 城乡一体化问题探索［J］. 学习与探索，2005（4）.

［35］马晓河. 结构转换与农业发展［M］. 北京：商务印书馆，2004.

［36］陈迪平. 中国二元经济结构研究［M］. 长沙：湖南人民出版社，2000.

［37］郑晓幸，傅泽平，等. 丘陵经济发展大思路［M］. 成都：四川人民出版社，1997.

［38］陈纪瑜. 取消农业税后县乡基层财政体制亟待创新［J］. 财经理论与实践，2005（4）.

［39］洪银兴. 可持续发展经济学［M］. 北京：商务印书馆，2002.

［40］张晏. 分权体制下的财政政策和经济增长［M］. 上海：上海人民出版社，2006.

［41］叶兴庆. 论农村公共产品供给体制的改革［J］. 经济研究，1997（6）.

［42］张彩丽. 中国农村工业化与三农问题研究［M］. 北京：人民出版社，2005.

［43］王延中. 试论国家在农村医疗卫生保障中的作用［J］. 战略与管理，2001（3）.

［44］成都市社会科学院. 走城乡统筹科学发展之路［M］. 成都：四川人民

出版社，2007.

[45] 成都市经济研究院. 成都市经济 30 年回顾与 20 年展望 [J]. 成都发展改革研究，2009（6）.

[46] 李一鸣. 关于促进成都市新兴产业发展的思考 [J]. 成都发展改革研究，2009（6）.

[47] 唐旭辉. 农村医疗保障制度研究 [M]. 成都：西南财经大学出版社，2006.

[48] 蒋华东. 统筹城乡发展的理论与方法 [M]. 成都：西南财经大学出版社，2006.

[49] 陶勇. 农村公共产品供给与农民负担问题 [M]. 上海：上海财经大学出版社，2005.

[50] 杜鹰. 农业投入与财税政策 [M]. 北京：中国农业出版社，2001.

[51] 雷原. 农民负担与我国农村公共产品供给体制的重建 [J]. 财经问题研究，1999（6）.

[52] 刘建民，欧阳煌，吴金光. 费改税：农村公共分配关系改革的突破口 [J]. 农业经济问题，2000（2）.

[53] 黄志冲. 农村公共产品供给机制创新的经济学研究 [J]. 中国农村观察，2003（6）.

[54] 郭平，邹瑜. 农村税费改革的基本前提：建立公共选择机制 [J]. 财经研究，2001（11）.

[55] 姚林香. 统筹城乡发展的财政政策研究 [M]. 北京：经济科学出版社，2007.

[56] 黎炳盛. 村民自治下中国农村公共产品的供给问题研究 [J]. 开放时代，2004（3）.

[57] 王彬彬. 地震灾区产业恢复与重建研究——以四川汶川地震为例 [M]. 北京：经济科学出版社，2010.

[58] 蒋远胜. 浅谈四川社会主义新农村建设的内容与标准 [J]. 农村经济，2007（1）.

[59] 黄应绘. 对我国农村收入差距的分析 [J]. 经济问题，2005（8）.

[60] 郑景骥. 总结与探索：中国农村改革问题研究 [M]. 成都：四川人民出版社，2001.

[61] 储波. 着力构造城乡发展新格局 [N]. 经济日报，2006-03-12.

[62] 吴增芳. 改革户籍制度，促进农村小康社会建设 [J]. 求是，2003（3）.

[63] 周琳琅. 统筹城乡发展：理论与实践 [M]. 北京：中国经济出版社，2005.

[64] 张迎春. 统筹城乡发展与金融支持体系构建研究 [M]. 成都：西南财经大学出版社，2006.

[65] 张新民. 中国农村、农业、农民问题研究（农村篇）[M]. 北京：中

国统计出版社，2004.

[66] 张秀生. 中国农村经济改革与发展 [M]. 武汉：武汉大学出版社，2005.

[67] 傅泽平. 中国农村完善双层经营体制研究 [M]. 成都：电子科技大学出版社，1992.

[68] 王盛章，等. 中国县域经济及其发展战略 [M]. 北京. 中国物价出版社，2002.

[69] 李江. 论以工哺农的途径 [J]. 农业经济问题，2006（1）.

[70] 郑晓幸，傅泽平，龙德灿. 发展经济理论与地区经济发展 [M]. 成都：电子科技大学出版社，2005.

[71] 马海涛. 走出县乡财政困局 [J]. 中国财政，2007（10）.

[72] 杨新元. 把握实质 抓住根本——扎实推进四川新农村建设 [J]. 农村经济，2007（1）.

[73] 赵汝周. 用科学发展观推进政府管理创新 [J]. 成都发展改革研究，2010（3）.

[74] 中共成都市委政研室. 科学发展观指导下的成都实践 [M]. 成都：四川人民出版社，2007.

[75] 李茂生，陈昌盛. 中国农民减负、县乡财政解困的财政对策 [J]. 财贸经济，2006（1）.

[76] 樊继达. 统筹城乡发展中的基本公共服务均等化 [M]. 北京：中国财政经济出版社，2008.

[77] 黄小晶. 区域产业政策与中国农村区域协调区域发展 [M]. 北京：中国经济出版社，2006.

[78] 刘江. 21 世纪初中国农业发展战略 [M]. 北京：中国农业出版社，2002.

[79] 邓宗良，陈晓华. 破解三农难题构建和谐社会 [M]. 北京：新华出版社，2006.

[80] 陈训秋. 发展具有比较优势的支柱产业 [N]. 经济日报，2004-11-16.

[81] 黄郁成. 农村社区旅游开发模式的比较研究 [J]. 南昌大学学报，2007（6）.

[82] 傅泽平. 四川丘陵地区工业强县的战略布局与路径选择研究 [M]. 成都：四川人民出版社，2008.

[83] 胡伟，马立党. 从新农村建设看农村金融体系的改革创新 [J]. 理论观察，2006（4）.

[84] 郑群明，钟林生. 参与式乡村旅游开发模式探讨 [J]. 旅游学刊，2004（4）.

[85] 周叔莲，郭克莎. 中国城乡经济协调发展研究 [M]. 北京：经济管理出版社，1996.

[86] 马晓河. 统筹城乡发展要解决五大失衡问题 [J]. 宏观经济研究，

2004 (4).

［87］朱诗柱. 统筹城乡发展的关键是逐步统一城乡经济社会体制和政策 ［J］. 当代经济研究，2004 (6).

［88］纪良纲，陈晓永，等. 城市化与产业集聚互动发展研究 ［M］. 北京：冶金工业出版社，2006.

［89］吴志强，傅泽平. 四川丘陵地区发展现代农业研究 ［M］. 成都：西南财经大学出版社，2011.

［90］姚今观. 贸工农一体经营——理论与实务 ［M］. 北京：中国物价出版社，2004.

［91］曹萍. 新型工业化、新型城市化与城乡统筹发展 ［J］. 当代经济研究，2006 (1).

［92］王梦奎. 中国社会保障体制改革 ［M］. 北京：中国发展出版社，2001.

［93］黄少军. 服务业与经济增长 ［M］. 北京：经济科学出版社，2000.

［94］郑功成. 论中国特色社会保障道路 ［M］. 武汉：武汉大学出版社，1997.

［95］赵新. 中国社会保障体系的建立和完善 ［M］. 北京：中国经济出版社，2005.

［96］龚向光. 贫困地区农民合作医疗支付能力研究 ［J］. 中国卫生经济，2004 (3).

［97］李珍. 社会保障制度与经济发展 ［M］. 武汉：武汉大学出版社，1998.

［98］顾益康，邵峰. 全面推进城乡一体化改革 ［J］. 中国农村经济，2003 (5).

［99］迟福林. 城乡协调发展是实现"五个统筹"的关键 ［J］. 管理世界，2003 (6).

［100］陈银娥. 现代社会的福利制度 ［M］. 北京：经济科学出版社，2000.

［101］郭士征，葛寿昌. 中国社会保险的改革与探索 ［M］. 上海：上海财经大学出版社，2006.

［102］胡庆康，杜莉. 现代公共财政学 ［M］. 上海：复旦大学出版社，1997.

［103］龚向光. 贫困地区农民合作医疗支付能力研究 ［J］. 中国卫生经济，2004 (3).

［104］徐滇庆，尹尊声，郑玉歆. 中国社会保障体制改革 ［M］. 北京：经济科学出版社，2005.

［105］周天勇. 农村土地制度改革的模式比较和方案选择 ［N］. 中国经济时报，2004-02-26.

［106］马戎. 中国乡镇组织变迁研究 ［M］. 北京：华夏出版社，2000.

［107］傅泽平. 西部产业结构调整与产业升级研究 ［M］. 成都：四川人民出版社，2009.

［108］朱伯兰，吴正俊. 消除城乡收入差距的思考 ［J］. 经济体制改革，

2007（6）.

[109] 赵国良. 统筹城乡的实质及发展的阶段性［J］. 开放导报，2007（6）.

[110] 王元京. 建立城乡统筹教育发展长效机制的思考［J］. 中国教育学刊，2006（3）.

[111] 陈悦. 以制度创新推进重庆城乡统筹发展［J］. 重庆工商大学学报，2008（5）.

[112] 林梅. 城乡统筹发展与农村社会保障制度建设［J］. 科学社会主义，2007（2）.

[113] 钟春艳，李保明. 城乡差距与统筹城乡发展途径［J］. 经济地理，2007（6）.

[114] 严荔. 四川文化资源产业化开发研究［M］. 北京：经济科学出版社，2010.

[115] 刘锋. 中国西部旅游发展战略研究［M］. 北京：中国旅游出版社，2001.

[116] 崔凤军，等. 区域旅游可持续发展评价体系的初步研究［J］. 旅游学刊，2005（3）.

[117] 杨振之. 旅游资源开发与规划［M］. 成都：四川大学出版社，2002.

[118] 吴晓东. 自贡盐文化旅游发展策略［J］. 西南民族大学学报：人文社会科学版，2005（9）.

[119] 王伟年. 城市文化产业区位因素及地域组织研究［M］. 长春：东北师范大学出版社，2007.

[120] 杨继瑞，黄善明. "农家乐经济"健康发展的思考［J］. 决策咨询通讯，2004（2）.

[121] 何红. 从休闲旅游到生态旅游——分析国内农家乐的发展趋势［J］. 当代电大，2003（S1）.

[122] 赵成文，王琳. "农家乐"现象初探［J］. 中国农村小康科技，2005（4）.

[123] 庄志民. 旅游经济文化研究［M］. 上海：立信会计出版社，2005.

[124] 郭晓鸣，张克俊. 让农民带着"土地财产权"进城［J］. 农业经济问题，2013（7）.

[125] 迟福林. 市场决定——十八届三中全会后的改革大考［M］. 北京：中国经济出版社，2014.

[126] 蒋省三，刘守英，李青. 中国土地制度改革：政策演进与地方实施［M］. 上海：上海三联书店，2010.